《论语》通释

陈玉栋　著

清华大学出版社
北　京

内 容 简 介

中华民族有着深厚的文化传统，形成了富有特色的思想体系。《论语》作为儒家的代表性著作，在中华优秀传统文化中具有举足轻重的地位。客观、准确地对《论语》进行解读，对于进一步坚定文化自信，提高国家文化软实力具有重大意义。辩证唯物主义是科学的世界观和方法论，为我们准确理解《论语》的丰富精神内涵，在学术方面达到正本清源的目的提供了一把金钥匙。

本书从字词的分析入手，采用平实的语言、流畅的叙述手法，力求使具备基础汉语水平的读者能够轻松地阅读《论语》，准确理解其思想精要；在充分考虑作品通俗性的同时兼顾学术性。通过文献研究、对比分析、归纳演绎、系统整合等方法，对现有《论语》解读类文献中不太中肯的部分提出了全新见解；运用马克思主义哲学的观点与方法，对《论语》通篇进行系统性释读，更利于读者从整体上理解和把握其核心要义。

本书作为中华优秀传统文化类读物，可作为普通高校通识类教材，也可作为《论语》研究工作者的参考书。

图书在版编目(CIP)数据

《论语》通释 / 陈玉栋著. —北京：清华大学出版社，2024.2

ISBN 978-7-302-64832-1

Ⅰ. ①论… Ⅱ. ①陈… Ⅲ. ①《论语》—注释 Ⅳ. ① B222.2

中国国家版本馆 CIP 数据核字 (2023) 第 195165 号

责任编辑：王　定
封面设计：周晓亮
版式设计：孔祥峰
责任校对：马遥遥
责任印制：丛怀宇

出版发行：清华大学出版社
　　　　网　　　址：https://www.tup.com.cn，https://www.wqxuetang.com
　　　　地　　　址：北京清华大学学研大厦 A 座　　　　邮　　编：100084
　　　　社　总　机：010-83470000　　　　　　　　　　邮　　购：010-62786544
　　　　投稿与读者服务：010-62776969，c-service@tup.tsinghua.edu.cn
　　　　质　量　反　馈：010-62772015，zhiliang@tup.tsinghua.edu.cn
印　装　者：三河市东方印刷有限公司
经　　销：全国新华书店
开　　本：170mm×240mm　　印　张：21.75　　字　　数：476 千字
版　　次：2024 年 2 月第 1 版　　印　次：2024 年 2 月第 1 次印刷
定　　价：79.80 元

产品编号：102568-01

前言

中华优秀传统文化的资源，是中国特色哲学社会科学十分宝贵、不可多得的资源。绵延几千年的中华文化，是中国特色哲学社会科学发展的深厚基础。我们走自己的路，具有无比广阔的舞台，具有无比深厚的历史底蕴，具有无比强大的前进动力，中国人民应该有这个信心。坚定中国特色社会主义道路自信、理论自信、制度自信，说到底是要坚定文化自信。文化自信是更基本、更深沉、更持久的力量。历史和现实都表明，一个抛弃了或者背叛了自己历史文化的民族，不仅不可能发展起来，而且很可能上演一场历史悲剧。目前，文化自信已经成为国家文化战略的重要支撑。对经典文献进行更加深入的分析和解读，有利于中华优秀传统文化的传播和发展，有利于人们理解和认知中华优秀传统文化，是坚定文化自信的重要方法。

《论语》作为儒学的经典著作，是研究孔子思想最基本的资料。宋代赵普认为，深入学习《论语》，可以达到"修身、齐家、治国、平天下"的境界。客观地讲，《论语》这部著作自问世以来，在社会发展的不同历史时期，都能作为典范，对促进社会和谐与安定发挥积极作用。南怀瑾先生说："至于孔子学说与《论语》本书的价值，无论在任何时代、任何地区，对它的原文本意，只要不故加曲解，始终具有不可毁的不朽价值，后起之秀，如笃学之，慎思之，明辨之，融汇有得而见之于行事之间，必可得到自证。"

鉴于时间久远，我们对经典著作的学习和理解，只能借助现有的各种解读。关于《论语》，历代研究者颇多。近年来，随着国家对中华优秀传统文化的进一步重视，与《论语》相关的出版物更如雨后春笋般相继出现。总体来看，现有的解读《论语》的著作中，承袭二程（程颐、程颢）和朱熹思想的居多，对学术研究起到了重要的支撑作用。就普及性而言，杨伯峻先生的《论语译注》浅显易懂，得到了社会大众的普遍认可。后期也有很多业内的专家对《论语》做出解读，可谓"百花齐放，百家争鸣"。多数作品是依据篇章编排，着重对某一章节进行阐释和解读，少数作品能从整体上把握《论语》的核心要义。

《论语》并非像个别学者所说的那样随意编排，或者是文献存放不当致使错简出现。对于在学术研究方面存在的难以理解之处，如果没有确切、中肯的理论依据，还是遵从"述而不作"的原则比较好。不可否认，导致文中出现不易理解的内容，有历史的影响，有语言演变的影响，也有著作本身编排的影响，当然也可能存在我们还没有真正理解其本意的原因。因此，在研究的过程中，不妨多问几个为什么，从系统的角度对问题进行辩证分析，等这些问题都得到解决，对《论语》的解读也就基本符合或更加符合原义了。

开展《论语》研究离不开正确的方法论，采用正确的研究方法是得到正确结果的必然要求。马克思主义哲学是科学的世界观和方法论，它既是彻底的唯物论，又是彻底的辩证法，实现了唯物主义和辩证法的高度统一。辩证唯物论和唯物辩证法是贯穿整个马克思主义哲学的两条主线，它科学地反映了关于宇宙自然、人类社会和人类思维的最一般、最普遍、最深刻、最基础的规律与本质。唯物辩证法是全人类认识世界与改造世界的最普遍的、最有效的科学武器之一，是全人类宝贵的思想财富。现有的对《论语》解读多采用以经解经的方法，表面上看引经据典，大量引用了前人的观点与论据，而实质上没有使用马克思主义哲学的观点进行解读。以经解经的方法往往存在弊端，如果其中一环出了问题，就会导致以讹传讹的后果。鉴于人们认识和改造世界会受到当时历史条件的限制，谁能保证千百年来没有对孔子的思想产生唯心的解读呢？因此，现有的部分较为经典的解读著作同样存在诸多偏颇之处。我们强调文化自信，并非强调盲目的文化自信，错误的解读方式和结果恰恰是对文化自信的一种伤害。正本清源，采用科学的观点和辩证的方法对包括《论语》在内的诸多经典著作进行解读，是进一步坚定文化自信的重要方法，同时也是当前社会科学研究工作者的历史责任。

《论语》作为一部语录体著作，其内容从表层来看，是在叙述孔子及其弟子的语言交流。从深层次而言，其内容更倾向于师生之间的思想交流和碰撞。用现在的话来讲，就是在交流世界观、人生观和价值观，同时也阐述了相对应的方法论。而世界观和方法论正是马克思主义哲学最为核心的内容。从这一层面来看，《论语》所反映出的中华优秀传统文化与马克思主义哲学的基本原理具有相通之处。在孔子与其弟子的语言交流中，不难看出他在向弟子及周围的人传授做人、做事的基本道理。这些道理都是经过历史检验的，符合历史唯物主义的特征。因此可以这样认为，孔子通过《论语》所表达的思想是唯物的、辩证的。

在新的历史时期，世界范围内思想文化的交流、交融、交锋日趋激烈，价值观层面的较量也呈现出了新的态势，面对改革开放和发展社会主义市场经济条件下思想意识多元、多样、多变的新特点，积极培育和践行社会主义核心价值观，进一步坚定"四个自信"，引导和培养中华民族的文化自信，对于巩固马克思主义在意识形态领域的指导地位、巩固全党全国人民团结奋斗的共同思想基础，对于促进人的全面发展、引领社会全面进步，对于集聚建成富强民主文明和谐的社会主义现代化国家、实现中华民族伟大复兴中国梦的强大正能量，具有重要的现实意义和深远的历史意义。

"智者千虑必有一失，愚者千虑必有一得"，现将自己的所思所得与诸位同仁分享，权当抛砖引玉，不当之处，敬请斧正。

陈玉栋

目录

第一篇

学而

    作为《论语》的开篇，《学而》篇开宗明义地指出人们应当注重学习，而学习的重点内容就是礼制。孝悌是礼制最基础的内容和要求，是达到"仁"这一境界的根本。对礼制规范的学习要有坚定的信念和足够的定力，从而不至于半途而废。同样的，推行礼制不可能一蹴而就，而是一个循序渐进的过程。在这个过程中，注定会遇到不被人理解和认可的情况，对此要正确对待。还要客观地看待当时所处的环境，这对于实事求是地处理问题，更好地推行礼制具有积极作用。

1.1 子曰："学而时习之，不亦说乎？有朋自远方来，不亦乐乎？人不知而不愠，不亦君子乎[1]？"

【注释】

[1] 君子：古代指地位高的人，后来指人格高尚的人。"君子"一词在整部《论语》中经常出现，泛指思想境界高和思想格局大的人，与其身份并没有必然联系。

【译文】

孔子说："如果把学习到的礼制规范，经常、适时地练习，难道不是一件很快乐的事情吗？能够得到超越时空的思想共鸣，不也是一件很高兴的事情吗？得不到别人的理解或认可，也能保持不愠不怒的心态，这样做不也能称为'君子'吗？"

【解读】

《论语》中有数篇涉及孔子教导人们应该怎样学习、怎样对待学习的内容，其中也涉及了学习方法、学习态度等问题。关于学习的探讨也正是《论语》的重要内容之一。

为什么《论语》的开篇用了这么一段话呢？着实有些令人费解。正确理解本章内容需要从以下几个方面着手。

其一，学而悦的本质是学有所得。孔子也指出，"我非生而知之者，好古，敏以求之者也"，没有哪个人一生下来就什么都懂。每个人在成长的不同时期，对自身所处的客观世界存在这样或那样的疑惑相当正常。不懂就应该学习同样顺理成章。学习是人生存的基本保障，是成长、进步和发展的必由之路。

如果能够在生活、学习和实际工作中，用正确的理论去指导实践，在实践中不断验证理论的科学性，在这个过程中，使自身的综合能力不断得到提高，在成长的过程中，通过自身的努力，不断解决遇到的各种问题，学有所得，学有所获，这难道不是一件令人身心愉悦事情吗？这才是"学而时习之，不亦说乎"的关键所在。

其二，"有朋自远方来"，其快乐源于思想的共鸣。"有朋自远方来"与前句的"学而时习之"具有一定的承接关系。同时，"远"字具有深意，它不单纯指地理位置上的远，更应该包括时空意义上的时间久远。据此，更深层次、更为贴切的意蕴在于通过"学"这一行为，突破时间和空间的限制，寻找到了思想共鸣，由此而产生了"快乐"之情，这才是"有朋自远方来，不亦乐乎"的关键所在。

其三，"人不知而不愠"，表现出了君子的坦荡与执着。人与人之间在认知方面存在差异，这会导致人在与他人交往的过程中，得不到理解和认可，或者是双方相互不理解。作为普通人，被人误解时往往表现为怨恨。作为一位修养较高的君子，则能够全面客观地认识此类情况。结合孔子的一生，他致力于推行礼制，恢复周礼，但有谁真正认识礼制在社会治理和社会发展过程中的重要作用呢？又有谁能够真正理解他的执着呢？

这里还有一个问题，"学而时习之"中的"之"指的是什么？这是整部《论语》的关键。"之"就是1.12章有子提到的"礼"。从本章开始，许多重点内容都是围绕礼制这一主题展开的。

1.2　有子曰：“其为人也孝弟[1]，而好犯上者，鲜矣；不好犯上而好作乱者，未之有也。君子务本，本立而道生[2]。孝弟也者，其为仁之本与[3]！”

【注释】

[1] 弟：同“悌”，敬爱哥哥。

[2] 道：思路，方法。

[3] 仁：仁爱。

【译文】

有子说：“如果一个人能做到孝敬长辈、尊重哥哥，却喜欢冒犯上级，这样的事情是比较罕见的。如果一个人不喜欢冒犯上级却喜欢谋反作乱，这种情况同样是不会存在的。君子在解决问题时总是注重从根本上解决，根本性的原则一旦确定，正确的解决方案也就会随之而生。孝敬长辈，与兄弟和睦相处，就是‘仁’的根本。”

【解读】

有子即孔子的学生有若，字子有。他勤奋好学，能比较全面、深刻地理解孔子的思想和学说，尤其重视孝道。他因品学兼优且“状似孔子”，孔子死后，曾一度被孔门弟子推举为“师”。

有子提出了“孝悌为仁之本”的观点。对于“孝悌”应该辩证地认识。第一，“孝”是指晚辈依照礼制的规范对长辈在言行方面给予必要的尊重，而不是毫无原则的顺从。另外，“孝”的范围不限于父母，而是涉及所有具有血缘关系的长辈。第二，“悌”，敬爱哥哥，主要是指尊重平辈中年长者，同样不应该仅限于哥哥、姐姐，近亲中年长的平辈也应该包含在其中。第三，“孝悌”是根本准则。“孝悌”是长辈与晚辈、平辈长幼之间处理关系的准则，是营造和谐家庭关系的重要基础。如果把“孝”作为长幼之间处理关系的准则，把“悌”作为平辈之间处理关系的准则，就会形成老幼有序和长幼有序的稳定家庭关系。整个社会又是由一个个家庭组成的，因此家庭的和谐是社会稳定的重要基础。如果当政者能够意识到这一点，社会治理就应该从家庭抓起，而重要的抓手就是礼制。一个人如果具备礼制思维，在言行方面就表现为“孝悌”，因为这种人遵从礼制规范，所以不会有犯上的思想和言行，连犯上的想法也没有，哪里还会有作乱的意图呢？这就是有子所说的“其为人也孝弟，而好犯上者，鲜矣；不好犯上而好作乱者，未之有也”的内在逻辑。

这里又出现了《论语》中的一个关键概念“仁”。整部《论语》中“仁”合计出现超过100处，但文中并没有对“仁”这一概念进行明确的界定。关于“仁”的概念，我们将在15.9章予以讨论，在此仅给出相应的概念性描述：“所谓仁，指的是人的一种境界，具备三种最根本的特质，一是高尚的道德情操，二是坚定的理想信念，三是崇高的精神追求。在精神和行为特质上符合这三种条件的，就可以称为‘仁人’。”

在1.1章，孔子提出了学习礼制规范的问题，而在本章，有子则对为什么要学习礼制给出了相应解释。由此可以得知，人们可以通过对礼制的学习和实践，达到“仁”的高度及境界，也可以将“礼”理解为达到“仁”的途径和保障。

1.3 子曰："巧言令色，鲜矣仁！"

【译文】

孔子说："那种花言巧语、装出和颜悦色样子的人，极少有能够达到'仁'的标准的。"

【解读】

"巧言"指讨好的语言，"令色"指表面上的恭维，那么把"巧言令色"解释为"花言巧语、装出和颜悦色的样子"比较恰当。"令"的一种解释是"时节"，按照时节而出现的蔬菜称为时令蔬菜。这里的"令"有随着外部环境变化而变化的意思，可以将"令色"形象地解释为"变色龙"。这种人没有属于自己的独立见解，就像墙头草一样随风倒，缺乏坚定的立场。因此，"巧言令色"的人不符合仁者的标准。

1.4 曾子曰："吾日三省吾身[1]：为人谋而不忠乎[2]？与朋友交而不信乎？传不习乎？"

【注释】

[1] 省(xǐng)：检查自己的思想行为。
[2] 忠：肃敬而尽心尽意。

【译文】

曾子说："我每天再三反省自己：为别人着想的时候是不是尽心竭力了呢？与朋友交往的过程中是否做到了言而有信？老师传授给我的知识是否能做到经常实践？"

【解读】

曾子，曾参，字子舆，孔子的得意门生。在这里，曾子提出了自我反省的三个具体内容，一是能否做到从别人的立场出发，尽心竭力地为别人考虑；二是在与朋友交往的过程中是否能够做到言而有信；三是对自己所学习的前人的学问能不能在实践中加以应用。

所谓"三省吾身"就是不断地对自己的所思、所为进行反省和总结。人在成长的过程中，总会面临很多的问题和困惑，这些问题和困惑来自学习、生活、情感等方面。对于问题的产生要从自身找原因，反思自己的思想和言行，而不是归咎于外部环境或者他人。反思是一个人不断提高的有效途径。反思是一个思考的过程，也是一个总结的过程，同时更是一个提高的过程。

所谓的"为人谋而忠"就是在处理各种关系时，总是能够从对方的立场出发，充分考虑对方的感受，尽心竭力、设身处地为对方着想，也就是我们常说的"换位思考"。"言而有信"则是朋友之间交往，甚至是一个人做人的根本所在。"传不习乎"就是孔子在1.1章提到的"学而时习之"，要求自己在实际生活中对所学理论进行实践。

1.5　子曰："道千乘之国^[1]，敬事而信，节用而爱人，使民以时^[2]。"

【注释】

[1] 千乘(shèng)：一千辆兵车。古时四匹马拉的一辆兵车称作"乘"。

[2] 时：规定的时候，这里指审时度势。

【译文】

孔子说："治理拥有一千辆兵车的大国，应该做到做事严肃认真，同时要恪守信用；严格控制支出与用度，充分体谅百姓的疾苦；在役使民众时，要充分考虑是否符合时宜，做到审时度势。"

【解读】

"敬事而信、节用而爱人、使民以时"，三者之间存在一定的并列关系，同时存在由内而外的关系。"敬事而信"是针对自身深层次的、内心的要求，对事业要心存敬畏，做人做事要做到诚实守信。"节用"是指生活上避免奢侈和过度的花费，深刻认识到自己的吃穿用度都来自基层百姓，要体谅他们的疾苦。从这个角度讲，"节用"就是对人抱有仁爱之心，是"爱人"的具体表现。"使民以时"同样是要求当政者在做出决策之前，要依据礼制的规范，充分考虑役使百姓是否是在恰当的时间节点和正当的时机。

简而言之，"敬事而信"可以解释为"扎实勤奋的工作态度和诚实守信的职业操守"，"节用而爱人"则可以理解为"艰苦朴素的生活作风和以人为本的工作原则"，"使民以时"就是本着"审时度势的原则，选择正当的时机开展工作"，这样做更有利于得到群众的理解和支持，这也正是孔子民本思想的重要体现。

1.6　子曰："弟子入则孝，出则弟，谨而信，泛爱众，而亲仁，行有余力，则以学文^[1]。"

【注释】

[1] 文：文献，六艺之类。旧时指礼节仪式。

【译文】

孔子说："年龄较小的晚辈能够做到在家时孝敬父母，与外人相处时表现得和在家尊敬哥哥一样，言行谨慎而恪守信用，胸怀博爱之心，高度认同'仁'的思想。如果做到了这些尚有余力，那就可以再进一步去学习与礼制相关的经典文献了。"

【解读】

这里的"弟子"是指年龄较小的晚辈。一个人能够做到"入则孝"和"出则弟"，则表明其具备了基本的礼制意识，能够按照礼制的规范行事。如果这个人还能够做到言行谨慎、恪守信用，有博爱之心，并且高度认同"仁"这一思想观念，那就可以通过对文献的学习，进一步提高自身对礼制的认知，继而进一步运用礼制的相关内容规范自己的言行。

此处的"文"就是指与礼制相关的《诗经》《尚书》《礼记》《乐经》等文献，

而这些文献中都有对相关礼制规范的记载，都能对礼制教化起到同向发力的积极作用，只是在表现形式上有所不同。

1.7 子夏曰："贤贤易色[1]；事父母，能竭其力；事君，能致其身；与朋友交，言而有信。虽曰未学，吾必谓之学矣。"

【注释】

[1] 色：外在的面部表情，内在的思想品质。

【译文】

子夏说："如果一个人能够做到不断地向优秀的人学习，使自己由外及内、全面地产生改变。在侍奉父母方面，能够做到尽心竭力；侍奉君主，能够不惜献出生命；在与朋友交往的过程中，能够做到言而有信。这样的人即使没有系统学习过礼制，我也一定会说他系统地掌握了礼制的规范。"

【解读】

按照一般的说法"读书就是学问"，有知识的人就是有学问的人。在儒家的思想中，"学问"和"文学"是两个概念。用现在的话说就是，知识并不等同于能力，更不等同于素质，学问是建立在知识基础上而超越知识的对客观规律的基本认知。《红楼梦》中有一副对联"世事洞明皆学问，人情练达即文章"，该联对"学问"一词做了很好的注解。

学问在一定层面上也表现为事物运行过程中所遵从的内在客观规律。基于这种解释，一个有学问的人，就应该是一个善于认识和分析问题的人；一个在遇到具体问题时不容易被表面现象迷惑，能够透过现象看本质的人；一个能够准确把握客观事物潜在的运行规律并且能够在实践中正确地加以运用的人。也可以说，这个人已经具备了科学的世界观、人生观、价值观，能够正确认识周围的客观世界，并具有相对科学的方法论，能够正确处理自己所遇到的问题。

"贤贤易色"，两个"贤"字，第一个"贤"字作动词用；第二个"贤"字是名词，指贤人，即学问修养好的人。"易"，表示改变，是指持续的、不间断的改变。"贤贤易色"换个说法就是"见贤思齐"。

"贤贤易色"还有更深层次的含义。其一，作为动词的"贤"字，不能简单地理解为看到有贤德的人就肃然起敬，还包括亲耳听到或阅读到相关的文献，无论从哪种媒介获知能称为"贤"的人或者事，都肃然起敬。其二，"色"字，这里指"本来面貌，原有的性质和品质"。其三，"易"字不单单代表一种行为，而且代表着一个过程。当一个人或看到、或听说、或从文献上阅读到某个有贤德的人的有关事迹，他首先会对这个人肃然起敬，继而通过学习加深对事物的理解，对外部一些好的做法进行借鉴和吸收，从而实现内化。之后，用提升后的思想意识去指导自己的行为和实践，完成外化。在上述两个过程当中实现自身原有面貌和本质的变化。

因此，确切地讲"贤贤易色"的本意应该是："一个人在对待父母、对待上级和与朋友交往方面，在获知有人做得很好的情况下，首先能够肃然起敬，然后向他学习进而效仿，逐步内化为自身的思想观念，并以此来指导自己的行为，完成由外而内及由内而外的转化过程，使自身的综合素质得到提升。"

"事君，能致其身"是比较传统的说法。随着社会的发展和不断进步，原有的封建社会制度不复存在，在新的历史时期和现有的社会条件下，"事君，能致其身"也有了新的含义。就现在的情况而言，"事君，能致其身"就是一个人在集体或组织中，能够正确处理上下级关系，充分尊重上级与领导，在工作中做到勤奋敬业。

1.8 子曰："君子不重则不威[1]，学则不固。主忠信[2]，无友不如己者，过，则勿惮改。"

【注释】

[1] 重：坚定的理想信念和价值观念。威：表现出来的能压服人的力量或使人敬畏的态度。

[2] 主：主张，本着。

【译文】

孔子说："作为君子，如果在学习的过程中，没有坚定的理想和信念，就不会有威信，学习成果也不会牢固。本着尽心竭力和言而有信的原则为人处世，始终认为没有不如自己的朋友，如果发现自身存在不足之处，就要毫不犹豫地予以改正。"

【解读】

若要全面、正确理解本章内容，应该从文中几个关键词及上下文之间的逻辑关系入手。

第一个词是"重"。这里的"重"应该解释为"坚定的理想信念和价值观念"。"君子不重则不威"则解释为"君子如果没有坚定的理想和信念，就不会有威望"。试想，如果一个人没有坚定的信念和坚定的立场，朝三暮四、见异思迁，思想始终处于不稳定状态，那么他做人做事的威信又从何而来？

第二个词是"无"。"无友不如己者"并非"不和不如自己的人交朋友"，或者"不与志趣不相投的人交朋友"，"无友不如己者"这句话的正确解释是"没有不如自己的朋友"。一方面，孔子十分谦虚，这与他主张的"三人行，必有我师焉"有异曲同工之处。另一方面，人人都有优点和长处，只有抱有这种心态才能和周围的人交朋友，不断地发现自身存在的不足和别人身上所具有的优点，在虚怀若谷、与人为善的基础上不断提高和完善自己。

可以看出，孔子在本章记述的内容侧重于学习态度。一般情况下，一个人在学习的时候，首先要沉下心来，确定学习的目标，在思想上具有坚定的理想信念，不能浅尝辄止、一曝十寒。这里的学习从广义上来看，包括学习做人、做事、做学问等。如果具体到本章内容，则应该是与礼制规范相关的内容。"不重"的结果就是所学不系统、不牢固。与朋友交往的过程也是一个学习的过程，在这个过程中要本着忠诚、守信的原则。孔子在提到与朋友交往原则的同时，也谈到了态度的问题，主张人人有长处，要秉持谦虚的态度与人交往。如果在与朋友交往的过程中，发现自身存在哪些过错或者不足，要具备改正错误的决心和勇气。"无友不如己者"和"过则勿惮改"都是"贤贤易色"的具体行为和表现，是对学习这一主题讨论的进一步深化和延伸。

1.9 曾子曰："慎终追远[1]，民德归厚矣[2]。"

【注释】

[1] 终：最后，末了。追：回溯。远：空间或时间的距离长。
[2] 德：价值观念，核心价值观念，共同的理想信念和价值追求。

【译文】

曾子说："如果人们都能够从事物发展最终的结果，以及对历史发展规律的回溯来看问题的话，人们会逐步形成一种共识，最终会趋向于将高尚的道德观念作为行事的准则。"

【解读】

所谓"慎终"，就是按照历史发展的客观规律，对现有事物发展的最终结果做出科学的预判。"追远"则是从历史唯物主义的角度对以往事物发展过程进行追溯和总结，以历史经验和客观规律来审视当下的事物，并对其发展趋势和结果做出判断。此处的"远"与"有朋自远方来"中的"远"有相近的意思。"慎终追远，民德归厚矣"这句话也可以通俗地解释为"思前想后，还是实实在在地做人比较长远"。在这种思想的影响下，大家能够逐渐形成共识，道德观念会趋于仁爱，民风会逐步回归淳朴。这正是孔子的目标所在。

整体来看，"慎终追远"是过程，"民德归厚"是最终需要达到的目的和结果。仁义道德、民德归厚，理应成为大家共同创造的理想境界。对作为个体的人来讲，"慎终追远"应该是一种修为，需要较高的思想境界和博大的胸怀。事实上，对这种具备较高思想境界的人来说，要做到"慎终追远"，还要耐得住孤独和寂寞。

科学地把握《论语》上下文的逻辑关系，是完整理解其精神内涵的重要基础和前提。孔子的儒家思想也非凭空而来，而是在继承了前期中华优秀传统文化成果的基础上，结合自身经历，在不断实践和思考中而逐步形成的。"慎终追远"是一种思想方法，其本质与"知古鉴今""以史明志"等传统思想有相通之处。"慎终追远"可以理解为通过对历史的反思来解决当下的问题，这岂不是一种智慧？历史是发生在昨天的现实，而现实也一定会成为历史。由此看来，"慎终追远"是对历史进行经验总结，同时也是对未来人生的一种劝诫，犹如一位睿智的老者教育年轻人如何面对现实困难，如何从历史的角度对现实的环境进行辩证的审视。

这里有一个问题，既然"民德归厚"是最终目标，那么如何保障这个目标的实现呢？这同样涉及前面提到的一个核心问题，那就是礼制。接下来，子贡就谈到了孔子的"依礼行事"。

1.10　子禽问于子贡曰："夫子至于是邦也，必闻其政，求之与，抑与之与？"子贡曰："夫子温、良、恭、俭、让以得之[1]。夫子之求之也，其诸异乎人之求之与？"

【注释】

[1] 让：谦让，先人后己。不颐指气使。

【译文】

子禽问子贡："孔子每到一个国家，总会了解这个国家的政事，这是他央求对方告诉他的，还是别人主动告诉他的呢？"子贡回答说："孔子是通过温和、善良、恭敬、俭省、谦让的交流方式得到这些的。孔子的这种探求方法，大概与别人的探求方法不同吧？"

【解读】

陈亢，字子禽。子贡，孔子的学生，复姓端木，名赐。子贡能言善辩，善于经商做生意，与孔子的关系十分密切。

孔子每到一个国家，都会了解当地的社会治理情况。这里的"闻"就是现在的调查研究。他正是由于有这种良好的习惯和方法，才得以充分了解社会基层的真实情况，进而提出切实可行的政治主张。子禽问子贡，孔子了解社会治理情况时，是低声下气地请求别人告诉他，还是人家主动告诉他的呢？子贡的回答十分精妙，他说孔子是采取"温、良、恭、俭、让"的方式得到的。在与人交流的过程中表现得不卑不亢，更显示出孔子的与众不同。

那么"温、良、恭、俭、让"各自所代表的内涵又是什么呢？"温"是指与人交流时的态度。温和的态度容易使交流的双方亲近，双方都能够畅所欲言。调研对象不会感到拘束，也不会产生排斥的心理，调研的一方可以获得更多可信度高的信息。"良"是指做这件事的初衷是好的，而不是试图窥探对方的隐私，或者是出于不可告人的目的。"恭"是指调研的形式比较正式，而不是随随便便，能够显示出对对方的尊重。"俭"是指不奢华。孔子在调研的过程中，在形式上比较正式，但又不失简约，不搞大的排场或者兴师动众，不给对方增添不必要的麻烦。"让"则是指在交流的过程中保持尊重和谦让的姿态，态度平和，而不是咄咄逼人。

可以看出，孔子十分重视调查研究，每到一处，都会开展相应的调研活动，积极探索为政之道。他的调研方式又异于常人，而这种与众不同的深层次原因是孔子对社会发展高度关注，以及思维方式独特。这种调查研究方法，对现在的调研工作仍然具有很强的借鉴意义。

孔子为什么这样做呢？他的实践依据又是什么呢？子贡的回答就是答案。"温、良、恭、俭、让"都是遵从礼制的具体表现，"夫子温、良、恭、俭、让以得之"也可以表述为：夫子依礼得之。

1.11 子曰："父在，观其志；父没^[1]，观其行；三年无改于父之道，可谓孝矣。"

【注释】

[1] 没(mò)：同"殁"，去世。

【译文】

孔子说："要想了解一个人是否懂得礼制规范，可以从两个方面观察。父亲在世时，观察他的志向是什么；父亲去世后，观察他的所作所为。如果他能够在三年的时间里认真遵循守丧的礼节，这样的人就可以称得上孝子，也能算得上懂得礼制了。"

【解读】

孔子在本章给出了全面观察一个人是否遵循礼制的方法，一是听其言，二是观其行，看看这个人是不是能够做到言行一致。这里的"志"与5.26章孔子提到的"各言尔志"中的"志"含义相同，都是指"志向"。当他父亲在世的时候，要倾听他关于志向的相关表述，看他是否能够听从长辈的教诲，做到不违背长辈的意愿，这就是"听其言"的过程。当他父亲去世之后，要观察他是否能够按照礼制的要求守孝三年。如果能够做到这些，就能称为孝子。在2.5章，当孟懿子向孔子请教"孝"的问题时，孔子回答说"无违"，并进一步解释了"无违"的具体内容，与本章内容具有密切的内在联系。

从以上分析可以看出，本章内容的重点仍然是探讨礼制。接下来就切入了正题，第一次正面谈到礼制的作用及其应用。

1.12 有子曰："礼之用^[1]，和为贵^[2]。先王之道^[3]，斯为美。小大由之^[4]，有所不行。知和而和，不以礼节之，亦不可行也。"

【注释】

[1] 礼：社会生活中由于风俗习惯而形成的为大家共同遵守的仪式、礼制规范。
[2] 和：和谐，配合适当。贵：崇尚。
[3] 先王：以前圣明的君王。
[4] 由：顺随，听从。

【译文】

有子说："礼制的运用，贵在和谐适当。以往圣明的君王所采用的治国之道，值得赞美的地方就在这里。但是礼制的运用需要遵循一定的规范和要求，如果处理得比较随意，也会产生行不通的情况。因此，仅仅从理论上知道了需要和谐适当，一味追求形式上的和谐，而没有以礼制相应的规范加以节制，那也是行不通的。"

【解读】

在本章，首次出现了"礼"这一核心词汇。一般将"礼"解释为"形式上的礼节仪式"，这仅仅是"礼"外在的表现形式，更深层次上表现为相应的礼制规范，在本质上应该理解为"思想言行方面的规矩"。在17.11章，孔子指出："礼云礼云，玉帛云乎哉？乐云乐云，钟鼓云乎哉？"所谓的"礼乐"，并非人们理解的表象的"礼物和乐曲"，以及相应的礼仪形式，而是具有更丰富、更深刻的内涵。需要强调的是："礼"是《论语》的核心，关于礼制思想、内容及其作用的论述贯穿全书。

正确理解本章内容的深层次含义，应该从以下几个方面入手：其一，在"礼"的运用中，"和"是需要遵循的一般性原则，"礼"与具体事物相适应是礼制运用的重要基础，应该做到实事求是，而不是所谓的生搬硬套。其二，"礼"的运用是已经被证明了的、正确的社会治理方法和途径，即本章所提到的"先王之道，斯为美"。其三，在"礼"的运用方面要注意适度，应该根据实际情况采取相应的形式和方式，该庄重严肃的要严格执行，该简约适度的也不能铺张。其四，注意形式和内容的统一，不能只考虑形式上的"和"，即"知和而和"，而忽略了"礼"作为一种规范，其在本质上所具有的约束作用，即要"以礼节之"。

1.13　有子曰："信近于义[1]，言可复也[2]。恭近于礼，远耻辱也。因不失其亲，亦可宗也[3]。"

【注释】

[1] 义：公正合宜的道理，正义。
[2] 复：实践，践行诺言。
[3] 宗：同"踪"，探究，探寻起源。

【译文】

有子说："只有那些符合时宜的承诺，才能够得以实践。符合礼制规范的恭敬，才能使自己避免处于尴尬的境地。事情产生的原因，正由于与其所关联的事情有关，才得以查找到起源。"

【解读】

有子的这三句话同样具有深刻的思想内涵。如何才能做到言而有信呢？最重要的是要使自己的承诺符合时宜，不能言过其实或者是做出不切实际的承诺。在14.27章孔子指出，"君子耻其言而过其行"，那些超越现实、不切实际的诺言，实现起来存在着很大的难度。在5.25章孔子指出，"巧言、令色、足恭，左丘明耻之"，"足恭"就是毫无原则的、过度的恭敬。只有符合礼制规范的、没有超出适度原则的恭敬，才能确保自身不处于尴尬的境地。

事物在产生和发展的过程中都会遵循一定的客观规律，同时受到与其相关联的事物的影响。因此，通过对与之相关联的事物的观察和推理，就能够得知问题产生的根源。2.23章，孔子提到的"殷因于夏礼，所损益，可知也；周因于殷礼，所损益，可知也"，以及在3.9章提到的"文献不足故也，足则吾能征之矣"等内容，均与这里所表述的"因不失其亲，亦可宗也"具有相近的作用，都在表达一种求证的思想方法。

从整体上看这三句话，前面两句是观点，后一句则是提出这种观点的理论依据，意在表明"信近于义，言可复也。恭近于礼，远耻辱也"是被历史证明了的、正确的思想方法。

1.14 子曰："君子食无求饱，居无求安，敏于事而慎于言[1]，就有道而正焉[2]，可谓好学也已。"

【注释】

[1] 敏：疾速，敏捷。

[2] 有道：符合时宜，正确的方法。

【译文】

孔子说："君子所追求的重点并不是自身是否能够吃得上饱饭、住得安逸，其勤勉做事、出言谨慎的真正目的在于，不断地用符合时宜的方法来端正自己的言行。他们的这种做法就可以称为好学了。"

【解读】

在1.7章，子夏就有关学问的问题提出了自己的观点"贤贤易色……与朋友交，言而有信"，从三个方面给出了相对具体的判定标准。在本章，孔子则就学问的问题从精神层面表达了自己的观点。君子志存高远，他们的追求与常人有所不同，其关注的并非自己的温饱和居住问题，而是从精神方面，按照"有道"的标准来不断规范自身的言行。这里的"有道"从字面上可以解释为"正确的方法和道理"，从深层次考虑，"有道"就是文中经常提到的"礼制"。

1.15 子贡曰："贫而无谄[1]，富而无骄，何如？"子曰："可也。未若贫而乐，富而好礼者也。"子贡曰："《诗》云：'如切如磋[2]，如琢如磨'，其斯之谓与？"子曰："赐也，始可与言《诗》已矣，告诸往而知来者。"

【注释】

[1] 谄：巴结。

[2] 磋：把象牙加工成器物。

【译文】

子贡说："如果一个人，当他贫穷时而不刻意地去巴结谁，当他富有时也不会表现出骄横，这样做人如何？"孔子说："已经很不错了。不过不如在贫穷的时候依然保持快乐，在富有的时候能够遵从礼节。"子贡说："《诗经》中有'像制作骨器、玉器那样先切割，然后再精心雕琢、打磨'的句子，说的不就是这个意思吗？"孔子说："赐呀，从现在开始可以与你讨论《诗经》了，告诉你以往的事情，你可以推知接下来的事情。"

【解读】

《论语》中有多处提到或引用了《诗经》的内容。孔子在晚年修订过《诗经》，对《诗经》的内容可谓了然于胸，并对其在礼制教化过程中所起到的重要作用予以高度认可。

子贡在这里引用的"如切如磋，如琢如磨"，讲的是古代制作骨器或玉器的程序。制作骨器或玉器，第一步需要根据作品的设计要求，对原材料进行适当切割；第二步则是通过"磋"这一工序制作出作品的大体形状；第三步通过雕琢的方式将作品的图案、层次及细节展现出来；第四步则是对前期的作品进行细致打磨，使其表面光亮、圆润，从而达到预先设计的标准和效果。可以看出，"切、磋、琢、磨"的过程，是一个由粗到细的过程，同时也是一个由量变到质变的过程。如果从一个人修身、治学的角度来看，一件作品的制作过程与一个人不断成长和完善的过程是一致的。

当子贡提问一个人如果能够做到"贫而无谄，富而无骄"，其修养是不是就已经算不错了，孔子则提出"未若贫而乐，富而好礼"。"贫而无谄"只是做到了在处于窘境时，保持自身的气节，不去刻意地巴结谁，但不一定能做到内心安宁。如果对自己所处的贫困环境产生了厌恶心理，就有可能做出错误行为。就像在8.10章孔子提到的那样："好勇疾贫，乱也。"

"贫而乐"，能够不为外在生活环境所困扰，始终保持内心的平和与自身的追求，就像颜回那样，能够做到"一箪食，一瓢饮，在陋巷，人不堪其忧，回也不改其乐"。这是一种境界，也是一份坚守。"富而无骄"能够表现出一个人的涵养，也只是某一方面的优点，稍显片面。"富而好礼"则表现为一个人即使是在富有的时候，也仍能够依照礼制的要求来规范自己的思想和言行。因此，"贫而无谄，富而无骄"与"贫而乐，富而好礼"之间在本质上没有差别，其不同之处在于修养的层次，后者的层次明显要高于前者。

因此，当子贡借用《诗经》中的"如切如磋，如琢如磨"来比喻"贫而无谄，富而无骄"与"贫而乐，富而好礼"之间的层次关系时，孔子对子贡予以高度评价。与此同时，强调了"礼"作为思想和行为标准的重要作用。

1.16　子曰："不患人之不己知，患不知人也。"

【译文】

孔子说："不必担心别人不了解自己，要担心的应该是自己不了解别人。"

【解读】

人们在交往的过程中，如果一方总是认为别人不了解自己，往往会产生分歧或误解。如果能从对方的角度出发，充分了解对方所处的环境以及面临的实际情况，双方的误解自然而然就会消除。因此，大家在与人交往的过程中，要注意换位思考，做到了解和理解对方。

孔子在本章提出的观点与1.1章提出的"人不知而不愠，不亦君子乎"形成呼应，再次强调了重点是"知人"，而不是"为人知"。在《尧曰》篇的最后，提到"不知言，无以知人也"，更是凸显了"知人"的重要性。

为政

在《为政》篇，孔子就社会治理的核心问题提出了自己的思想和见解。他认为，从宏观的角度讲要"为政以德"，即以理想信念作为思想引导；从操作层面看，为政的主要方法应该是礼制教化。在礼制教化的实施方面，孔子认为选取"孝"为切入点更为实际和有效，从个人的修身开始，逐步外化和扩大到"齐家、治国、平天下"的范畴。

本篇的各章同样围绕礼制教化这一主题开展讨论，但各有侧重，问题由大到小、层次由高到低逐次展开。看似凌乱，其内在的逻辑却十分缜密。例如，本篇提到的"孝"，孔子针对不同的人进行了不同的解释。表面上看是因材施教，实际上是从不同的角度对"孝"的内涵进行了细致的阐述，而前边的人物和事件仅表明特定的语言环境，客观上起到方便读者理解的作用。

通过本篇内容可以发现，孔子所阐述的道理十分深刻，阐述形式也十分精妙。他首先阐明礼制的学习和实践需要一个循序渐进和相对漫长的过程。在这一过程中，要克服畏难情绪（"君子不器"），不要"攻乎异端"，同时还要做到学习和思考相结合。应该说，孔子既提出了为政的目标，又谈到了为政的具体方法，同时也指出了在具体实践过程中，需要规避的错误思想和行为，从而确保目标的实现。

2.1　子曰："为政以德[1]，譬如北辰，居其所而众星共之。"

【注释】

[1] 德：价值观念，核心价值观念，共同的理想信念和价值追求。

【译文】

孔子说："当政者运用共同的核心价值观念来治理国政，就好像北极星安居其所，而其他众星井然有序地环绕着它。"

【解读】

北极星是天空北部的一颗亮星，距地球北极很近，差不多正对着地轴，从地球上看，它的位置几乎不变，可以靠它来辨别方向。所以，北极星在用来辨别方向的基础上，更多地被赋予了指引方向的特殊意义。

"德"是指人们共同生活及行为的准则和规范。"德"可以理解为执政者在执政时对各种思想和行为做出的必要规范。如果考虑到人的行为是由思想支配这一因素的话，只要对思想进行相应的规范就能起到纲举目张的作用，而这一规范性的思想应该称为"价值观"。也就是说，"德"的本质对于个人来讲是个人的价值观，对于社会来讲就是社会的共同价值观。孔子将人的行为与共同理想和价值追求的关系，十分形象地比喻为其他众星与北极星之间的关系。按照以上逻辑，本章内容应该表述为：

孔子说："执政应该首先确定社会共同的核心价值观。核心价值观起到了价值导向和规范社会行为的作用，为其他从属事务的处理提供了方向指引。就像北极星那样，居其所，其他行星井然有序地拱卫着它。"

由此，我们可以得出"德"的真正含义是核心价值观念这一结论。

2.2　子曰："《诗》三百，一言以蔽之[1]，曰：'思无邪'。"

【注释】

[1] 蔽：遮盖，挡住。概括起来说。

【译文】

孔子说："《诗经》中的三百多篇诗歌，如果用一句话来概括就是'思想主旨纯正无邪'。"

【解读】

在本章，孔子采用借喻手法，将施政方法与《诗经》中的内容做类比。《诗经》中的很多诗句，描写了各种事物与场景，但它们具有一个共同的特点，就是朴实无华，没有杂念。同样的，施政的方法和措施有很多，但是有一个最根本的原则，就是当政者不能有私心杂念，应该秉持大公无私的施政原则。本章内容与上一章内容环环相扣，紧密承接，其上下文的严谨关系在后续内容中逐步展现。

为更方便观察上下文内容之间的逻辑关系，我们可以把上下文内容看作一个系统。其一，本章继续前一章的话题讨论"为政"。其二，从2.1章的内容可以看出孔子主张"为政以德"。本章的内容是前一章的继续，说明"为政"的道理十分简单，拿

《诗经》做了一个比喻，说明执政的宗旨就像《诗经》所表现出的那样，应该没有任何私心杂念。通俗地讲，如果当政者能够做到一心一意、大公无私，那么就能够最终达到无为而治的社会治理效果。从逻辑上看，本章内容是上一章"为政以德"内容的进一步延伸和具体化，"思无邪"是"德"的具体内容，"思无邪"，其本质就是一心一意、全心全意。

本章内容也是上一章所提执政理念的具体化。

2.3 子曰："道之以政，齐之以刑[1]，民免而无耻。道之以德，齐之以礼，有耻且格[2]。"

【注释】

[1] 齐：同样，一致。引申为处罚、裁决、判定。
[2] 格：阻碍，限制。这里指规矩、规矩意识。

【译文】

孔子说："如果采用行政命令的方式来领导民众，采用处罚的方式对民众的行为进行限制，民众则会在免于制裁后而毫无羞耻之感。如果采用理想信念教化引导民众，用礼制的规范来判定民众的行为是否正当，那么民众就会有羞耻之心，且有规矩意识。"

【解读】

孔子对两种不同的执政方式进行了比较，指出了各自的特点。第一种，通过颁布法令的方式执政，对犯错误的民众进行处罚。如果当事人被免于处罚，并不会感到耻辱，有可能还会感到幸运。第二种，采取以德治国的方式，在道德层面对民众进行教育和引导，用礼制的规定去判定和解决问题。这样的话，当事人会感到不好意思，意识到错误之后会及时改正，之后会遵守规矩。很明显，孔子更倾向于以德治国的执政方式。

从本质上来看，"道之以政，齐之以刑"与"道之以德，齐之以礼"是两种截然不同的执政方式，前者侧重于通过惩处的方式对民众的行为进行规范，表现为他律。后者则侧重于对民众进行思想教化与引导，最终表现为民众发自内心的自律。显然"道之以德，齐之以礼"的社会治理方式能够从根本上解决问题。同时也可以看出，孔子在这里提出的"德治"与"礼治"是统一的，"礼治"是"德治"的重要保障。

2.4 子曰："吾十有五而志于学，三十而立，四十而不惑，五十而知天命[1]，六十而耳顺，七十而从心所欲，不逾矩[2]。"

【注释】

[1] 天命：这里指事物运行的客观规律。
[2] 矩：法度，规则。

【译文】

孔子说："我自十五岁开始立志学习礼制，到三十岁时已经确立了自己的人生观和价值观；到四十岁时更加坚信礼制的规范作用，对自身确立的人生观和价值观深信不疑；到五十岁时已经能够认识到世间各种事物运行的客观规律；到六十岁时能做到内心笃定，不被外界的各种言论困扰；到七十岁能够做到所作所为均出自内心需要，而从不超越法度。"

【解读】

1.1章已经阐明学的内容是礼制规范。在16.13章，孔子向孔鲤指出，"不学《礼》，无以立"，因此这里的"立"应该是指依据礼制确立价值观。"天命"是指外部客观世界运行所遵循的基本规律。"耳顺"是指对自身的认知能力具备相当的自信，对外部各种不同言论可以做到不放在心上，也就是常说的"任尔东西南北风"。"从心所欲，不逾矩"是一种处事能力，凡事出于本心，且能做到不超出法度，处理具体事务已经到了圆熟的境界。

本章内容之间存在比较缜密的逻辑关系。孔子说："我从十五岁开始立志学习和研究礼制，经过十五年的不懈努力，在三十岁时，依据礼制规范确立了自己的世界观、人生观和价值观。之后的十年里，在生活和学习实践中，对自身的世界观、人生观和价值观进行验证，认为是正确的，至此更加坚定了自己的信念，不再感到迷惑。又经过十年的学习和思考，对外部世界各种事物运行的客观规律有了充分的了解。又经过十年的学习和历练，达到了不为外部纷繁复杂的事物所影响的境界。到七十的时候，能够遵从本心做自己想做的事情，而且能够做到任何事情都不违反规矩。"

其实，"欲"和"矩"之间也有一定的辩证关系。一般情况下"矩"是用来衡量和约束"欲"的，而如果一个人能够到达无"欲"的境界的话，那么"矩"还有什么作用呢？这才是"七十而从心所欲，不逾矩"的最终境界。

"欲"和"矩"至少存在以下四种逻辑关系。第一种是有"欲"不知"矩"而"逾矩"，其本质是无知无畏；第二种是有"欲"知"矩"而"逾矩"，其本质是明知故犯；第三种是有"欲"知"矩"而不"逾矩"，其本质是行有所止；第四种是知"矩"无"欲"而不"逾矩"，其本质是无欲则刚。

可以看出，通过本章的内容，孔子阐述了两个方面的问题，一方面是采用现身说法的方式，阐述了修习、成长的一般性规律。另一方面是作为上一章内容的延续，向执政者进一步指出，"德治"的实现需要相对较长的时间，同时有赖于社会成员对礼制在社会治理过程中的重要作用的理解与认可，以及在实践过程中坚守礼制规范。

2.5　孟懿子问孝[1]，子曰："无违。"樊迟御[2]，子告之曰："孟孙问孝于我，我对曰'无违'。"樊迟曰："何谓也？"子曰："生，事之以礼；死，葬之以礼，祭之以礼。"

【注释】

[1] 孟懿子：鲁国大夫。
[2] 樊迟：孔子的学生，名须，字子迟。御：驾驭车马。

【译文】

孟懿子问什么是孝。孔子说："不要违背。"一次樊迟为孔子驾驭马车，孔子告诉他说："孟孙向我请教怎样才算是孝，我回答说：'不要违背。'"樊迟说："这话是什么意思？"孔子说："在父母活着的时候，按照礼制的规范和要求来服侍他们，父母去世之后按照礼制的规范和要求来安葬他们，接下来再按照礼制的规范和要求祭祀他们。"

【解读】

从本章上下文的内容可以看出，"无违"正确的解读应该是"无违礼"，不违背礼制。

从整体结构来看，本篇开篇讲如何执政，前面的四章也都是围绕执政的主题展开的，为什么从这一章开始，连续讨论"孝"的话题呢？其实，这涉及家庭和社会之间的关系，以及当政者的家风问题。

家庭是组成社会和国家的基本单位，因此家庭和谐是社会和谐的最根本的基础。家庭和睦则社会安定，家庭幸福则社会祥和，家庭文明则社会文明。

同时，孔子也提供了一种以小见大的思想方法，治理社会应该从大处着眼、小处入手。每个家庭成员都能做好孝敬长辈的话，家庭自然而然就会和谐，整个社会也就会和谐安定。因此，孝道是施行仁政的重要基础，这也正是为政和孝道二者之间的逻辑关系。

在孔子与樊迟的交流中，孔子从三个方面阐述了实现孝道的基本方式，提出了与孝道相关的原则，就是凡事都要依礼而行。

按照常规的思维，孝道仅仅表现在这三个方面吗？《庄子·德充符》中有这样一段话："仲尼曰：'死生亦大矣，而不得与之变，虽天地覆坠，亦将不与之遗。审乎无假而不与物迁，命物之化而守其宗也。'"从中可以看出，孔子对生、死这两件事情看得比较重。仅此而已吗？其实，我们应该把生、死这两件事理解为父母活着的时候和父母去世之后完整的一个过程。在整个过程中，晚辈都应该做到对父母以礼相待。在这里，孔子并没有一一列举，而是点到为止，留出余地让对方去充分思考。

那么问题又来了，总是说对父母要以礼相待，那么达到什么样的标准才能算得上是以礼相待呢？对绝大多数人而言，分寸是很难拿捏的。"以礼相待的标准"也正是下一章将要讨论的问题。

2.6 孟武伯问孝。子曰："父母唯其疾之忧[1]。"

【注释】

[1] 唯：唯有，只。

【译文】

孟武伯向孔子请教有关孝的标准时，孔子回答说："对待父母要像父母对待儿女生病时那样体贴入微。"

【解读】

孟武伯是孟懿子的长子。他和他父亲都向孔子请教过同样的问题，但是得到了不同的回答。我们可以设想，孟懿子在向孔子请教有关孝道的问题之后，应该和孟武伯有过父子之间的交流。在父子之间交流的过程中，孟武伯应该发现了以礼相待的标准问题，搞不明白，孟懿子也解释不了，在这种情况下，就会出现父子俩先后向孔子请教同一个问题的场景。

一般情况下，父母对自己的子女都十分关爱，当孩子生病时都会表现得心急如焚，有的甚至愿意替孩子承担痛楚。只有在自己成为父母之后，才能体会到父母的真挚感情和培养孩子的不易。

当孟武伯向孔子请教孝道的时候，孔子肯定不会复述自己的观点和说法。一是因为请教者的身份发生了变化，孔子会依据因材施教的原则回答孟武伯的问题。二是孟武伯的问题一定是在前一个回答的基础上提出的，所以得到了不同的答案，而这两个答案之间一定存在着必然的联系。在前一章，孔子对孟懿子提到了以礼相待的方式和原则，但没有提到"礼"的标准问题，这一次就对"礼"的标准给出了明确的回答，且语言极其精练，"要像父母对待儿女生病时那样体贴入微"，这就是孝的标准。

一个人对父母是否真正做到了以礼相待，关键看态度，而不是仅看物质层面的东西。接下来的内容就给出了例证。

2.7 子游问孝。子曰："今之孝者，是谓能养。至于犬马，皆能有养；不敬，何以别乎？"

【译文】

子游请教孝道。孔子说："现在所说的孝，指的是能养活父母。即使狗和马，也都有人饲养；如果对父母不恭敬，那和饲养狗马有什么不同呢？"

【解读】

孔子在回答子游的问题时，又给出了不同于前面两个人的答案。比较通俗的解释是："子游啊，你看看现在所说的孝敬父母吧，在我看来，充其量只能算是养活父母。即使是家里的狗和马都能养着，如果对待父母在态度上不恭敬的话，养活父母和养着家里的狗和马有什么区别呢？"在以上师生二人的对话中，孔子通过举反例的方式，在指出孝道标准的同时，也指出了孝的核心问题。

单纯从字面上看，前三章中有三个身份、年龄等均不相同的人向孔子请教孝道，孔子分别给出了不同的解释，貌似三者之间并没有什么联系。其实，只要理清上下文的逻辑关系，就不难看出其中的端倪。如果把这三个具体的人物全部抛开，仅将孔子的回答按从前往后顺序排列，就会呈现这样的效果："孝道，就是要对父母以礼相待，以礼相待的标准就是对待父母要像父母对生病时的自己一样。如果没有恭敬的态度，仅仅尽到赡养的责任，这样的话养父母和养家畜有什么不同呢？"简而言之，孝道就是以礼相待，以礼相待的标准是体贴入微。孝道的核心是思想，外在表现为态度，一个人如果在态度上不能做到恭敬，显然达不到孝道的标准。

2.8 子夏问孝。子曰："色难[1]。有事，弟子服其劳；有酒食，先生馔[2]，曾是以为孝乎？"

【注释】

[1] 色难：保持深爱父母的本色难。

[2] 先生：泛指老师、长辈。

【译文】

子夏向孔子请教什么是孝道。孔子说："在侍奉父母的时候，想保持本质上的恭敬最难。有事情的时候，由年轻人代劳；有好吃好喝的东西，让父母先吃先喝，难道这样就算是孝敬父母了吗？这充其量只能算是一般意义上的孝敬。"

【解读】

从先后顺序看，这是第四个人向孔子请教孝道。此时，孔子的语言风格又发生了变化，直接抛出两个字"色难"，让人有点儿费解。如果顺着上一章的内容来理解，就简单多了。想一想，长期和父母生活在一起，难免会产生一些分歧，保持时时、事事、处处都能做到和颜悦色实在是太难了，似乎有些不近人情。是不是圣人的境界太高了，我们做不到啊？孔子在后边紧接着说："你以为有事的时候，晚辈给长辈代劳，有酒食之类的好东西先拿给长辈吃，就做到孝了吗？"这话是不是听起来也挺别扭？是古人的语言逻辑与现在不同，还是圣人说话与普通人不一样？

事实上，汉语的语言逻辑古往今来没有太大变化，《礼记·祭义》中有"孝子之有深爱者必有和气，有和气者必有愉色，有愉色者必有婉容"的解释，这已经接近了"色难"的本意。把逻辑关系倒过来，作为子女能够真正做到发自内心、由衷地深爱父母吗？反观上一章的内容，父母在孩子生病时的那种发自肺腑的真挚感情，作为儿女，孝敬父母时能达到那种境界吗？很难！

本章的"子夏问孝"，孔子在解释孝道时用了两个词，即"弟子"和"先生"。一般情况下，大家会认为分别指长辈和晚辈，其实这里应该是特指师生关系。古代师生之间的关系是非常特殊的，往往以"一日为师，终身为父"来形容。子游和子夏都是孔子的学生，所以孔子可以现身说法给自己的学生讲孝道。后边孔子就提到了另外一个学生颜回，目的是拿颜回进行举例说明。

2.9 子曰："吾与回言终日，不违，如愚。退而省其私，亦足以发，回也不愚。"

【译文】

孔子说："我整天给颜回讲学，他从来不表示异议，像是一个愚笨的人。等退学之后，观察他的独自钻研和实践，却能充分发挥所学的内容，颜回并不愚笨啊。"

【解读】

颜回，颜氏，名回，字子渊，尊称"复圣"，春秋末期鲁国思想家，"孔门十哲"之首。十三岁拜孔子为师，终生师事之，是孔子最得意的门生。孔子对颜回多次称赞，称赞他是好学的仁人。

那么在这一章为什么提到颜回呢？关键是他做到了以礼相待的"不违"。颜回是孔子十分器重的学生，是孔门中最具有条件继承孔子学说的弟子之一，也是孔子的希望和寄托所在，二人情同父子。孔子认为，颜回的学问达到了出类拔萃的境界。

本章内容可以通俗地表述为："有的时候，我和颜回能交流一整天，可在这一天的时间里，颜回始终不会对我所说的提出异议，看起来十分愚笨。在之后的时间里，通过私下观察，我发现他对我所说的道理也能够理解，并且能够根据自己的消化和吸收发表自己的见解，看来并不是想象中的那样愚笨啊。"这段话表面上看，意在表明颜回做学问已经达到了大智若愚的境界，但实际上是在说颜回能够做到"不违"。

如果把孝道分为深爱（"色难"）、恭敬、以礼、不违四个层次，颜回作为孔子最优秀的弟子之一，也只是做到了"不违"，那么达到出自本心的深爱的孝道的境界又是何其之难？因此，本章的主要作用是用来印证孔子的观点"色难"。

2.10　子曰："视其所以[1]，观其所由[2]，察其所安[3]，人焉廋哉？人焉廋哉？"

【注释】

[1] 视：看，表面现象。以：目的动机。

[2] 观：看，纵观。由：历史表现。

[3] 察：仔细看，调查。安：对生活、工作等感到满足合适。这里指目标、志向、精神寄托。

【译文】

孔子说："看一个人做事情的初衷，观察一个人的历史表现，考察一个人的精神寄托。那么，这个人怎么能够隐藏自己的真正面目呢？这个人怎么能够隐藏自己的真正面目呢？"

【解读】

在解读本章之前，需要重点明确几个概念。一是"视""观""察"，三者之间的共同点和不同之处。二是"以""由""安"，三者的准确含义和三者之间的逻辑关系。简单地说，"视"可以理解为大致观察，第一印象；"观"可以理解为纵观，从时间轴上去考量；"察"可以理解为深入细致地分析，做到明察秋毫。这是观察事物的层面，分别从宽度、广度和深度上观察。

再看第二组概念。"以"可以理解为一个人做事的目的和动机，"由"可以理解为一个人的历史表现，"安"可以理解为一个人的思想境界、志向，或者是精神寄托。整体来看，"以""由""安"这三者分别从现实、以往、长远三个方面，从时间维度来对一个人进行观察和考量。上述三种观察方式方法和观察点就形成了一个十分全面细致的观察系统，能够客观、科学、完整地了解一个人的全貌。

本章在知人的问题上，与"民可使，由之；不可使，知之"存在统一之处。这是后面将要讨论的话题，此处暂不探讨。结合上下文来看，本章内容表面上是在讲如何考察一个人是否达到了孝的标准，而深层次上，则是讲如何观察一个人是否做到了遵从礼制的规范。另外，读完本章内容，好似意犹未尽。孔子提出了一种考察人的思路方法和基本原则，但在操作层面好像缺乏具体的内容。

2.11 子曰："温故而知新，可以为师矣[1]。"

【注释】

[1] 师：仿效，师法。

【译文】

孔子说："重温以往发生的事情，就能够对事物的未来发展趋势做出基本的判断，这种做法不失为一种好的思想方法。"

【解读】

"温故而知新"与1.15章提到的"告诸往而知来者"一样，是辩证唯物主义和历史唯物主义思想在实践中的具体应用。这里的"师"并非特指老师，而是一种可以师法的经验或做法。

本章仍然是在探讨识人、用人的问题，提供了另外一个视角和方法。如果将前一章内容作为一个考察体系的话，本章内容则是对上一章提到的考察方法的泛化和具象化。也就是说上一章的方法是解剖了一个麻雀，本章是具体经验和应用的推广。

2.12 子曰："君子不器[1]。"

【注释】

[1] 器：器具。这里用作动词，解释为"像器具一样形成限制"。

【译文】

孔子说："君子不自我限制，不被人限制，不限制人。"

【解读】

大家应该对孔子提出的"君子不器"进行辩证认识与分析。孔子提出"君子不器"，但并没有特别指出是对自己的发展不能做出相应的限制。因此，第一个方面的表述应该为"君子不器（己）"。从对立的角度来讲，"君子不器"的第二个方面应该是"君子不（被人）器"。也就是说，任何一个作为个体的人，其自身的发展不能被别人限制。从另外一个对立的角度讲，"君子不器"还有一个方面就是"君子不器（人）"。例如，在教学实践的过程中，第一个层面的"君子不器"就是建议不要对自身进行人为限制。第二个层面的"君子不器"就是建议不要为外部环境所施加的影响所限制。第三个层面的"君子不器"就是不要给别人"贴标签"。

那么，为什么孔子在这里提出"君子不器"这一观点呢？其实是对一种错误思想进行批驳，有些人认为孔子提出的包括"孝"在内的诸多礼制规范，其标准比较高，自己做不到。是真的做不到吗？就像6.12章冉求说的那样"非不说子之道，力不足也"。事实上并非"力不足"，而是不愿意去实践罢了，这类人有很多。

2.13　子贡问君子。子曰："先行其言而后从之。"

【译文】

子贡问君子该如何做。孔子说："先做到自己所说的话，后面自然有人跟着这样做了。"

【解读】

本章内容沿袭上一章，对礼制学习与实践问题进行了拓展。如果结合上下文的内容去审视本章的细节就能够看出，本章内容是上一章内容的延续，并且有了进一步的发展和引申。这里的"子贡问君子"并非"子贡问什么是君子"，而是"子贡问君子应该如何处理孝道及礼制的问题"。按照这种逻辑，对上文的理解应该是这样的，领导者首先言行一致，按照上级或者自己所提的要求执行，做到以上率下，那么群众就自然会按照领导者所说的去做。上层社会的表率作用发挥得好不好，不但关系到礼制在周围推广，还会影响到尊礼、依礼行事这种良好的社会氛围的形成。比"先行其言而后从之"更高的层次则是以上率下，就是"桃李不言，下自成蹊"。

因此，这一章还是在讨论礼制的问题。君子如何推行礼制呢？作为君子应该有所担当，从自身做起，做到身先士卒，从而对所处的群体形成积极的影响和模范带头作用。

2.14　子曰："君子周而不比[1]，小人比而不周。"

【注释】

[1] 周：完备，周到。

【译文】

孔子说："君子在遵从礼制方面做得周全，但却不与别人比较；小人虽然经常与人比较，但做得并不周全。"

【解读】

本章内容与前章的内容依然具有承继关系。本章内容所要表达的意思是，在遵从礼制的规范和要求方面君子与小人不同，其不同之处在于对自身的要求不同。在遵从礼制方面，一般情况下君子能够做得比较好，比较全面地遵从礼制的规范和要求，但不会与别人进行比较，也不会对别人进行指摘。小人则与之相反，自己经常与别人比较，但是自身在遵从礼制方面做得并不好。

作为思想境界比较高、思想格局比较大的君子，即使在遵从礼制规范方面已经做得十分完备和周到，也不会与其他人比较，并且总是对自己提出更高的修身标准和要求，努力把自己的事情做好。小人的表现与君子不同，对自身的要求比较低。这两种不同层次的人对自身的要求，恰恰真实地反映了他们各自的综合水平。"君子周而不比，小人比而不周"是孔子对一种现象的描述，同时也是一种提高自身修养的建议，2.16章的"攻乎异端，斯害也已"就是对本章内容的补充和延伸。

2.15 子曰："学而不思则罔[1]，思而不学则殆[2]。"

【注释】

[1] 罔：蒙蔽。
[2] 殆：危险。

【译文】

孔子说："学习礼制规范时，如果不假思索地盲目照搬套用，则会导致自身受到蒙蔽。如果只是自己思考而不加以学习，就会导致错误发生，从而产生危险。"

【解读】

从上下文的逻辑看，本章内容依然是上一章主题的延续。只是内容的侧重点做了相应的调整，这里讲到了对礼制的理论学习和实践应用的关系问题。也就是说，关于礼制，仅仅学习理论是远远不够的，还需要结合实际在具体实践中加以思考和验证。不能对学习到的理论简单地、死搬硬套地加以应用，而是应该做到实事求是、因地制宜，达到理论联系实际的良好效果。

"学而不思则罔"强调对礼制的学习不但要知其然，而且要知其所以然，从而有效避免礼制在应用层面的"知和而和"，表现为没有任何实际作用的形式主义。"思而不学则殆"则强调不要进行不切实际的主观臆断，只片面地从自身出发，主观上认为自己遵从了礼制，而客观上没有做到，进而导致形成潜在的危险。

更应该注意的是，对理论的学习，一是要结合实践学，结合自己的工作实际学；二是不能急于求成，要做到"学而时习"，充分地消化吸收，为今后的工作实践打下坚实的理论和思想基础。这才是本章内容的关键所在。

2.16 子曰："攻乎异端[1]，斯害也己！"

【注释】

[1] 异端：指不符合正统思想的主张或教义。这里指别人的不足与过失。

【译文】

孔子说："对于别人的错误横加指责，最终受害的是自己。"

【解读】

这里可以把"异端"理解为不同的观点、意见、思想观念、价值取向，抑或是行为方式和行为习惯，也可以把上述的不同，也就是"异端"归纳到矛盾的范畴。对于客观存在的各种矛盾，应该用包容的态度去处理，如果一味地对其进行攻击，受害的还是自己。这不仅涉及修养问题，也涉及智慧的问题。

从上下文的结构上来看，本章内容同样是对2.14章内容"君子周而不比，小人比而不周"的补充说明。"君子周而不比，小人比而不周"就是说君子在遵从礼制方面不与其他人比较，而是着意于自己尽可能好地遵从礼制的规范和要求。如果进行比较，其行为就是"攻乎异端"，势必导致降低对自身的要求，不利于自我修身及成长，其结果就是"斯害也己"。这就是2.14章与2.16章内容之间的逻辑关系。

2.17 子曰："由，诲女知之乎！知之为知之，不知为不知，是知也。"

【译文】

孔子说："子路啊，我教给你的内容你都明白了吧！明白就是明白，不明白就是不明白，这才是真正的明智啊。"

【解读】

在孔子的学生中，子路喜强好勇，性情率真直爽。为什么孔子对子路说这番话呢？一是基于子路的性格，二是因为子路经常跟在孔子身边。

在本章，孔子通过对子路的教诲，阐述了一个基本的原则，那就是"实事求是"。实事求是不应该仅限于做学问，比较全面的理解应该是，无论是做人、做事，还是做学问，都要遵循这一基本原则。做学问来不得半点虚假，在执政方面、履职方面同样也应该实事求是，这是做人做事的底线。

2.18 子张学干禄[1]。子曰："多闻阙疑[2]，慎言其余，则寡尤；多见阙殆，慎行其余，则寡悔。言寡尤，行寡悔，禄在其中矣。"

【注释】

[1] 禄：古代官吏的俸给。
[2] 阙疑：把疑难问题留着，不下判断。

【译文】

子张向孔子请教从政的诀窍。孔子说："多听，有疑问之处姑且搁置不予评论，对其余有把握的部分，谨慎地发表自己的看法，这样就能减少或避免过失；多观察，能够发现工作中潜在的不足与危险，其余有把握的部分，谨慎地实施，这样做就能减少或避免失误导致的悔恨。在说话方面过失少，在行动方面失误少则悔恨少，官职和俸禄就会随之而来。"

【解读】

在本章孔子向子张阐述了做好本职工作的基本原则，这些原则与观点十分辩证，具有极强的思想性，即使现在也同样适用。

"多闻阙疑，慎言其余，则寡尤"，就是在职场中，第一步，要多听，全面地听。听，实际上是通过耳朵收集相关信息，以便于后期正确地对所听到的信息进行处理，是向外界学习的过程和途径。第二步，在多听之后，对于存在疑问的地方，不要轻易进行评价或议论。第三步，对于其他已经听明白或者能够掌握的信息还要谨慎地发表个人意见，这样就能减少说错话的情况。

"多见阙殆，慎行其余，则寡悔"，就是指在工作中，还要注意多观察，对于有疑问的地方，不要轻易触碰，对其余有把握的部分，还要小心谨慎地实施。这样做的目的就是减少做错事情的风险。简而言之，就是在职场中要谨言慎行，多学习、多观察、多调研，这样才能达到少说错话、少办错事的目的。能够做到这些，升职加薪就是顺理成章的事情。

从结构上看，本章同样具有承上启下的作用。如果把"子张学干禄"这个具体人物与场景忽略的话，可以看出，孔子所阐述的这一原则对礼制的学习与实践同样具有指导意义，同时与"攻乎异端，斯害也己"形成鲜明的对照，同样可以看作是基层从政者所应该遵从的礼制。在下一章，孔子则通过与鲁哀公的交流，阐释了高层当政者应该如何做到遵从礼制。

2.19 哀公问曰："何为则民服？"孔子对曰："举直错诸枉[1]，则民服；举枉错诸直，则民不服。"

【注释】

[1] 错：同"措"，措施。

【译文】

鲁哀公问孔子："怎么做才能使民众信服呢？"孔子回答说："如果采取正确的措施来解决错误的事情，民众就会信服；如果采取错误的措施来解决正确的事情，则民众就不会信服。"

【解读】

鲁哀公向孔子请教执政方法，具体来讲就是如何赢得民众的信服和拥护。孔子针对当时鲁国的国情和自己对这件事的认识，提出了自己的观点，即用正确的措施来解决错误的问题，而不是用错误的措施来处理正确的事情。

用正确的措施来解决错误的问题比较容易理解，也就是常说的改正错误。那什么是用错误的措施来处理正确的事情呢？12.9章哀公与有若关于收取赋税的对话就是确切的例子。在封建社会，收取税赋对于鲁哀公来说是正当的，但是不体恤百姓的疾苦，以增加百姓负担的方式来解决自己的用度，就是用错误的措施处理正确的事情。

关于"举直错诸枉，则民服"句的相关解释，在12.22章中，樊迟向子夏请教时，子夏则根据自己的理解结合当时的情况，给出了比较详细的答案。从本质上讲，两种解释是一致的，只不过在本章孔子给出了原则性的思想方法，而12.22章则具体到了选贤任能的工作方面。

2.20 季康子问："使民敬、忠以劝，如之何？"子曰："临之以庄，则敬；孝慈，则忠；举善而教不能，则劝。"

【译文】

季康子问："如果采取劝说的方式使人民对自己恭敬、忠诚，这样做怎么样呢？"孔子说："如果当政者庄重地对待民众，民众就会对他恭敬；当政者对待父母孝慈，人们就会忠诚；而选用贤能和教育无能的人才，需要采取劝说的方式。"

【解读】

本章讨论的是如何对待民众的问题。季康子提出采取劝说的方式使民众恭敬和忠诚，孔子并不赞同这种做法。他认为只要当政者依照礼制的规范和要求，对民众表现出庄重的态度，民众自然就会尊敬他们。在处理家庭关系时依照礼制表现出孝敬和慈善，民众自然会对他们保持忠诚。至于劝说的方式，应该用在"举善而教不能"方面。

为什么只对"举善"和"教不能"采取劝说的方式呢？原因在于当时有很多遵从礼制的优秀人士并不愿意出来做官，只能通过劝说的方式让他们出仕。那些在礼制方面表现不好的人，需要进行教育，而采用劝说的教育方式是比较合适的。

在这里，孔子再次提出了民本思想，认为当政者应该尊重人民，从而得到人民的拥戴，这样人民就会尽心竭力、团结一心。

2.21 或谓孔子曰："子奚不为政？"子曰："《书》云[1]：'孝乎惟孝，友于兄弟，施于有政。'是亦为政，奚其为为政？"

【注释】

[1] 书：《尚书》。

【译文】

有人对孔子说："您为什么不从政呢？"孔子说："《尚书》说孝敬父母，友爱兄弟，以此影响当政者，这也算得上从政，为什么一定要做官才算从政呢？"

【解读】

在本章，孔子借用《尚书》中的语句阐述了自己对政治本质的看法。孔子认为，在家能够做到孝敬父母、和兄弟和睦相处，也是讲政治的一种表现。在1.2章，有子也曾指出"孝弟也者，其为仁之本与"，也就是说从家庭的角度来看，孝敬父母、兄弟和睦同样也是政治，说明政治是无处不在的。

2.22 子曰："人而无信，不知其可也。大车无輗[1]，小车无軏[2]，其何以行之哉？"

【注释】

[1] 輗(ní)：古代大车车辕前端用来连接、固定横木或车轭的部件。

[2] 軏(yuè)：古代车辕与横木连接的关键。

【译文】

孔子说："人如果没有信用，就不知道他可以做出什么。如果大车没有安装连接横木的輗，小车没有安装连接横木的軏，将靠什么行车呢？"

【解读】

在本章，孔子对"信"的极端重要性进行了强调。他指出人的信用十分重要，就像大车的輗、小车的軏一样。大车没有了輗的限制，小车缺少了軏的约束，那么车就不可能长时间使用，会出现无法正常行驶的情况。作为人来讲，诚信是做人的根本和关键，诚信即立身之本。

这里，孔子做了一个十分形象的比喻，说人没有诚信的话，就像车子没有輗、軏一样，不能向前直行，也就是人们经常说的"人无诚信，寸步难行"。

2.23 子张问："十世可知也？"子曰："殷因于夏礼，所损益，可知也；周因于殷礼，所损益，可知也。其或继周者，虽百世，可知也。"

【译文】

子张问孔子："前后十代的礼制情况可以知道吗？"孔子说："殷代沿袭夏代的礼仪制度，增减之处可以得知；周代沿袭殷代的礼仪制度，增减之处可以得知。如有继承周代而当政者，即使有百代也是可以知道的。"

【解读】

本章以朝代更迭所带来的礼制变化为例，说明礼制的增减变化符合一定的客观规律，是有章可循的，这就是"因不失其亲，亦可宗也"。孔子认为，礼制发端于夏朝，殷礼沿袭了夏礼，自夏朝到商朝已经超过1000年。周礼又沿袭了殷礼，到孔子出生时也已经有近500年的历史。在漫长的历史进程中，这种礼制虽然有所变化损益，但是整体上是经过历史验证、正确的事物，大家应该继承和发扬。

孔子向子张介绍礼制演进的历史，也向他阐释了知古鉴今的道理。通过对历史事件的考察、对不同时期礼制的考察，就可以知道道德观念的变化。这是一种朴素的唯物史观，启示我们要通过对历史的学习，找到解决当前问题的路径。

本章所表达的主题和"温故而知新"具有异曲同工之处，同样也可以看作是"观其所由"的具体指向。

2.24 子曰："非其鬼而祭之[1]，谄也；见义不为，无勇也。"

【注释】

[1] 鬼：迷信的人所说的人死后的灵魂。这里指祖先。

【译文】

孔子说："不是自己的祖先却去祭祀他，这种行为就是谄媚；遇见正义的事却不去做，这是没有勇气的表现。"

【解读】

本章"义"是关键，表现为正当的、恰合时宜的价值追求。孔子主张人们应该立足本职工作，勇于担当作为。

从表面看，孔子是在说祭神祭鬼的事情，其实他是在告诉人们要着眼于自身，立足于本职，对于自身应该做的工作，要做到义不容辞，敢于担当。如果结合上下文来看的话，本章内容应该还有更深层次的意义，是"察其所安"的具体化。

如果进一步把后三章内容作为一个整体来看的话，应该说后边三章的内容是对"视其所以，观其所由，察其所安"的具体表述。具体地讲，就是"视其所以"的"以"，其指向是"信"，即立身之本；"观其所由"的"由"，其指向是"礼"，即道德观念；"察其所安"的"安"，其指向是"义"，即价值追求。这样，在本篇的最后，孔子给出了"视其所以，观其所由，察其所安"的全部答案。

第三篇

八佾

　　在《八佾》篇的开始，孔子就明确指出季氏僭越礼制的问题，接下来又提到了孟孙氏、叔孙氏同样存在违背礼制规范的行为，反映出当时士大夫阶层违背礼制规范的情况相当普遍，整个社会已经呈现出礼坏乐崩的状态。通过与王孙贾的交流、"入太庙，每事问"被人误解，以及人们对管仲不切实际的推崇等案例可以看出，礼制在社会治理过程中的重要作用不被人理解和认可，同样带有一定的普遍性。从而反映出恢复周礼和推行礼制迫在眉睫，且任重而道远。

　　从整体上看，本篇的主要内容是讲述形式方面的礼制和礼节。形式是服务于内容的，因此，讲礼制在实质上就是讲规矩。包括诸侯国的君主、士大夫，以及基层百姓在内的所有社会成员，都应该进一步强化规矩意识，按照礼制的规范和要求来处理日常事务。同时，本篇也提到了礼制的施行不但需要遵从一定的原则和尺度，还需要掌握一定的技巧。在具体实践的过程中，需要当事人通过不断思考和揣摩，逐步达到驾轻就熟的境界。

3.1 孔子谓季氏："八佾舞于庭[1]，是可忍也，孰不可忍也？"

【注释】

[1] 八佾(yì)：佾，乐舞的行列，每佾八人。按周制，"天子用八、诸侯用六、大夫用四、士用二，各有差等"。

【译文】

孔子谈及季氏时说："他在自家的庭院做祭祀时，采用了八佾之舞的规制，这种情况属于僭用天子的礼仪，如果对这样的事都可以容忍的话，那么还有什么事不可以忍呢？"

【解读】

本章在一开始就直奔主题，指出季氏僭越礼制的所作所为。

按照周朝的礼制规范，不同的级别，祭祀时乐舞所用的人数是不一样的，有着严格的等级划分。季氏作为士大夫，他们家祭祀时的乐舞规格不能等同于天子，而季氏却采用了顶级的规制。这也从事实上说明季氏并非不懂得周朝的礼制，而是明知故犯，充分表明其存在政治上的野心。如果大家对季氏的这种行为都能够容忍的话，那么还有什么不能容忍的呢？如果大家纷纷效仿，不按照规矩办事，就会导致整个社会的秩序混乱不堪。

从上述内容可以看出，遵从礼制就是懂规矩，僭越礼制就是不懂规矩，因此，可以将礼制看作是规矩的一种重要表现形式。

3.2 三家者以《雍》彻[1]，子曰："'相维辟公，天子穆穆'[2]，奚取于三家之堂？"

【注释】

[1] 彻：自始至终。

[2] 相维辟公，天子穆穆：出自《诗经·周颂·雍》，传为周武王祭毕文王撤去祭品时歌唱的乐诗，属于天子之乐。诸侯、大夫用之，则为僭越。

【译文】

孟孙、叔孙、季孙三家在举行家祭的过程中，自始至终采用与天子礼仪同样的规制，唱着《雍》诗。孔子说："'助祭的诸侯默然侍立，行礼的天子神情肃穆'，《雍》中的这两句诗怎么能用于三家大夫的祭堂呢？"

【解读】

"三家"，指当时把持鲁国朝政的三家大夫季孙氏、孟孙氏、叔孙氏。《雍》诗中有"天子穆穆"的句子，用于大夫的家族祭祀明显是一种僭越，所以孔子有"奚取于三家之堂"的质问。

本章同样是前一章内容的延续。前一章只说了季氏用天子的标准从事祭祀活动，本章则提到犯这种错误的不只是一家，孟孙、叔孙、季孙三家都存在类似的问题。在这里特别提出了三家在举办家庭祭祀的整个过程中，始终有助祭的诸侯分别默立两侧，像给天子行礼那样肃穆，这完全破坏了礼制的规矩。这三家在举行祭祀典礼的时候哪能这样做呢？可以看出，当时士大夫阶层，违礼现象具有一定的普遍性。

接下来，孔子对上述三家的僭越行为进行了批判。

3.3 子曰："人而不仁，如礼何？人而不仁，如乐何？"

【译文】

孔子说："一个人要是不仁的话，祭祀时即使采用高规格的礼仪形式又能怎样呢？一个人要是不仁的话，祭祀时即使演奏高规格的礼乐又能怎样呢？"

【解读】

在本章，孔子接着探讨上述三家违礼的事情。他明确指出，季氏用天子的规制开展祭祀活动，孟孙、叔孙、季孙三家在祭祀祖先结束时模仿天子的形式奏乐，是严重破坏礼制的表现。上述人物的所作所为表明他们没有遵守礼制，缺乏规矩意识，存在犯上作乱的嫌疑，也充分证明他们违背了"仁"的原则。既然内心不符合"仁"的标准，行为也就缺乏了合理性。所以，即使是在"礼"和"乐"的形式上按照相应的标准行事，其实质也是掩耳盗铃。

孟孙、叔孙、季孙三家的所作所为只是表面上采用了礼制，而并没有真正依照礼制的规范进行，这就是1.12章"知和而和，不以礼节之"的生动案例。

3.4 林放问礼之本，子曰："大哉问！礼，与其奢也，宁俭；丧，与其易也[1]，宁戚。"

【注释】

[1] 易：改变，变换。这里指人面部表情的变化。

【译文】

林放向孔子请教礼的本质。孔子说："这可是个很大的问题，不好回答。礼仪，在其形式上与其奢华靡费，宁可节俭朴陋；丧事，与其表面上表现得十分痛苦，倒不如发自内心的悲情真切。"

【解读】

当林放向孔子请教礼制的根本是什么时，孔子首先对林放所提的问题予以高度肯定，认为这个问题问得好，比较宏观。接着从两个方面予以解答，一是礼仪的奢华与节俭，二是面对丧事的态度。

表面上看，孔子说的是礼仪和处理丧事这两件事情，一方面表明孔子在礼仪方面坚持宁简勿奢的原则，另一方面表明孔子认为在处理丧事时并非要表现得多么痛苦，更重要的是内心悲戚。就本章内容的主题而言，孔子是在表明自己的观点，要通过现象看本质，表面上看着哭得痛不欲生，内心不一定忧伤。

因此，礼的根本在于其本质，而不是外在的表现形式。17.11章，孔子所说的"礼云礼云，玉帛云乎哉？乐云乐云，钟鼓云乎哉？"同样是这个道理。

其实本章还有一个作用就是为下文内容做了充分的铺垫。

3.5 子曰："夷狄之有君[1]，不如诸夏之亡也[2]。"

【注释】

[1] 夷：我国古代称东方的民族，也泛称周边的民族。狄：我国古代称北方的民族。

[2] 诸夏：夏朝分封的诸侯国。

【译文】

孔子说："像周边那些还没有开化的地区，好像也有所谓的君王，但是他们在礼制方面的表现，就连夏朝各诸侯国灭亡之后都不如。"

【解读】

孔子从两个不同的方面对礼制相关问题做了对比说明。第一种情况是形式上正式而礼制上不合法。如前面提到的"八佾舞于庭"。第二种情况是礼制上存在合法性，但是形式上不合理。本章内容则属于此类情况。

按照孔子的观点，真正的礼制在内容上要求具有合法性，同时在形式上要求具有合理性，表现为形式和内容的协调统一。只有这样，才能真正达到"知和而和，以礼节之"的效果。

3.6 季氏旅于泰山[1]。子谓冉有曰[2]："女弗能救与？"对曰："不能。"子曰："呜呼！曾谓泰山不如林放乎？"

【注释】

[1] 旅：军队五百人的单位称为"旅"。

[2] 谓：说，告诉。

【译文】

季康子率众到泰山行祭拜之礼，孔子听说后对冉有说："你不能采取任何的补救措施吗？"冉有回答说："不能。"孔子说："哎呀，你就没有尝试告诉季康子在对待祭拜泰山这件事上，他难道还赶不上林放吗？"

【解读】

依据周礼，只有天子、诸侯才可以祭祀境内名山，季氏却以周公之后、鲁国正卿的名义祭拜泰山。这里的季氏应为季孙肥，谥号康子。

季康子率众到泰山行祭拜之礼，很明显是违背礼制规范的行为。作为季康子的家臣，冉有有责任说服季康子不要做违背礼制的事情，但是冉有并没有这么做。冉有的不作为其实也是有违礼制的，他的这种行为就是孔子提到的"不戒视成谓之暴"。于是，孔子说："在对待祭拜泰山这件事情上，季康子难道还赶不上林放吗？"言外之意是，季康子在遵守礼制方面是比较差的，就连林放这样的普通人都比不上。从一个侧面反映出季康子不懂规矩、不懂礼节，其狼子野心，昭然若揭。

孔子对季康子的违礼行为十分不齿，认为争夺王位已经很不对了。退一步讲，即使想争王位的话，也应该做得相对文明一些，也就是下文"其争也君子"的论述。

3.7 子曰："君子无所争，必也射乎[1]！揖让而升，下而饮。其争也君子。"

【注释】

[1] 射：投壶。古代宴会时的一种娱乐活动，宾主依次把筹投入壶中，以投中多少决定胜负。

【译文】

孔子说："君子与人无所争，如果说有所争的话，那也一定是像投壶那样：比赛开始之前，参赛双方作揖相让。之后，再上赛场。比赛结束退场后，把酒言欢。这样的竞争才是君子之争应有的样子。"

【解读】

从整部《论语》来看，孔子十分尊崇帝王之间的让。尧、舜、禹延续下来的权力禅让制，以及周朝形成的比较完善的礼制，其主导思想就是让，而不是争，尤其是通过暴力开展的权力竞争，这种观点在《尧曰》篇中表述得十分清楚。

需要注意的是，文中的"射"并不是传统意义上的射箭，而是投壶这种比较优雅的游戏。一块场地，中间放置一个类似于花瓶的敞口容器，用手将类似于箭的棍状物（筹）投到壶中。其比赛的重点不是力道，而是技巧，与3.16章所说的"射不主皮"中的"射"有类似之处。所以在本章中，孔子说，君子是无所争的，如果真的需要有竞争的话，也必定像投壶游戏那样，上场之前，大家揖让一番，让对方先请。比赛结束之后，下来还得喝上几杯，大有"友谊第一、比赛第二"的味道。这样的竞争方式显得比较文明，是典型的君子之争。这一段论述，进一步印证了孔子对季氏之流的不屑。

3.8 子夏问曰："'巧笑倩兮[1]，美目盼兮[2]，素以为绚兮'何谓也？"子曰："绘事后素[3]。"曰："礼后乎？"子曰："起予者商也[4]，始可与言《诗》已矣。"

【注释】

[1] 倩：脸上露出笑靥。
[2] 盼：眼睛黑白分明的样子。
[3] 后：背景，衬托。素：本色，白色。
[4] 商：即子夏。

【译文】

子夏问孔子："'巧笑倩兮，美目盼兮，素以为绚兮'这诗句指的是什么？"孔子说："绘画的话必须以相对素雅的底色衬托。"子夏说："您是说这种美是由礼制衬托的吗？"孔子说："给予我启发的人是商啊，从现在开始，可以与你一起探讨《诗经》了。"

【解读】

"巧笑倩兮，美目盼兮"两句出自《诗经·卫风·硕人》，这首诗描写的是齐女庄姜出嫁卫庄公的盛况，着力刻画了庄姜高贵、美丽的形象。

子夏问孔子："'巧笑倩兮，美目盼兮，素以为绚兮'这诗句指的是什么？"孔子说回答了子夏的问题后，子夏说："您是说这种美是由礼制衬托的吗？"在子夏看来，"巧笑"和"美目"十分得体，笑容和眼神契合了当时的场合，这样才是符合时宜的。就像绘画一样，突出的主题和后面的背景之间存在着必然的联系，由于素色背景的衬托，绘画主题才得以更加突出、绚丽，主题与背景之间相得益彰。"绘事后素"，其实就是艺术作品创作过程中的一种手法，专用术语为"留白"。

另外，庄姜作为大家闺秀，从小就会接受礼制方面的教育和熏陶，在不同的场合，都会表现得十分优雅、得体。这种优雅也是因为内容和形式高度统一，就像前面所说的，所有行为只有达到了内容和形式的统一，才能真正符合礼制的要求。也正是基于此，孔子深情地说："给予我启发的人是商啊，水平够高，从现在开始，可以与你一起探讨《诗经》了。"

可以看出，本章依然是围绕着礼制展开的。

3.9 子曰："夏礼吾能言之，杞不足征也[1]；殷礼吾能言之，宋不足征也。文献不足故也，足则吾能征之矣。"

【注释】

[1] 征：证明，验证。

【译文】

孔子说："夏朝的礼制规范我是能够给大家讲述的，但是夏人后裔聚居地杞国的礼制情况已经不足以验证了；殷朝的礼制我是能够给大家讲述的，但是殷人后裔聚居地宋国的礼制情况已经不足以验证了。其原因在于杞国和宋国的文献不足，如果文献足够多的话，我同样能够验证他们的礼制情况。"

【解读】

在本章，孔子论述了礼制方面的学术问题。礼制的内容主要是通过文字来传播的，在文献充足的情况下能够得到相应的验证。在2.23章，孔子与子张讨论过周礼的相关问题。对夏朝和殷朝的礼制情况，孔子是比较了解的。杞国和宋国的礼制情况，因为文献没有得到完整的保存，不能为后世所了解。为什么杞国和宋国的文献没有了呢？原因其实很简单，作为小国，国都亡了，到哪儿去找他们的文献呢？

孔子严谨的学术态度也体现出了其秉持正确的唯物史观，对于无据可考的内容，不主观地去创作，这种态度就是在7.1章提到的"述而不作"。

3.10 子曰："禘自既灌而往者[1]，吾不欲观之矣。"

【注释】

[1] 禘（dì）：禘礼或者禘祭，古代一种祭祀。灌：祭礼开始时，向代表受祭者献酒的仪式，也是禘礼的第一次献酒。

【译文】

孔子说："禘祭这种礼仪，从第一次向受祭者献酒往后，我就不想再看下去了。"

【解读】

为什么孔子不想看下去了？禘祭是古代一种极为隆重的大祭之礼，只有天子才能举行。不过周成王曾因周公旦莫大的功勋，特许他举行禘祭。以后鲁国之君都沿此惯例。在孔子看来，如此隆重的祭祀礼仪，应该由合适的人、以合适的形式、持合适的态度去完成，如此才能达到应有的效果，这三个方面只要有一个方面不合适就不符合礼制要求。孔子的这番表述，从一个侧面反映出当时礼坏乐崩的社会状态。

从第一次献酒开始，孔子就看不下去了，有可能是上述三个方面都没有达到孔子理想中的标准。是不是真的这样呢？在接下来的内容中能够找到答案。

3.11　或问禘之说。子曰："不知也。知其说者之于天下也，其如示诸斯乎[1]！"指其掌。

【注释】

[1] 示：把事物摆出来或指出来使人知道。

【译文】

有人问孔子禘祭的相关知识。孔子说："我也不知道啊。对于天下懂得这些常识的人来说，就像把东西摆在这里一样清楚啊！"孔子说着指了指自己的手掌。

【解读】

对于别人提出的关于禘祭的问题，孔子并没有如实回答，而是说了反话。事实上，他对于禘祭的礼节及其程序应该都十分了解。什么身份的人可以主持禘祭，禘祭的程序是怎样的，禘祭时应该采取什么样的态度，在孔子看来都是基本常识，大家都应该了如指掌。对于这些常识，孔子不愿再重复。

从上述内容可以看出，在孔子看来，这些基本的道理，连老百姓都知道，那些身居高位的士大夫们更应该心知肚明，为什么他们却明知故犯呢？

3.12　祭如在，祭神如神在[1]。子曰："吾不与祭，如不祭。"

【注释】

[1] 神："神"是被大众认可的，如"天神"。

【译文】

孔子认为，无论祭祀什么，都应该保持一种虔诚的心态，就像被祭拜的对象在面前一样，祭祀神灵时就像神灵真的在自己面前一样。孔子进一步说："如果我不能按照相应的规范亲自参与祭祀，那就如同没有祭祀一样。"

【解读】

孔子认为祭祀是一件十分神圣的事情，主张高度重视祭祀礼仪的各种细节，按照礼制的相应规范进行祭祀。祭祀时最重要的是态度，就像前面讲到的"色难"一样，要做到发自内心，表里如一。无论是祭祀什么，都应该保持虔诚，依据相应的标准和形式，亲自参与，做到内容和形式，也就是思想和行为高度统一，符合礼制的规范和要求。

3.13 王孙贾问曰[1]："'与其媚于奥[2]，宁媚于灶'，何谓也？"子曰："不然，获罪于天，无所祷也。"

【注释】

[1] 王孙贾：卫国的大夫，他善于掌管军事。
[2] 奥：古时指房屋的西南角，也泛指房屋的深处。这里指位高权重的人。

【译文】

王孙贾问孔子："'与其媚于奥，宁媚于灶'，这句话是什么意思？"孔子说："其实不是这样的，若是行不义而获罪于上天，恐怕连祈祷的地方都没有了。"

【解读】

"与其媚于奥，宁媚于灶"的意思其实孔子是知道的。在古代，"奥"指房屋西南角、房间最为隐秘的地方。一般情况下，家中最为尊贵的人住在那个位置，代表着这个人的地位，引申为天神，或者是位高权重的人。"灶"一般位于堂屋的一侧，要想到房屋的"奥"处，那么"灶"就是必须经过的地方。因此，"奥"和"灶"之间的关系，可以看作是当权者和实权控制者之间的关系。在民间的传说中，灶王爷是上天和下界之间的使臣，他专职负责"上天言好事，下界保平安"。如果谁得罪了他，他有可能在天神面前说某人的坏话，这样得罪他的人恐怕就要倒霉了。也正是基于此种原因，有人认为与其讨好位高权重的天神还不如去巴结灶王爷。

王孙贾的想法是比较现实的，他认为只要把眼下面临的问题解决掉就行，没有必要关注深层次的长远问题。这是短视的典型表现，孔子当然不会认可。因此对于王孙贾的问题，孔子同样没有正面回答，而是直接给出了"若是行不义而获罪于上天，恐怕连祈祷的地方都没有了"的答复。其实已经明确指出，人要有敬畏之心，心怀神明者自有天助。也是在提醒大家要具有底线思维，尊重礼制，不要一边做着违背礼制规范的事情，一边还想得到上天的宽恕，这种投机思想要不得。

3.14 子曰："周监于二代[1]，郁郁乎文哉！吾从周。"

【注释】

[1] 监(jiàn)：与"鉴"通假，意思为借鉴。

【译文】

孔子说："周代借鉴了夏、商两代的礼仪制度，礼乐典章十分繁盛完备！我愿遵从周代的礼乐制度。"

【解读】

孔子认为周朝的礼制是因袭了夏、商两个朝代的优点，并经过一定程度的改进和完善而形成的。周朝的礼制已经十分完备，他也一直致力于推行和恢复周朝的礼制。

由孔子的阐述可以看出，周朝礼制的形成有赖于社会和历史的发展。周礼是在借鉴历史成果的基础上发展而来的，并且经过历史验证了的、行之有效的社会治理方略。因此孔子愿意遵从周朝的礼乐制度。通过上述内容，孔子表现出对周朝礼乐制度的高度认可，同时为周礼的可信性提供了依据。

3.15　子入太庙，每事问。或曰："孰谓鄹人之子知礼乎[1]？入太庙，每事问。"子闻之，曰："是礼也。"

【注释】

[1] 鄹(zōu)人之子：指的是孔子，有人以"鄹人之子"称呼孔子，表示对他的蔑视与不屑。

【译文】

孔子来到太庙，每件事都要向管理人员请教。于是就有人说："谁说这个鄹人之子通晓礼制规范啊？如果真是那样的话，就不会来到太庙之后，每件事都还要请教别人了。"孔子听了之后说："每件事儿都问，这才是遵从礼制规范啊。"

【解读】

孔子来到太庙，对祭祀中的每件事情都会详细地请教、了解，表现得十分谦逊。周围有人不免产生错觉，认为孔子不懂得太庙祭祀的相关规定。事实上，孔子对太庙祭祀等相关的礼制相当熟悉。

既然很熟悉，为什么还要问当事人呢？孔子给出的解释是，每件事都问才是知礼的表现，这样做是出于对管理人员的尊重。难道就仅仅是如此吗？其实，态度谦逊是孔子的一贯作风。一方面，通过请教，使当事人感到受尊重；另一方面，孔子也在做调查研究，在请教的过程中，了解负责祭祀的人员是否真正掌握了祭祀的相关细节，正如前面提到的"知之为知之，不知为不知，是知也"。孔子这样做，其实是起到了一箭双雕的作用。

3.16　子曰："射不主皮[1]，为力不同科[2]，古之道也。"

【注释】

[1] 射：射礼。
[2] 科：学术或业务的类别。

【译文】

孔子说："射礼所关注的重点并非箭能否穿透箭靶的蒙皮，而是能否准确射中目标，因为射手的类型不同，所以他们的力量大小不等，这是沿袭了古时候的规矩。"

【解读】

这里的"射"与3.7章所提到的"射"（投壶）有相似之处，都属于射礼的范畴，都主张礼让，只是象征性的竞争。正因为如此，无论男女老幼都可以参与。二者之间的区别在于"射"的形式。投壶是将类似于羽箭的筹投到一种开口容器——壶中。这里的"射"类似于现代的射箭,箭靶是皮或者布制品,上面绘有动物的图案,而不完全等同于现在射箭比赛用的箭靶,上面绘着大小不等的圆圈。同时,箭靶与射击者之间的距离也比较短,这种比赛的判别标准是能否准确射中目标,而不在于能否射透蒙皮。也正是因为不以力量大小区分,所以比赛只是礼节性的,受到了古代人的认可,并成为一种礼制形式。一般意义上的射箭不但要求命中箭靶的精度,还要考察射箭者的力量,因此,这里的"射"与射箭存在很大的不同,这就是"为力不同科"的原因所在。

从以上内容可以看出,本章的主题仍然是在探讨礼制的作用,同时表明古代(春秋之前)不崇尚人与人之间的高强度甚至暴力的竞争,在思想和行为上更趋向于文明。结合上下文来看,本章内容是针对3.15章"入太庙,每事问"提出的观点,意在表明术业有专攻,同时印证了孔子的"每事问"是在做调研,而不是对太庙的祭祀礼制进行深入的考察。

3.17 子贡欲去告朔之饩羊[1]。子曰:"赐也!尔爱其羊,我爱其礼。"

【注释】

[1] 告朔饩(xì)羊:古代一种礼制的名称。

【译文】

子贡想撤去用于告朔的羊。孔子说:"子贡呀,你爱惜那只羊,我爱惜的是告朔所采用的礼节。"

【解读】

告朔,指诸侯告朔之礼。每年秋冬之交,周天子把下一年的历书颁给诸侯,历书规定了有无闰月及每月初一的日子,这叫"颁告朔",或只称"告朔"。诸侯把得到的历书藏于祖庙,每逢初一,杀一只活羊祭于祖庙,叫"告朔"或"告月"。在礼坏乐崩的情形下,鲁国告朔之礼渐废,鲁君往往不亲临。到此时,子贡甚至想把告朔用的祭羊也撤掉,更反映了此礼坏废的严重程度。

在之前,孔子已经提出了"祭如在,祭神如神在""吾不与祭,如不祭"的观点,其实指的就是"鲁君往往不亲临"这件事情。在这种情况下,如果子贡再把举办仪式用的"饩羊"撤掉的话,连仅存的那点表面文章都没有了,那么这种告朔之礼也就会被彻底地废弃。在孔子看来,既然没有了实质性的内容,能保留一点儿表象上的形式也不错,所以他尽力维护礼制。

如果再联系到3.15章孔子的"入太庙,每事问",本章内容表明人们提出孔子是否知礼的质疑只是基于自身的认知,他们仅仅看到了问题的表象,对孔子"每事问"的实质并不了解,就像子贡舍不得"饩羊"一样,看问题比较主观、片面。

3.18 子曰："事君尽礼，人以为谄也。"

【译文】

孔子说："完全依礼仪的要求去侍奉君主，有人反而认为这是讨好、巴结在位者。"

【解读】

孔子在维护和试图恢复周朝礼制方面做了大量的工作，但并没有得到大家的理解，部分人片面地认为孔子另有所图。不然的话，为什么在侍奉上级上那么努力，尽其所能呢？事实上，孔子并没有太大的野心，只是在对待礼制方面与周围的人存在层次上的差异。因此，孔子感觉左右为难。

本章仍然是3.15章内容的延续，孔子的话意在说明一个道理：如果不遵从礼制的规范和要求，就会违背自身的意愿。完全依照礼制规范去做事的话，会给包括君主在内的人们形成谄媚的错觉，他们却不能真正理解遵从礼制的重要性。

3.19 定公问："君使臣，臣事君，如之何？"孔子对曰："君使臣以礼，臣事君以忠。"

【译文】

鲁定公问孔子："君主使用下属，下属侍奉君主，这种关系该如何处理呢？"孔子回答说："君主应该依据礼制规范使用下属，下属应该尽其心力侍奉君主。"

【解读】

接着上一章的内容，应该怎样正确处理上下级之间关系呢？在这里，孔子就礼制的问题进行了更深层次的讨论。

鲁定公问孔子如何正确处理君臣之间的关系，孔子认为上级在使用下级时，应该以礼相待，下级对上级要尽心竭力。在现实的工作中，这种关系是相互的，其中任何一方处理不好都不会达到好的工作效果。这与1.5章提到的"使民以时"观点高度契合。

3.20 子曰："《关雎》，乐而不淫[1]，哀而不伤。"

【注释】

[1] 淫：过多，过甚，过度。

【译文】

孔子说："《关雎》这首诗，愉悦而不放荡，忧思而不悲伤。"

【解读】

《诗经》是中国文学中最古老的典籍之一，《关雎》出自《国风·周南·关雎》，它是整部《诗经》的第一首诗，语言平实无华，十分优美，内容是这样的：

关关雎鸠，在河之洲。窈窕淑女，君子好逑。参差荇菜，左右流之。窈窕淑女，寤寐求之。求之不得，寤寐思服。悠哉悠哉，辗转反侧。参差荇菜，左右采之。窈窕淑女，琴瑟友之。参差荇菜，左右芼之。窈窕淑女，钟鼓乐之。

　　这首诗采用比兴的手法，以关雎鸟相向合鸣、相依相恋兴起淑女配君子的联想。接下来又以采荇菜这一行为兴起主人公对女子的相思与追求。"乐而不淫"在句式上和"哀而不伤"是相同的，所表达的意图也是一样的，就是无论是欢乐还是悲伤，都应该适度。

　　仔细阅读《关雎》这首诗，可以发现，男主人公在见到心仪的女子时所表现出的情感是十分朴素的，在追求女主人公的过程中，辗转反侧、夜不能寐。在这个时候，他没有做出任何出格的事情。男主人公的这种表现就是所谓的"哀而不伤"。男主人公在最终追求成功之后，同样处理得很得体，朝夕相处，琴瑟相和，这就是所谓的"乐而不淫"。"乐而不淫，哀而不伤"可以概括为"发乎情，止乎礼"，其核心就是适度。

　　所以，孔子以《关雎》这首诗为例，阐明凡事均要适度。联系上下文的主题来看，本章内容同样与礼制有关，作为对上一章内容的说明和延续。再结合3.19章的内容，在"君使臣以礼"方面同样应坚持适度的原则。如果把握不好尺度，臣下就会表现得像3.22章中的管仲一样。

　　3.21　哀公问社于宰我[1]，宰我对曰："夏后氏以松，殷人以柏，周人以栗，曰：使民战栗。"子闻之，曰："成事不说，遂事不谏，既往不咎。"

【注释】

[1] 社：古代指祭祀土地神的地方。这里指牌位。

【译文】

　　鲁哀公问宰我，土地神的牌位该用什么材质比较合适？宰我回答说："夏代用松木，商代用柏木，周代用栗木，用栗木的意思是使百姓战栗。"孔子听到这些话后说："对于自己已经做成了的事无需沾沾自喜，别人已经做成的事情也不用再去劝谏，已经过去的事就不必再去追究了。"

【解读】

　　本章内容似乎与上下文没有太大联系。鲁哀公与宰我交流的是土地神的牌位用什么材料。按照宰我的解释，周代供奉牌位所用的材料为栗木，与夏、商两代有所不同，取谐音，使大家感到敬畏和战栗。孔子并没有对宰我的解释予以评说，而是接下来说了三个成语"成事不说、遂事不谏、既往不咎"。对于三种已经完成了的事情分别采取不自夸、不规劝、不追究的态度，也就是说对于有了结果的事情就完全没有必要再去过度关注了。为什么孔子毫无铺垫地说了这样三件事情呢？结合上下文，我们应该能够找到答案。

　　这一章内容实际上仍然在探讨君臣之道，即如何正确处理上下级关系。通过与宰我的交流，孔子提出了自己的观点，在处理上下级关系的过程中，如果出现了上述三种情况，只要采取相应的措施就好了。作为下级，自己做成的事情不必抢功，更不必沾沾自喜；对别人已经做成的事情不再规劝；对已经过去的事也不必追究。而双方之间，对于已出现的失误也不必追究责任，相互埋怨。这种态度，与其说是一种大度与智慧，不如说就是"君使之以礼，臣事君以忠"的一种形式。

从本章内容不难看出，孔子主张仁政，对于使民众战栗的具有象征性意义的物品，孔子也是不建议采用的，只是在表述过程中，没有予以特别说明。

3.22　子曰："管仲之器小哉！"或曰："管仲俭乎？"曰："管仲有三归，官事不摄[1]，焉得俭？""然则管仲知礼乎？"曰："邦君树塞门[2]，管氏亦树塞门；邦君为两君之好，有反坫[3]，管氏亦有反坫。管氏而知礼，孰不知礼？"

【注释】

[1] 摄：代理(多指统治权)；摄政，摄位。

[2] 树：此处为动词，树立。塞门：用以间隔内外的门屏、影壁。

[3] 反坫：用于放置器物的设备，用土筑成，形似土堆，筑于两楹(厅堂前部东西各有一柱)之间。反，颠倒的，方向相背的，对称的。坫，古时室内放东西的土台子，屏障。

【译文】

孔子说："管仲的器量小啊！"有人问："管仲不是很节俭吗？"孔子说："管仲有三处府第，他又不代理朝政，哪里来的钱置办这些家产，这能称得上节俭吗？"于是那人又问："那么，管仲懂得礼仪吗？"孔子说："国君在大门内立屏墙，管仲也在大门内立屏墙；国君接待别国的国君为了表示庄重和友好，在堂上设置了对称的坫台，管仲也设置了这样的坫台。如果说管仲懂得礼仪的话，那还有谁不懂得礼仪呢？"

【解读】

没有实际的或者是代理的统治权，而又具备置办三处豪宅的经济实力，管仲必定算不上节俭。事实上，即使具备相应的经济实力，超标准置办三处房产也不算是节俭。

管仲在自己家的进门处和厅堂都按照国君的标准进行设置，这种行为同样也是不恰当的。孔子在说到管仲设置反坫之前还说到了"树塞门"的问题。在大门口树立类似于现代的影壁，在当时已经是超出了自己的身份，而在厅堂再设置反坫，这就表明管仲做得十分过分了。

这里还有一个问题，为什么孔子说管仲器量小呢？可以借用一句俗话"量小非君子，无度不丈夫"予以解释。管仲表现得如此奢侈、无礼，超越了正常礼制的范围，这就是"无度"，同样也是非君子之为。由此来说，孔子用"器小"来评价管仲也是十分中肯的，也可以看出"君使臣以礼"，把握不好尺度就是这种结果。可以看出，本章也是对前几章内容的进一步阐述。

3.23　子语鲁大师乐[1]，曰："乐其可知也。始作，翕如也[2]；从之，纯如也[3]，皦如也[4]，绎如也[5]，以成。"

【注释】

[1] 大(tài)师：乐师之长。

[2] 翕：合，收敛。

[3] 纯：专一不杂。

[4] 皦：清白，清晰。

[5] 绎：抽丝。

【译文】

孔子与鲁国的太师探讨乐曲的演奏，他说："乐曲的演奏是有章可循的。开始的时候比较收敛，接下来比较清纯，没有任何杂音，并且逐渐变得十分清晰，乐曲在将要结束的时候，如抽丝一般，绵延至结尾。"

【解读】

从字面上看，本章内容与上一章之间跨度比较大，上一章还在说管仲的事情，到这一章又说孔子与鲁大师讨论音乐演奏的问题了，是不是在结构上有些错乱呢？

音乐演奏和遵循礼制是一样的，都具有相应的规范，因此，音乐化人和将音乐作为礼制的一种形式，都是十分合理的。本章更深层次的目的是通过鲁大师和孔子之间的交流，告诉当政者一个道理：社会的治理就如同乐曲的演奏那样，有其内在规律可以遵循。并且还要多加练习，逐步掌握其中的技巧，即领导艺术。一方面要做到"学而时习之"，另一方面还要在具体的管理实践中，学会"两只手弹钢琴"。

本章内容与"学而时习之"有同样的意蕴，隐喻对"君使臣以礼"的尺度需要不断揣度，这才是本章的关键所在，而不是机械地"知和而和"。

3.24 仪封人请见，曰："君子之至于斯也，吾未尝不得见也。"从者见之。出曰："二三子何患于丧乎？天下之无道也久矣，天将以夫子为木铎[1]。"

【注释】

[1] 木铎：谓铃之大者。说者谓军法所用金铃、金舌，谓之金铎；施令时所用金铃、木舌，则谓之木铎。

【译文】

孔子一行路过仪这个地方时，负责边防的官员请求见孔子，声称："到过我这个地方的君子，我还没有一个不见面的呢。"孔子的侍从带着他与孔子见面，这位官员出来后说："你们这些人何必因为没有得到重用而忧虑呢？天下无道也不是一天两天了，你们等着吧，上天将安排孔子来重整礼制。"

【解读】

孔子在当时也是名人，这位官员看来也是追星族，凡从他属地经过的知名人士，他都要见一见。至于这位官员与孔子见面之后具体谈到了哪些内容，无从考证。但是从他会面之后所表述的内容来看，这位官员肯定是见多识广，对于深层次的社会问题具有比较独到的见解。同时可以看出，他比较认可孔子的观点，认为应该由孔子来整饬当下礼坏乐崩的社会状态。

本章最为关键的词语是"木铎"。木铎的作用在于宣传政令，对于政令的宣传和社会礼制的恢复，都能起到定调和确定标准的作用。本章虽然没有任何与礼制相关的表述，但是字里行间还是可以看出端倪。同时可以看出，《论语》的编纂者对这种叙事手法运用得十分圆熟。

3.25　子谓《韶》[1]："尽美矣，又尽善也。"谓《武》[2]："尽美矣，未尽善也。"

【注释】

[1] 韶：韶乐。

[2] 武：武乐。

【译文】

孔子在评价《韶》时说："已经达到了完美的境界，也达到了尽善的境界。"评价《武》时说："已经达到了完美的境界，但在表现的精神本质上还达不到完善的境界。"

【解读】

据邢昺《注疏》：《韶》表现的是"揖让受禅其圣德尽善"，而《武》表现的是"以征伐取天下"。《韶》是舜那个时代的乐曲名。《武》是周武王时代的乐曲名。由此看来，二者所反映的主题大相径庭。在孔子看来，礼让才能称得上善举。因此，他认为《韶》是尽善尽美的，而《武》听起来也很美，但是所反映的精神实质远达不到《韶》的境界。

从本章内容看，孔子在对音乐的评价方面提出了自己的看法，一部音乐作品不但要有好的内容，还要有好的表现形式，更重要的是要有符合礼制要求的思想主题。

孔子是不是真的在做音乐评论呢？其实并不完全是，具体情况在下一章会有介绍。

3.26　子曰："居上不宽[1]，为礼不敬，临丧不哀，吾何以观之哉？"

【注释】

[1] 居上：泛指上层身居高位者。

【译文】

孔子说："如果处于上层社会而不能宽以待人，践行礼仪而做不到恭敬严肃，处理丧事时缺乏应有的哀戚之情，一个人如果是这样的话，那让我如何用礼制的标准去评判他呢？"

【解读】

在孔子看来，身居上位的领导者应该做到严于律己、宽以待人。尤其是对待下属时，要做到宽宏大量，不计较小事，不求全责备。这与2.14章提到的"君子周而不比"，以及18.10章提到的"无求备于一人"在思想上高度契合。在对待祭祀等应该遵从的礼节方面，本章也予以详细阐释，指出礼制在维护社会秩序方面所起到的重要作用。同时作为领导者，不但要深知这一点，并且还要身体力行、率先垂范。因此，孔子指出："居上不宽，为礼不敬，临丧不哀，吾何以观之哉？"

结合上一章来看，上一章表面上是在说《韶》和《武》的不同之处，其实是在说《武》所表现出的主题思想不完全符合礼制的规范。同样，本章提出领导者应该在施行仁政的同时，注重发挥礼制的作用，从而达到良好的社会治理效果。

第四篇

里仁

　　《里仁》篇主要阐述了以下几个问题：第一，"里仁为美"，人在内心深处认可并信奉"仁"的思想才是正确的，而不能仅仅停留于口头上，做些表面文章。第二，那些仅在口头上赞同"仁"这一思想的人，对别人会产生主观方面的喜欢和厌恶，而真正的仁者是不会主观地喜欢和厌恶一个人的。第三，作为君子，能够做到"无终食之间违仁"，那些认为自己达不到"仁"这一标准的，实际上存在主观上的惰性。第四，指出了"礼"与"义"之间的辩证关系。合乎礼制规范的事情就属于"义"的范畴，也就是说符合礼制规范的就是"义"，不符合礼制规范的就是"不义"。

　　由上述内容可以看出，孔子主张对"仁"的境界的追求和对礼制的遵从，每个人都应该从自身做起，克服思想上的惰性，做到一以贯之。同时在修身致仁的过程中，要做到知行合一。在自身做到遵从礼制的基础上，还要积极对周围的人产生正向影响，更要注意适时适度的原则，对于劝谏要适可而止。

4.1 子曰："里仁为美[1]。择不处仁，焉得知？"

【注释】

[1] 里：里面，内部。这里指内心深处。

【译文】

孔子说："人内心深处的'仁'是最美的。如果内心不能选择'仁'，那么如何看出他是明智之人呢？"

【解读】

孔子在本章明确指出，对"仁"这一境界的追求应该遵从本心，从内心出发，对"仁"有由衷的认可和笃定的信念，而不能只是将"仁"拿来随便讲讲，就像那些"唯仁者"。

"择不处仁，焉得知"，这里涉及"仁"与"知"的关系问题，这一内容在下一章和5.19章也会提到。对于"仁"与"知"的关系，孔子并没有进行明确阐释，但是结合后续的论述就会逐渐明白，"仁"是一种精神追求，需要有一定的思想基础才能够正确理解，更严格地讲是需要一定的智慧，才能使崇高的精神追求与当下的现实状况高度统一。

4.2 子曰："不仁者不可以久处约，不可以长处乐。仁者安仁[1]，知者利仁。"

【注释】

[1] 安：价值追求、精神寄托。

【译文】

孔子说："不具备仁德的人不能长久地处于穷困之境，也不能长久地处于安乐之境。有仁德的人以仁德为追求，有智慧的人以仁德为利益。"

【解读】

为什么不具备"仁"者境界的人不能长期处于比较穷困的境地呢？为什么他也不能长期处于安乐的环境呢？我们可以参照1.15章来理解。孔子在子贡谈到"贫而无谄，富而无骄"时，提出"贫而乐，富而好礼"。实际上，这两者都是对一个人内心修养的一种评价，而两者之间的思想境界却存在着一定的差距，"贫而乐"远超过"贫而无谄"，同样，"富而好礼"远超过"富而无骄"。差距的产生，深层次原因在于当事人的精神寄托和价值追求，即"其所安"。在精神层面，如果缺乏比较崇高的理想和追求，人就不会有所谓的定性、定力，其思想和行为就容易受外界物质条件左右。

因此，个人修养没有达到一定境界的"不仁者"，不能长期地处于穷困或者安乐的环境。"久处约"会"穷则思变"，"长处乐"会"饱暖思淫欲"。后文"士志于道，而耻恶衣恶食者，未足与议也"，以及"饭疏食饮水，曲肱而枕之，乐亦在其中矣"所表达的观点，正是对"不仁者不可以久处约，不可以长处乐"和"仁者安仁"

的具体解读。

实际上，正确地理解"仁"的含义，追求这种理想的境界，并不是所有人都能做到的。一般人不理解"仁"的确切含义，而智者能够理解，这有利于他们达到"仁"的境界。真正的仁者已经将个人修养提升到一定的高度，并且具备了比较稳定的思想状态。对于"仁"的理解需要一定的智慧，能够认识到"仁即为利"就更不容易了，智者才能参透其中的道理。真正的仁者不但能够正确理解，并且能够知行合一，以此为自己的毕生追求。

4.3　子曰："唯仁者[1]，能好人，能恶人。"

【注释】

[1] 唯：口头上。

【译文】

孔子说："只是口头上说信奉仁德的人，能够表现出喜爱某个人，能够表现出厌恶某个人。"

【解读】

"唯"字解释为"口头上"，"唯仁者"指口是心非，或言行不一的人。如果再结合下文"苟志于仁矣，无恶也"来看，显然，这类只做表面文章，没有领会"仁"的实质、不愿意致力于修炼仁德的人，根本达不到仁者的标准。

4.4　子曰："苟志于仁矣，无恶也。"

【译文】

孔子说："如果一个人真正致力于达到仁者的境界，就不会对任何人有所厌恶。"

【解读】

所谓"仁"，指的是人的一种境界。"苟志于仁矣"可以解释为"（一个人）如果致力于达到仁者的境界"。

本章内容是上一章内容的延续和补充。"唯仁者，能好人，能恶人"从正面提出孔子的观点，而"苟志于仁矣，无恶也"则是从反面提出一种假设。真正的仁者，不会厌恶哪一个人，这也是仁者的境界和标准。"无恶也"，应该解释为"不会厌恶人"，原因有三。其一，从孔子主张的"三人行，必有我师焉"可以看出，其实每个人身上都有长处，仁者多看别人的长处，还会厌恶其他人吗？其二，孔子主张"君子周而不比"，这样的话，也不会对别人产生成见，专注于自身的修养，同样不会厌恶哪一个人。其三，孔子认为"孝弟也者，其为仁之本"，如果一个人老是讨厌别人，不能与兄弟朋友处理好关系的话，就不能达到"仁"的境界。

这里还有一个问题，17.24章"子贡曰：'君子亦有恶乎？'子曰：'有恶。'"是不是与本章内容存在矛盾呢？其实不然。本章的"无恶"与17.24章所指出的"有恶"同样是"对事不对人"，对具体的人的行为有所厌恶，而非对当事人本身而言。

4.5 子曰："富与贵，是人之所欲也；不以其道得之，不处也^[1]。贫与贱，是人之所恶也；不以其道得之，不去也。君子去仁，恶乎成名。君子无终食之间违仁^[2]，造次必于是^[3]，颠沛必于是。"

【注释】

[1] 处：置身在(某地、某种情况等)，接受这种现实。

[2] 终食之间：一顿饭的时间。(杨朝明《论语诠解》)

[3] 造次：匆忙、仓促。

【译文】

孔子说："富与贵，是每个人都想得到的，但是如果不以正当途径得到的话，不应该泰然处之。贫与贱，是每个人都厌恶的，但如果不是因为正常情况而承受，也可以不必理睬。作为君子，如果放弃对'仁'的坚守和追求，就不会再有君子之名，而是恶名。在修身致仁这件事上，君子应该时刻坚守仁心，不可须臾掉以轻心，哪怕是一顿饭这样短的时间里，仓促、紧迫的时刻，甚至处于困顿和遇到挫折时，都应该这样做。"

【解读】

从根本上讲，既然已经是君子，就不存在成就名声的问题，问题在于如何保持住君子的名声。"从善如登，从恶如崩"，从不好的一面向好的方面转化是比较难的，而从好的一面向不好的一面转化是相对容易的。这就是接下来讲到"君子无终食之间……颠沛必于是"的原因，如果有须臾的闪失或者疏忽，就有可能前功尽弃。

4.6 子曰："我未见好仁者，恶不仁者。好仁者，无以尚之^[1]；恶不仁者，其为仁矣，不使不仁者加乎其身。有能一日用其力于仁矣乎？我未见力不足者。盖有之矣，我未见也。"

【注释】

[1] 尚：自负、骄傲、矜夸。

【译文】

孔子说："我从未见过一个喜好仁德的人去厌恶一个不仁的人。真正喜好仁德的人从无自负、骄傲之处。厌恶其他人的人，他潜意识中的'仁'，充其量只能算是不让不仁的名声加在自己身上罢了。有能够做到一天之中尽全力用于修身致仁的吗？我没有见到一个人因为能力问题而做不到一日用其力于'仁'的。大概也有这种人，但是我从未见过。"

【解读】

"尚"的解释有很多种，在文中解释为"矜夸"比较合适。事实上，一个人不自负的话，是不会产生对比的，也就不会喜欢或者是厌恶某一个人。

一个真正的仁者，具有高尚的情操(苟志于仁矣，无恶也)，已经不存在喜欢谁或者是讨厌谁的问题了。好仁者，不矜夸，有可能有这种资格，但是自身也不会这样做。

对于修身致仁，孔子认为在能力方面，谁都能在一天这样短的时间之内做到自我修身，但是很少有人这样去做。在这里，孔子也没有把话说得太满，又说"大概也有这种人，但是我从未见过"。事实上，孔子对于这种情况是持否定态度的，只是说得比较委婉罢了。

客观地讲，至仁的境界是很难达到的，正因为很难达到，更需要追求仁德的人加倍努力，在具备坚定理想信念的同时，还要做到全力以赴，这样才有可能达到预期目标。6.12章冉求的表现，就是典型的主观不努力、客观找原因。

4.7 子曰："人之过也，各于其党[1]。观过，斯知仁矣。"

【注释】

[1] 党：具有共同特点的一类人。

【译文】

孔子说："人的过错各有不同，可以分成不同类型。但是只要观察他的过失之处，就会知道他仁德修养的程度了。"

【解读】

"人非圣贤孰能无过"，每个人在处理事情的时候都会犯错。有人可能会说，遇到问题绕着走，就不会出错。实际上，发现问题不处理也是一种过错。在现实工作中，发现不了问题是能力问题，而发现了问题却不主动处理则是态度问题，这两者都是不对的。

孔子指出，人的过错千差万别，但是可以分成不同的类型，从大的方面讲，有的是属于主观方面的，有的是属于客观方面的；有的属于人为的，有的属于不以人的意志为转移的。所以，孔子提出了自己的观点，他认为认真观察一个人所犯的错误，仔细分析问题产生的真正原因，就能正确评价一个人的修养。

4.8 子曰："朝闻道，夕死可矣。"

【译文】

孔子说："如果早晨知道了真正的事理，即使是傍晚死去也足够了。"

【解读】

"朝闻夕死"是大家耳熟能详的一句成语。通俗地讲，"朝闻夕死"的意思是一个人如果早上明白了道理，哪怕傍晚就死去，也是值得的。一方面，其比喻一个人对真理或目标的追求非常热切；另一方面，说明真理的获得是很难的，并非一朝一夕能够做到，有人也可能需要为此付出一生的努力。作为追求真理的人，应该不断地去学习、探索、体味和揣摩。从更深层次上讲，人们都应该用只争朝夕的心态去提高自身的修养，努力做到修身致仁。

本章与前几章内容紧密衔接，是对前几章内容的总结和升华。

4.9 子曰：“士志于道，而耻恶衣恶食者，未足与议也。”

【译文】

孔子说：“那些有志于追求真理的士人，却又以吃粗茶淡饭、穿破旧衣服为耻，就不值得一提了。”

【解读】

与“朝闻道，夕死可矣”的态度相比，这种“耻恶衣恶食”的行为，确实是不值一提的。一个人修身致仁，不但要有一定的智慧，还需要有坚定的信念。一个致力于追求真理的人，不应该为外物所影响，不能因为吃得不好、穿得不好就感到不自在，如果是这样的话，这个人就不值得一提。因为这类人没有真正做到致力于追求真理，没有做到无欲无求，这就是前面“君子不重”的具体表现。

本章所表达的思想与“苟志于仁矣，无恶也”是一样的。如果在追求真理的过程中存在太多的私欲，这些私欲往往会成为前进道路上的绊脚石。

4.10 子曰：“君子之于天下也，无适也，无莫也，义之与比。”

【译文】

孔子说：“天下之事，如果以道义作为判定标准的话，对于君子自身而言，并没有什么适合或者不适合自己的事情。”

【解读】

本章内容是接着上文说的，语意也相当连贯。上文说的是自身的吃饭穿衣问题，这里对相应的问题进行了延伸，扩大到天下之事。君子的所作所为是否合适，一切都应该以道义作为标准来衡量，而不是取决于自身的好恶。

4.11 子曰：“君子怀德[1]，小人怀土[2]；君子怀刑[3]，小人怀惠。”

【注释】

[1] 怀：念念不忘。
[2] 土：土地。这里指财富。
[3] 刑：刑罚，对犯人各种处罚的总称。

【译文】

孔子说：“君子所念在于德行，小人所念在于财富；君子所念在于法度，小人所念在于实惠。”

【解读】

从“德”“土”“刑”“惠”四个字的本意看，“德”是精神层面的追求，“土”是物质方面的追求。“刑”是充分考虑到不利的一面，而“惠”是得到好处获利的一面。上述四个概念分属两个不同范畴且形成相互对应的关系，可以通过表象的对比，从更深层次说明君子和小人在思想境界方面的区别。

上文谈到了君子将道义作为判定什么事情可以做、什么事情不可以做的标准，那么君子与小人所采用标准还有哪些区别呢？孔子接着说："君子在做事情的时候，念念不忘的总是是否符合道义，而小人念念不忘的则是自身的财富是否会受到影响；君子在做事情之前，总要充分考虑不利的一面，而小人总是首先想到能不能得到好处。"小人唯利是图的心态表露无遗。

4.12 子曰："放于利而行[1]，多怨。"

【注释】

[1] 放：听其自然，不加约束或干涉。

【译文】

孔子说："如果任由其采取利益驱动的原则做事情，最终的结果只能是招致更多的怨恨。"

【解读】

在本章，孔子从以道义为先导的反面又进行了相关探讨。以道义为先导的反面是以利益为先导。如果以道义作为行为的先导，由于"君子怀德"，就会产生"无适也，无莫也"的效果。反过来，"放于利而行"，凡事都采取利益驱动的原则，都与利益挂钩，最终的结果只能是怨声载道。

4.13 子曰："能以礼让为国乎？何有？不能以礼让为国，如礼何？"

【译文】

孔子说："能以礼让的方式治国吗？那为什么没有呢？如果不能以礼让的方式治国的话，那又怎么能推行礼制呢？"

【解读】

孔子认为礼让是道义之举，是符合道义规范的。历史上尧、舜、禹三位帝王之间的政权交接就是通过禅让完成的。当时，这种以礼让原则治国的情况已荡然无存，孔子没有看到。继而他又说，如果不采取礼让的原则治国的话，又如何能够做到以上率下推行礼制呢？

以礼让治国是孔子所推崇的，是一种理想化的社会治理方式和政治生态。孔子在文中只提到了礼让治国这一件比较宏观的事情，在他看来，还应该做到全方位地礼让治国。这种理想状态能不能实现呢？应该能，但是首先需要具备一个基本的条件，所有社会成员的思想觉悟得到极大提高。

4.14 子曰："不患无位，患所以立。不患莫己知，求为可知也。"

【译文】

孔子说："不应该担忧自己没有职位，而是应该认真考虑自己的价值追求。不要担心别人不了解自己，而应该去反思自己的所作所为，哪些成绩值得人所知。"

【解读】

孔子在上一章阐述了礼让和道义之间的关系，从4.11章开始，到现在一直在讲价值观问题。在本章有一个词——"立"比较关键。从本义上讲，"立"含有"树立、确立"的意思。从以往的解读中可以得知，立身之本就是一个人的价值追求和价值观念，"所以立"的核心就是以何种价值观念和价值追求作为立身之本。因此，本章内容主要是针对"修身"这一主题展开的。

客观地讲，人只有确立了价值观念之后，才有属于自己的追求，人生方向和目标才会清晰，不会轻易为外界事物所迷惑。在确立了正确的价值观念之后，躬身笃行，难道还发愁没有一席立身之地？同样的，人不应该抱有怀才不遇的思想，每天思考上级或者领导为什么总是看不上自己，而是应该认真地反思自己的所作所为，有没有值得被他人认可的优点或长处。

4.15 子曰："参乎！吾道一以贯之[1]。"曾子曰："唯[2]。"子出，门人问曰："何谓也？"曾子曰："夫子之道，忠恕而已矣。"

【注释】

[1] 一以贯之：用一种思想贯穿始终。

[2] 唯：明白，知道。

【译文】

孔子说："曾参啊！我的方法是坚持始终如一。"曾参应声说："明白。"孔子出门后，门人问："先生说的是什么意思呢？"曾参说："先生讲的'道'无非就是'忠恕'二字罢了。"

【解读】

上一章孔子讲到了修身，这一章就给出了修身的秘诀。孔子和曾参的对话，并没有直接点明修身之法是什么，而是对曾参强调了"一以贯之"。在外人听来，先生这是在说什么啊？但是曾参听明白了，回答说："明白。"二人对话结束，孔子出门，留下一群懵懂的门客和学生。这群人问曾参："先生说的是什么意思啊？"于是有了曾参的回答。

结合上下文，上一章就是在探讨立身之本的问题，再往前是讨论"仁"的问题，在这里说出了自己的方法，即修身成仁的方法。"一以贯之"同样是方法，但只表现为一种形式，具体到内容的话就是"忠恕"了。因此，孔子的修身之道就是一以贯之地采取"忠恕"思想，这就是"一以贯之"和"忠恕"在形式和内容方面形成的统一。

4.16 子曰："君子喻于义[1]，小人喻于利。"

【注释】

[1] 喻：比方。

【译文】

孔子说："如果用一个字来比喻君子和小人的话，用'义'来比喻君子，用'利'来比喻小人是比较恰当的。"

【解读】

君子与小人的划分不能以认知能力作为划分标准，具备文化知识的人中也有小人，不具备文化知识的人中有君子。无论是君子还是所谓的小人，都对"义"和"利"有着自身的认知，同样也会在最终选择上受此影响而进行取舍。君子更注重"义"，而小人更注重"利"，尤其是私利。用"义"来比喻君子，用"利"来比喻小人是比较恰当的。

本章内容与前几章，尤其是4.11章的内容有密切联系，是上述内容的递进和延续。

4.17 子曰："见贤思齐焉[1]，见不贤而内自省也。"

【注释】

[1] 齐：达到同样的高度，跟某一点或某一直线一般平。

【译文】

孔子说："遇到优秀的人就思考如何才能像他一样，见到不如自己的人就要在自己的内心进行反省。"

【解读】

"见贤思齐"，是一种思想素质，对修身致仁能够起到良好的促进作用。只有"见贤思齐"，才能以比自己优秀的人为榜样，不断努力提高自己，达到贤者的标准或高度。如果某一特定群体内，形成了"见贤思齐"的氛围，这个群体就是积极向上的。同样的，"见不贤而内自省"也是一种良好的思想素质，可以从表现不好的人身上汲取教训，使自己得到提高。上述两个方面提供了正反两种不同的思想借鉴，都可以达到修身致仁的目的。

本章内容同样与前几章一脉相承。

4.18 子曰："事父母，几谏[1]，见志不从，又敬不违，劳而不怨。"

【注释】

[1] 几(jī)：隐微，委婉。(杨朝明《论语诠解》)

【译文】

孔子说："对待父母，如果自己有些建议或意见需要表达，应该委婉地提出。如果自己表达出来的意愿不被父母采纳，作为晚辈仍要保持恭敬的态度，做到虽心有所忧虑却毫无怨恨。"

【解读】

从本章开始，侧重于探讨与长辈相处过程中的修身问题。其实在《学而》篇就谈到了如何对待父母的问题，《为政》篇更是用了大量的篇幅探讨孝道，但是并没有谈及与父母意见相左时应如何处理。孔子主张孝敬，但是并非主张毫无原则地顺从和愚忠愚孝。父母也是人，也会做错事或说错话。这时候，作为晚辈不能一味地碍于情面而听之任之，应该对长辈存在的问题予以规劝。

那么应该如何劝谏呢？孔子给出了较为具体的原则性方案。第一，要注意态度，应该做到方式和语气委婉。第二，如果父母执意不听劝谏的话，也要保持必要的恭敬，不能因为长辈不听从自己的劝谏而做出违背礼制的行为。第三，要做到内心虽存有忧虑，但是不怨恨。这种要求说起来容易，但是做起来却有一定难度。

4.19 子曰："父母在，不远游，游必有方[1]。"

【注释】

[1] 方：一指方位，去向；二指方案，预案。

【译文】

孔子说："父母在世时，不宜去远方游学或谋职，如果不得已出远门的话，也一定要对父母做出周到的安排。"

【解读】

在孔子看来，子女要对父母尽孝，父母在世时，尽量不要出远门，尤其是当家里有年迈的老人时。一方面，因为老人需要照顾；另一方面，自己出远门老人难免会挂念自己。但是如果遇到特殊情况，又必须要出远门的话，应该做到"游必有方"。

"游必有方"至少包括两个方面的意思，一是让父母知道自己确切的去处，二是对父母的生活起居做出周到而合理的安排。尤其是在古代，有挑水、砍柴、收庄稼等高强度劳动，这些可以安排给兄弟姐妹，或者是请近邻及好友代劳。这其实也是一个人遵从孝道、注重修身的重要体现。

4.20 子曰："三年无改于父之道，可谓孝矣。"

【译文】

孔子说："能在较长一段时期内不对父亲的决策做出大的变动，这样的人就可以称得上孝了。"

【解读】

本章内容与1.11章类同，但表达的侧重点有所不同。1.11章讲的是通过什么角度来观察一个人是否孝，而从本章与上下文的逻辑关系来看，其表达的内容则侧重于修身致仁方面。此外，14.40章的"高宗谅阴，三年不言"，也有类似的意思。

4.21 子曰："父母之年，不可不知也，一则以喜，一则以惧。"

【译文】

孔子说："父母的年龄，不可不常记在心，一方面为他们的长寿而感到欣喜，另一方面还要为他们的衰老而感到忧惧。"

【解读】

从这句话能够看出，孔子深谙人情世故，并且能够辩证地看待问题。作为子女，在对待父母的年龄的问题上，一方面要看到，他们长寿并因此而欣喜；另一方面也要看到，父母能够陪伴我们的时间越来越少了。人终将逝去，这是客观规律，也就是所谓的"天命"。因此孝敬父母，同样是一个人修身致仁的重要指标。

4.22　子曰："古者言之不出，耻躬之不逮也[1]。"

【注释】

[1] 逮(dài)：到，及。

【译文】

孔子说："古人不轻易出言承诺，因为他们以做不到承诺的事情为耻。"

【解读】

从本章开始，侧重于探讨个人言行方面的修身问题。在2.22章孔子曾指出"人而无信，不知其可也"，在孔子看来，"言必信，行必果"也是一个遵从礼制的人应该做到的。

4.23　子曰："以约失之者鲜矣[1]。"

【注释】

[1] 约：限制使不越出范围。

【译文】

孔子说："用(礼制的规范和要求)对自己进行约束，而出现过失的情况是比较罕见的。"

【解读】

本章内容是上一章内容的延续。如果把"以约失之者鲜矣"与上文"古者言之不出，耻躬之不逮也"连起来读的话，就是这样的："古者言之不出，耻躬之不逮也，(因此，)以约失之者鲜矣。"这样可以比较容易地看出上下文之间的逻辑关系，也能够更清楚地理解下文的确切含义。

这里的"约"更应该是内在的自我约束。自我约束，出现失误的情况才是很少见的。那约束的条件又是什么呢？显然是礼制的规范和要求。

4.24　子曰："君子欲，讷于言而敏于行[1]。"

【注释】

[1] 讷：(说话)迟钝。

【译文】

孔子说："君子对自己的欲望，谨慎地表达但在行动方面却十分迅速。"

【解读】

"君子欲，讷于言而敏于行"表明了君子的修养，他们总是低调做人，踏实做事。在事情开始做之前，就夸夸其谈，这是君子不太认同的。事情能够取得成功还好些，如果早早夸下海口，事情最终失败的话就会给人以爱吹牛的口实。

当然，要求这样做，一方面是因为勤勉低调是传统美德，另一方面是因为君子对事物发展有充分认知。君子在做事情之前，会对过程和结果进行充分的运筹和预判，谋定而后动，因此做事成功的概率很大。"讷于言"是一种态度，更是一种智慧和策略，也是"耻躬之不逮"的客观要求。

从另一个方面讲，古人认为言多必失，讲究说话的艺术，因此进行语言交流时需要注意很多的技巧。即使是到了现在，沟通交流同样讲求必要的方式方法，做到因人、因地、因时而异也是十分必要的。

4.25 子曰："德不孤[1]，必有邻。"

【注释】

[1] 孤：负，负恩，背弃。

【译文】

孔子说："只要不背弃道德的准则，能够遵守道德规范，一定会有人与其相邻为伴。"

【解读】

"德不孤"指的是不缺少道德修养，而不是人作为个体在形式上的孤立，与"有朋自远方来"具有相同的意蕴。作为群体中的一员，大家都要遵守共同的道德规范，只要能做到这一点，就不用怕没有知己或者朋友。因此，一个人要不断提高自身道德修养，在与周围人交往时，还要具备相应的大局观念。

4.26 子游曰："事君数[1]，斯辱矣；朋友数，斯疏矣。"

【注释】

[1] 数(shuò)：屡次。

【译文】

子游说："侍奉君主的时候，如果进谏过于频繁，就会招致羞辱；与朋友交往，规劝过于频繁，关系就会疏远。"

【解读】

本章继续讨论与人交往的问题。一是对待上级的问题，如果劝谏过于频繁，会招致羞辱。二是在与朋友交往的过程中，如果规劝过于频繁，同样会影响彼此关系，最终导致双方关系紧张，甚至疏远。其中道理比较简单，每个人都有自己思考问题的出发点，在与人交往的过程中，要适当考虑其思想。这就是孔子在8.14章提到的"不在其位，不谋其政"。劝谏过多会使对方厌恶。在与朋友相处方面，如果发现问题不说就是不忠，说多了关系会疏远。这就需要大家思考一下规劝的方式和方法问题。18.1章的"比干谏而死"就是一个比较极端的例子，这种劝谏的方式实不可取。人与人之间交往的关键在于准确把握尺度，注意适可而止。

第五篇

公冶长

　　在《公冶长》篇的前三章，孔子分别谈到了公冶长、南容和宓子贱，他们都得到了孔子的认可和赞许。当子贡问及孔子如何评价自己时，孔子把子贡比作瑚琏，这种比喻十分形象，且富有深意。子贡已经足够优秀，但是还没有达到孔子所期望的程度。接着通过子贡与颜回的对比，衬托出颜回的出类拔萃。

　　从5.16章到5.21章，孔子分别以子产、晏平仲、臧文仲等人为例，深刻阐述了"礼""知""仁"三者之间的辩证关系：遵从礼制的规范和要求才能称为明智之举，明智是达到"仁"这一境界的重要前提和基础；应该说一个人要想达到"仁"的境界，有智慧是必要的前提，遵从礼制是重要基础；通过伯夷、叔齐的故事阐明了一个道理：在修身致仁的过程中，对别人要"不念旧恶"，同时在与人交往的过程中要注意适度原则，避免出现"足恭"。

5.1 子谓公冶长："可妻也，虽在缧绁之中[1]，非其罪也！"以其子妻之[2]。

【注释】

[1] 缧绁(léi xiè)：指捆绑犯人的绳索，借指牢狱。

[2] 妻(qì)：把女子嫁给(某人)。

【译文】

孔子谈到公冶长时说："可以把女儿嫁给他。他虽然曾被监禁，但这并不是他的过错呀！"于是将自己的女儿嫁给了他。

【解读】

公冶长是孔子的弟子，自幼家贫，勤俭节约，聪颖好学，博通书礼，德才兼备，终生治学不仕禄。相传通鸟语，并因此无辜获罪。孔子出于对诸侯苛政的不满，又对公冶长身陷囹圄痛惜，便说公冶长"虽在缧绁之中，非其罪也"，并将女儿许配给他为妻。

在4.5章，孔子曾经说："贫与贱，是人之所恶也；不以其道得之，不去也。"如果坐牢的原因不是出于公冶长个人，而是出于社会的话，坐牢就坐牢吧，不必太在意。按照这个逻辑，公冶长坐牢应该不是出于个人原因。

5.2 子谓南容[1]："邦有道不废，邦无道免于刑戮。"以其兄之子妻之。

【注释】

[1] 南容：姓南宫，名适(kuò)。

【译文】

孔子在评论南容时说："邦国有道时，不被罢黜；邦国无道时，能免于遭受刑戮。"于是，就把兄长的女儿嫁给了他。

【解读】

11.6章中有"南容三复白圭，孔子以其兄之子妻之"的描述，与本章"以其兄之子妻之"的内容有重合之处。"南容三复白圭"，说明他有良好的道德品质。"邦有道不废，邦无道免于刑戮"，说明南容能在国家政治清明之时，才能不被埋没；在社会混乱之际，明哲保身，实属不易。这反映出他不但具备高尚的道德品质和很强的处事能力，还能够做到左右逢源。南容同样得到了孔子的高度认可。

在本章，孔子提到了"邦无道"和"邦有道"的概念，在后文也会提到。所谓的"邦有道"，指在国家治理方面表现为政治清明，"邦无道"则指在国家治理方面表现为政治昏庸。在《论语》的语境下，国家治理方面的表现，其根源在于是否遵从礼制的规范和要求。在孔子看来，一个国家按照礼制的规范和要求来治理的话就会表现为政治清明，称为"邦有道"；否则的话就表现为政治昏庸，称为"邦无道"。后面出现的相关概念的含义与本章的相同。

5.3　子谓子贱[1]："君子哉若人！鲁无君子者，斯焉取斯？"

【注释】

[1] 子贱：姓宓(fú)，名不齐，字子贱，孔子的学生。

【译文】

孔子谈到子贱时说："这个人真是君子啊！鲁国应该有很多君子，鲁国若是没有君子，他的这些好品德又是从哪里学来的呢？"

【解读】

宓子贱是孔子学生中德行很高的一个。鲁国君主曾任命他为单父(今山东菏泽单县)宰，派他去治理单父。宓子贱治理单父时，每天弹琴取乐，悠然自在，很少走出公堂，却把单父治理得很好。

孔子对子贱的评价很高，认为他德才兼备，是真正的君子。同时指出，鲁国是个好地方，应该有很多的君子。

5.4　子贡问曰："赐也何如？"子曰："女器也。"曰："何器也？"曰："瑚琏也[1]。"

【注释】

[1] 瑚琏：一种竹制玉饰的器皿，设于宗庙中，用以盛黍稷。此礼器夏称"琏"，商称"瑚"，周称"簠(fù)""簋(guǐ)"。

【译文】

子贡问孔子："我这个人如何？"孔子说："你呀，像一个器皿。"子贡又问："是什么器皿啊？"孔子说："是瑚琏。"

【解读】

瑚琏是古代的一种器皿，专门用来盛放贡品，只有在国家有大型典礼的时候才拿出来使用。孔子把子贡比喻成瑚琏，意思是子贡特别有才能，可以担当大任，也暗喻子贡是定国安邦之才。

客观地讲，"瑚琏"是一个中性评价，可以把这个评价理解成很高，也可以把这个评价理解成一般。孔子在对子贡进行评价时，并非像评价公冶长、南容和宓子贱那样，直接给出高度评价，而是有些吞吞吐吐，给人留下了足够的想象空间。器终归是器，是用来盛东西的，而不是被祭祀的对象。结合5.12章孔子"赐也，非尔所及也"的表述，这种判断是前后呼应的。

5.5　或曰："雍也仁而不佞[1]。"子曰："焉用佞？御人以口给[2]，屡憎于人。不知其仁，焉用佞？"

【注释】

[1] 佞：有口才，能言善辩。

[2] 给(jǐ)：敏捷。

【译文】

有人说："冉雍有仁德而没有口才。"孔子说："何必要有口才呢？伶牙俐齿地跟人争辩，常常让人憎恶。我不知道冉雍是不是能达到'仁'的标准，只是何必要有善辩的口才呢？"

【解读】

冉雍，字仲弓，孔子的弟子。在孔子看来，冉雍具备很强的政治才能，因此在6.1章中指出"雍也可使南面"。

有人谈论冉雍，认为冉雍做人、做事、在仁德方面表现十分出色，但美中不足的是口才不太好，认为这是他的缺陷。但在孔子看来，这已经足够了。他认为经常用伶牙俐齿与别人辩驳，容易引起对方的憎恨，因此没有所谓的口才也无关紧要，瑕不掩瑜。他说对于冉雍是否达到"仁"的境界不太了解，但是一个人何必非得有口才呢？

客观地讲，说冉雍没有口才未免有失偏颇。孔子认为"雍也可使南面"，说明冉雍的实际能力已经到了相当的高度，口才自然也不会很差。孔子真的不知道冉雍在仁德方面的情况吗？不知道又为什么说"雍也可使南面"？对自己弟子在仁德方面的表现，孔子总是表述为"不知其仁"，这是一贯的风格。5.7章，对子路、冉有和公西赤三人的评价也是一样的。其实，孔子对冉雍的情况十分了解，至于为什么要这么说，还得从9.1章找答案。

5.6 子使漆雕开仕，对曰："吾斯之未能信。"子说。

【译文】

孔子有意让漆雕开出仕，漆雕开却对孔子说："我对出仕这件事感觉在能力方面还达不到让人信服的程度。"孔子听后感觉很喜悦和欣慰。

【解读】

漆雕开，复姓漆雕，名开，字子开，又名子若，孔子的弟子。需要指出的是，"未能信"中的"能"是指能力，自身的能力。"信"是指信服，别人对自己信服。"未能信"，意在说明自己的能力还没有达到让别人信服的程度。"未能信"的主体是其他人，而不是漆雕开本人，"信"指的是使别人信服，而不是漆雕开本人不自信。出仕做官是需要德才兼备的，漆雕开对自己做出这样的评价有可能是出于谦虚，也有可能是还想继续跟孔子学习，进一步提升自身的学识水平和道德修养，还有一种可能是对出仕做官根本不感兴趣。

本章内容表明漆雕开很有自知之明，并且十分谦逊。有自知之明，态度谦逊，好学上进，这才是孔子欣赏漆雕开的原因，也是孔子对漆雕开的回答感到喜悦和欣慰的确切原因。如果再将上下文进行对比阅读，本章内容其实是在为下一章做铺垫，其内容正好与下一章形成鲜明的对比。

5.7 子曰："道不行，乘桴浮于海[1]，从我者其由与？"子路闻之喜。子曰："由也好勇过我，无所取材[2]。"

【注释】

[1] 桴(fú)：以竹或木编扎而成的渡水器具，大称"筏"，小称"桴"。

[2] 无所取材：不用借助任何材料。

【译文】

孔子说："如果世道不够清明，我将乘桴在海上四处漂泊的话，恐怕愿意随我而去的只有仲由了！"子路听了很高兴。孔子说："仲由好勇的性格与我相比有过之而无不及，可能连桴都不用借助。"

【解读】

孔子说，如果真有乘桴在海上四处漂泊的这么一天的话，恐怕也只有仲由跟着我了，子路听了很高兴。但孔子话锋一转，接着说"由也好勇过我，无所取材"。子路确实具有勇猛好斗的性格，其好勇的程度也远超孔子，这一点孔子说得很贴切。追随老师本身没有什么过错，但是如果不考虑外在的实际条件则是不对的。孔子提出乘桴在海上四处漂泊，已经有些超越现实，但子路对孔子的观点依然认可。

要想准确理解本章内容，首先要明确一点，本章仍然是在对人物进行评价。另外，要结合上文提到的关键人物漆雕开进行理解。上文对漆雕开推辞做官这件事，孔子十分欣喜，因为漆雕开很有自知之明，与之相比，仲由是办不到的。由上述分析可知，本章主要是说子路虽然对孔子十分忠心，但是在处理问题上还是有些不切合实际，缺乏自知之明。

5.8 孟武伯问："子路仁乎？"子曰："不知也。"又问，子曰："由也，千乘之国，可使治其赋也[1]，不知其仁也。""求也何如？"子曰："求也，千室之邑、百乘之家，可使为之宰也，不知其仁也。""赤也何如？"子曰："赤也，束带立于朝，可使与宾客言也，不知其仁也。"

【注释】

[1] 赋：旧时指农业税。

【译文】

孟武伯问孔子："子路能达到'仁'的标准吗？"孔子说："不知道。"他又问，孔子回答说："仲由这个人啊，可以让他在有一千辆兵车的国家里治理一下赋税的事情。至于他能不能达到'仁'的标准，我不知道。"孟武伯问："冉求这个人怎么样呢？"孔子说："冉求这个人啊，可以让他做千室之邑的邑长，或者在有百辆兵车的大夫家做总管。至于他能不能达到'仁'的标准，我不知道。"孟武伯又问："公西赤这个人如何？"孔子说："公西赤这个人啊，可以让他穿上礼服立于朝廷去接待宾客。至于他能不能达到'仁'的标准，我不知道。"

【解读】

本章内容安排同样精妙，好似安排了一个场景，孟武伯和孔子在交流对子路、冉求和公西赤的看法，对他们各自的优点和长处做出了评判。这里有一个表述"又问"，在以往的对话中没有出现过类似的句式，是不是孔子在刻意回避孟武伯的这个问题？孟武伯问这几个人的目的又是什么呢？我们可以从孟武伯的身份及为人处事来分析。

据《左传》记载，孟武伯是春秋末期鲁国的世袭国卿，孟懿子的儿子，处事行为稍显乖张，不太讲究礼仪。孟懿子与孔子是同辈人，两人生前多有交往。孟武伯与孔门弟子过从甚密。另一个背景是孟武伯与季康子同为鲁国大夫，但是在与季氏集团的竞争中处处落于下风，亟需笼络人才。孔子对他的为人和本次谈话的意图都十分了解，同时不愿意自己的弟子参与孟武伯的事情。因此，在孟武伯第一次问子路怎么样时，孔子只是简单地应付，说了一声"不知道"。但是孟武伯并没有善罢甘休，还是缠着孔子问，孔子就依次比较详细地分析了一下三个人的情况。

孔子认为，子路也就是能干点儿收收赋税之类的差事，冉求能做个千室之邑的邑长或者给士大夫家做个总管，公西赤对处理礼仪方面的事情更擅长一些，能立于朝堂接待宾客，但这都是些无关紧要的差事，言下之意就是难堪大用。从孔子对自己的三个学生给予同样的、相对否定的评价这一事实，以及谈话开始时的表现，明显可以看出孔子并不赞成学生参与到孟武伯的是非之中。

5.9 子谓子贡曰："女与回也孰愈[1]？"对曰："赐也何敢望回[2]？回也闻一以知十，赐也闻一以知二。"子曰："弗如也，吾与女弗如也！"

【注释】

[1] 愈：较好，胜过。
[2] 望：看，往远处看。这里指比较。

【译文】

孔子问子贡："你与颜回谁更强些？"子贡回答说："我怎么敢与颜回比呢？颜回听懂了一个道理可以推知十个道理，我听懂了一个道理能推知两个道理就不错了。"孔子听了之后说："是啊，确实不如他，我和你都不如他啊。"

【解读】

本章的重点人物是颜回。颜回的情况我们在2.9章介绍过，他是"孔门七十二贤"之首。在前面，孔子只是说到了颜回看起来比较愚，其实他的能力并不是外人所看到的那样，这种人就是大家常说的大智若愚。子贡认为颜回的认知能力远在自己之上，自己能够做到所谓的举一反三，而颜回能够做到以一推十，颜回的能力超出自己很多，自己难以望其项背。

从以往的内容中，我们可以看出子贡的水平已经非常不一般，但是与颜回相比还是小巫见大巫，子贡对颜回心服口服。孔子也同意子贡的观点，随即指出自己的水平也赶不上颜回。孔子一方面肯定了子贡的回答，另一方面也因为有这样优秀的学生而感到自豪，抑或是为颜回的英年早逝感到惋惜。

在5.4章，孔子对子贡同样有过高度的评价，认为他十分优秀，拿瑚琏来形容他是一个不可多得的人才。在本章，孔子没有评价颜回，而是通过子贡的表述进行衬托，对颜回给予了更高的评价。如此看来，颜回确非等闲之辈。但是问题又来了，颜回这么厉害，到底能够达到什么水平呢？孔子在6.3章对颜回进行了评价。

5.10　宰予昼寝，子曰："朽木不可雕也，粪土之墙不可圬也[1]，于予与何诛？"子曰："始吾于人也，听其言而信其行；今吾于人也，听其言而观其行。于予与改是。"

【注释】

[1] 圬(wū)：抹灰，粉刷。

【译文】

宰予白天睡觉。孔子说："腐朽的木头不能用来雕刻，粪土堆起来的墙不可粉刷。对于宰予啊，还能说什么来谴责他呢？"孔子又说："起先我对于人，听了他的话就相信他的所为；现在我对于人，听了他的话还要看看他到底是怎么做的。我是从宰予这件事后才改成了这种态度的。"

【解读】

前边9章中所提到的人都是孔子比较欣赏的难得之才，并且特点不一，各有所长。孔子对他们的特长十分了解。接下来，孔子又对表现相对逊色的两个学生做出点评，顺便阐发了自己的观点。

宰予不是一个按正常套路出牌的学生，说话办事儿与其他学生不太一样，比较让孔子伤脑筋。宰予这次白天睡觉，又让老师抓了个现行。从以往的内容中可以看出，孔子十分讲求言行一致、表里如一，而宰予的言行显然与孔子的标准存在较大的差距。于是孔子用了两个十分形象的比喻，说明形式和内容的统一问题。一是"朽木不可雕也"。大家应该有一个常识，凡是能够用来雕琢的材料，其材质一般是比较致密和坚硬的。二是"粪土之墙不可圬也"。同样的道理，用粪土垒起来的墙因为质地不够坚硬，容易吸水受潮，即使在表层抹上白灰，时间稍微长一些也会脱落。

5.11　子曰："吾未见刚者。"或对曰："申枨。"子曰："枨也欲，焉得刚。"

【译文】

孔子说："我从未见过刚直的人。"有人对此提出质疑，说："申枨就是这样的人。"孔子说："申枨这个人欲望过多，哪里能表现得刚直。"

【解读】

有人说申枨应该算得上刚直。孔子则认为申枨相对来说还有较多的欲望，在做人做事方面还达不到刚直的标准。

由此出现了一个问题，就是"刚"和"欲"之间的关系，为什么有"欲"就不能"刚"呢？通过2.4章对"欲"与"矩"之间关系的讨论可以看出，欲望每个人都有，但是要有一个度，这种度因人而异。一般人，欲望可以稍多一些，而有所追求的人，欲望就应该少一些，因为过多的欲望会影响到一个人的决策，进而影响到他为人处世的风格。因此，孔子做出"枨也欲，焉得刚"的论断是符合逻辑的。

5.12 子贡曰："我不欲人之加诸我也，吾亦欲无加诸人。"子曰："赐也，非尔所及也。"

【译文】

子贡说："我不想让别人强加给我的东西，我也不会把这些东西强加给别人。"孔子说："赐呀，这不是你所能做到的。"

【解读】

子贡在此处所表述的"我不欲人之加诸我也，吾亦欲无加诸人"，其实就是孔子经常提到的"己所不欲，勿施于人"。

子贡在整部《论语》中出现的次数很多，但是孔子对他的评价远不如颜回。究其原因无外乎以下两种，其一是"利"的问题。子贡是个商人，具备很强的经商意识和能力。但是，孔子不太注重利益，对子贡的经商行为有一定的成见，但是并没有明确指出。其二是子贡能言善辩。子贡的语言能力在孔子众多学生中出类拔萃。在5.5章，当有人提出"雍也仁而不佞"时，孔子回复说"焉用佞"，说明孔子并不太喜欢自己学生伶牙俐齿和能言善辩。因为在孔子看来，这种行为特质和价值取向不利于一个人修身致仁。子贡作为一个商人，不但趋利，而且能言善辩，因而当他提出"我不欲人之加诸我也，吾亦欲无加诸人"时，孔子认为他这是心口不一，于是坦诚地指出，你也就是说说罢了。这也是孔子在5.4章把子贡比喻成瑚琏的原因之一。

5.13 子贡曰："夫子之文章[1]，可得而闻也；夫子之言性与天道[2]，不可得而闻也。"

【注释】

[1] 文章：泛指著作。

[2] 性：事物本身所具有的性质或性能，本质。天道：中国古代哲学术语，唯物主义认为天道是自然界及其发展变化的客观规律。

【译文】

子贡说："先生您的文章我曾有所耳闻，但是您对(物)性与天道的见解我没有听到过。"

【解读】

本章中需要注意三个概念，即"文章""性""天道"。"文章"指的是孔子的著作；"性"指的是事物本身所具有的性质，即事物的本质；"天道"与天命有类同之处，就是自然界客观存在的一般性的规律。这样的话，本章内容就形成了一个有机的整体。一方面，"文章"是有形的，而"性"与"天道"相对于"文章"来说是无形的。另一方面，"性"反映事物内在的本质，而"天道"则反映的是事物赖以存在的客观世界，在运行和发展过程中所遵从的客观规律。

联系上一章，子贡自认为在同门中学识已经比较出众，因而可能对孔子所说的"赐也，非尔所及也"有所不满，所以又以向老师请教的方式给老师提了一个看似比较小的难题。应该说自贡提出的问题是十分尖锐的，也证明子贡的学识确实在孔子众多学生中比较出众。但对于子贡的质疑，孔子并没有进行正面回复。

孔子真的没有谈过"性与天道"的话题吗？下一章内容却给出了与此不同的答案。

5.14 子路有闻，未之能行[1]，唯恐有闻。

【注释】

[1] 行：做，办，实施。这里指实践。

【译文】

子路听说了一个道理，就急于去实践。如果还没有来得及实践，就唯恐又听到另一个道理。

【解读】

在上一章，子贡说"夫子之言性与天道，不可得而闻也"，但在本章，"子路有闻"。这里又一个问题出现了，"未之能行，唯恐有闻"。按说听到老师的教诲，自己应该感到庆幸才对。但对子路而言，听到还不如没听到呢，这又是为什么呢？

在2.17章，孔子对子路提出过十分中肯的指导意见，即"知之为知之，不知为不知，是知也"，告诉他在学习和认知的过程中，一定要做到实事求是，真正做到理论与实践相结合。12.12章也有类似的描述"子路无宿诺"。由此可知，子路很听从孔子的教诲，听到一个道理之后就急于实践，但是听得多了又怕在实践方面出现问题，所以就出现了"未之能行，唯恐有闻"的结果。

"有闻"之后，"未之能行"的只有子路一人吗？恐怕不是，只是子路表现得"唯恐有闻"罢了。那些即使听了也不愿意去实践的人，抑或是听见了装作没听见的人，与子路相比是不是相差甚远呢？上一章子贡是否听到过孔子相关言论的问题，也有了明确的答案。

5.15 子贡问曰："孔文子何以谓之文也？"子曰："敏而好学，不耻下问，是以谓之文也。"

【译文】

子贡问孔子："孔文子凭什么得到了'文'的谥号呢？"孔子说："他聪敏好学，不以向比他地位低或年龄小的人请教为耻，这就是孔文子以'文'为谥号的原因。"

【解读】

孔文子，春秋时卫国大夫孔圉(yǔ)。按照《逸周书·谥法解》的说法，"学勤好问曰文"。孔圉本人十分聪明，作为身居高位的士大夫，却能够做到为人谦逊，不以向比自己身份地位低下或者是年龄小的人请教而为耻，这是十分难能可贵的，孔子认为他可以得到"文"的谥号。

一个人在求学的过程中，若想取得一定的成绩，仅仅靠聪明是不够的，还要做到好学。在学习的过程中，遇到问题还要好问，向比自己优秀的人请教，请教别人时不要感觉到不好意思，向身份、地位不如自己的，或者年龄比自己小的人请教时，要端正态度，虚心请教。仅从做学问的角度来看，孔圉称得上是一位君子。

本章提出了做学问的问题，其实从广义上讲，做人、做事、做研究都是做学问，都应该遵循一定的内在原则。本章内容为下面的内容做了相应的铺垫。

5.16 子谓子产："有君子之道四焉：其行己也恭，其事上也敬，其养民也惠[1]，其使民也义。"

【注释】

[1] 养：供给生活资料或生活费用。

【译文】

孔子在评价子产时说："他的四种做法符合君子的要求：要求自己做到行为谦逊而有礼貌，对上级十分尊重，在对待老百姓方面能让他得到实惠，使用民力时也能做到合于正义。"

【解读】

子产，春秋时期郑国的大夫公孙侨，郑穆公之孙，字子产，又字子美；自简公时起为相，后历定公、献公、声公三朝，是杰出的政治家和外交家。孔子十分推崇他，称他为"惠人""古之遗爱"。子产的履历、成就及其为人能够得到孔子的充分肯定，应该说子产是一位开明而有建树的政治家，且能算得上是一位君子。那他是怎么做的呢？孔子从四个方面对其进行了刻画。

首先是个人的修养，要求自己在为人处事方面做到谦逊有礼貌。其次是对待上级，要求自己在对待上级时一定要保持尊重，就像子夏所说的"事君，能致其身"。再次是对待普通百姓，能够做到让大家得到真正的实惠和好处。最后是征用民力，能够做到符合正义、符合时宜，由此得到民众的理解、配合和支持。

在本章，孔子以子产为例，阐述了作为君子在对待自身、上级和下级三个层面的行为标准，同时又将对待下级的情况分为了两类，一类是在日常不用的时候，另一类是在需要征用民力的时候。在这两种情况下，如何对待下级，使之形成有机统一，还是需要认真思考的。

5.17 子曰："晏平仲善与人交[1]，久而敬之。"

【注释】

[1] 晏平仲：晏婴。

【译文】

孔子说：“晏平仲善于与人交往，他的特点是即使相处很久，仍能对人保持恭敬。”

【解读】

上一章刚刚评价了一位君子子产，这里又提到了另一位君子晏平仲，他同样有过人之处。晏平仲就是大家熟知的晏婴，春秋时期齐国大夫。

一般情况下，身居高位的晏平仲得到别人的尊重比较容易。然而像晏平仲这种身份的人能做到尊重别人就比较难了，尤其是在长时间的交往中，通过尊敬对方而得到对方的尊重，这更为难能可贵。在日常的生活中，无论是家庭成员之间，还是同事朋友之间，能够做到长时间相处融洽、相互尊重，不是一件容易的事情。也正是基于这种考虑，孔子在这里将晏平仲作为一个君子之交的范例予以重点介绍。如何与人交往，说到底是一个人的修养问题，在这件事上，也可以反映出晏平仲良好的个人修养。实际上，这种修养是其本人遵从礼制规范的外在表现。

结合上下文来看，5.15章提到孔文子的“不耻下问”是一种优秀的品质，接着又谈到了君子为人处事的四个方面，在这里又提到晏平仲，目的在于说明一个问题，达到君子的标准并非一日之功，在做好上述几个方面的情况下，还要持之以恒。

接下来又以臧文仲为例，讨论了“礼”与“知”的问题，指出违礼并非明智之举。

5.18　子曰：“臧文仲居蔡[1]，山节藻棁[2]，何如其知也？”

【注释】

[1] 蔡：古代指占卜用的大龟。
[2] 棁(zhuō)：梁上的短柱。

【译文】

孔子说：“臧文仲收藏了一只用于占卜的大龟，自己住的房子雕梁画栋，这个人的做法能算得上是智慧之举吗？”

【解读】

前一章，孔子刚刚用晏平仲举了一个正面的例子，接着又拿臧文仲举了一个反面的例子。同样是大夫，臧文仲的做法与晏平仲却大相径庭。

《礼记·明堂位》载：“山节，藻棁，复庙，重檐……天子之庙饰也。”（杨朝明《论语诠解》）臧文仲身为大夫，养占卜用的“蔡”，以天子的规制来装饰自己的房子，实际上是对礼制的一种僭越，在孔子看来这不是君子之为，当然也是极不明智之举。关于臧文仲的为人，孔子在15.14章有明确的评价：“臧文仲其窃位者与！”

臧文仲的违礼行为，充分表明其在思想深处缺乏对礼制的必要尊重。

5.19　子张问曰：“令尹子文三仕为令尹，无喜色；三已之[1]，无愠色，旧令尹之政必以告新令尹，何如？”子曰：“忠矣。”曰：“仁矣乎？”曰：“未知，焉得仁？”“崔子弑齐君，陈文子有马十乘，弃而违之。至于他邦，则曰：'犹吾大夫崔子也。'违之。之一邦，则又曰：'犹吾大夫崔子也。'违之，何如？"子曰："清矣。"曰："仁矣乎？"曰："未知，焉得仁？"

【注释】

[1] 已：停止。这里指罢免。

【译文】

子张问孔子："楚国令尹子文多次被任命为令尹，从没有显出喜悦的样子；多次被罢免，他也没有表现出恼恨的样子。每次免职时都一定会把自己在职时做过的事告诉新任令尹。这个人怎么样？"孔子说："他只能算得上'忠'吧。"子张问："称得上'仁'吗？"孔子说："还未达到智慧的地步，怎么能达到'仁'的境界呢？"子张又说："齐国的大夫崔杼杀了齐庄公，大夫陈文子舍弃了自己的四十匹马，离开齐国到了别的国家。到那里一看说：'这里掌权的人和我们齐国大夫崔杼一样。'于是，就离开了这个国家，又跑到另一个国家。到那里一看，又说：'这里掌权的人和我们齐国大夫崔杼一样。'于是就又离开了。这个人怎么样？"孔子说："他只能算得上是一个清高自好的人吧。"子张问："称得上'仁'吗？"孔子说："还未达到智慧的地步，怎么能达到'仁'的境界呢？"

【解读】

子文这位令尹(宰相)的任职经历比较具有戏剧性，也不知道什么原因，多次被任命，又多次被免职。

一般情况下，自己的职务出现变动，当事人的心态或多或少会出现一定波动，何况还这么频繁。但子文的表现非同一般，不但在被提拔任命时没有表现出高兴的样子，而且在被免职后也能够坦然面对。能够如此淡定地对待自己的职务变动，应该说子文的修养是比较高的。不但如此，在被免职之后，还会将自己任期内的情况详细地介绍给继任者。在子文任职的那个年代应该没有刚性要求，他这样做十分难能可贵。因此，在子张看来，子文已经达到"仁"的境界了。但是孔子给出了否定的答案，认为子文的做法只能证明其达到了"忠"的程度。

子张提到的第二个人物是陈文子。在齐国大夫崔杼杀死齐庄公之后，同为齐国大夫的陈文子不愿与崔杼同流合污，舍弃了自己的财产离开了齐国，到了别的国家。经过一段时间的观察，认为当权者与齐国的崔杼是一样的风格，就再次离开，到了另外一个国家。但是到了第三个国家之后，发现情况和第二个国家一样，接着又离开了。子张认为，陈文子这样做应该算是达到"仁"的境界了。但是孔子给出了否定的答案，认为陈文子的做法充其量只达到了"清"的程度。

从文中楚国的子文、齐国的陈文子两个大夫的经历来看，两个人都是高官，但是一个出现了多次被任命，又多次被免职的情况，而另一个连续三次因为不愿意与名声不好的人同朝为官而辞行。是什么原因导致了这样的结果？最简单的原因就是这两个人虽然身居高位，但都算不上具备相应的智慧。子文没有反思自己为什么会被多次任命和罢免，而陈文子离开齐国到第二个、第三个国家之前，连基本的调查研究工作都没有做，就直接去了，这能算得上明智吗？

其实，本章的重点是孔子在这里再次明确了"智"和"仁"之间的辩证关系，同时也提到了"礼"与"智""仁"之间的关系。这与上文提到的"臧文仲居蔡，山节藻棁"形成有效的递进。

这里再谈一下"礼""知"与"仁"。前文提到的臧文仲明显存在违礼的行为，令尹子文表现为"足恭"，陈文子则表现为"不忠"，三者在实质上都违背了礼制的规范和要求。由此可以推断出孔子所要表达的基本思想："违背礼制规范是不智之举，没有足够的智慧则无法达到'仁'的境界。"反过来讲，遵从礼制规范才是明智之举，是达到"仁"这一境界的必由之路。

5.20　季文子三思而后行，子闻之曰："再斯可矣。"

【译文】

季文子每次做事之前，都会多次反复考虑。孔子听到后说："考虑两次就可以了。"

【解读】

季文子，鲁国的大夫季孙行父。（杨伯峻《论语译注》）季文子行事十分谨慎，每次处理事情之前都会再三考虑，这是他能够历任四朝的原因之一，也算作他执政的一个优点，并且这与孔子所主张的谨言慎行的行为方式基本一致。但是为什么得知季文子这样做之后，孔子并没有予以肯定，反而提出了"再斯可矣"的看法呢？孔子对季文子处理事务的方式并不十分认可，认为没有必要凡事都三思，这并不是一种明智的处事方式。

如果人们在处理工作或生活中的各种事情时，事无巨细，不能分清轻重缓急，都"三思而后行"，那是不现实的。一是没有足够的时间，二是决策过程过长，三是有可能造成没有必要的人力、物力或者是时间的浪费，甚至会在关键时刻贻误战机。

因此，本章内容依然和以前的内容存在密切联系，以季文子为例继续探讨智慧的问题。

5.21　子曰："宁武子，邦有道则知，邦无道则愚。其知可及也，其愚不可及也。"

【译文】

孔子说："宁武子这个人，在国家政治清明时表现得很有智慧；在国家政治黑暗时，他却表现得像一个愚钝的人。他所表现出来的智慧状态别人可以达到，但他表现出来的愚钝状态别人却难以企及。"

【解读】

宁武子，卫国大夫宁俞，"武"是谥号。宁武子作为大夫，能够在国家政治清明时表现得十分睿智，为国家的建设和社会的治理提供智力支持；在国家政治相对黑暗的时候，则表现得比较愚笨。

在封建社会，一个国家的治理情况大多取决于国君的能力和水平。历史上的诸侯国或者朝代的第一代领导人一般是比较开明的，因为采取世袭制，在后期的国家治理中往往会出现很多的问题。这就会导致在没有发生政权更迭的情况下，国家治理情况时好时坏，也就是所谓的"邦有道"和"邦无道"。宁武子的智商是否真的会因为国家政治的治理情况而发生变化？当然不会。但他能够根据时势的变化做出调整，这正是宁武子的高明之处。就像15.7节中提到的蘧伯玉那样，能够做到"邦有道则仕，邦无道则可卷而怀之"。

在本篇的5.2章，孔子对南容的评价"邦有道不废，邦无道免于刑戮"与此处对宁武子的评价"邦有道则知，邦无道则愚"有类同之处。他们的相同点在于无论外部环境如何变化，都能够独善其身。区别之处在于南容是一介平民，而宁武子是一国大夫，他不单要保住自己，还要和同朝的其他昏庸之辈做斗争，保持国家的相对稳定。如果在国家政治比较黑暗的时候，仍然表现得十分聪明，要么会被处于上风的同僚挤兑，要么就会与其他人同流合污，其聪明才智反而会起到助纣为虐的作用，这个时候还需要所谓的睿智吗？由此可以看出，宁武子何止是不愚，其智商和能力远超一般人，他的这种表现正是所谓的大智若愚。因此，孔子对宁武子给予了很高的评价。

上一章提到的季文子与本章提到的宁武子，两人的表现可谓天壤之别。前者是表面上看起来十分聪明，后者则是某些时候看起来有些愚笨，其实是大智若愚，二者形成了鲜明的对比。

5.22 子在陈，曰："归与！归与！吾党之小子狂简[1]，斐然成章，不知所以裁之[2]。"

【注释】

[1] 党：旧时指亲族。这里指家乡。

[2] 裁：控制，抑止。这里指教化、指导和引导。

【译文】

孔子在陈国时，说："回去吧！回去吧！我家乡的那些年轻人胸怀大志，但其行为却纵情简单，缺乏礼制的教化，尽管他们文采斐然，但还远没有达到智慧的程度，需要加以教育和引导啊。"

【解读】

相关文献显示，陈国，应该是孔子周游列国的最后一站，此时他离开鲁国已经十四年，孔子时年六十八岁，已是接近古稀的老人。在这十四年的时间里，他一直希望能够在各诸侯国推行其政治主张，但始终没能如愿以偿，个中滋味难以言表。恰在此时，鲁国的季康子又召冉求回国，孔子也就萌生了回鲁国设立学堂收徒授课的想法。之前孔子曾在陈国住过三年，饱受困顿，还一度断粮。通过此事，他也更加深刻地感受到自己的政治主张很难得到施行，于是萌生退意，感慨地说了这番话。

让那些诸侯国的君主或者大夫听从自己的建议，推行自己的政治主张已经不太可能，与其徒劳无功，还不如退而求其次，回到自己的家乡，教教这些尚未完全成长起来的年轻人，或许对将来的社会发展能够起到一定的积极作用，这未必不是明智之举。历史证明，孔子的这一决策是正确的，为当时的社会培养了大批的人才。这些人系统地接受了孔子儒家思想的教育和熏陶，不但对当时的社会治理起到了积极的作用，甚至对中华民族的生存和发展也起到了强大的促进和支撑作用。

5.23　子曰："伯夷、叔齐不念旧恶[1]，怨是用希。"

【注释】

[1] 旧恶(wù)：先前的憎恨，宿怨旧恨。恶，讨厌、憎恨。

【译文】

孔子说："伯夷、叔齐一方面不念及他人以往的过错，另一方面自己心中同样也很少产生怨恨。"

【解读】

伯夷、叔齐是商朝孤竹君的两个儿子。孤竹君临终前立下遗嘱，确定由叔齐继承王位。但是，父亲去世之后，叔齐却想把王位让给哥哥伯夷。伯夷认为叔齐这样做有违父命，于是出走。在叔齐看来，王位的继承人应该是哥哥伯夷，因此他也不愿继承王位，于是也出走了。伯夷、叔齐二人的做法就是"兄友弟恭"，礼让为先，不像同时期很多诸侯国的王位继承者那样，为了权力继承争得你死我活，无所不用其极。伯夷、叔齐在处理王位继承这件事上深得孔子赞赏，他在7.15章评价二人为"古之贤人也"，因而能够"求仁而得仁"，在处理相互之间的关系方面为人们树立了良好的榜样。

这里有一个问题，为什么这一章突然提到了伯夷、叔齐呢？其实，接着往下看，5.25章有答案。5.25章"匿怨而友其人"中的"匿怨"与本章的"怨是用希"是相互呼应的，本章为下文观点的阐释做了相应的铺垫。

5.24　子曰："孰谓微生高直？或乞醯焉[1]，乞诸其邻而与之。"

【注释】

[1] 醯(xī)：醋。

【译文】

孔子说："谁说微生高率直？有人向他讨醋，他当时没有却不直截了当说没有，而是向邻居讨了醋再给讨醋的那个人。"

【解读】

孔子提到的微生高，大家都说这个人性格比较率直，平时表现得不太合群，办事直截了当。但孔子并不这么认为，他举了一个例子，证明微生高并非像人们所说的那样率直。如果微生高真像人们所说的那样率直的话，就会直截了当地告诉人家自己也没有(醋)。他这样做证明他并不像人们传说中的那么率直，还能和周围的邻居正常地沟通和来往。

为什么在这里又毫无先兆地提到了微生高的这件事呢？微生高的做法不但算不上率直，而且是不切实际地、刻意地去满足对方的需求。这种表现正是下文所说的"足恭"。

5.25 子曰："巧言、令色[1]、足恭，左丘明耻之，丘亦耻之。匿怨而友其人，左丘明耻之，丘亦耻之。"

【注释】

[1] 色：脸上表现的神情。

【译文】

孔子说："花言巧语，伪装的面部神情，过分谦恭，左丘明以此为耻，我也以此为耻。把怨恨藏匿在心中装作友好的样子与人交往，左丘明以此为耻，我也以此为耻。"

【解读】

"巧言"，就是虚浮不实的花言巧语。"令色"，就是一个人的面部表情随着周围环境的变化而变化，而不是出于本心。"足恭"则是过度的、不合时宜的、刻意迎合的恭敬。这三者都表现为不真实、不适度，其外部表现不是内心状态的真实反映，内心与外表不能做到统一。

孔子对于上述三类人都持否定态度。这里与前一章提到的微生高之事中的"足恭"形成递进。接下来又提到某些人隐匿自己的怨恨，与先前有过节的人交往，这种"匿怨"的行为与前面提到的伯夷、叔齐相比同样存在相当大的差距(伯夷、叔齐处理彼此关系时的"不念旧恶"是源于双方的本心，最终表现为"怨是用希")。因此，孔子认为这种行为左丘明会以为耻，自己同样会以为耻。本章中的"匿怨"也与前章中伯夷、叔齐的"怨是用希"形成较为鲜明的对比。

5.26 颜渊、季路侍，子曰："盍各言尔志[1]？"子路曰："愿车马、衣轻裘与朋友共，敝之而无憾。"颜渊曰："愿无伐善[2]，无施劳[3]。"子路曰："愿闻子之志。"子曰："老者安之[4]，朋友信之，少者怀之[5]。"

【注释】

[1] 志：这里指对未来的愿景与期许。

[2] 伐善：自夸。

[3] 施劳：添麻烦，增加负担。

[4] 安：这里指精神上的寄托。

[5] 怀：这里指念念不忘，作为榜样。

【译文】

颜渊、子路在孔子身边侍立。这时孔子说："何不各自说说你们的志向和愿景呢？"子路说："我情愿与朋友共用自己的车马、衣服，甚至皮袍，即使用坏了也心无所憾。"颜渊说："我愿做到不夸耀自己，也不给别人添麻烦。"子路说："我们也想听听先生您的志向。"孔子说："愿老者以我作为精神寄托，愿朋友对我有足够的信任，愿年少者对我念念不忘，将我作为成长的榜样。"

【解读】

从篇章结构上看，子路发言在前，颜渊发言次之，孔子最后发言，这与三者的性格、学识及身份有关。子路快人快语，急于表现自己，但在学识方面与颜渊存在较大的差距。颜渊学识渊博，勤奋好学，为人宽厚谦卑，所以说话客观平实。

从叙述内容看，子路关注的重点是物质层面的车、马、轻裘，同时又十分豪爽，能够做到有福同享，共享上述物品，即使用坏了也不心疼，也不会有怨言。这里的"无憾"与前章中的"无怨"在内容上形成一定的承接。孔子在4.9章提到"士志于道，而耻恶衣恶食者，未足与议也"，显然子路没有得到孔子的真传。同时子路所说的"车马、衣轻裘与朋友共，敝之而无憾"，正是孔子刚刚提到的"丘亦耻之"的"足恭"。颜渊的回答明显比子路要好很多，他从个人的修养方面发表了两点看法，一是要求自己不自夸，二是争取做到不给别人添麻烦。这表明颜渊注重的已经脱离物质层面，达到了精神层面，并站在这一高度从对己对人两个方面进行表述。

颜渊的回答已经很全面了，但是孔子对二人的回答都不满意。他并没有对两个学生的答案给出及时、正面的评判，而是在子路请求孔子表达一下自己的志向与愿景时，才给出了"老者安之，朋友信之，少者怀之"的回答。

孔子的志向与愿景，从精神层面上说，比他的两个学生都要高。子路的修养尚处于物质层面，颜渊的修养虽然已经达到了精神层面，但是仍然苑囿于自我层面。孔子的修养已经跃升和泛化到社会层面，针对社会层面的老、中、幼三个不同年龄层次的人群在精神层面的需求做了全面的阐述。要成为老年人的精神寄托，赢得同辈的信任，在比自己年少的人的心目中有良好的形象和地位，能够为他们的成长树立榜样。

可以看出，孔子的修养已经超越了"外物"和"自我"两个层面，达到了泛爱无私的仁道境界。他既没有关注外在的事物，也没有关注个人的得失，而是着眼于整个社会及大众。

5.27 子曰："已矣乎！吾未见能见其过而内自讼者也[1]。"

【注释】

[1] 讼：争辩是非。

【译文】

孔子说："算了，不说了！我未曾见过在发现自己的过错之后，在内心激烈争辩是非的人。"

【解读】

"省"的基本含义是检查自己的思想行为，而"讼"的含义是争辩是非。它们在本质上是一致的，最重要的区别在于检查和反思的程度。严格来讲，"省"只是一般程度上的反思，而"讼"则表现为思想方面的激烈冲突。两种不同的反思方式导致当事人对事物的认知和理解程度不一样，而"自讼"所达到的效果远比自省要好得多。

孔子说的这些与上一章的内容有什么关联吗？孔子正是基于上一章两个学生的回答说了这番话。一方面，表达对二者学识及认知境界存在不足的不满；另一方面，孔子指出了二者在学习过程中存在的问题和下一步改正的方法。"自讼"是最有效的学习方法，是提高个人修养的诀窍，这也正是孔子自己在长期修身致仁的过程中不断摸索形成的学习心得。孔子虽然说"吾未见能见其过而内自讼者也"，但是他自己已经具备了这种能力，只是不便说出来而已。

难道孔子的学问和修养单单是依靠"自讼"的方法取得吗？当然不是，于是孔子又说了下面的一段话。

5.28 子曰："十室之邑[1]，必有忠信如丘者焉，不如丘之好学也。"

【注释】

[1] 十室之邑：只有十户人家的小村庄，意在表明区域和范围之小。

【译文】

孔子说："即使是仅有十户人家的小村庄，也一定能找得出像我一样尽心守信的人，但未必像我这样好学。"

【解读】

本章内容的关键是"好学"。孔子刚才给学生指出了学习过程中存在的问题，并且提出了解决问题的方法和途径，要深入思考。但是仅深入思考就够了吗？显然不够，还需要"好学"。怎样才能算得上"好学"呢？整部《论语》中有多处关于"好学"的论述，在此不做过多解读。但需要指出的是，"好学"不仅仅是态度上的，表现为对学习的如饥似渴和积极进取，还表现在思想方法上，在学习的过程中要不断地发现问题和提出问题，这是深入思考的前提和基础，是自身不断取得进步的必由之路。因此本章内容是对前章内容的延续和深化，两者之间存在着密切的递进关系。

第六篇

雍也

　　《雍也》篇是整部《论语》中十分重要的一篇。本篇提出了"中庸"这一概念。从表面看，文中并没有对"中庸"给出确切的定义性描述，甚至没有相近的论述。但在前后文及整体内容中，还是能够找到相应的解释和答案。所谓"中庸"，其实是一种世界观，同时也是方法论，就是本着客观、辩证的态度去看待事物，公正、适度地去处理问题。"中庸"的本质就是客观、公正、适度，确切地说就是实事求是。"中庸"作为一种十分重要的思想方法，贯穿整部《论语》。

　　本篇依然是前一篇的延伸和接续，围绕"礼制"这一主题逐次展开。行文中并没有刻意凸显"礼制"的内容，而是通过具体的事例生动地予以阐述，从而避免了刻板的说教。本篇既有很高的理论价值，又具有很强的实践性和指导意义。

6.1 子曰："雍也可使南面[1]。"

【注释】

[1] 南面：做级别比较高的官员。

【译文】

孔子说："冉雍呀，可以让他处在上卿或大夫的位置上去协助君王治理国家。"

【解读】

孔子说冉雍的综合能力和素质已经达到了一定的境界，有资格做上卿或大夫。孔子说这句话有没有现实依据呢？冉雍作为孔子的学生，师生长期朝夕相处，孔子对冉雍的学识、志向、为人等诸多方面肯定有自己的判断，在6.6章也对冉雍赞赏有加，认为如果当政者不任用冉雍就是有违天意。

为什么孔子对冉雍情有独钟，而没有说颜回、闵子骞和冉伯牛三位"可使南面"呢？这在6.3章、6.9章和6.10章可以找到答案。颜回和冉伯牛都是英年早逝，而闵子骞坚守不出仕的原则，那么有能力担当大任，并且愿意出仕的也就只有冉雍了。

下一章，通过一个具体的实例对冉雍的才能进行了说明。

6.2 仲弓问子桑伯子，子曰："可也，简。"仲弓曰："居敬而行简，以临其民[1]，不亦可乎？居简而行简，无乃大简乎？"子曰："雍之言然。"

【注释】

[1] 临：从高处往下看。这里指领导、统治、管理。

【译文】

仲弓向孔子询问桑伯子的情况，孔子说："这人不错，他的突出特点就是处事简约。"仲弓说："如果在生活起居方面比较符合礼制要求的话，再在做事方面比较简约，以这种方式管理百姓，是不是更好一些？像他这样生活起居方面十分简约，不修边幅，在处事方面也是直截了当，难道说这就是大道至简吗？"孔子说："你说的就是这个道理。"

【解读】

桑伯子是鲁国的名人。有一天，孔子穿戴整齐去拜见他，而桑伯子却不穿上衣、不戴帽子、光着膀子、披散着头发与孔子会面。孔子的弟子不解地问："老师为什么去拜见这种不讲礼貌的人呢？"孔子解释说："这个人的本质很好，却不懂礼仪，我见他就是为了规劝他懂点礼仪。"桑伯子接见孔子之后，桑伯子的弟子们也非常不高兴。他们对老师说："孔子这个人过分讲礼仪，你为什么接见他呢？"桑伯子说："我接见他，正是为了规劝他不要过分讲礼仪，去掉那些繁文缛节。"从上述内容我们可以得知，桑伯子这个人生活起居比较简约，不修边幅。他的处事方式也同样直截了当，上述两点与本文中孔子说的"可也，简"是相吻合的。

"居敬"正确的解释是：在生活起居方面符合礼制的要求。这正是孔子所极力主张的。

接下来，冉雍又说了两句话，都是在自问自答。冉雍根据老师所传授的礼制知识，对桑伯子的处事方式做了一个假设："如果在生活起居方面符合礼制要求，在处理事情时做到简约会不会更好一些？"冉雍在这里的假设，一方面符合孔子的思想观点，同时也是一般人对这件事情的看法，认为这是一种比较好的解决方案。但是接下来冉雍说了一句话"居简而行简，无乃大简乎"，似乎顿悟，理解了桑伯子的这种做法，其效果应该比自己所假设的还要好。难道这就是所谓的大道至简吗？此时的孔子也有所感悟，对冉雍的回答予以充分肯定。这也是孔子认为冉雍具备"南面"辅助君王能力的有力证据。

仅此而已吗？当然不像看起来这么简单。第一，冉雍具备好学的态度。对桑伯子的处事风格进行了观察和思考。第二，他具备辩证思考的能力。在孔子提到桑伯子简约的特点后，又想到了桑伯子如果能在生活起居方面有所改善的话，应该会对其自身的管理工作有所帮助。将孔子所讲的桑伯子的简洁的行事风格具体化，并且提出自己的假设，充分表明冉雍在思维层面具备了一定的高度，已经超出了就事论事的初级层面。更为高明之处在于，他通过进一步推敲，领悟到了桑伯子行事的高超之处，生活起居简约，处事方式简约，作为领导人来说，这样做不但省去了繁文缛节，提高了工作效率，而且会减少支出，不会加重百姓的负担，这就是所谓的大道至简。

另外，冉雍作为孔子的弟子，能够做到"自讼"，对所遇到的问题能够进行深入的思考，还能够为老师提供启发，这不正是一个辅佐君王的大夫所应该具备的能力和素质吗？

6.3　哀公问："弟子孰为好学？"孔子对曰："有颜回者好学，不迁怒不贰过[1]，不幸短命死矣，今也则亡，未闻好学者也。"

【注释】

[1] 迁怒：把对甲的怒气发到乙身上，或自己不如意时跟别人生气。贰过：重复犯同一种错误。

【译文】

鲁哀公问孔子："你的弟子中谁可以称得上好学呢？"孔子回答说："有个叫颜回的弟子是好学之人，他能够做到不迁怒于人，不重复犯同一种错误。不幸的是他寿命很短，已经去世了！之后我就再没有听说有能够称得上好学的人了。"

【解读】

在上一章，我们对冉雍的情况有了较深的了解，可以基本判定冉雍是孔子众多学生中学术造诣很深的一个，但是他与颜回相比，还是存在一定的差距。

颜回才智过人，是"孔门十哲"之首。冉雍的学识造诣在孔子看来已经达到了"可使南面"的程度，但与颜回相比仍有很大差距。颜回的高明之处在于他不但有过人的智商，而且十分勤勉，还能够做到不为外在的物质条件所困。经过自身的不断修为，颜回能够在做人做事方面，做到"不迁怒不贰过"。"不迁怒不贰过"这两条就是

"好学"的标准,对于一般人来说,做到其中一条都很难,更何况两条都做到呢?

6.4 子华使于齐,冉子为其母请粟[1],子曰:"与之釜[2]。"请益,曰:"与之庾[3]。"冉子与之粟五秉[4]。子曰:"赤之适齐也,乘肥马,衣轻裘。吾闻之也,君子周急不继富。"

【注释】

[1]粟:在古文中,粟与米连用时,指带壳的谷粒,去壳之后叫"小米";粟字单用时,就是指米。

[2]釜:一釜等于六斗四升。

[3]庾:二斗四升为一庾。

[4]秉:一秉等于十八斗。

【译文】

公西赤受人派遣到齐国去,冉有向孔子申请补助给公西赤的母亲用作口粮的小米。孔子说:"给她一釜吧。"冉有请求再多给一些,孔子于是说:"那就再加一庾吧。"结果,冉有给了公西赤家五秉小米。孔子知道后说:"公西赤到齐国去的时候,乘坐着用肥壮的马驾着的车,自己也穿着轻柔暖和的皮袍。我听人说:'君子的做法是接济那些急需帮助的人,而不是继续使人更加富有。'"

【解读】

公西赤受人派遣到齐国去,按照惯例,应该给公西赤家相应的补助。在古时候,公差的俸禄分为两个部分,固定的以货币形式支付的称为"俸",而禄是指配给的实物。

冉有为公西赤的母亲向孔子申领用作补助的小米。孔子认为给她一釜比较合适。冉有则认为太少,建议孔子多给一些。孔子于是答应多给一庾。结果,冉有最终给了公西赤家五秉小米。孔子知道这件事之后向冉有谈了自己的看法。

不考虑春秋时期和近代度量的差异,我们按照以往升、斗、石(dàn)的计量方式去粗略分析冉有送给公西赤家小米的量是多少。谷物的亩产量约为十五斗,而冉有给了公西赤家五秉,折算起来就是大约六亩地一年的收成。在那个年代,这些粮食能够养活多少人呢?是不是太多了。

另外,公西赤到齐国去的时候,所乘用的车不知道是什么档次的,但是单从驾车所用马的健壮程度就可以知道,公西赤的家庭情况相当好,因为如果人都吃不饱的话,他家的马不可能喂得这么肥。同时人们都看到公西赤穿着轻裘。轻裘不同于一般意义上的羊皮大衣,其价值比日常的棉衣高出许多,这同样可以证明公西赤的家境相当殷实和富足。

冉有为什么给公西赤的母亲五秉小米呢?当然有他的依据。但孔子之所以让冉有给公西赤的母亲一釜米,当然也有他的道理。孔子主张雪中送炭,而不是锦上添花。当冉有认为给的少时,孔子也没有固执己见,而是说可以再加上一庾。但冉有并没有按照孔子的安排做,而是擅自给了公西赤家五秉的粟。孔子说的"赤之适齐也,乘肥马，衣轻裘"，这是大家都能看到的，冉有同样能够根据这些现象判断出公西赤家的家境。冉有自作主张给公西赤家五秉粟，只能说冉有缺乏必要的分析能力，片面地认为多给一些比较好，这样会显得孔子比较仁义。这样做的结果正应了孔子的判断："未知，焉得仁"。

孔子身体力行，用自己的行动给冉有上了一课，于是就有了下一章的内容。

6.5　原思为之宰[1]，与之粟九百[2]，辞。子曰："毋，以与尔邻里乡党乎！"

【注释】

[1] 原思：孔子的弟子原宪，字子思。
[2] 九百：九百升。

【译文】

原思给孔子做家宰，孔子给他小米九百升。原思觉得太多，就推辞了。孔子说："不必推辞，你可以从中拿出一些给你的乡亲嘛！"

【解读】

在一般人看来，孔子对冉有和原思的区别对待有些不公平，甚至认为孔子斤斤计较。其实孔子这样做有自己的充分考量。

一方面，孔子对原宪的家庭情况及为人十分了解，不然不会让原宪担任自己的家宰。原宪出身贫寒，清静守节，个性狷介不肯与世俗同流合污，一生安贫乐道。另一方面，"不当家不知柴米贵"，作为家宰，原宪对孔子家的整体财务情况了如指掌。孔子除了收点儿所谓的学费，并没有其他的经济来源，经济状况也不是太好。正因为原宪的这种性格和家境，以及自己所担任的职务，才有了孔子想让他多拿一点粟回家，而原宪推辞的一幕。孔子建议原宪在自己用不了的情况下，分给周围的邻里和族亲，这也正是孔子"泛爱众"思想的具体体现。

6.6　子谓仲弓曰："犁牛之子骍且角[1]，虽欲勿用，山川其舍诸？"

【注释】

[1] 骍(xīng)：毛皮红色的(牛马)等。

【译文】

孔子评价冉雍时说："普通耕田的牛却生了一只赤色毛皮且双角周正的犊子，虽然人们不想把它当作牺牲用来祭祀，但山川之神会舍弃它吗？"

【解读】

犁牛是用来耕地的牛，没有出众之处。但就是这种普普通通的犁牛却生了一只赤色毛皮且双角周正的小牛犊，完全符合牺牲的标准，十分难得。依据周礼，祭祀用的牺牲以毛色为赤色、犄角周正的为佳。如果因为其出身不好而弃用这只毛色、形象俱佳的小牛，被供奉的山川之神也会不舍。

孔子的这句话表面上是在说祭祀用牛的事情，而实际上是在说冉雍。在6.1章，孔子已经给予了冉雍很高的评价，说"雍也可使南面"。然而冉雍的出身并不好，冉雍的父亲地位卑贱，在实行世袭制度的奴隶社会，冉雍的任用肯定会受到一定的影响。孔子又不能直陈社会的不公平，借此隐喻冉雍不应受到家庭出身的影响，而是应该被委以重任。

6.7 子曰："回也，其心三月不违仁，其余则日月至焉而已矣。"

【译文】

孔子说："作为颜回，其内心能长时间保持时刻不违背'仁'的标准，而其他人能有几天或一个月做到就不错了。"

【解读】

"其心"，指内心深处，而不是别人看到的表象。有些表象不一定能够客观地反映事实与真相，外在的表现是否真正违背仁德的标准，需要通过观察者的观察进而得出结论。

在这里，孔子的表述比较严谨，没有有意将颜回神化，说其能够更长时间或者一直遵循仁德的标准，而是比较客观地说明颜回只是做到了本心不背离仁德的标准，而不是其他人所看到和所理解的那样。"日"同样不是确指一天，而是几天。"月"应该是最高限度，不会超过一个月。其他人能够做到不违背仁德的标准也就是几天的事情，不可能超过一个月。也就是说，在学问和修养方面，其他人与颜回是不可同日而语的。

6.8 季康子问："仲由可使从政也与？"子曰："由也果，于从政乎何有？"曰："赐也可使从政也与？"曰："赐也达[1]，于从政乎何有？"曰："求也可使从政也与？"曰："求也艺，于从政乎何有？"

【注释】

[1] 达：懂得透彻，通达（事理）。

【译文】

季康子问孔子："仲由可以从政吗？"孔子说："仲由行事太果断，从政的人哪有他这样的呢？"季康子又问："端木赐可以从政吗？"孔子说："端木赐太通达，从政的人哪有他这样的呢？"季康子接着问："冉求可以从政吗？"孔子说："冉求多才多艺，从政的人哪有他这样的呢？"

【解读】

首先，看一看季康子的为人。在孔子看来，季康子可谓劣迹斑斑。在3.1章，孔子指出季康子有"八佾舞于庭"的僭越行为，在3.6章又做出了"旅于泰山"的事，表明其有犯上之心。其次，孔子对弟子出仕，更准确地说是出仕辅佐季康子这件事持否定态度。与5.8章，评价子路、冉求和公西赤三人时的想法一样，孔子不愿让自己的学生去助纣为虐。毕竟有几个人能达到5.21章提到的宁武子的水平呢？再结合接下来的6.9章，闵子骞在知道季康子让他担任费宰后，直接推辞，孔子没有做任何评价，其实就是默许和赞同他的做法。最后，就是弟子们的实际能力问题。在11.3章，关于"孔门十哲"的表述中就有"政事：冉有，季路"，说明冉求的管理能力还是相当强的，那在这里为什么孔子却说其不能从事政治呢？在这里，孔子对季康子的答复与对孟武伯的别无二致，同样是不愿让自己的学生参与到这种不仁不义的纷争之中。

那么孔子的学生中最终有没有为季氏服务的呢？还真有，其中之一就是冉求。但是，孔子对冉求的表现十分不满，尤其是在11.17章，当孔子了解到"季氏富于周公，而求也为之聚敛而附益之"时，孔子说："非吾徒也，小子鸣鼓而攻之可也。"由此可知，孔子不愿意让自己的学生参与季康子的事情，尤其是修养和学识不足时，于是有了对自己学生的上述评价。

孔子认为上述三人还是有些不能胜任，理由十分充分。仲由的特点是原则性和执行力都很强，但处理具体事情时包容性较差，脾气暴躁，好勇逞强。端木赐看问题太透彻，一般情况下这种人都很圆滑，在原则性和执行力上就显得弱一些。冉求所掌握的技能较多，但是都不特别精通，表现为博而不专，这样对学问和修养的追求就会弱化。

6.9　季氏使闵子骞为费宰，闵子骞曰："善为我辞焉[1]。如有复我者，则吾必在汶上矣[2]。"

【注释】

[1] 善：善意，好意。
[2] 汶上：汶河的北面，当时是齐国的属地。

【译文】

季氏有意委派闵子骞做费邑的邑长，闵子骞回复说："谢谢他的好意，还是替我辞掉这份差使吧。如果再次邀请我的话，那么我必定在汶河以北了。"

【解读】

在11.3章和11.5章有对闵子骞的介绍，这个人的品质相当好。闵子骞最为人称道的就是他的孝行。费，季氏的封地，在今费县西北一带。季氏不服从鲁国的管理，而费的邑宰也经常有违背季氏管理的行为。闵子骞对季康子的为人当然是非常了解的，一方面他不愿与季康子同流合污，另一方面也不想因为帮助季康子形成助纣为虐的事实，从而玷污自己的名声。因此，当季氏打算任命闵子骞为费宰时，闵子骞谢绝了季氏的"好意"。为了表明自己坚定的决心，于是郑重声明，如果季氏再次邀请的话，他将离开鲁国的属地，前往齐国。

从本章可以看出，闵子骞能够不为功名利禄所诱惑，固守自己的初心，与上一章的内容形成递进。

6.10 伯牛有疾[1]，子问之，自牖执其手[2]，曰："亡之，命矣夫！斯人也而有斯疾也！斯人也而有斯疾也！"

【注释】

[1] 疾：段玉裁《说文解字注》解释为，析言之则病为疾加（重病）。

[2] 牖（yǒu）：窗户。

【译文】

冉伯牛得了重病，孔子去探望他，透过窗户握住他的手，说："好端端的一个人怎么就这么死了，这难道就是命吗？！是不是这样有德行的人就会有这样致命的病啊？！是不是这样有德行的人就会有这样致命的病啊？！"

【解读】

冉伯牛生了重病生命垂危之际，孔子前去探望。一般情况下，探望病人应该到病榻前，至少应该到室内与病人见面。这一次，孔子只是透过窗户握住了冉伯牛的手，从这个细节大致可以判断冉伯牛得的不但是重病，而且是传染性疾病。

孔子看到冉伯牛病危，为什么发出"亡之，命矣夫"的感叹，继而又发出"斯人也而有斯疾也！斯人也而有斯疾也！"的感慨呢？第一，孔子因冉伯牛即将离开人世而十分悲痛。由此可见，孔子与冉伯牛之间有真挚的师生情谊。第二，客观地讲，孔子是不相信命运的，在9.1章就有"子罕言利与命与仁"的表述，但是他对冉伯牛患重病即将去世表现出无奈。颜回和冉伯牛都是德行很好的人，却都英年早逝，在孔子看来这是天妒英才，这种事实难以接受，因此悲怆地说："这难道是就是命吗？！是不是这样有德行的人就会有这样致命的病啊？！"痛心疾首、欲哭无泪的心情实在是难以言表。由此触景生情，再次想起自己同样优秀的学生颜回。

6.11 子曰："贤哉，回也！一箪食[1]，一瓢饮，在陋巷[2]，人不堪其忧，回也不改其乐。贤哉，回也！"

【注释】

[1] 箪：古代盛饭用的圆形竹器。

[2] 巷：较窄的街道。

【译文】

孔子说："颜回是何等出众啊！一箪食物，一瓢水，住在简陋的街区里，别人受不了那种困顿与清苦的烦扰，他却一直能够自得其乐。颜回是何等出众啊！"

【解读】

在上一章，当孔子看到冉伯牛身染重病即将离世时，心中无限悲怆，继而想到另一位已经离世的优秀学生颜回。与冉伯牛相比，颜回更加出众。这里的"一箪食"不是实指，而是表明食物不多，聊以果腹。"一瓢饮"同样不是实指。这两点旨在说明颜回在饮食方面不挑剔，只是一心向学。

"在陋巷"实际上是指居住的环境比较差，可以理解为"贫民区"，因此他家的境况自然不会好到哪儿去。颜回对饮食条件和居住条件都不在意，只是潜心做学问，做到这一点实在是难能可贵。

本章中还提到了"人不堪其忧，回也不改其乐"，这其中的"乐"是什么呢？这一问题，能在6.20章找到答案。

6.12　冉求曰："非不说子之道，力不足也。"子曰："力不足者，中道而废，今女画[1]。"

【注释】

[1] 画：用笔或类似笔的东西做出线或作为标记的文字。

【译文】

冉求说："并非我不喜欢先生对我的教诲，而是我自身能力不足。"孔子说："所谓的能力不足，半途而废，就像你现在的样子，画地自限，不思进取。"

【解读】

前文提到了三个德行方面十分优秀的学生，本章再次提到了冉求。相比于前面提到的三位贤哲，冉求虽然在"政事"方面具备一定的优势，但整体上显然与上述三位存在不小的差距。在6.8章，孔子对冉求有过相应的评价，认为"求也艺"。冉求多才多艺，未免会出现玩物丧志的情况，另外一种情况就是表现为"墙头草，随风倒"，尤其是不得罪上级。

孔子对自己及弟子在修身致仁方面的要求比较高，而冉求貌似有点不务正业。冉求多才多艺，但是在做人和做学问方面做不到专心致志，对此孔子必然有所了解。冉求并不认可孔子对自己的看法，认为自己并非不听从老师的教育和引导、不想按照老师的要求去做，只是自身能力有所欠缺。冉求所强调的是个体之间的差异，认为这是客观因素造成的，并非自身在主观方面不够努力。孔子却认为，冉求产生问题的主要原因在于主观因素，而非客观因素。因为冉求自己画地为牢，为自己的发展提前划定了界限，认为自己做不到。显然，冉求的这种做法与孔子所倡导的"君子不器"南辕北辙。

6.13　子谓子夏曰："女为君子儒[1]，无为小人儒。"

【注释】

[1] 儒：旧时指读书的人。

【译文】

孔子对子夏说："你应当做一个像君子一样的学者，而不要做一个像小人那样的学者。"

【解读】

孔子对子夏说，你应该做一个像君子一样人格高尚的学者，而不要做一个像小人一样人格卑鄙的学者。君子与小人之间的本质区别在于前者具有高尚的人格，做人做事格局大，心胸宽广，思想境界高，有大局观念。后者正好与其相反，格局较小，表现为自私自利，凡事从自身利益出发；心胸狭窄，缺乏容人之量，容易记仇；思想境界较低，所关心的仅限于层次比较低的利益问题，而不会考虑"仁""义""德"等原则。

如果结合上下文语境的话，孔子在这里对子夏提出要求，其实有影射冉求的目的。冉求多才多艺，在政事方面能力还十分突出，说明其在做学问方面应该能比较得心应手。在这里，孔子将冉求作为反面典型，提醒子夏要引以为戒。孔子对子夏提出的建议是十分科学和辩证的，作为一个真正的学者，应该胸怀天下，用平生所学为周围的人谋利益，而不是仅仅考虑自身私利。

6.14 子游为武城宰[1]，子曰："女得人焉尔乎？"曰："有澹台灭明者[2]，行不由径[3]，非公事，未尝至于偃之室也[4]。"

【注释】

[1] 武城：鲁国的小城邑。位于现在的平邑县境内。
[2] 澹(tán)台：复姓。
[3] 径：狭窄的道路，小路。
[4] 室：内室。

【译文】

子游当武城的邑长时，孔子问："你发现什么人才了吗？"子游说："有个叫澹台灭明的人，从不走捷径，不是公事从不到我的内室来。"

【解读】

子游在担任鲁国武城宰的时候，孔子问他有没有发现什么人才。可以看出，孔子不但注重培养人才，同时也很注重发现人才。正确理解本章内容需要从三个方面入手。

其一，澹台灭明的情况。文若愚的《论语全解》中有相关的记述，澹台灭明，字子羽，比孔子小三十九岁，曾拜孔子为师，但孔子嫌其貌丑拒绝了。后来，孔子听子游说他有优点，既为人正直，做官不走歪门邪道，也不在私底下拉帮结派，因此，曾经大发感慨说"以貌取人，失之子羽"，对自己轻视子羽十分后悔。

其二，"行不由径"的确指。"径"是指小路，在这里解释为捷径。"行不由径"的真实意思是澹台灭明这个人做事十分踏实，从不采取走捷径的方式，而是一步一个脚印、踏踏实实地完成。

其三，需要正确理解"非公事，未尝至于偃之室也"。室，一般解释为屋子。从11.15章"由也升堂矣，未入于室也"可以看出，室的意思应该是内室，指比较隐秘的私人场所。没有公事不到子游的私密场所，也就是说澹台灭明不与子游产生非工作原因的私人往来。一是表明澹台灭明不会拉帮结派，二是说明澹台灭明做事光明磊落，三是证明澹台灭明具备良好的个人修养，只是致力于做好本职工作。能够做到"行不由径"和"非公事，未尝至于偃之室"这两点，就足以证明澹台灭明确实是一位难得的人才。为什么澹台灭明能够做到这两点呢？关键是他具备规矩意识和礼制思维。通过孔子与子游的对话，可以看出师生二人相同的人才观。了游认为澹台灭明是一位不可多得的人才，澹台灭明的为人处事风格，也符合孔子在上一章所说的君子的标准。

从这一角度看，本章依然是上一章的延续，通过子游的叙述来表明澹台灭明是一位真正的君子，为大家树立了榜样，而不是通过孔子予以评判，避免了直白地平铺直叙，从而起到曲径通幽的效果，充分展示了《论语》语言逻辑的精妙。

在下一章孔子又提到了一位品行高尚的正人君子，不居功自夸的孟之反。

6.15　子曰：“孟之反不伐。奔而殿[1]。将入门，策其马曰：‘非敢后也，马不进也。’”

【注释】

[1] 奔：逃跑。

【译文】

孔子说：“孟之反不居功自夸。在战斗中撤退时，他走在最后面作掩护。将要进城门时，他鞭打着自己的马说：‘并非我敢于断后，是马不往前跑啊。’”

【解读】

孟之反，又名孟之侧，鲁国的大夫。公元前484年，齐国攻打鲁国。在鲁国右翼军败退的时候，孟之反因留在最后掩护鲁国军队撤退立下了功劳，但他不居功自傲。当人们夸奖他高风亮节时，他并没有沾沾自喜，而是把自己勇敢殿后的义举归结于自己的马在撤退时不往前跑。因此，孔子对孟之反的仗义、谦逊、低调与尊礼予以高度评价，认为他也是一位正人君子。

6.16　子曰：“不有祝鲍之佞[1]，而有宋朝之美[2]，难乎免于今之世矣。”

【注释】

[1] 祝鲍(tuó)：卫国一位名为鲍的宗庙之官，能言善辩，有口才。祝，祠庙中的祭祀者。
[2] 宋朝：宋国的公子朝，曾经当过卫国的大夫，以美貌名闻当时。

【译文】

孔子说：“如果一个人缺乏祝鲍那样的辩才，而仅有宋国公子朝那样的美貌，在当今社会怕是难免会遭受祸害。”

【解读】

祝鲍在主持祭礼方面有独到之处，可以称得上是卫国的顶梁柱之一，是维系卫国政权的重要力量。宋朝是宋国的公子，不知何故逃到了卫国，长相英俊。《左传·昭公二十年》和《左传·定公十四年》中都有关于他因美貌而引起祸端的记载。

前面两章中刚刚提到了两位仁人义士，这里孔子为什么又谈及祝鲍和宋朝了呢？从刚才对两个人的简单介绍可以看出，祝鲍通晓祭祀之法，能言善辩，虽然有“佞”

的嫌疑，算不上仁义之人，与澹台灭明和孟之反相比有相当大的差距，但是他通晓祭祀方面的礼制规范，仍然具备在乱世中独当一面的能力。宋朝徒有其表，只有一副姣好的面容，这是远远不够的。祝鮀、宋朝二人与澹台灭明、孟之反二人在德行方面相去甚远。宋朝与祝鮀相比还要差很多，两者之间的差距不但反映在德行方面，而且反映在对礼制规范的了解上。如果从官职的级别看，孟之反、祝鮀、宋朝都是大夫，而澹台灭明只是武城邑的一名小吏。但是如果以在遵从礼制规范方面的表现作为评判标准，则上述四人中最优秀的应该是孟之反，次之是澹台灭明，祝鮀再次之，宋朝是最差的一个。孟之反能够做到"尚礼"，澹台灭明能够做到"遵礼"，祝鮀只是"知礼"，而宋朝是"违礼"。

按照上述分析不难看出，孔子所要表达的思想应该是这样的："身处乱世，如果想免于灾祸，仅有一副好的外表是远远不够的，最起码的条件是'知礼'，而遵从'礼制'、崇尚'礼制'才是最有效的立身之本。"这就是所谓的"正道"，即客观规律，这也是下一章要提到的"谁能出不由户"的关键所在。

6.17 子曰："谁能出不由户？何莫由斯道也？"

【译文】

孔子说："谁能不经过门就走出去呢？而又有什么事情的发展和变化不是按照这个规律的呢？"

【解读】

这里的"户"是指广义上的门，泛指内室、屋子和院子，或者更大规模建筑的通道。

本章内容是对前几章内容的小结，也是后边几章的开始。在这里，孔子对前一章所提出的客观规律做了一个十分形象的比喻，就像人出门一样，无论是从屋子里走到屋外，还是从庭院走出家，谁都会经过门。事情的发展也概莫能外，都会遵从一定的客观规律。但是，前一章对所谓的客观规律仅仅做了点题，并没有进行细致的讲解，我们未免有些不明就里。在接下来的几章里，孔子便对上面提到的"道"，即客观规律进行了较为详尽的阐释。

6.18 子曰："质胜文则野[1]，文胜质则史[2]。文质彬彬[3]，然后君子。"

【注释】

[1] 野：蛮不讲理，粗鲁没礼貌，不受约束。
[2] 史：《说文解字》解释为"从又持中。中，正也"，指过于正式、古板。
[3] 彬彬：文雅的样子。

【译文】

孔子说："本质胜过修饰就会显得粗俗，修饰胜过本质就会流于古板的虚饰。只有当修饰与本质相得益彰，才能逐渐成为一个君子。"

【解读】

孔子在本章提到了事物的修饰，这种修饰是宽泛的，并非特指文章或者行为等修饰中的哪一种。"质"就是事物原本的样子，即内在的本质。"文"就是外部用于修饰的东西。以写文章为例。事件本身就是内容，即所谓的"质"，写文章时有多种表现形式，即所谓的"文"，用文字表现出来的形式具有多样性。如果表现事物的本质时，描写得过于直接、直白或者平铺直叙，就是质胜于文，那么文章看起来不太讲章法，或者说内容过于直白，不容易让人接受。如果描写内容时过于注重表现形式或表现手法的使用，那么会导致文章看起来比较晦涩，读者很难把握其真正的内涵，文章要么表现为古板的八股文，要么就是绚丽辞藻的堆砌，这就是"文胜质"。只有当表现手法与事物原有的本质相协调时，才能取得"质"与"文"相得益彰的效果，这种效果称为"文质彬彬"。

做人也是同样的道理，要使内容和形式达到协调统一，思想和行为统一，长此以往就会慢慢成长为一个君子。这里"文质彬彬"的具体指向是礼制规范。所谓的"文"就是礼节、礼仪及礼乐，而"质"就是礼制规范本身。正如孔子所指出的："礼云礼云，玉帛云乎哉？乐云乐云，钟鼓云乎哉？"不能把形式和内容混为一谈。同时，还要在依礼行事的过程中注意礼制规范与事物本身之间的关系，本着"和为贵"的原则，做到形式和内容的协调统一，达到"文质彬彬"的效果。"文质彬彬"所表现出的和谐、适度，在一定程度上是中庸思想的一种体现。

如何才能做到"质"与"文"协调统一？有没有所谓的尺度和标准呢？准确地讲还是礼制，相关的内容在8.2章还会进行详细阐释。

在本章，孔子首先提出了"质"与"文"之间的对立统一关系，继而谈到了做人的问题，两者只有达到形式和内容协调统一时，才能表现出最佳的效果。接下来又开始对人的本性展开探讨。

6.19 子曰："人之生也直，罔之生也幸而免。"

【译文】

孔子说："人的本性应该是正直的，那些不正直的人整天通过蒙蔽别人而免于灾祸，比较幸运，其幸运之处在于其他人是正直的。"

【解读】

"直"和"罔"之间存在对立统一关系。如果在社会上大家都将正直作为人与人之间的交往准则，那么就没有所谓的冲突和坑蒙拐骗，彼此之间的关系就是单纯的，很容易相处。那些不正直的人，依靠蒙蔽别人而获得私利，总是自认为没有被对方发现。事实上，有一种情况是真的没有被发现，还有一种情况是被发现了而当事人不愿意揭穿。没有被发现只是偶然的，被发现是必然的，这就表现为偶然与必然之间的关系。因此，"罔之生也幸而免"只是偶然，其必然结果是"多行不义必自毙"。

从上下文的内容及表现的主题来看，本章的主题仍然是礼制。按照礼制的主题思想，本章内容可以理解为"那些遵从礼制规范做事的人能生存完全符合正义，而那些罔顾礼制规范的人能活下来实属幸运"。

6.20 子曰："知之者不如好之者，好之者不如乐之者。"

【译文】

孔子说："知道了某种道理，不如喜好这种道理；喜好这种道理，不如乐于实践这种道理。"

【解读】

在前面几章，孔子围绕礼制阐述了自己的观点，先是批评冉求的惰性，接着告诫子夏要引以为戒，又谈到澹台灭明不走捷径的行事风格、孟之反不居功自夸的优秀品质，继而谈到礼制规范在"质"与"文"方面的对立统一关系。所有这些礼制规范，如果听到的人对此仅仅做到一般性的了解，对其修身治学又能起多大作用呢？因此孔子继而明确指出，对于礼制规范仅仅停留于"知之"的层面是远远不够的，还应该做到"好之"。"好之"就是对礼制规范在认可的基础上达到喜爱的程度，并在实际生活和学习中经常性地予以实践，在思想上高度重视，乐此不疲，时时事事不断实践，反复揣摩，力争将外在的礼制规范内化为自身的思想修养，继而外化为自身的行为习惯。

那么谁能够达到修身治学、自得其乐的境界呢？正是6.11章提到的颜回，他做到了"一箪食，一瓢饮，在陋巷，人不堪其忧，回也不改其乐"。

不难理解，"知之""好之"和"乐之"三种层次之间存在着递进关系，需要当事人不断提高修养才能充分理解礼制规范。所以，在具体的实践过程中，不可能在一开始就对所有的人提出"乐之"这一最高的要求，而应该实事求是、因人制宜。这就是下一章要讨论的内容。

6.21 子曰："中人以上[1]，可以语上也；中人以下，不可以语上也。"

【注释】

[1] 中人：身材、相貌、智力等方面居于中等的人。

【译文】

孔子说："和中等层次以上的人，可以探讨和交流比较高深的道理；而和中等层次以下的人，则不可以探讨和交流比较高深的道理。"

【解读】

在这里，孔子并没有人为地将人从社会层面划分为几个等次。但人在精神境界、认知格局及学习能力等诸多层面总会表现出一定程度的差异，对这种差异进行大致分类并不为过。因此，孔子所说的"中人"是指思想境界、认知能力属于一般水平的人，而不是社会层面上的中等人。从孔子以往的言行来看，他也不会特别喜欢谁或者特别讨厌谁，所以也没有分层的必要。

从上下文的结构来看，本章依然是对前章内容的进一步解读，其主题必然与礼制规范高度相关。依据前面讲到的内容，首先要对礼制规范有初步的认知和了解，接下来要在实际生活中逐步实践，最后达到终身学习和实践的境界。因此，要在实践的过程中采取实事求是的原则、循序渐进的方法，做到因材施教，这才是"中人以上，可以语上也；中人以下，不可以语上也"的真正原因。在礼制推广的过程中，应该本着实事求是的原则，采取因人而异、逐步推进的方式方法，避免出现"直而无礼"的情况。

6.22 樊迟问知，子曰："务民之义，敬鬼神而远之，可谓知矣。"问仁，曰："仁者先难而后获，可谓仁矣。"

【译文】

樊迟请教孔子怎样才算是"智"，孔子说："领导群众开展工作时一定要符合道义，对祭祀心存敬畏但不能迷信鬼神，就可以称得上'智'了。"樊迟又问怎样才算是"仁"，孔子说："仁者在遇到困难时勇于担当，而在得到报酬时最后考虑自己，能做到这样就可以称得上'仁'了。"

【解读】

樊迟要到某地任职，临行前向孔子请教为官之道，问到"知"和"仁"这两个问题。孔子则就樊迟即将赴任这一前提，结合为政与"知"和"仁"的辩证关系提出了自己的见解。孔子认为要当一名好领导，在开展工作时，应该做到凡事符合道义、符合时宜、符合礼制。

在"敬鬼神"方面，更多地侧重于仪式的象征意义，其关键在于祭拜者对自然怀有敬畏之心，对先辈表示尊重。如果没有把主要精力放在主要任务和重点工作上，就会导致舍本逐末。孔子认为，对于祭祀等程序性的事情，按照礼制的相应要求去做就行了，但是不能拘泥于这些，而是要把主要的精力放在日常工作中，"务民"要符合道义。

孔子在谈到"仁"时，给出了"先难而后获"的观点，其核心就是担当精神。由此，我们想到一个人，这个人就是6.15章曾提到的鲁国大夫孟之反。通俗地讲，"先难而后获"就是遇到艰巨任务时先己后人，等到分配成果时先人后己，这就是一个领导者的基本涵养。一个人只有树立正确的义利观，才能在关键时刻正确地处理义与利之间的关系，才能经得住实践的考验。孟之反的做法无疑就是很好的例子。

本章再次提到了"知"和"仁"，虽然没有对二者之间的辩证关系展开深层次的探讨，但为下一章内容做了铺垫。

6.23 子曰："知者乐水，仁者乐山。知者动，仁者静。知者乐，仁者寿[1]。"

【注释】

[1] 寿：生命长久。这里指持续的精神力量。

【译文】

孔子说:"智者乐于像水那样,仁者乐于像山那样。智者趋于灵动,仁者安于宁静。智者常乐,仁者长远。"

【解读】

孔子在本章就"知"与"仁"的特点做了十分形象的比喻。水是生命之源,它的特点是无色无味,能够随着容器形状或周围环境的变化而变化,能够很好地适应外部变化,在外部环境达到平衡时它也会随之而呈现为静态。作为智者,他具备科学的世界观,会用运动和发展的眼光去看待所处的外部客观世界,在遇到问题时也会实事求是,根据实际情况采取不同的方法和策略去分析问题和解决问题。

山则不会因为周围环境的变化而变化,除非有大的地质运动,一般情况下会呈现相对稳定的状态。仁者具备良好的道德修养和坚定的理想信念,同样不会因外部环境的变化而轻易发生变化,仁者的这种性格特质用山来比喻十分贴切。

因此,从外在表现来说,智者表现为灵动、活泼,而仁者则更多地表现为坚定和刚毅。从另外的角度来看,与常人相比,智者遇事会表现得比较自信、积极和乐观,认为自己有能力通过自身的智慧去解决问题。仁者会从更高的层面,从更长远的角度去认识问题,他更相信时间是解决问题的最佳方法。

本章内容是对"知"和"仁"的基本描述,其实也是对樊迟所提问题的全面回答。

前面几章用大量的篇幅说人,讲事儿,谈道理,其目的又是什么呢?接下来孔子的论述,会给我们相应的答案和启示。

6.24 子曰:"齐一变至于鲁,鲁一变至于道[1]。"

【注释】

[1] 道:这里指正确的执政方略,即周礼。

【译文】

孔子说:"齐国的礼制一经改进和变革,就可以达到鲁国的礼制水平。鲁国的礼制再经过改进和变革,就可以达到先王之道周礼的水准。"

【解读】

在3.14章,孔子已经提出过"周监于二代,郁郁乎文哉!吾从周"的观点,他对周朝的礼制十分推崇,恢复和推行周礼是孔子毕生的追求。正因为如此,《论语》中有大量的篇幅探讨礼制在社会治理中的重要作用。

在当时的社会大背景下,礼制规范被破坏的问题十分严重。孔子认为相比其他诸侯国,齐国在维护礼制规范方面做得还算不错,但与鲁国相比还有一定差距。在5.3章,孔子评价宓子贱时说"君子哉若人!鲁无君子者,斯焉取斯",由此可见孔子对鲁国的礼制比较认可,也曾经将恢复周礼的希望寄托于鲁国。这就是孔子认为"齐一变至于鲁,鲁一变至于道"的基本背景。

当时社会遵从礼制的整体情况又是怎样的呢？应该说比较糟糕，但是孔子并没有直接这样表述，而是做了一个比较形象的比喻，就是下一章提到的"觚"。

6.25 子曰："觚不觚[1]，觚哉！觚哉！"

【注释】

[1] 觚(gū)：饮酒的酒器。

【译文】

孔子说："如果觚已经变得没有觚的形制，还能称为'觚'吗？还能称为'觚'吗？"

【解读】

觚作为礼器(酒器)，理应具备一定的规制，如果没有了相应的容量标准和外在形制的话，这种礼器也就形同虚设，随便拿个什么东西代替它都可以。

觚作为酒器要具有特定形状及规定的容量，这与礼制在形式与内容方面有所规定具有相同的意味。孔子曾提出礼制内容和形式相统一的观点，如果仅有形式，没有实质性的内容，礼制也就形同虚设了。在这里，觚的形状就是形式，觚的容量标准就是内容，二者均需符合相应的规范，如此觚才能称为"礼器"。

因此，孔子是借用这句话表达自己对当时礼制状况的不满与忧虑，同时再次强调以往的观点，与下一章的内容形成呼应。

6.26 宰我问曰："仁者，虽告之曰：'井有仁焉。'其从之也？"子曰："何为其然也？君子可逝也，不可陷也；可欺也，不可罔也。"

【译文】

宰我问孔子："所谓的仁者是不是这样的，即使有人告诉他'井也有仁'，他也会认同这种观点呢？"孔子说："为什么会是这样呢？君子可以失去生命，而不应该受到陷害。你可以欺骗他，但不应该采取蒙蔽的手段致使他自己去犯错。"

【解读】

在这里，孔子在表明自己的观点时依然采用前一章的语言风格，并没有直接说出问题的真相。宰我问孔子的问题其实是一个假设，在宰我看来，在礼制方面形式和内容不一定要高度统一。前一章谈及"觚不觚"的问题，这里宰我又提到了井，认为不用考虑什么形式和内容，也不用恢复周朝的礼制，只要当政者告诉人们什么是"仁"就行了。但是当政者不会按照相应的礼制，没有具体的可操作的行为参考，甚至会用错误的形式去传达错误的教化内容，这就是孔子没有直接说出的真相。宰我的这种假设在孔子看来是非常不合常规的，具有很强的欺骗性。孔子主张对民众进行正确的引导与教化，而不应该采取设置陷阱和蒙蔽的手段致使民众不知礼仪。

本章内容借宰我提出的假设说明当政者应该重视并推行礼制，对民众施以正确的礼制教化。没有对民众进行正确的引导和教化，就是20.2章指出的"不教而杀谓之虐"。因此，在孔子看来，不注重教化，不推行礼制是当政者的失职，是最大的不作为。如果不但不作为，并且用一些不规范的礼制内容和形式来愚昧和蒙蔽百姓，那则更是大错特错了。

对于上述问题，作为君子应该有应对之道，而正确的方法是什么呢？接下来会进行解答。

6.27 子曰："君子博学于文，约之以礼，亦可以弗畔矣夫[1]。"

【注释】

[1] 畔：田地的界限。这里指边界。

【译文】

孔子说："君子广泛地学习诸多经典文献与书籍，以相应的礼制要求来约束和规范自己的言行，这样也就可以不至于超出礼制的边界了。"

【解读】

作为君子，如何才能在礼坏乐崩的乱世中独善其身呢？第一，要全面地学习历史文献和经典著作，从历史经验中汲取营养，及时总结经验教训，发现和分析现实社会中存在的问题，从礼制的角度找到解决问题的答案。同时以历史唯物主义的观点思考推行礼制的必要性，为施行礼制的正当性提供客观依据。第二，要将学到的礼制方面的经验和做法在日常学习和生活中不断实践，做到知行合一，这样就能有效避免逾越边界的情况。"博学于文，约之以礼，亦可以弗畔矣夫"在12.15章有相近的表述，但是其作用和意义与本章稍有不同。

接下来的内容意在说明：仅仅做到"博学于文，约之以礼"是远远不够的，还要学会客观、辩证地看问题，不可人云亦云。

6.28 子见南子，子路不说，夫子矢之曰[1]："予所否者，天厌之！天厌之！"

【注释】

[1] 矢：发誓。这里指坚定地、义正辞严地。

【译文】

孔子应邀拜见南子之后，子路很不高兴。孔子义正辞严地说："如果连我都不认可的人，那必然是上天所厌弃的！那必然是上天所厌弃的！"

【解读】

南子是卫灵公的夫人，当时实际掌握着卫国政权。据说南子行为不端，名声不太好，与6.16章提到的宋朝有往来。南子想见孔子，孔子原本不愿见她，但是孔子在卫国时，卫灵公和南子待孔子若上宾，出于礼节的考虑，孔子不得已见了南子。

司马迁的《史记》中对孔子见南子的过程有比较详细的记载。从相关记载看，二人的会见并不存在任何不合时宜的言行，也没有什么不符合礼制的行为。孔子开始并不愿接受南子的邀请，最后不得已答应了南子的请求。其中原因并非碍于情面这么简单。对于这件事双方都有政治上的考量：孔子有在卫国施展其政治抱负的意愿，南子则想通过孔子提升自己的影响力，进一步巩固自身的地位。子路认为"见南子者，时不获也，犹文王之拘羑里也"，孔子与南子会见并不是在平等的基础上进行的，所以他不高兴。

他们之间到底说了什么，没有史料记载。但作为当事人，在经过交流之后，孔子认为南子并不完全像外界传说的那样，还没有到十恶不赦的地步。如果到了那种程度的话，孔子当然不会与之交往。如果有人到了连孔子都不认可的地步，那么上天也一定会厌恶他的。因此，对于子路表现出的猜忌与不满，孔子进行了义正词严的驳斥。

在本章，孔子所表达的主题思想是：大家在看待问题时，应该具备独立的观察和思考能力，不要人云亦云，尤其是要做到客观公正，这就是下文提到的中庸之道。

6.29 子曰："中庸之为德也[1]，其至矣乎！民鲜久矣。"

【注释】

[1] 中庸：儒家的一种主张，待人接物采取不偏不倚、调和折中的态度。中，跟四周的距离相等，位置在两端之间，不偏不倚。

【译文】

孔子说："以中庸作为价值判断标准，应该算得上极致了！但是对于大部分人来说，长久以来很少有人遵循这一准则了。"

【解读】

《论语》中的很多篇章都在讨论中庸之道。诸如1.13章的"恭近于礼，远耻辱也"，3.20章的"乐而不淫，哀而不伤"，4.26章的"事君数，斯辱矣；朋友数，斯疏矣"等，可谓俯拾皆是。综合全书，中庸作为一种价值观念，其核心内涵应该是客观、辩证、适度。

如何看待中庸呢？凡事都能做到不偏不倚，这实在是太难了，所以孔子认为这是至难之事。中庸之道的"至难"体现在三个方面，一是客观，二是辩证，三是适度。如何做到中庸？简单地讲，就是客观、辩证地看待事物，公正适度地处理问题。中庸之道的核心是客观、辩证、适度，其追求的结果是公正适中。因此我们可以这样认为，孔子提到的中庸就是现在常说的实事求是。

可以看出，在内容和论证的逻辑上，本章和上文的"子见南子，子路不说"是相衔接的。孔子认为，对南子的看法应该尊重基本的事实，不能片面地用自己的道德标准去衡量别人。下一章同样对中庸之道的用处做了具体的说明，既对前面的内容进行了总结，又在思想方面做了进一步的升华。

6.30 子贡曰：“如有博施于民而能济众，何如？可谓仁乎？”子曰：“何事于仁，必也圣乎！尧、舜其犹病诸！夫仁者，己欲立而立人，己欲达而达人。能近取譬[1]，可谓仁之方也已。”

【注释】

[1] 譬：比喻，比方。用别的事物来比方叫作譬。

【译文】

子贡问孔子：“如果有人不但具有博爱之心，而且能够广泛地对民众施予恩惠，让大众得到好处，这样的人怎么样，能不能称得上‘仁者’？”孔子说：“何止是能称得上“仁者”，已经达到圣人的境界了！就是尧、舜也会自叹弗如，并由此而感到自责吧！作为一个仁者，自己想生存先考虑别人的生存，自己想发展得好同样会帮助别人发展得好。能利用身边的事情作为例子进行形象的比喻，从而举一反三，这实属修身致仁的好办法。”

【解读】

在前一章，孔子提到了中庸之道，他认为中庸之道应作为社会成员共同认可的思想方法，去解决社会运行中的诸多问题。在本章怎么又提到了博施济众的问题呢？它们之间是否存在必然的联系？如果存在的话，它们之间的逻辑关系又是怎样的呢？

在这段师生之间的对话中，子贡首先做了一个假设，说如果有这样的一个人，能够广泛地对民众施予恩惠，使大众得到好处，他能不能称得上“仁者”？孔子的回答是，如果有人能做到这些的话，则证明这个人有博大的胸怀，能够以满足天下民众的需求为己任，这简直是圣人。即便是尧、舜这样在历史上广受称颂的帝王也没有达到这样的境界，常常为此感到自责。所谓的“仁者”，就是自己想生存的话首先想到别人的生存，自己想发展得好也想让别人发展得好，达到双赢或共赢的目标。要想达到仁者的境界也没有什么难的，只要在实践中，经常性地以身边存在的客观事物或是发生的事情为例，从中汲取经验和教训，继而进行客观的认知、辩证的思考，并适当地处理，长此以往，就可以达到仁者的境界。

“博施于民而能济众”其实就是1.6章提到的“泛爱众”，其中蕴含着博爱众生、天下为公的思想情怀。以为大众谋幸福、为民众谋福祉作为自己的责任，这难道不是一种高尚的道德情操和崇高的理想追求吗？即使是尧、舜这样优秀的领导者也没有实现这一目标，这也印证了这一目标的崇高和伟大。既然难以实现，那么不如退而求其次，先达到仁者的境界再说。仁者在思想层面的标准就是“己欲立而立人，己欲达而达人”，就是能够实现双赢、共赢。人与人之间、家与家之间、国与国之间的关系不都应该是这样吗？要理解这些也不难，因为不单单历史上有鲜明的例证，现实生活中的例子也比比皆是，但是需要采用中庸的思想方法去发现、观察和思考，“如切如磋，如琢如磨”，慢慢地“慎终追远”，就会发现“民德归厚矣”是社会发展的趋势和必然结果。

通过这段对话，孔子实际上至少回答了“仁”的核心内涵、修身致仁的思想方法、中庸之道与博施济众之间的逻辑关系三个问题。

第七篇

述而

　　《述而》篇主要阐述了孔子对礼制的基本态度和原则，事实上，也是对孔子在恢复和推行周礼过程中部分思想与言行的归纳和总结。

　　在本篇的开始，就可以看出孔子如何客观对待与礼制相关的历史文献，其准则即"述而不作"和"信而好古"，致力于礼制的研究与推广，而不会刻意地进行人为创作。在这个过程中淡泊名利、矢志不渝、立人立己。在个人修身方面，每时每刻严格要求自己。在育人方面做到了平等的无差别化教育，并采取了举一反三的启发式教学方法。

　　孔子能够对外界不切实际的评价能够坦然面对，并从实事求是的角度予以正确分析，指出了事物发展均遵从一定的客观规律，同时申明自己之所以能取得现有的成绩，关键在于持续地发现别人的优点与长处。对外界过高的评价能够理性对待。通过"钓而不纲，弋不射宿"说明思考问题要系统、全面。通过会见"互乡童子"的事例，说明修身致仁并非难事，一要放弃成见，二要高度自律，三要换位思考。同时摒弃那些一知半解、知和而和的形式主义，达到"君子坦荡荡"的境界。"君子坦荡荡"正是人们遵从礼制规范，修身致仁所需要达到的具体目标。

7.1 子曰："述而不作[1]，信而好古[2]，窃比于我老彭[3]。"

【注释】

[1] 述而不作：只阐述他人学说而不加自己的创见。

[2] 信：指确定性、真实性、稳定性。

[3] 老彭：殷贤大夫，老彭于时，但述修先王之道而不自制作，笃信而好古事。（杨朝明《论语诠解》）

【译文】

孔子说："对原有的典籍和文献仅做客观阐述，而不会毫无根据地去创作，按照以往的方法确保其真实性和确定性。私下里我以老彭自诩。"

【解读】

结合上下文及整部《论语》的主题来看，孔子的"述而不作，信而好古"应该有明确的指向，主要指历代的礼制规范，确切地说是指周朝的礼制规范。

出于历史原因，人们的认知能力、文字形式、记录方式、语言习惯等会随着时代的演变而发生变化，时代越久远，差异就越大。因此，后世一定会将原有的文献用当时的语言和文字呈现出来，而这种呈现的过程，又必须经过阐述者的理解和思考，运用当时的阐释手段处理，因而绝对的"述而不作"是不存在的。"述而不作"是一种重要的行为方式，对于"述而不作"应该把握好尺度，因此引出了下面"信而好古"的问题。

"信"字的本意是"实"，也就是所谓的确定性、真实性和稳定性。如果某一件事物总是发生变化，呈现不稳定的状态，那么它的信度是比较低的，就失去了"实"的本质。对于本章"信"字的理解，借用社会统计学的专用词语"信度"来解释比较中肯。信度是指测验结果的一致性、稳定性及可靠性，一般多以内部一致性的高低来表示该测验信度的高低。信度系数越高表示该测验的对象越一致、稳定与可靠。

因此，"信而好古"的正确含义是遵从古人的做法，保持其原有的本质，以免文献在后期面目全非。"信而好古"是行为原则，"述而不作"是行为方式，"述而不作"的目的在于确保文献的真实性。相关资料表明，老彭就是这样做的，在这方面他是孔子的榜样。"窃比于我老彭"，则展示了孔子生动活泼的一面，俏皮谦和的形象被刻画得惟妙惟肖。

总体来看，在本章，孔子以比较委婉的语言表述方式指出，人们应该本着历史唯物主义的态度来对待周礼，对于已经被历史证明了的、正确的礼制规范，不可任意添枝加叶，毫无原则地进行删减，以确保其原有的历史风貌。

接下来孔子又采用自我剖析的方式，就自己是如何对待礼制的进行了进一步阐释。

7.2 子曰："默而识之，学而不厌，诲人不倦，何有于我哉？"

【译文】

孔子说："默不作声地理解礼制的精神内涵，毫不厌倦地学习礼制规范，孜孜不倦地教育和引导周围的人，这对我能有什么困难呢？"

【解读】

本章内容还是前一章内容的延续。前面刚刚提到"述而不作，信而好古"，那孔子是怎么做的呢？"默而识之，学而不厌，诲人不倦"就是他的具体做法。这里有一个关键词"之"，具体到本章，"之"字特指"礼制"。

首先解释一下"默而识之"。"默"，表明一个人不求出名，只是潜心读书做事情，在求知的过程中努力寻求突破。其次来看"学而不厌"。"学而不厌"与"学而时习之，不亦说乎"具有相通之处，"学而不厌"所表达的是治学修身的态度，相对于"不亦说乎"来说稍显肤浅，只是达到了"好学"的程度，而更深层次的则是"乐之"。最后解释"诲人不倦"。这是在教育和引导他人时所秉持的基本态度。

孔子提出"诲人不倦"，是不是有好为人师之嫌呢？若要正确理解"诲人不倦"，那就得从"默而识之、学而不厌、诲人不倦"三者之间的关系谈起。"默而识之"是治学和修身的初始阶段，其目的不在于成名，仅在于提高自身的修养和认知能力。"学而不厌"是第二个阶段，经过前一个阶段的学习，自身已经体会到了治学修身的好处，要进一步努力做到不以修身治学为苦，长此以往不会感到厌烦，继而做到自得其乐，深深受益。"诲人不倦"是在第二种状态的基础上，参照"己欲立而立人"的思想，把修身治学得到的好处与周围人分享，这才是"诲人不倦"的本意。修身治学不但可以提升自己，而且可以通过分享使周围的人受益，这是在做好事，与好为人师有本质上的区别。乐此不疲反而愈发凸显其人格的高尚。

从三者之间的逻辑关系来看，前两者是针对自己的行为约束，而"诲人不倦"则针对别人。前两者应该类似于内化的过程，后者则属于外化的范畴。如果再考虑到具体的语境，进一步明确是对礼制的学习、理解和宣传与推广，那么孔子这样做不是更具有积极的社会意义吗？

在1.4章，曾子曾提出"吾日三省吾身"，在下一章孔子则对自己在修身方面提出了四项要求。

7.3 子曰："德之不修[1]，学之不讲，闻义不能徙，不善不能改，是吾忧也。"

【注释】

[1] 修：(学问、品行方面)学习和锻炼。

【译文】

孔子说："不能及时修正德行方面的不足，不能坚持讲述自己学到的道理，听到合乎正义的人和事而不能主动做出改变，有了不善的言行而不能及时改正，这四个方面才是我所忧虑和担心的。"

【解读】

孔子在本章也提出了自己的修身之道，体现在四个方面。第一是在理想信念方面，要不断地修正自身的不足，逐步提高自身的思想境界。第二是在治学、讲学方面，要在努力提高自身知识水平的基础上，将学到的道理分享给大家，让大家都受益，共同提高。第三是在为人处世方面，听到有关正义的做法和思想，要去实践，做到见贤思齐。第四是在日常生活中，要注意自身的言行是不是符合最基本的"善"的标准。"修、徙、改"这三个字都有自我主动改变的意味，而"讲"的前提是"学"，应该说这四个动词都有积极进取的意思。这四个方面分别属于不同的层面，而一个人如果按照这四个方面的标准和要求每天检视自己的行为的话，想不提高都难。

本章讲到了孔子修身方面的内容，这四个方面很难做到。那么孔子即使做到了，他能够持之以恒吗？这就是下一章将要涉及的问题。

7.4 子之燕居[1]，申申如也[2]，夭夭如也[3]。

【注释】

[1] 燕居：即宴居，古人退朝而处叫"燕居"。

[2] 申申：整饬的样子。（孙钦善《论语注释》）

[3] 夭：形容草木茂盛。

【译文】

孔子闲居在家的时候，依然衣着严整，神采奕奕，在精神方面与出席正式场合并无二致。

【解读】

《史记·万石张叔列传》中有"子孙胜冠者在侧，虽燕居必冠，申申如也"的表述，由此可以看出"申申如也"并非十分舒展、放松的样子。"夭夭如也"则是"引"或"借"用《诗经·周南》中的诗句。原文是比喻即将出嫁的少女，面色十分漂亮，拿鲜艳怒放的桃花，突出少女的美丽。

从上下文内容来看，孔子是在讲修身治学和遵从礼制规范，在修身上的要求也相当严格，"君子无终食之间违仁，造次必于是，颠沛必于是"，即使是处于逆境之中也不会有所改变，难道在燕居闲暇之时就有所懈怠吗？当然不会。再结合孔子在病中"疾，君视之，东首，加朝服，拖绅"的表现，也可以看出孔子对自身的要求十分严格。

下一章所提到的内容就是对此的佐证。

7.5 子曰："甚矣吾衰也！久矣吾不复梦见周公[1]。"

【注释】

[1] 周公：姬旦。在灭商兴周的过程中功勋卓著，后辅助成王巩固了周王室的统治。他制礼作乐，为周代乃至中华文化奠定了基调，深深影响了孔子和儒学，被后世尊称为儒家"元圣"，唐宋之前多以"周孔"并称。（杨朝明《论语诠解》）

【译文】

孔子说："我感觉自己衰老得很厉害了！我很久没梦见周公了！"

【解读】

孔子致力于恢复周朝的礼制，希望通过推行礼制对当时的社会进行有效规范，从而达到他理想中的社会状态。因此，他一直以周公姬旦为榜样，时刻不忘，以至于时常梦见周公。这里表明孔子不但修身治学，终日不辍，梦想达到周公的修养水平，同时也意识到自身治学、传道等责任重大。

可以看出，本章内容依然是对前一章内容的延续和升华。前五章都是在叙述孔子依据礼制规范自我修身治学的情况，而下一章话锋一转，开始讲述如何以礼制为内容开展教学活动，这两种活动可以概括为教学相长。

7.6　子曰："志于道，据于德，依于仁，游于艺[1]。"

【注释】

[1] 艺：指礼、乐、射、御、书、数"六艺"。

【译文】

孔子说："致力于对方法的探求，恪守道德的标准，按照仁爱的要求，以礼、乐、射、御、书、数'六艺'为依托，以期达到依据礼制规范修身和治学的目的。"

【解读】

孔子在本章不但提到了修身治学的原则要求，同时提到了内容、载体及方法。其一，注重方法的探究。这是古代修身治学的重点，对现代人的修身治学同样具有指导意义。对于学习来说，最为关键的不是内容，而是通过学习获得的系统思维和解决问题的辩证方法，即世界观和方法论。其二，修身治学的目的在于提高自身的道德品质，而不是漫无目的地学习。其三，修身治学要符合礼制规范，服从仁爱的思想追求，这也正是将要在7.13章提到的"齐、战、疾"。

"游于艺"，既是教学内容，又是教学载体，也可以结合"能近取譬"而形成一种独特的教学方法。通过在这六个方面的锻炼和培养，人得到全面发展。礼制的作用在于使人树立规矩意识，乐的作用在于陶冶人的情操，射的作用在于使人文明地竞争，御的作用在于使人具备劳动与军事技能，书的作用在于使人掌握阅读和写作等继承和传承能力，数的作用则是令人具有计算能力和技巧。六种技能各有侧重，对于人的修身治学都有其独到的作用。

本章提到了修身的内容、载体及方法，下一章内容涉及推广的对象。

7.7　子曰："自行束脩以上[1]，吾未尝无诲焉。"

【注释】

[1] 束脩：束脩谓束带修饰。古人年十五，可自束带脩饰以见外傅。（钱穆《论语新解》）

【译文】

孔子说："凡是到束脩年龄及以上来求学者，我从来没有不给予教诲的。"

【解读】

孔子接收弟子有一定年龄限制，与现在的入学年龄类似。由于年代不同，社会发展程度及个人认知能力等诸多客观条件等存在差异，当时的入学年龄与现在不同，应该是十五岁行"束脩"礼之后方可入学。如果人的年龄太小，一方面缺乏自理能力，另一方面受限于其认知能力，不利于教学、讨论等活动的开展。

在2.4章孔子也有过相关的表述："吾十有五而志于学，三十而立。"当时十五岁上学的可能性是很大的。从孔子学生的年龄来看，不到十五岁就拜孔子为师的人比较罕见，一个是颜回，十三岁师从孔子；另外两个是叔仲会和公孙龙，但是二人师从孔子的具体时间有待考证。这两个人也并非孔子严格意义上的学生，而是陪在身边的书童。

本章对教学对象的年龄进行了相应的交代，同时指出对学生都施行了无差别化的平等教育。孔子在下一章将教学方法具象化，也就是我们经常听到的启发式教学，举一反三。

7.8 子曰："不愤不启，不悱不发[1]，举一隅不以三隅反，则不复也。"

【注释】

[1] 悱(fěi)：想说又不知道该怎么说。

【译文】

孔子说："弟子不到发愤求知的程度时就不去开导他，不到他欲言不能的程度就不去启发他。举出屋子的一个角落而不能由此类推屋子的其他三个角落作为回答，我就不再予以答复了。"

【解读】

本章内容的重点是孔子阐述自己的教学心得。他认为，学生在学习的过程中，如果本人缺乏主动性，没有达到由不满意而焦躁不安的程度，就不要急着去启发他。在教学的过程中，没有问题是最大的问题，对自身所学知识感到满足会导致骄傲自满，继而影响进一步的学习和提高。这主要是针对学习者自身的学习态度而言的，要求学习者必须具备虚怀若谷和求知若渴的主动心态，而不是浅尝辄止、故步自封。

"不悱不发"与"不愤不启"有相同的教学作用，但侧重点又有所不同。"不愤不启"是在自我学习的初期，"不悱不发"则是在学习者学习的后期，这是一个自己百思不得其解，在认识上表现为混沌模糊，经过一番点拨之后就会豁然开朗的时间节点。这对教育者的教学能力和时间拿捏提出了较高的要求。

"举一隅不以三隅反"就是我们常说的举一反三，这也是启发式教学的重要组成部分，强调学生应该成为学习主体，通过这种教学方式培养学生的发散思维。在5.9章，孔子与子贡的对话中，子贡所提到的"回也闻一以知十，赐也闻一以知二"说的就是这种能力。"则不复也"所表达的意思仍然是要充分尊重学习者的主体性，激发他的主观能动性；同时，不要急于求成，要给学习者留下充足的理解和消化的时间，这也是尊重人的逐步成长这一客观规律的表现。

从内容上看，前面几章讲的是理论方面的教学，接下来的两章则侧重于生活方面的言传身教。

7.9　子食于有丧者之侧，未尝饱也。

【译文】

孔子在参加丧事的招待时，从来没有吃过饱饭。

【解读】

在孔子看来，对待父母是件大事。《里仁》篇中有连续四章的内容与对待父母有关，所有内容都在表明一个观点，晚辈对父母要足够尊重。在2.5章孟懿子问孝时，孔子提到"死，葬之以礼"，孔子还在9.16章提到"丧事不敢不勉"。

因此，孔子认为父母的丧事也应该按照礼制的规范来进行，这是形式方面的。在孔子看来，丧事不但要符合礼制的规范要求，当事人内心也要感到无比悲痛，以至于茶饭不思，这是内心方面。参加祭拜的人也应该怀有恻隐之心，在参加主人安排的接待时，一直坚持不吃饱，则表明内心比较悲痛，与失去亲人的人一样，内心的痛苦感同身受。

7.10　子于是日哭[1]，则不歌。

【注释】

[1] 哭：这里指吊唁。

【译文】

孔子如果在这一天参加过吊唁，就不再唱歌。

【解读】

本章与上一章内容衔接紧密，意思是参加吊唁活动的当天，就不再跟往常一样唱歌。在孔子看来，生死是人生的一件大事，参加过吊唁之后不可能短时间内平复心情。假如很快就能忘掉的话，说明刚才的悲伤表现不是真诚的，并非发自内心。

7.11　子谓颜渊曰："用之则行，舍之则藏，惟我与尔有是夫！"子路曰："子行三军，则谁与？"子曰："暴虎冯河[1]，死而无悔者，吾不与也。必也临事而惧，好谋而成者也。"

【注释】

[1] 暴虎冯（píng）河：徒手与虎搏斗称为"暴虎"，不借助舟或者桥徒身过河称为"冯河"。据杨伯峻的《论语译注》，"冯河"两字最初见于《周易·泰卦·爻辞》，又见于《诗经·小雅·小旻》。"暴虎"见于《诗经·郑风·大叔于田》。

【译文】

孔子对颜渊说："如果能够得到任用，就去施展自身才干；如果不被任用，就甘当隐士，恐怕只有我和你能做到这样吧！"子路说："如果委任您来统帅三军的话，您愿意与谁共事呢？"孔子说："赤手空拳和老虎搏斗，徒步涉水渡过大河，即使死了也心甘情愿的人，我是不会与他共事的。我所要找的一定是面对事情能够谨慎戒惧且好谋善成的人。"

【解读】

这里的"行"和"藏"是一对相对的概念，"行"与"隐居以求其志，行义以达其道"中的"行"字意思相同，而"用之则行，舍之则藏"则与"天下有道则见，无道则隐"有相近的含义，都表明如果国家政治清明、自己被重用的话，一定会根据社会发展需要施展自己的才华，而在不被认可和重用的情况下也能顺应外在的环境，安心做个隐士，超然于现实世界之外。孔子在与颜回的对话中表示，能把这件事看得通透，保持良好心态的恐怕也就只有我们两个了。

子路发表了不同的见解，对孔子说："如果委任您统帅三军，那您愿意跟谁共事呢？"意思是说，老师，这种事情还得靠我，在带兵打仗这件事上我也能做到"用之则行"。孔子却不以为然，没有直接说子路办不到，而是采用"取譬"的方法，拿"暴虎冯河、死而无悔"做比喻，来说明即使是带兵打仗这种事情，只有匹夫之勇也是不行的，还要有心存敬畏的谨慎态度，以及好谋善成的系统思维能力。孔子的这番话，其实比较含蓄地指出了子路好勇少谋的性格特质。此处的"临事而惧"并不是所谓的恐惧和害怕，更多的是倾向于敬畏和谨慎。

7.12 子曰："富而可求也，虽执鞭之士[1]，吾亦为之。如不可求，从吾所好。"

【注释】

[1] 执鞭之士：士之贱者。《周礼·秋官司寇·条狼氏》："条狼氏掌执鞭以趋辟(行人)，王出入则八人夹道，公则六人，侯伯则四人，子男则二人。"(孙钦善《论语注释》)

【译文】

孔子说："财富如果可以依据礼制规范，符合道义的要求而求得，即使是为人执鞭开路那种比较卑贱的差事，我也愿意去做。如果依据礼制规范，符合道义的要求是不可求的，我还是信从我所喜好的礼制和道义吧。"

【解读】

本章内容与4.5章的"富与贵，是人之所欲也；不以其道得之，不处也"一样，表明了孔子的价值观和义利观。孔子认为，施展政治抱负和获得财富都是人之常情，如果大的政治环境不好，做官不做官也就无所谓了，符合礼制规范和道义要求的致富途径是可取的。如果不符合礼制规范，自己更倾向于遵从礼制规范，做到"安贫乐道"，坚守自己的本心。

7.13 子之所慎：齐[1]，战，疾。

【注释】

[1] 齐：整齐。这里指以严苛的刑罚治理。

【译文】

孔子对苛政、战争和疾病这三件事情抱持审慎的态度。

【解读】

此处的"齐"为本义，与2.3章"齐之以刑"中的"齐"同义，这里指以严苛的刑罚来治理社会，也就是苛政。

孔子一直提倡"为政以德"，倡导"礼制"和"仁政"，结合当时比较糟糕的社会状况，如果"齐之以刑"，毫无节制地加大刑罚力度，尤其是广泛使用极刑，会剥夺更多人的生命，势必会导致社会矛盾进一步加剧。战争对社会稳定的破坏和对人的伤害是不言而喻的。此处的"疾"并非一般性的疾病，而是特指瘟疫。在医疗能力和水平十分低下的古代，瘟疫致使大量人员死亡的事件屡见不鲜。如果从导致社会动乱、剥夺人的生命这两个角度来看的话，"齐，战，疾"均能做到，这也正是孔子不愿意看到的。恢复周礼，施行仁政，维护社会安定，让百姓过上太平日子是孔子的毕生追求，社会混乱、民不聊生、生灵涂炭的状态尽快结束是孔子所期盼的。

从本章内容可以看出，孔子心存仁爱，对人的生命抱有悲悯之心。再联系7.11章内容"用之则行，舍之则藏"和7.12章中"如不可求，从吾所好"，本章内容意在表明孔子对恢复和推行礼制持"穷则独善其身，达则兼济天下"的态度。

7.14　子在齐，闻《韶》三月，不知肉味，曰："不图为乐之至于斯也[1]。"

【注释】

[1] 图：意图，计划，想到。

【译文】

孔子在齐国学习《韶》乐期间，即便是吃肉都感觉不到香味。于是，他感叹道："没想到欣赏音乐竟然能够使人达到这种境界！"

【解读】

在3.25章，孔子对《韶》乐赞美有加，认为《韶》乐"尽美矣，又尽善也"。在15.11章，与颜回探讨社会治理时，孔子也曾指出"乐则《韶》《舞》；放郑声，远佞人"。看来《韶》乐不但尽善尽美，并且符合礼制的规范，适合在正式场合演奏，不但能对人起到一定的教化作用，而且能够陶冶人的情操。

孔子在齐国时，与齐国太史讨论音乐，"闻韶音，学之，三月不知肉味"。如果把"三月"放在"学之"这一语境当中的话，就比较好理解了。那么《韶》乐到底好到什么程度呢？孔子本人具有极高的音乐素养，对音乐有着极高的鉴赏能力。他在学习《韶》乐的很长的一段时间内潜心揣摩，甚至在吃饭时竟然品尝不出肉的滋味。这虽然只是一种比较夸张的说法，但表明音乐确实能够从精神层面对人产生一定的积极影响。

本章传统的断句方式为"子在齐，闻韶，三月不知肉味"，貌似"闻韶"与"三月不知肉味"存在一定的因果关系，韶乐可以使孔子长时间忘记了肉的香味。事实是孔子在齐国学习韶乐的三个月时间中，因为韶乐陶醉而忘了肉的香味。因此，本文给出的断句方式是合理的。

7.15 冉有曰："夫子为卫君乎[1]？"子贡曰："诺，吾将问之。"入，曰："伯夷、叔齐何人也？"曰："古之贤人也。"曰："怨乎？"曰："求仁而得仁，又何怨？"出，曰："夫子不为也。"

【注释】

[1] 为(wèi)：帮助，卫护。卫君：卫出公辄(zhé)。

【译文】

冉有问子贡："老师会帮助卫君吗？"子贡说："好吧，我去问问老师。"子贡进到屋里，问孔子："伯夷、叔齐是什么样的人呢？"孔子说："是古时候的贤人。"子贡又问："他们之间心存怨恨吗？"孔子说："他们致力于追求仁的境界，最终也达到了自己的目标，又有什么怨恨可言呢？"子贡出来后对冉有说："老师是不会帮助卫君的。"

【解读】

卫出公辄是卫灵公的孙子，太子蒯聩的儿子。蒯聩得罪了卫灵公的夫人南子，逃往晋国。卫灵公死后，立辄为君。晋国的赵简子又把蒯聩送回，借以侵略卫国。卫国抵御晋国的军队，事实上也拒绝了蒯聩的回国。这个时期，孔子和他的弟子正在卫国，对于事情的来龙去脉十分清楚。冉求不知道孔子的态度，又不敢自己当面问，就与子贡讨论这件事情。子贡比较聪明，并没有直接问孔子对蒯聩和儿子辄争夺君位这件事的看法和态度，而是借用伯夷、叔齐的事理探知老师的真实想法。在5.23章中，孔子曾用"伯夷、叔齐不念旧恶，怨是用希"来评价伯夷、叔齐，认为他们品行高尚，主动让位，伯夷、叔齐的做法与卫国的这对父子形成了鲜明的对比。很明显，蒯聩及卫出公辄都不具备礼制意识，都没有做到"礼让为国"。由此可知，孔子本来就对二者的行为十分不齿，怎么可能置身其中，去帮助其中一方呢？

在这段师生对话中，二人对卫国的状况都十分了解，子贡想问什么孔子当然一清二楚。子贡也担心老师不直接回答，得不到想要的答案。为了避免双方的尴尬，子贡就委婉地用伯夷、叔齐的典故予以求证。最终的结果则是得知了孔子认为父子争位是不义之举，自己不会参与其中，选择了洁身自好。

从行文特点来看，本章内容与7.12章"富而可求也，虽执鞭之士，吾亦为之"和7.13章"子之所慎：齐，战，疾"的内容形成呼应。下一章的内容既是对本章的有感而发，也同样是7.12章内容的延续。

7.16 子曰："饭疏食饮水[1]，曲肱而枕之，乐亦在其中矣。不义而富且贵，于我如浮云。"

【注释】

[1] 疏食：比较稀的饭。疏，事物的部分之间空隙大。

【译文】

孔子说："吃饭的时候只吃很稀的饭，喝水，枕在自己的胳膊上休息，乐趣也就在其中了。不符合道义的那种富贵，在我看来就如同浮云一样。"

【解读】

本章内容与6.11章"一箪食，一瓢饮，在陋巷，人不堪其忧，回也不改其乐"所表达的意境有相似之处，而其中的"乐"则反映了人的一种思想境界与状态。在孔子看来，蒯聩父子争夺君位没有任何意义，都属于不仁不义的行为，即使得到君位也没有什么可炫耀的。皇位啊、财富啊，如果不是通过正当途径而得到的话，也没有什么意思。真是想不开，想开了的话，还不如吃着粗茶淡饭，闲暇之余曲肱而卧，这样不也挺惬意的吗？于是也就有了"不义而富且贵，于我如浮云"的感慨。这也是对子贡所提问题的明确回复。

如果再往深层次考虑的话，孔子仍然是话里有话，这种不符合礼制规范的权力争夺与继承，加上双方不具备礼制规范的思想意识，势必会对将来的执政形成潜在的威胁，即使卫出公辄暂时取得了皇权，最终也不会对卫国的治理产生积极的影响。事实也证明，卫国父子的争权行为致使卫国的国力进一步削弱，加速了卫国的衰退与灭亡。

7.17 子曰："加我数年，五十以学《易》，可以无大过矣。"

【译文】

孔子说："如果能借我几年时光，退回到我五十岁的时候就开始学习《周易》，现在就可以没有大的过错了。"

【解读】

在一般人看来，《周易》是一部深奥而富有哲理的经典著作，比较难懂。但对孔子而言，《周易》对其有很大帮助，后悔自己读晚了，如果能早几年读到的话，就可以避免以往生活和学习中的很多过错。孔子十分喜欢《周易》的内容，曾进行过深入的研究。司马迁《史记》记载："孔子晚而喜易……读易，韦编三绝。曰：'假我数年，若是，我于易则彬彬矣。'"

然而，如果联系上下文内容来看的话，与其说这番话是孔子说给自己的，不如说是说给子贡和冉有的。意在说明如果蒯聩和卫出公辄等人能够注意学习的话，就能从《周易》等历史文献，以及外部事物发展变化的规律中找到正确的答案，也就不会费尽心思去争夺皇位了。

7.18 子所雅言，《诗》《书》、执礼，皆雅言也[1]。

【注释】

[1] 雅言：在语音、语汇和语法方面都合乎规范的标准语。

【译文】

孔子在应该采用标准语言的场合，都会用标准语言。如讲述《诗经》《尚书》和主持礼仪活动时，都是使用符合规范的标准语言。

【解读】

在秦朝统一文字和度量衡之前，包括语言文字在内的许多方面尚未统一，各个诸侯国都有自己的一套标准。即使现在，国家推行标准语言普通话这么多年，国内还有不少地区的人们依然习惯于用方言交流。孔子所生活的那个时代，语言的规范程度可见一斑。当时天下四分五裂、各自为政，交流相对比较频繁，采用通行的标准语言是客观要求。

孔子在本篇的开始就提到了"述而不作"的基本原则，为了保持语言和文字的相对统一，传播和传承文化，采用通行的语言也是必要的。

7.19 叶公问孔子于子路[1]，子路不对。子曰："女奚不曰：其为人也，发愤忘食，乐以忘忧，不知老之将至云尔。"

【注释】

[1] 叶(shè)公：楚国大夫沈诸梁，字子高，为叶地县尹。

【译文】

叶公问子路孔子是个怎样的人，子路不予回答。孔子说："你为什么不这样说：'他的为人啊，学习时发愤以至于忘记吃饭，乐于治学以至于忘记所有的烦恼，甚至连自己即将衰老也不曾察觉，如此等等。'"

【解读】

叶公是春秋末期楚国军事家、政治家，楚国令尹、司马。叶公生于楚国王室之家，其父沈尹戍在吴楚之战中屡立战功。楚昭王令沈诸梁到楚国北疆重镇叶邑为尹。叶公到了叶地之后，采取养兵息民、发展农业、增强国力的策略，并制定出了修建东西二陂(bēi)的工程计划，发动叶邑百姓开工兴建。西陂主要用于拦洪，东陂主要用于蓄水。东西二陂的修建，可以说开创了我国古代小流域治理的先河，东西陂遗迹现今尚存。

孔子听说叶公政绩显赫，曾经特意由蔡及叶，与叶公交流治国方略。叶公对孔子也有所了解，两个人应该是惺惺相惜的。在见孔子之前，叶公先是与子路做了简单交流，想从侧面了解一下孔子的为人，而子路可能存在怕说错话的顾虑而没有予以回答。孔子知道后对子路说了上面一番话。

孔子的这番话，一方面具有调侃的味道，但从另一方面讲，其实也是他真实生活的写照。孔子的治学修身已经达到了"学而不厌"和"乐亦在其中"的境界，能够做到"发愤忘食，乐以忘忧，不知老之将至"。孔子这种孜孜不倦的学习精神非常值得大家学习，他也为我们在终身学习方面树立了典范。

7.20 子曰："我非生而知之者，好古，敏以求之者也[1]。"

【注释】

[1] 敏：勤勉。

【译文】

孔子说："我并不是一生下来就懂得所有知识的人，而只是一个喜好前人的优秀做法，并勤勉地去探求真知的人。"

【解读】

本章的"好古"与7.1章中的"信而好古"含义是一样的，"好古"作为一种行为方式，是对学识和前人的一种尊重。

本章同样是上一章内容的延续。在大家看来，孔子知识渊博，尤其是对礼制规范方面的内容颇为了解，仿佛是与生俱来的，有异于常人。孔子对自己则有客观的认知。他认为自己所具备的知识和能力都是师承前人，在自己具备一定认知能力的基础上，通过个人的努力而获得的。事实上，没有哪一个人是"生而知之"的，孔子本人也不例外。从客观的角度来讲，人与人之间在智商方面肯定会存在一定的差异，但经过一段时间的成长后，所呈现出的认知方面的差异，其关键影响因素是后天的习得。通过孔子的论述我们可以看出，孔子的思想是唯物的、辩证的。

因此，我们在日常工作和学习过程中，不应总是过度地强调人与人之间的智力差异，而是应该真正做到"君子不器"，充分肯定后天努力的重要性，从而主动地通过学习来提高自身的综合素质和能力，而不是一味地怨天尤人。这是教育的客观规律，本书在接下来的内容中分四个方面予以详细解释。

7.21　子不语怪、力、乱、神[1]。

【注释】

[1] 怪：怪异的人或事物。力：力量，力气。乱：没有秩序，没有条理。神：神话中的人物，有超人的能力。

【译文】

孔子在修身治学方面向来不会归因于怪人和怪事、能力不足、不合常理、迷信或者神话。

【解读】

学界一般将本章内容解释为："孔子不谈怪异、勇力、叛乱和鬼神。"将"怪、力、乱、神"解释为相对独立的四种事，而忽略了它们之间的内在联系和系统性。

首先，解释一下"怪"。在7.20章，孔子已经明确地指出"我非生而知之者"，说明后天努力对自身成长具有重要作用。在孔子看来，同样是人生一世，每个人最终却呈现出不同的发展结果，这一切都符合客观规律，并没有什么可奇怪的。

其次，解释一下"力"。在4.6章孔子曾提到"有能一日用其力于仁矣乎？我未见力不足者"，继而在6.12章对冉求说"力不足者，中道而废，今女画"，意在表明一个人如果不能在修身治学方面取得成绩，并非其自身能力的问题，而是不够勤勉所致。所谓的能力不足，只不过是找客观原因罢了。

再次，说一说"乱"的本质。所谓的"乱"，是指违背常规、不符合常理的事情。每个人取得任何进步都需要一步一步地来，不可能一蹴而就，更不可能是无中生有，也就是任何事物的发展都需要符合循序渐进的特点和规律。孔子在2.4章就提到"吾十有五而志于学，三十而立，四十而不惑，五十而知天命"，在6.21章指出"中人以上，可以语上也；中人以下，不可以语上也"，在11.15章说到"由也升堂矣，未入室也"。诸如此类的表述，都是在讲做任何事情都要循序渐进，而不能期求不按常理出牌，一口吃个胖子。

最后，是"神"的问题。所谓"神"，就是刻意地将某人或者某事无限制地拔高，甚至是严重脱离实际的神化。孔子的思想观念是辩证的、唯物的，因此他不主张对人进行神化。

可以看出，本章内容主要聚焦两个方面。第一个方面，孔子对外界对其所做不切实际的评价予以否定。第二个方面，阐述了孔子在修身治学方面的思想主张，着眼现实、自身勤勉、循序渐进、避免神化。这些主张与其以往的思想一脉相承。孔子的这种观点适用于修身致仁的整个过程，当然对礼制规范的习得同样适用。接下来，孔子又对自身的学习态度进行了阐释。

7.22 子曰："三人行，必有我师焉[1]。择其善者而从之，其不善者而改之。"

【注释】

[1] 师：仿效，师法。

【译文】

孔子说："如果有三人同行，其中必定有可以为我所师法的人。选择他们身上那些优点学习，至于对方存在的那些缺点自身注意改正即可。"

【解读】

孔子这里说的"三人行"并非确指三人或者是三个人同行，而是泛指很少的人。按照这种逻辑，即使是两个人也应该能从对方身上学到东西。如果对方有做得比自己好的地方，那么就吸收好的经验和做法，使自身的能力或者修养得到提升。如果对方做得不如自己，或者存在某些不足，那么就从他身上汲取教训，对存在的问题或者是产生问题的原因进行反思，确保自身在将来不犯相同或类似的过错。这也是一种学习，与4.17章的"见贤思齐焉，见不贤而内自省也"具有异曲同工之处。另外，本章中的"师"与2.11章中的"温故而知新，可以为师矣"中的"师"相同，解释为仿效、师法。

孔子的这种观点对我们至少有两点启示。第一，应该辩证地看待学习。并非只有比自己优秀的人值得学习，或者能从他身上学到东西。其实即使比自己差的人也有值得自己学习的地方。甚至对方的不足如果能够让我们引以为戒的话，也会使自己受益。第二，抱有这种心态，我们就会尽可能多地发现周围人的长处与优点，不至于对周围的人求全责备，有利于营造和谐的生活和工作氛围。世界上没有两片完全相同的树叶，因而世界上不会有完全相同的两个人。每个人都有自己的优点，更有自己不足的地方，因此想要自己更完善，就要不断地提高自身的修养，发现别人的优点，并加以学习。

需要注意的是，这里的学习是指对包括礼制规范等内容在内的、广义的学习。结合本章及上下文内容来看，这里的学习内容更加倾向于礼制规范。

7.23　子曰："天生德于予，桓魋其如予何[1]？"

【注释】

[1] 桓魋(tuí)：又称向魋，春秋时期宋国(今河南商丘)人。为宋国主管军事行政的官——司马，掌控宋国兵权。

【译文】

孔子说："我具备上天所赋予的品德，桓魋又能把我怎样呢？"

【解读】

《史记·孔子世家》记载，孔子去曹适宋，与弟子习礼大树下。宋司马桓魋欲杀孔子，拔其树。孔子去。弟子曰："可以速矣。"孔子曰："天生德于予，桓魋其如予何！"

桓魋为什么要杀孔子呢？其实还是嫉妒心在作怪。孔子周游列国到了宋国。孔子与宋景公同宗同族，宋景公知道孔子是天下闻名的圣人，门下有数十名文武兼备的弟子，如果能把他们师徒长久地留在宋国做事，便可使宋国不再受大国的欺凌。宋景公准备出城迎接孔子。桓魋却害怕孔子师徒到来后会取代他，从而影响他的权势与利益，于是私自带领人马去追杀孔子，最终没能赶上。后来，他将孔子与弟子们演习周礼的地方的那棵大树砍掉了，而且还扬言非杀掉孔子不可。本章内容就是孔子与弟子们在紧急逃离宋国时展开的。

在孔子看来，继承和传播周礼，营造和谐稳定的社会环境是自己义不容辞的责任，桓魋的威胁不足为惧。这也凸显出孔子强烈的历史使命感。

接下来孔子又谈到了自己的教学态度。

7.24　子曰："二三子以我为隐乎[1]？吾无隐乎尔！吾无行而不与二三子者[2]，是丘也。"

【注释】

[1] 隐：隐瞒，保留。
[2] 行：这里指力所能及的事情。

【译文】

孔子说："你们这些弟子是不是以为我对你们有所保留啊？我竭尽所能，把我所有知道的都毫无保留地传授给了你们，这就是我孔丘的为师之道。"

【解读】

在7.8章，孔子曾经指出"不愤不启，不悱不发，举一隅不以三隅反，则不复也"，这说明孔子在教学过程中采取了因材施教、循序渐进等诸多科学的教学手段，为学生提供了个性化的教学服务。这种教学方式和方法即使到今天也不落伍，依旧被大家学习和使用。

但是，也有人会思考孔子在开展个性化教学的过程中，是否会对自己所知所会有所保留呢？毕竟有句俗话说"教会徒弟，饿死师傅"。就《论语》开篇到本章来看，孔子教授给学生的内容涉及面相当广，不但重点传授了礼制规范方面的内容、做人做事等常识性内容，还有治学修身的思想和方法，应该说是十分全面的。但每个学生学到的东西存在差异也是客观事实。鉴于拜孔子为师的人比较多，在年龄、行业、知识等基础方面存在很大的差异，孔子对学习和认知能力比较强的学生所教授的内容会多一些，反之教授得少一些，这也是因材施教的具体体现，和6.21章提到的"中人以上，可以语上也；中人以下，不可以语上也"的指导思想是一致的。孔子教学的独到之处在于对内容和方法的宽度都能照顾得到，在高度和深度上也能根据受教育者的实际情况予以适当的考虑和顾及。但从整体来讲，能够做到知无不言，言无不尽，倾囊相授。

这一章孔子表明了毫无保留的教学态度，接下来的一章将要讲到言传身教的教学方法及其特点。

7.25 子以四教：文[1]，行[2]，忠，信。

【注释】

[1] 文：经典文献。

[2] 行：受思想支配而表现出来的活动。这里指实践。

【译文】

孔子从四个方面教诲弟子：文献，实践，忠诚，守信。

【解读】

本章内容的行文特点与7.13章的"子之所慎：齐，战，疾"，以及7.21章的"子不语怪、力、乱、神"相同，都是对前面内容的高度总结和概括，在提纲挈领地点到内容主旨的同时，简要地指出了它们之间的逻辑关系。事实上，本章内容不单单是孔子日常教学的内容，同时也是一种教学方法，通过分析还能看出其教学特点及精妙之处。因此，本章更像是编著者在此处下的按语。

"文"就是7.18章提到的《诗经》《尚书》等经典文献，相当于我们经常讲到的基础理论。"行"则指的是孔子自身的行为，也就是孔子的现身说法，他在治学修身和教学过程中言行一致，也就是我们现在所说的实践。在2.13章，子贡向孔子请教何为君子时，孔子的回答"先行其言而后从之"阐述了"行"在教学过程中的作用。因此，可以将"文"和"行"这两种教学方法合并表述为言传身教。"忠"的本意是尽心尽力，表明孔子在教学过程中的基本态度，与7.2章中"诲人不倦"的精神如出一辙。"信"字与7.1章中"信而好古"中的"信"字所表达的意思相同，正是因为做到了"信而好古"，对原有文献精神实质及其原貌高度尊重，才达到了让受教育者信服的效果。因此，"信"在这里至少具备两重含义，一是做到"述而不作"，保持经典文献原有的精神风貌；二是传授知识讲求方式方法，以达到让接受者信服的效果，这两点可以看作是教学的基本原则和目标。

综合来看，前面的"文""行"是理论与实践的高度结合，那么"忠"和"信"则分别指的是教学态度、教学原则与目标。从"文，行，忠，信"之间的逻辑来看，"文"是基础，是对前人成果的继承，是理论层面的内容。"行"则是实践层面的内容，两者之间的关系就是理论与实践的关系，其实质就是1.1章提到的"学而时习之"，只是将"习"的范围进行了一定程度的泛化。首先从教育者自身的知行合一开始，形成身教的效果，对受教育者施以正向的引导和示范。"忠"和"信"则是精神层面的内容，对"文"和"行"的开展起到了相应的约束作用，使其能够达到相应的预期效果。可以看出，孔子在教学思想、理念、原则和方法等方面确实具有其独到之处。

在下一章，孔子继续探讨与教学相关的内容，但是分析问题的角度发生了变化，这次是从个人治学修身的角度出发，阐明自己对修身治学应遵从的基本规律的认识。

7.26 子曰："圣人，吾不得而见之矣，得见君子者，斯可矣。"子曰："善人[1]，吾不得而见之矣，得见有恒者，斯可矣。亡而为有，虚而为盈，约而为泰，难乎有恒乎。"

【注释】

[1] 善：完善，完备良好。

【译文】

孔子说："所谓的圣人我没有见到过，能够看到君子也就可以了。"孔子又说："所谓完善的人我也没见过，能够看到有恒心的人也就可以了。治学和修身方面的成效，从无到有，从少到多，从受限制到应对自如是很难的。这种转变需要一个漫长的过程，有恒心和毅力才能达到。"

【解读】

结合9.6章的相关内容"夫子圣者与，何其多能也"可以初步断定，当时外界的传闻有将孔子神化为"圣人"的。孔子本人对这类传闻也应该有所耳闻，因此，在这里孔子说"圣人，吾不得而见之矣"，一方面是自谦，另一方面是对外界不实的传言进行否认，客观上也是对"子不语怪、力、乱、神"的进一步印证。在孔子看来，自己能称得上君子就不错了，这也表明孔子谦逊的为人和不断进取的决心。

本章内容之间的衔接递进关系相当紧密。"圣人""君子""善人"和"有恒者"四种人代表着四个不同的层次，也就是说治学修身方面的层级应该依次为"有恒者""善人""君子""圣人"，有恒心和毅力是成为"圣人"的基础。由此可以得知，"亡而为有，虚而为盈，约而为泰，难乎有恒乎"表述的是一个循序渐进的成长过程。明确了这一点，"亡"与"有"、"虚"与"盈"、"约"与"泰"三对词语在本章中的真正含义，以及它们之间的逻辑关系就进一步明晰了。因此，"亡而为有，虚而为盈，约而为泰，难乎有恒乎"应该表述为"从无到有，从少到多，从受到限制到应对自如"，再次印证了7.20章提出的"我非生而知之者"的观点。可以看出，一个人的治学和修身，是一个从无到有、从少到多、从受限到自如的过程，这一过程中的难点是持之以恒。同样，对于礼制规范的学习也遵循上述规律。

本章回答了几个问题，同时提出了一个问题，如何才能做到持之以恒呢？这正是下一章要讲的内容，只是下一章没有直接给出答案，而是举了一个例子，阐述了一种思想，这又正是答案的全部。

7.27 子钓而不纲[1]，弋不射宿[2]。

【注释】

[1] 纲：这里指用网捕鱼。

[2] 弋：用来射鸟的带有绳子的箭。这里指通过弋来捕猎禽类。宿：夜里睡觉，过夜。

【译文】

孔子只采用垂钓的方式捕鱼，而不用大网；在射猎时，从不射击那些归巢的飞禽。

【解读】

在生产力水平比较低下的古代，鱼和飞禽都是人们赖以生存的食物的来源，捕获鱼和射猎飞禽在当时都是正常的生产劳动方式。按照一般的逻辑，人们获取的成果越多越好，孔子为什么却采取了一种与众不同的方式呢？

表面上看，这涉及生态保护的问题。钓鱼和用网捕鱼方式不同，其结果也不同。同样情况下，钓鱼的收获明显要少于用网捕鱼。用网捕鱼的结果是大鱼小鱼都会被捕捞上来，会影响大鱼的产卵，导致后期鱼的产量逐渐降低。同样的，归巢的鸟一般情况下有幼鸟需要喂养，如果射杀它们的话，有可能导致全部幼鸟死亡，鸟类数量急剧减少，最终有可能造成无鸟可射。如果对鱼类过度捕捞，对鸟类全部猎杀的话，其所导致的后果都是人类自身利益受损。《淮南子·主术训》中就有"先王之法，不涸泽而渔，不焚林而猎"的说法，这和此处的"钓而不纲"具有相同的意思。实际上，"涸泽而渔"和"焚林而猎"所比喻的是"获取利益只顾眼前，不做长远打算"。由此看来，孔子的"钓而不纲、弋不射宿"体现的是一种长期的系统的思维，而不仅仅是一个生态问题。

《论语》的编著者应该是得到了孔子"能近取譬"的真传，在这里只是拿捕鱼和猎鸟举了一个例子。如果一个人做到"三十而立，四十而不惑"，一生致力于修身治学，能够从长远的角度进行系统的人生规划，那么相对于毫无目标的人而言，坚持下来也就不是什么难事了。长期坚持就是"恒"的本意，"钓而不纲、弋不射宿"就是要告诉人们应该着眼未来，从长计议，继而做到持之以恒。这正是本章内容与前一章的呼应之处。

7.28 子曰："盖有不知而作之者，我无是也。多闻，择其善者而从之；多见而识之，知之次也[1]。"

【注释】

[1] 次：这里指接下来的事情。

【译文】

孔子说："大概有那种无知而恣意创作的人，但我不存在这种情况。我的经验是多方面听取各种见解，选择其中好的予以汲取；多观察周围的各种事物，从而逐步认识到它们的本质，那么知道和掌握这些东西就是顺理成章的事情了。"

【解读】

在本章孔子再次阐明"述而不作"的基本原则，同时，对"我非生而知之者"的观点进行进一步阐释。

本章的"多闻，择其善者而从之"与7.22章中的内容具有相同之处。在2.18章与子张讨论"干禄"的道理时，孔子的回答就是"多闻阙疑，慎言其余"。在后面的16.4章，孔子谈及什么是益友时也提到"友直、友谅、友多闻，益矣"。看来"多闻"的确是一种很好的学习和调研方法。同样的，多观察也是治学修身的好方法。在不断观察和总结的过程中，逐步加深对事物本质的认识和了解，真正地知道和掌握其核心和实质同样也会水到渠成。由此可以看出，本章内容依旧是前面内容的延续，同样是在探讨对礼制规范内容的学习。

在本章孔子提到了一种很好的学习方法论。在学习的过程中，当遇到疑问或者解决不了的问题时，要主动向别人请教，要多听取别人的意见，听到有道理的话就记下来，反复推敲，最终一定能得到正确的答案。在日常的生活和学习的过程中还要注意多观察，不断提高自身发现问题和分析问题的能力，为解决问题奠定基础。仅认识到这两件事情还不够，还需要注意治学和修身方面的提高要符合循序渐进的客观规律，不可急于求成。

那么，修身致仁到底是不是一件很难做到的事情呢？孔子借下面的例子做出了回应。

7.29 互乡难与言[1]，童子见，门人惑。子曰："与其进也，不与其退也，唯何甚？人洁己以进[2]，与其洁也，不保其往也。"

【注释】

[1] 互乡：地名。

[2] 洁：这里指改正自身的缺点。

【译文】

互乡，这个地方的人大多难以交流。但这里的一个小孩儿求见孔子时，孔子却见了他，弟子们对此感到疑惑不解。孔子说："与其帮他进步，还不如让他退步，难道还有这种道理吗？如果有人能够改过自新，与其对其吹毛求疵，不如放弃成见，不再对其保持以往的看法。"

【解读】

互乡，这个地方的人比较难于交流，这已经成为周围人的共识，孔子及其弟子也应该对此有所了解。孔子的弟子中很少有心智尚未成熟的小孩儿，同时孔子也不是随随便便就能见的。这个小孩儿请求接见时，孔子却没有推辞，所以学生们对此比较诧异。学生们之所以认为不应该见这个小孩儿，一是感觉二人的身份不对等，二是心有成见，主观上认为这个小孩儿也同样难于沟通交流。但在孔子看来，这个小孩儿想请教问题，则表明他具有上进心，这样就应该提供相应的帮助。孔子的这种做法也十分符合其"有教无类"的教育思想。

在这里，孔子又对"有教无类"的思想做了相应的拓展。如何做到"有教无类"呢？很简单，那就是放弃成见。无论对什么样的人，都不要特别在意他的成长背景，只要他虚心向学就是好事儿。于是孔子针对学生的疑惑表明了自己的观点：如果有人想进步，想改掉原来的缺点和不足，我们就应该给予其应有的帮助。与其关注他以往的缺点，倒不如放弃对他的成见。

对人抱有成见，其实从主观上已经产生了排斥，这样做不但不利于知识和仁道的传播，同时也违背了"仁"的精神实质。

正是基于这种逻辑，孔子在下一章又提出了自己的观点，为自己为何如此处理这件事提供了证据。

7.30 子曰："仁远乎哉？我欲仁，斯仁至矣。"

【译文】

孔子说："'仁'的境界难道距离我们很远吗？不是啊，我想要达到'仁'的境界，这不就达到'仁'的境界了吗？"

【解读】

从篇章结构看，本章内容仍是上一章的延续。孔子终生致力于治学、修身致仁、恢复和推行周礼。在别人看来恢复周礼和达到仁者的境界都是比较难的，但是孔子通过不受成见影响、接见传说中难于交流的地区的小孩儿这件小事，说明小事儿不小。这件小事儿常人看来可做可不做，但孔子做了之后肯定会对这个小孩儿的成长有帮助，这件小事儿符合"仁"的标准，也十分符合"夫仁者，己欲立而立人，己欲达而达人"的思想。所以孔子认为自己是对的，同时向大家说明修身致仁和恢复周礼并不是什么难事儿，要从身边的事情做起，勿以善小而不为。同时孔子也在提醒大家，修身致仁和恢复周礼是一个较长时期的过程，并非一朝一夕能够实现的。

下面孔子又通过一个事例说明，做到上面这些的同时，还要做到高度自律。

7.31 陈司败问："昭公知礼乎？"孔子曰："知礼。"孔子退，揖巫马期而进之，曰："吾闻君子不党[1]，君子亦党乎？君取于吴[2]，为同姓，谓之吴孟子。君而知礼，孰不知礼？"巫马期以告，子曰："丘也幸，苟有过，人必知之。"

【注释】

[1] 党：偏袒。

[2] 取：同"娶"。

【译文】

陈司败问孔子："鲁昭公算得上是知礼的君王吗？"孔子说："他是个知礼的君王。"孔子退出后，陈司败向巫马期作了个揖请他进去，说："我听说君子是不偏袒什么人的，难道君子也会偏袒人吗？昭公从吴国娶了同姓的女子作夫人，为了掩饰这件事，就称夫人为吴孟子。如果昭公这么做也算知礼的话，那还有谁不知礼呢？"巫马期把这些话告诉了孔子。孔子说："我也太幸运了，一旦有什么过错，别人一定会知道。"

【解读】

鲁国人为周公的后代，吴国人为太伯的后代，两者都是姬姓。按照当时的礼制要求，同姓是不能通婚的，而鲁昭公所娶吴孟子原名应该为吴姬。鲁昭公也知道礼制的相关规定，为了掩饰这件事情，就把夫人的名字改成了吴孟子，这其实是错上加错，是典型的文过饰非。陈司败问孔子这个问题，孔子当然是进退维谷。如果承认鲁昭公不知礼，那么就有犯上的嫌疑，明显违背礼制，一旦传出去，就会对孔子和鲁昭公产生不好的影响。认定鲁昭公知礼的话就证明自己在说瞎话，落得个"君子亦党"的结果。

对这个左右为难的问题，孔子应该是有所考虑的。他当然知道鲁昭公娶吴孟子为妻有违礼制规范，但如果自己评判鲁昭公违反礼制，这种做法同样也是违反礼制的。经过权衡，与其说鲁昭公违背礼制对两个人都不好，倒不如自己背锅，于是做出了上面的回答。陈司败认为孔子是在偏袒鲁昭公，但是并没有当面直接跟孔子说，而是找来孔子的学生巫马期继续说这事儿，应该有让巫马期传话给孔子的意图。孔子在15.22章提到"君子矜而不争，群而不党"，陈司败在这里所谓的"听说"，其实是隐喻孔子自己说过的"君子不党"。

陈司败意在让巫马期给孔子传话，鲁昭公迎娶同姓女子为妻是违背礼制规范的，孔子偏袒鲁昭公同样不对。于是孔子就对此事进行了调侃："丘也幸，苟有过，人必知之。"

看来为外界所称道的圣人也有糗事儿，而且有点儿小错会被人很快传开，其实这就是人们常说的"皎皎者易污"。

通过这个例子我们可以看出，孔子作为圣人也有为难之处，事事、时时、处处都谨小慎微，同时告诫人们在修身致仁的过程中，要时刻严格要求自己，具备高度的自律。这也正是曾子说"战战兢兢，如临深渊，如履薄冰"的原因。

接下来，我们通过一个例子，了解孔子的另外一项治学修身之道。

7.32　子与人歌而善，必使反之[1]，而后和之[2]。

【注释】

[1] 反：转换，翻过来。

[2] 和(hè)：和谐地跟着唱。

【译文】

孔子同别人一起唱歌时，为了达到比较好的效果，会相互转换角色，一个人先唱，由其他人来和，如此反复确保都能唱得好。

【解读】

孔子十分注重礼乐教化，因此对音乐的学习也同样重视，不但每天都要抚琴吟唱，还特别注重与别人共同学习和交流。孔子与别人一起练习唱歌时，为了使大家都能取得较好的演唱效果，就由一个人先唱，其他人来和，然后角色互换，依次进行，从而达到共同进步的目的。

通过这件事，我们至少应该向孔子学习三个方面。首先是学习态度。无论对方是谁，只要是比自己做得好，就要虚心向人家请教。其次是学习方法。要不断练习，使学到的东西得到巩固，最终做到真正掌握，而不是浅尝辄止、一知半解就作罢。最后是角色互换。通过角色互换的方式，使大家都能有所补益。

难道本章只是简单叙述了一个和别人唱歌的事情吗？当然不是。这里只是将唱歌这件事当作一个案例，事实上对于礼制规范等的学习，同样适用这种方式方法。

7.33 子曰："文[1]，莫吾犹人也。躬行君子，则吾未之有得。"

【注释】

[1] 文：经典文献。这里泛指包括礼制规范在内的经典文献。

【译文】

孔子说："在经典文献的学习方面，其实我和别人也差不多。在身体力行地去做一个君子这方面，我还没有得到真正的提高。"

【解读】

此处的"文""行"与7.25章"文、行、忠、信"中的"文、行"一样，都代表理论学习和具体实践。孔子认为自己无论是在理论学习方面，还是在实践方面，都还没有达到理想的状态。孔子这样说，一方面表明谦逊的治学修身的态度，另一方面也表明对自身的要求是比较高的。虽然外界对他已经做出了很高的评价，但是孔子并没有沾沾自喜，而是保持清醒的头脑，因为他深知学无止境的道理。

孔子总是这么低调，老是强调"文，莫吾犹人也。躬行君子，则吾未之有得"，事实果真如此吗？其实不然，后边的7.35章至7.37章就给出了相应的答案。

仅从内容上讲，本章内容主要表明孔子谦逊，但结合上下文来看，本章内容起到了承上启下的作用，一是再次对7.19章和7.26章所涉及的外界评论予以回应，二是对下一章的内容进行相应的铺垫。

7.34 子曰："若圣与仁，则吾岂敢？抑为之不厌，诲人不倦，则可谓云尔已矣。"公西华曰："正唯弟子不能学也。"

【译文】

孔子说："如果以圣人和仁者称呼我的话，我岂敢担此盛名？如果用'为之不厌，诲人不倦'这一类的话，来形容我的进取精神也就差不多了。"公西华说："老师的这种谦逊正是我们这些学生们学不到的。"

【解读】

"圣人"和"仁者",是周围人对孔子的评价,是对其学识和人品的高度认可。孔子对礼制规范的理解十分深刻,同时能够做到身体力行,完全按照礼制规范处理日常事务,堪称完美。孔子做人做事十分全面周到,在别人看来就是圣人,已然达到了"仁"的境界。但是孔子清醒地意识到自己还存在不足,认为要达到圣人和仁者的境界,还有很长的路要走。孔子总是表现得如此谦虚。在他看来,如果别人说自己正朝着这个目标不懈地奋斗,同时不知疲倦地教育和帮助别人朝着仁德的方向努力,还比较客观,还是能够接受的。

但是本章内容所表现的精神实质远不止如此。如果结合上下文来看的话,不难发现,本章有关"圣"的内容与前面的7.26章中"圣人"形成顺接,二者同时对7.19章的"叶公问孔子于子路"所涉及内容进行回应。由此可以基本断定,叶公与子路交流的内容应该是:"别人都说孔子是圣人,你怎么看呢?"再结合7.31章陈司败与孔子讨论鲁昭公是否"知礼"时,孔子所做的回答,"子路不对"也就再正常不过了。两个问题都涉及礼制规范,都十分难以回答。孔子如此机智,在回答问题时也未能幸免,何况子路呢?

接下来的内容将涉及孔子在礼制经典文献上的学术造诣,在这方面还真不是他所自称的"文,莫吾犹人也"那种程度,而是涉猎相当广泛。

7.35 子疾病,子路请祷。子曰:"有诸?"子路对曰:"有之。《诔》曰[1]:'祷尔于上下神祇[2]。'"子曰:"丘之祷久矣。"

【注释】

[1] 诔(lěi):叙述死者事迹表示哀悼,多用于上对下;这类哀悼死者的文章。

[2] 神祇(qí):天神为神,地神为祇。

【译文】

孔子病重,子路请求通过祈祷神祇的方式消除孔子的病痛。孔子说:"有这么回事吗?"子路说:"有啊,《诔》文中就有'为你向天地神祇祈祷'这样的话。"孔子说:"要是那样的话,我已经祈祷很久了。"

【解读】

子路对孔子很尊重,看到孔子病重十分不忍,想通过祈祷请求天地神祇保佑孔子尽早康复。孔子却对子路的做法持怀疑态度,问子路是否真有此事,子路振振有词地予以肯定。孔子听了之后说,如果真是这样,我已经祈祷很长时间了,那为什么到目前为止,祈祷的效果还不明显呢?

"诔"作为古代丧葬礼仪上用的一种文体,起源于西周的赐谥制度,它的存在依附于制谥的目的。西周形成了官谥官诔的传统。有学者认为,按照行文的结构来看,"诔"应该是《诔》,解释为古代的一种文献比较恰当。(李泽厚《论语今读》)目前的文献中没有有关《诔》的记载,这也从一个侧面印证了读过《诔》这种文献的人比较少。子路只是知道了其中的只言片语,并没有领会其正确含义,却以此作为证据向孔子举证。子路当然是真心想为孔子祈福，但是同时也有卖弄学问的嫌疑，最终在孔子面前闹了个笑话，有点弄巧成拙。

可以看出，孔子对古典文献的涉猎非常广，并不是他自己说的那样和别人差不多。孔子应该对《诔》的内容及正确使用方法都比较了解，已先于子路阅读并掌握其中的精要。

孔子的思想是唯物的，曾经提出过"敬鬼神而远之"的观点。他深刻地认识到生老病死是客观规律，不能通过祈祷鬼神而消除病患。因此，孔子认为子路是多此一举。同时可以看出，子路的这种行为属于典型的"知和而和"，由此也引起了下一个与之类似的"奢与俭"的话题。

7.36 子曰："奢则不孙，俭则固[1]。与其不孙也，宁固。"

【注释】

[1] 固：鄙陋，见识浅薄。

【译文】

孔子说："过分讲求外在的形式就会显得不谦逊，一旦讲求简约又会显得见识浅薄。与其让人看起来不谦逊，倒不如让人认为见识浅薄。"

【解读】

为什么前一章还在探讨子路为孔子祈福的事情，这一章又跑到"奢"与"俭"、"孙"与"固"的问题上去了呢？其实这一章的内容还是接着上一章的内容展开的。孔子认为子路为自己祈福是多此一举，同时又赋予了祈福另外的意义，貌似有相关的文献和礼制可以作为依据，事实上搞得太复杂了。在孔子看来，子路的做法还有些脱离实际，在一定程度上表现为"知和而和"，并没有抓住问题的本质。结合孔子所秉持的中庸思想可以判定，对于子路的做法孔子是极不赞成的。

而做事过于简约就会让人认为孤陋寡闻、不知礼节，误以为这个人没有什么见识。于是对这两方面存在的矛盾，孔子做了相应的取舍，就是宁肯让别人看起来自己见识浅薄，也不能把事情做得太过分。

孔子在指出子路的做法欠妥之后，并没有就此停止，而是就这件事情产生的深层次原因进行了简要而深刻的剖析。

7.37 子曰："君子坦荡荡[1]，小人长戚戚。"

【注释】

[1] 坦荡荡：形容心地纯洁，胸襟宽畅。

【译文】

孔子说："君子的心地纯洁，胸襟宽畅，而小人却总是心地局促，还时常带着烦恼。"

【解读】

从表面上看，孔子表明了一种观点，而事实上，本章还是在批评子路。孔子认为子路祈福这件事是比较过分的，必定有其深层次的原因。子路的做法并没有完全遵循仁义的原则，而是有自己的小心思。9.12章中有"子疾病，子路使门人为臣"的描述，对子路一贯的作风，孔子是心知肚明的。子路之所以做出这些事情，与其自身的学识有一定的关系。其学识和修养尚未从"约"的境界中脱离出来，更谈不上达到"泰"的境界，需要进一步学习。孔子借用这件事情再次向子路说明"约而为泰，难乎有恒"的道理。

这里需要厘清下面几对概念及其相互之间的关系。一是"君子"和"小人"。"君子"和"小人"之间最大的区别在于思想格局，属于人的思想境界层面的问题。二是"坦荡荡"和"长戚戚"。这是指人在处理问题时所秉持的态度，属于具体实践方法层面问题。三是"约"和"泰"。"约"的意思是限制、拘束，也可以理解为外部事件对其产生的困扰。"泰"的意思是安宁，在"处之泰然"的语境中就是安定自如、游刃有余。因此"约"和"泰"属于人的能力层面的问题。

一般情况下，君子具有比较高的思想境界，比较注重自身的治学和修身，对人生具有正确的理解，在处理问题时思想比较单纯，只考虑是不是符合"仁"和"义"的要求。同时，君子也懂得依据礼制规范的具体要求处理问题，因而在处理问题时表现得泰然自若、胸有成竹，这就是"君子坦荡荡"的原因。小人则与此正相反，思想格局比较小，遇到事情时个人想法太多，缺乏礼制规范意识，心存杂念，受外在因素影响大，容易患得患失，"小人长戚戚"是一种必然结果。以上就是"君子坦荡荡，小人长戚戚"的逻辑关系。

进入本篇的结尾，编者对孔子在治学、修身和教学过程中所表现出的特点进行了简要的概括。

7.38 子温而厉，威而不猛[1]，恭而安[2]。

【注释】

[1] 威：表现出来的能压服人的力量或使人敬畏的态度。猛：把力气集中地使出来。

[2] 安：平静，稳定；淡定，(心情、态度等)淡然而平静。

【译文】

孔子温和而不失严肃，威严而又能够使人接受，谦逊而不失淡定。

【解读】

从字面上看，"温"与"厉"是一对反义词，"威"与"猛"属于近义词，而"恭"与"安"却与上述两种情况都不相同，但为什么又放在一起呢？编者所要表达的主题思想又是什么呢？这就是本章的重点。

总体来看，孔子的性情比较温和，极少出现言辞激烈的情况。但是在与弟子的交流过程中，尤其是涉及原则性的问题时会比较严肃，这在前面的内容中有所体现。对于"威而不猛"，在20.2章中孔子给出了明确的解释："君子正其衣冠，尊其瞻视，俨然人望而畏之，斯不亦威而不猛乎？"就是说孔子十分注重自身仪容仪表，行为举止能做到依据礼制而面容庄重，从而在气势上使人产生敬畏。这种做法仅是对自己严格要求，却达到使对方敬而生畏的效果，同时又能够让对方相对容易接受，也就是现在常说的"人正生威"。

孔子在《论语》中多次谈到"恭"的话题。结合上下文，正常情况下的"恭"应该依据礼制的规范和要求，有一定的尺度，不依据礼制规范的"恭"会导致自寻烦扰。"安"则表现为淡定与泰然。因此，"恭而安"所表述的同样是一种境界，就是既谦逊而又不失分寸。如果能够做到谦逊又泰然自若，必定是心地纯正坦然，也就是达到了上文说到的"君子坦荡荡"的境界。

从篇章结构来看，本章是对本篇的总结。前述各章围绕对礼制规范的理解、认知、学习等展开了相应的论述，而"威而不猛，恭而安"正是人们在对礼制规范的学习和实践中所需要达到的具体目标。下一篇将介绍一位严格遵从礼制规范，已经具备至德的君子，他就是泰伯。

泰伯

　　本篇从泰伯三让天下开始谈起，指出泰伯的礼让行为已经表明他在思想道德层面做到了极致，与后来周朝遵从礼制形成呼应，说明周朝的礼制在社会治理过程中已经起到了重要的作用。孔子指出，对礼制规范的学习和实践要遵循适时适度的原则，同时还要保持必要的敬畏和虚怀若谷的态度，大家应该以强烈的责任感和使命感，勇于担当作为，共同承担起恢复和推行周礼的社会责任。

　　孔子借用礼乐的演奏对礼制的作用做了十分形象的比喻。社会和国家的治理应该严格按照礼制的规范来进行，就像音乐的演奏要严格按照乐谱一样。同时把周礼放在尧至周朝建立这段比较长的历史时期进行客观审视，对其生活的年代的社会治理提出了中肯的建议，也从侧面印证了孔子具有致力于推行和恢复周礼的深层次思想意识及行为动机。

8.1 子曰："泰伯，其可谓至德也已矣。三以天下让，民无得而称焉。"

【译文】

孔子说："泰伯可以称得上是德行至高的人了。几次让出君位，老百姓虽然没有直接得到他的恩惠，但是仍然对他称赞有加。"

【解读】

杨朝明的《论语诠解》对泰伯有比较全面的介绍。泰伯，又叫太伯，周朝祖先古公亶(dǎn)父的长子。古公有三个儿子：太伯、仲雍、季历。季历的儿子就是姬昌(周文王)。传说古公预见姬昌的圣德，想打破惯例把君位传给幼子季历。长子太伯为了使父亲的愿望能够实现，就和仲雍出走他国，使季历和姬昌能够顺利即位，成就西周的基业。

尧、舜作为首领的时代属于原始社会末期，社会生产力比较低下，其领导权力的延续采取禅让制度。禹的王位也是通过禅让获得的，禹建立了夏朝，但是从夏朝开始到春秋末期一直是奴隶社会，权力的延续实行世袭制。随着社会的不断发展和进步、社会生产力的提高和社会分工逐步明晰，以及社会财富的不断积累，权力也就与财富、地位产生了关联。春秋时期，诸侯国因为王位继承父子相争，兄弟相残，甚至导致灭绝人伦的惨剧发生，这是引发社会局部动荡的主要因素。

泰伯的做法十分高尚，多次让出王位，彰显出其高尚的品格，也符合后来的礼制规范。因此，孔子对其赞赏有加，认为泰伯在做人方面为诸侯国的王室成员做出了榜样。同样，礼让的做法也为全体社会成员提供了思想和行为借鉴，对维持整个社会的和谐稳定起到了积极作用。

泰伯的做法，在表面上看并没有使民众得到实际的、物质方面的好处。但是泰伯在遵从礼制(当时的礼制，而非周朝的礼制)方面起到了模范带头作用，客观上维持了社会的和谐与稳定，是一笔弥足珍贵的精神财富。这也正是"民无得而称焉"的原因所在。因此，客观地讲，民众在精神层面还是有所得的，而这种精神方面的所得，其作用要比在物质方面所起的作用更为积极、正面，更加持久。

8.2 子曰："恭而无礼则劳，慎而无礼则葸[1]，勇而无礼则乱，直而无礼则绞[2]。君子笃于亲，则民兴于仁；故旧不遗[3]，则民不偷[4]。"

【注释】

[1] 葸(xǐ)：畏惧。
[2] 绞：把两股以上的条状物扭在一起。
[3] 故旧：这里指优良的传统，并非指人。故，原来的、从前的。
[4] 偷：苟且敷衍，只顾眼前。

【译文】

孔子说："恭敬而不以礼制规范为度的话，就未免使自己深受其劳；谨慎而不以礼制规范为度的话，就不免显得怯懦；勇敢而不以礼制规范为度的话，就不免横暴；耿直而不以礼制规范为度的话，就不免使人无法分辨其真正意图。如果君子能够做到虽身处上位而致力于亲近民众，那么在民众中就会兴起趋向于仁德的风气；如果处在上位的君子不抛弃以往的优良传统，那么民众也不会苟且敷衍。"

【解读】

孔子在本章提出的思想其内涵相当丰富。他从四个方面论述了行为和礼制之间的辩证关系，同时从正反两个方面对君子(君王)的领导方法提出了建议。

其一是"恭而无礼"。"恭而无礼"就是前文提到的"足恭"。对地位比自己高或者与自己相同，甚至是社会地位比自己低的人，如果毫无原则地、一味地恭敬，完全顺从或满足对方的要求，而不是以礼制的标准做出判断，那么最终只会导致自己的合理权益受到损害。还有一种情况是在不掌握对方情况的前提下，没有从实际出发，仅凭主观判断处理问题，这也属于"恭而无礼"。

其二是"慎而无礼"。"慎而无礼"就是遇到事情思虑过多，在决策、实施等方面表现得畏首畏尾，也就是文中指出的"葸"，比较形象的例子就是季文子的"三思而后行"。

其三是"勇而无礼"。孔子曾评价"由也好勇过我，无所取材"，可以看出子路的勇表现为无礼，也就是没有以礼制为度，或者说超出了必要的现实条件，不符合一般的客观规律。"勇而无礼"一方面表现为没有修养，另一方面则表现为超出一般的规范，最终导致做出出格的行为。对普通人而言，有可能只是有过分的言行，而对位高权重的君王而言，就有可能导致社会混乱。

其四是"直而无礼"。本来刚直和直爽是良好的品性，但是如果做事不讲礼节和分寸，就会使人产生错误的判断，这就是"绞"，两件事情绞缠在一起了，分不清到底是想表明什么样的态度。

整体来看，之所以出现这四种情况，主要原因在于没有真正把握礼制的精要及其尺度，这些都需要在实践中不断地练习。

结合上述四种问题，接下来孔子就对位高权重的君王提出了两条十分中肯的建议：一是"笃于亲"，二是"故旧不遗"。"笃于亲"是指致力于亲近民众，与民众处理好关系。也可以由近至远，从与自己关系亲近的亲朋和好友开始，逐渐扩大范围，力争做到"泛爱众"。本章"故旧不遗"中的"故旧"与18.10章中"故旧无大故则不弃"中的"故旧"有所不同，在这里不可以片面地理解为故友或"有故旧之人"(钱穆《论语新解》)，而是应该理解为优良的传统。

本篇一开篇就开始探讨泰伯的政德问题，接下来也是同样的主题。作为君王，在态度上与民众保持亲近，在政策执行方面沿用好的传统做法，最终的结果是社会风气趋于和谐、敦厚，人们在社会事务中会表现得尽心尽力，而不是苟且敷衍。由此看来，孔子在这里所说的"故旧"应该是周礼，这与前文乃至前一章的内容形成了有效的衔接和呼应。

下面就礼制的实践问题，编者给出了一个范例，那就是孔子的高足曾子，我们看他是怎么做的。

8.3 曾子有疾，召门弟子曰："启予足，启予手。《诗》云：'战战兢兢[1]，如临深渊，如履薄冰。'而今而后，吾知免夫，小子！"

【注释】

[1] 战战兢兢：战战，恐惧发抖的样子。兢兢，小心谨慎的样子。出自《诗经·小雅·小旻》。

【译文】

曾子生重病，他把弟子们召集到跟前说："我现在可以放开我的脚了，也可以松开我的手了。《诗经》中说：'战战兢兢，如临深渊，如履薄冰。'我就要辞别人世了，从今往后，我知道终于可以不必这样谨慎和小心地生活了，孩子们！"

【解读】

曾子即曾参，春秋末年思想家，孔子晚年弟子之一，是儒家学派的代表人物。孔子临终之前将自己的孙子孔伋托付给曾参，可见孔子对其为人和学问都十分认可。曾子师从孔子，积极推行儒家主张、传播思想，上承孔子之道，下启子思、孟子学派，并且在后期参与了《论语》的编撰工作，对于孔子的儒学思想既有继承，又有发展。可以说，曾参对儒学的继承、发展和传播做出了重要的贡献。其在治学和修身过程中也严格遵照礼制的规范和要求，用《诗经》中的诗句来形容就是"战战兢兢，如临深渊，如履薄冰"，做人做事十分谨慎，就如孔子所说的那样"君子无终食之间违仁"。在临死之前对自己的弟子说"启予足，启予手……而今而后，吾知免夫"，认为这个时候才可以松口气。

从上下文的内容不难看出，编者在8.2章提到了孔子所主张的实践路径和标准。这一章则借曾子的话提出忠告，建议大家像曾子一样终身实践。在接下来的8.4章，曾子分享了自己在礼制方面的修身心得。

8.4 曾子有疾，孟敬子问之。曾子言曰："鸟之将死，其鸣也哀；人之将死，其言也善。君子所贵乎道者三：动容貌，斯远暴慢矣；正颜色，斯近信矣；出辞气，斯远鄙倍矣[1]。笾豆之事[2]，则有司存[3]。"

【注释】

[1] 倍：同"背"，违反。

[2] 笾豆之事：指礼仪中的细节琐事。笾豆，祭祀用的器具。

[3] 有司：自私自利，狭小的气度和气量。

【译文】

曾子得了重病，孟敬子来探望他。曾子对他说："鸟在即将死的时候，它的叫声听起来比较哀伤；而人在将死的时候，他说的话同样会充满善意。君子在修身致仁的过程中应该特别重视的有三件事情：遇到为之动容的事情不可无动于衷，这样的话就会远离粗暴和急慢；与人交往的过程中，要发自内心地端正自己的神色，这样就会显得可信；注意自己的谈吐和语气，这样就会避免鄙陋和过失。如果只注重那些祭祀、典礼过程中的细枝末节，则会显得十分小气。"

【解读】

孟敬子是鲁国的大夫仲孙捷，是孟武伯的儿子。孟敬子探视病重的曾子，曾子与这位大夫的谈话内容当然和与自己弟子的谈话内容有所不同。因此这里的"君子"并非特指一般意义上的仁人君子，而同时兼顾了对方的身份和地位，更确切地讲是指掌权的当政者。

曾子为什么会提到"鸟之将死，其鸣也哀；人之将死，其言也善"呢？在这里，曾子其实一方面是在自谦，另一方面是在表示一种尊重，就好像现在的礼节性说辞，在对别人提出意见或建议摸不准对方的反应时，一般会说"这些话不知当讲不当讲"。"动容貌、正颜色、出辞气"就是对当政者的三条建议。

所谓"动容貌"，就是要严肃自身的行为举止，注意面部表情的变化，无论是高兴还是悲痛，都应该依照礼制的规范和要求，做出发自内心又不超出限度的反应，这样做的目的就是免得使别人对自己产生暴慢或不懂人情世故的印象。所谓"正颜色"，就是在日常的交往中，该严肃的时候就要严肃，该活泼的时候就要活泼，让对方能够正确地判断自身的表达效果，从而使彼此相互信任。所谓"出辞气"，就是在与人交流的过程中，要做到语言精练、逻辑严谨、言之有据，避免表现为才疏学浅而受到对方的鄙视。"腹有诗书气自华"，日常注意加强对礼制规范等相关文献的学习，不断提高自身的修养水平，在处理事情时就会有理有据。

"笾豆之事，则有司存"是与前面三句箴言的比较，在语义上发生了转折。这里有个关键词"有司"。关于"有司"的解释，文中也有答案，即"犹之与人也，出纳之吝谓之有司"，也就是说，人在日常交往中出手悭吝，称为"有司"。因此，前面的三条作为对当政者提出的正面建议。"笾豆之事，则有司存"则表明，如果当政者只注重那些诸如"笾豆"等琐碎细事，就未免显得十分小气，也就是我们常说的缺乏大局意识。

接下来，曾子又以颜回为例进一步阐释了以礼修身的道理。

8.5 曾子曰："以能问于不能，以多问于寡；有若无，实若虚，犯而不校[1]。昔者吾友尝从事于斯矣。"

【注释】

[1] 犯而不校(jiào)：别人违反了礼制规范，自己不主动予以校正。

【译文】

曾子说："虽然自己有才能却向才能不如自己的人请教，自己懂得多却向比自己懂得少的人请教，自己有学问却还是能够虚心请教别人，即使见解不同，或者别人在认识方面存在不足也不去与人争辩。以前我的朋友颜回就是这样做的。"

【解读】

"以能问于不能，以多问于寡"，这里的"能"和"多"一般情况下是指自己主观认为的，或者是别人主观认为的"能"和"多"，事实上真的能够达到"能"和"多"的标准吗？不一定。只有在向所谓的"不能"和"寡"做了全面了解之后，才能确定自身是否在客观上达到了"能"和"多"的标准。这种思维方式其实就是比较朴素的辩证法。

"有若无，实若虚"则表现为一种虚怀若谷的态度，同时，也要注意方式方法，做到"犯而不校"。"犯而不校"的通俗解释应该是"知无不言，言无不尽，言者无过"，在请教或交流的过程中不应因为对方说错而争辩或者计较。

在这里，曾子就提到一个好的榜样，他的同窗好友颜回。颜回在修身治学方面能够做到上述几点，体现出了颜回豁达的胸襟和崇高的境界。

8.6 曾子曰："可以托六尺之孤[1]，可以寄百里之命[2]，临大节而不可夺也。君子人与？君子人也。"

【注释】

[1] 六尺：古时七尺为成人，六尺则指身材短小的幼儿，此处泛指未成年人。
[2] 寄：这里解释为奉献、贡献。

【译文】

曾子说："临终愿意将年幼的孩子托付，愿意将自己的生命奉献给国家，在重大的历史关头能够保持自身气节，这样的人难道不是君子吗？君子就是这样的人啊。"

【解读】

在这里，曾子阐述了自己对君子的理解，关于此，曾子阐释了三个方面的问题。

第一是"可以托六尺之孤"。"民无信不立"，获得民众的信任是当政者顺利执政，实现社会和谐稳定的重要基础。"托六尺之孤"在实质上是信任的问题。对于当事人来说，"托孤"是一件十分重要的决策，自身不能继续承担抚养后代的责任，将自己的希望寄托给一个什么样的人才能放心呢？对方值得信任是最为关键的前提。作为被托孤的对象，当然要是最信任的人，从这一点来讲，这个人必须具备良好的道德修养，同时还要有较强的综合能力，也就是常说的德才兼备。孔子在临终前，将自己的孙子孔伋托付给曾子就是典型的托孤。

第二是"可以寄百里之命"。"寄百里之命"应该理解为愿意将自己的生命贡献给国家，愿意全身心地投身于国家的各项事业，也就是我们常说的大公无私的奉献精神。

第三是"临大节而不可夺"。"临大节而不可夺"指的就是在国家和民族面临重大历史变故的时候，依然能够保持原有的气节，不怕牺牲个人利益，甚至牺牲个人的生命，也就是常说的大无畏的革命牺牲精神。

由此看来，曾子所提到的君子的标准也是比较高的，首先要获得民众的高度信任，其次要具备大公无私的奉献精神，最后还要具有大无畏的革命牺牲精神。事实上，上述三条不但是成为君子的标准，更是下一章曾子将提到的"士不可不弘毅"中"弘"的内容。

8.7 曾子曰："士不可以不弘毅[1]，任重而道远。仁以为己任，不亦重乎？死而后已，不亦远乎？"

【注释】

[1] 弘：大，现多作"宏"。

【译文】

曾子说："士大夫们不可以没有宏大的志向和坚毅的品格，因为他肩负重任而路途遥远。以施行仁道为自己的责任，这责任还不重大吗？不到生命终结而不停步，这个路途还不够遥远吗？"

【解读】

在曾子看来，作为位高权重的士大夫，应该具备高尚的思想境界、崇高的理想追求，充分体恤民众，同时高度关注社会的发展。此外，还要具备坚定的理想信念和矢志不渝的决心。"可以托六尺之孤，可以寄百里之命，临大节而不可夺"就是"弘"的具体内容，这些内容正是施行仁政的理想目标，同时也是施行仁政的具体体现。

这一目标的实现显然是不容易的，需要当政者具备高尚的道德情操、坚毅笃定的精神品质，敢于担当，始终坚守，鞠躬尽瘁，死而后已。这种责任难道不够重大吗？用终生的时间去实践这种理想，坚守这一信念，实在是任重而道远啊！这也与8.3章曾子重病之时，对本门弟子发出的"启予足，启予手"的感慨形成呼应。曾子以实际行动说明，他本人以一生的时间来学习和实践礼制，把继承和发扬儒家思想当成了自己毕生的追求。

8.8 子曰："兴于《诗》[1]，立于礼，成于乐。"

【注释】

[1] 兴：开始，发动。

【译文】

孔子说："以《诗经》作为教化的开始，以礼制对思想和行为加以规范，以礼乐进行完善，最终达到预期的效果。"

【解读】

本章仍然延续前面的内容，阐释为政之道及礼制在社会治理方面的重要作用，这也是整篇的主题。只不过本章内容从宏观的目标转向了具体的方法。

在6.30章，孔子指出"能近取譬，可谓仁之方也"。"兴于《诗》"正是以《诗经》为载体，通过一首首诗歌，讲述一件或几件事情，类似于现在的寓教于乐。"兴"有"开始，发动"的意思，但在这里应该是指"赋比兴"中的"兴"这一表现手法。汉代郑众对此处的"兴"有这样的解释："兴者，托事于物。"客观地讲，这种解释是比较中肯的。

"立于礼"是本章内容的重点，孔子始终在传播和推广礼制思想，他坚定地认为礼制对规范人们的思想和行为具有重要意义，对社会稳定能够起到决定性作用。"立于礼"的真正含义是用礼制来规范人们的思想和言行。在达到前面两个阶段的目标之后，再进行相关的礼乐教化和熏陶，使人们在精神层面得到升华与完善。

因此，"兴于《诗》，立于礼，成于乐"是孔子就为政者对民众进行教化提出的建议，是对民众进行礼制教化的具体方法和途径。在16.13章，孔子在与孔鲤交流的过程中曾指出"不学《诗》，无以言""不学《礼》，无以立"，其与这里的观点是一致的。

经过礼制教化，民众的实践效果仍然会呈现一定的差异，对此类情况应该如何处理呢？接下来，孔子给出了相应的建议。

8.9 子曰："民可使，由之^[1]；不可使，知之^[2]。"

【注释】

[1] 由：顺随，听从。
[2] 知：了解，调查研究。

【译文】

孔子说："如果百姓能够听从教化、依礼行事的话，就不要过多地干涉他们，让他们自主地开展活动就行。如果民众不能做到依礼行事的话，就应该了解其中的缘故。"

【解读】

本章传统的断句方式为"子曰：'民可使由之，不可使知之。'"这种断句导致了部分学者认为孔子具有愚民思想。而本章给出的断句形式应该是正确的，有利于正确理解孔子的民本思想。

"民可使，由之；不可使，知之"分属两种情况，但是两者之间又存在着比较紧密的逻辑关系。正常情况下，"民可使"则"由之"，而一旦出现了"不可使"的情况，作为当政者首先应该开展相应的调查研究，找出"不可使"的具体原因，解决其中的问题，最终还是要达到"民可使"的效果。

有子曾指出："礼之用，和为贵。先王之道，斯为美。小大由之，有所不行。"认为在礼制方面不应该过分随意，而是要根据实际情况，依据礼制的规范，合理地安排礼仪方面的事情。其中的"由之"与本章中的"由之"的意思和作用是相同的，只是使用的语境有所不同。因此，孔子提出的"民可使，由之；不可使，知之"这一观点，并非像有些人所说的是"愚民"思想，事实上是十分辩证的方法论，体现了孔子实事求是的思想原则。

接下来的内容仍然表现出了孔子实事求是的辩证思想，同时指出了影响社会稳定的两种根源。

8.10　子曰："好勇疾贫，乱也。人而不仁，疾之已甚，乱也。"

【译文】

孔子说："崇尚勇武而厌恶贫穷，会生出祸患。对他人的不仁之举痛恨过度，同样会生出祸患。"

【解读】

孔子在这里提出的观点主要是针对一般民众的，仍然是在讨论礼制在维护社会稳定方面的积极作用，同时提醒为政者要重视基层民众的心态，不良心态同样会导致社会不稳定。

孔子曾提到过子路"好勇过我"，同时也有过"士志于道，而耻恶衣恶食者，未足与议也"的论述，孔子还曾对子路说"好勇不好学，其蔽也乱"。子路师从孔子多年，深受孔子的教育和影响，并没有过度表现出对贫穷的厌恶和痛恨，也没有由于生活清苦而生事生乱。但是，那些没有经过礼制教化，或者说虽然经过礼制教化却没有达到一定思想境界且崇尚勇武的人，他们根本做不到安贫乐道，生乱滋事是大概率事件。对于社会上存在的某些不仁不义之举，民众当然会有一些看法，但是如果对这种事情反应过度，也会做出过激行为，有可能进一步导致社会的动荡。对此，当政者也要保持一定的敏感和警惕，应当对产生问题的原因进行调研，做出预判，采取预防性的措施，从而避免极端事件的出现。

以上三章，在内容上侧重于阐述礼制对维持社会稳定的重要性和推行礼制教化的必要性。当然，在社会上施行礼制，并非通过民众一方面就能实现，还取决于作为社会上层的当政者，他们要在自身能够做到情况下，通过率先垂范的形式对基层的民众进行引导和影响，逐步形成整个社会上下共同遵守礼制的局面，共同维护社会的和谐与稳定。

因此，孔子接下来着重阐释当政者具备礼制思想和行为的重要性。

8.11　子曰："如有周公之才之美，使骄且吝[1]，其余不足观也已。"

【注释】

[1] 吝：吝啬，过分爱惜自己的财物，当用不用或当给的舍不得给。

【译文】

孔子说："如果一个人具有周公那样的才能和美誉，假使他骄横而吝啬，那他即使有再多的优点也不值一提。"

【解读】

本章内容同样是孔子对为政者提出的忠告和建议。与以往不同的是，孔子在此处直接针对为政者的自身修养，建议为政者在思想和行为上戒骄戒躁，戒吝戒贪。这里的"吝"就是8.4章提到的"有司"。

骄横的人一般表现为不谦逊，做事不受礼制规范的限制。吝啬则表现为贪婪，不能按照相应的礼制给予别人其应该得到的物质待遇，或者是精神层面的尊重，同样表现为过分和过度。作为一个当政者，纵然自身已经具备了周公那样的才能，或是已经被社会高度认可，但一旦表现出骄横和悭吝，那么他的声誉就会一落千丈，其他方面也就不可能再为人称道。

在孔子看来，恢复和推行周礼是当政者施行仁政的有效途径和手段，骄横和悭吝与其施行仁政的理念相悖。骄横就做不到爱人，吝啬就做不到"泛爱众"。因此，他对当政者提出的建议是：首先要做到戒骄戒吝，继而做到德才兼备。从篇章结构上看，本章内容与8.1章形成呼应，中间的几章同样是围绕"礼制"这一主题展开的，具有很强的连贯性。

8.12 子曰："三年学，不至于谷[1]，不易得也。"

【注释】

[1] 谷：禄，指实物配给。

【译文】

孔子说："为学多年，不动做官求俸禄的念头，这样的人十分难得。"

【解读】

"谷"，泛指俸禄。古代的"俸"和"禄"有区别。"俸"是指俸银，就是现在的工资，而"禄"则是相应的实物配给。（南怀瑾《论语别裁》）按照"学而优则仕"的思想，读书之后走仕途是很多人的选择，而对致力于治学修身的人来说，读书的真正目的在于提高自身的修养，继而为社会的发展贡献自身的才智。即使选择出仕，他所关注的也不是俸禄的多少，而是所要承担的社会责任。

一个人在学习和成长的过程中要克服急功近利的思想，不能单纯为了出仕而学习，要争取学到真知识，即包括道德修养在内的真学问，立足于肩负社会责任，这样才能更好地服务民众、服务社会。同时，他在出仕之前应该对自己有正确的定位和评价，了解自己的学识水平和思想境界是否达到了相应的要求。这正是孔子有意让漆雕开出仕做官时，听到漆雕开说"吾斯之未能信"，"子说"的真正原因。

接下来，孔子继续就礼制的学习、实践与从政的关系阐述自己的观点。

8.13 子曰："笃信好学，守死善道[1]。危邦不入，乱邦不居。天下有道则见，无道则隐。邦有道，贫且贱焉，耻也；邦无道，富且贵焉，耻也。"

【注释】

[1] 死：至死，表示坚决。

【译文】

孔子说："对于礼制要深信不疑，勤勉地学习和实践，坚定地恪守这种良好的做法。不要进入危殆的国家，不要住在动乱的国家。如果周围的社会环境比较清明，就充分地施展自己的才能；如果周围的社会环境比较混乱，就将自身所学收敛起来。生活在一个政治清明的社会环境里，如果自己的生活依然贫困、地位卑微，这是自身的耻辱；生活在一个政治昏庸的社会环境中，如果自己得到富足的生活、显赫的地位，那么同样是耻辱的。”

【解读】

孔子在本章所阐述的内容，仍然延续前一章的主题。本篇的开始即开宗明义地指出礼制的重要作用，前面几章的内容同样也是围绕着礼制这一主题展开的。在这里孔子提到了"笃信好学"，"好学"的内容就是礼制，具体地讲，是周公姬旦着手制定的周朝礼制。在这里，礼制就是"道"的核心，遵从礼制规范即"有道"，不遵从礼制规范即"无道"。

孔子一直笃信，遵从礼制的约束是形成良好社会环境和维持社会安定的有效途径。因此，他主张对礼制深信不疑，不断地学习和实践，以达到治学修身、提升自身学识和境界的目的。如果一个人处于一个政治比较清明的社会环境中，就表现出自己的修养和才能，为社会发展做出应有的贡献；如果周围的社会环境不太清明，那么还是对自身的才能和学识有所保留为好，以免助纣为虐。同样的，在政治清明的社会环境中，如果一个人仍然生活困顿，表现得卑微和下贱，那么是可耻的，因为其生活困顿和地位卑贱的根本原因是自身没有付出努力。

8.14 子曰："不在其位，不谋其政[1]。"

【注释】

[1] 政：一是指政治，政权；二是指国家某一部门主管的业务；三是指家庭或团体的事务。

【译文】

孔子说："不在那个位置上，就不必去谋划那个位置上的事情。"

【解读】

"位"并非专指社会地位，在社会生活中由于社会分工不同，每个人都有自己的社会身份和与之对应的职责，这里"位"泛指身份。"政"也并非专指政治和政权或者政务，同样泛指包括家庭事务在内的职责权限内的具体事务。

因此，孔子主张所有社会成员，都应该按照自身的社会身份，依据礼制的规范各司其职。"不在其位，不谋其政"的思想，用现在的话解释就是不缺位、不越位。这一方面旨在表明社会成员都应该立足自身实际，肩负起自身所应当承担的责任，做好本职工作；另一方面旨在表明不要过多地关注别人做得怎么样，如果看到别人做得不好，自己也不再坚守自己的本分，就会导致社会混乱。因此，"不在其位，不谋其政"同样是保持社会和谐稳定的重要基础。

由于社会身份不同，观察和思考问题的位置和角度也不同，必定存在信息不对称的情况，最终的决策也会不同。因此，对处在不同位置上的人所做出的决策，应该持包容态度，试着换位思考，而不是一味地否定。

本章谈到了人们应该按照礼制的要求，立足本职思考问题和开展工作，接下来的一章就此做了一个十分贴切的比喻。

8.15 子曰："师挚之始，《关雎》之乱^[1]，洋洋乎盈耳哉！"

【注释】

[1] 乱：古代乐曲的最后一章叫作"乱"。

【译文】

孔子说："从师挚演奏的那一刻开始，以《关雎》之乱这一乐章开头及其后的乐曲，都能使听众达到美妙乐声充盈于耳的效果。取得如此美妙的效果，起决定性作用的是乐师严格按照乐谱进行演奏。"

【解读】

《史记》中有关于"关雎之乱"的记载："《关雎》之乱以为风始，《鹿鸣》为小雅始，《文王》为大雅始，《清庙》为颂始。"三百零五篇孔子皆弦歌之，以求和《韶》《武》之音。礼乐自此可得而述，以备王道，成"六艺"。也就是说"关雎"之乱是孔子以《诗经》作为歌词，用《韶》和《武》的韵律为其谱了曲子，是《诗经》经过谱曲之后作为开始的第一首乐曲，而不是《关雎》之"乱"。

本章孔子接着前面几章的内容继续论述礼制在社会生活中的重要作用。师挚为什么能够做到"洋洋乎盈耳哉"？其重要原因在于有乐谱作为基础，师挚又能够严格按照乐谱的旋律进行演奏，所以为听众呈现了和谐而美妙的乐曲。

在这里，孔子再次运用"能近取譬"的手法，用乐曲的演奏比喻社会的治理，乐谱就是礼制规范，师挚就相当于当政者。如果没有乐谱，当然演奏不出好的乐曲，但是有了好的乐谱，乐师不能严格按照乐谱进行演奏，其最终结果也不会理想，就像现在比较形象的一个比喻"乱弹琴"。

接下来，孔子又对遵从礼制的反面，对不愿遵从礼制的做法进行了相应的论述。

8.16 子曰："狂而不直^[1]，侗而不愿^[2]，悾悾而不信^[3]，吾不知之矣。"

【注释】

[1] 狂：任情地做。
[2] 侗：幼稚，无知。愿：老实谨慎。
[3] 悾悾：形容诚恳。

【译文】

孔子说："如果一个人不懂礼制，任性而正直，无知而不谨慎，貌似诚恳却又不守信用，我不知道这样的人会如何在社会上生存。"

【解读】

作为社会成员，每个人都应该遵从一定的社会规则。一个"狂而不直"、不具备礼制修养的人，不会依据礼制规范去公平、公正地处理人与人之间的关系，尤其是在涉及双方利益的时候。"侗而不愿"的人比较幼稚，意识不到自身学识的浅薄，不能做到谨慎小心，难免会做出一些违反礼制规范的事情。"悾悾而不信"的人表面上显得比较诚恳，而事实上不守信用。

一个人有上述三种情况中的任何一种，就很难得到其他人的认可，由于他在思想上超出了礼制的制约，在行为方面必然会存在失范的情况，严重的话就会危害他人的利益，或者违反社会的法律法规，甚至最终可能惹上更大的麻烦，导致不堪设想的后果。

正是由于这些，孔子在接下来提出了"学如不及，犹恐失之"的观点，这才是对待礼制规范的正确态度。

8.17 子曰："学如不及，犹恐失之。"

【译文】

孔子说："对礼制规范的学习和自身修养的提高要抱着总是达不到要求的心态，学到了还要戒骄戒躁，唯恐哪一天失去而导致错误发生。"

【解读】

孔子在这里提出的"学如不及"的治学和修身态度，与前面8.5章曾子提出的"以能问于不能，以多问于寡；有若无，实若虚"是一致的，意在表明修身治学应该秉持虚怀若谷的态度，尤其是对礼制规范的学习，更不能有丝毫的放松，唯恐出现错误的行为。

上下文结合起来读的话就会产生这样的意境：和谐社会的构建需要人们共同遵从礼制，用礼制的要求规范自身的思想和言行。即使认真地学习也不一定能够真正达到相应的要求，也有一时学会而后期又遗忘了的可能。更何况有些人对礼制的学习不积极，甚至存在抵触心理，表现为"狂而不直，侗而不愿，悾悾而不信"，这种人是不可理喻的。

8.18 子曰："巍巍乎[1]！舜、禹之有天下也而不与焉。"

【注释】

[1] 魏巍：形容高大。

【译文】

孔子说："在社会治理方面，舜、禹都取得了很大的成绩，在人们心目中都有十分崇高的形象，即便这样也不能与尧相提并论。"

【解读】

本章继续探讨社会治理的问题。在社会治理方面，历史上有三个人的功绩后人无法企及，他们分别是尧、舜、禹。但三者之间也存在着一定的差异，尧和舜通过禅让的方式将社会治理的权力交给继任者，禹并没有继续采用禅让制，而是建立了夏朝，继任者是他的儿子启，夏朝是中国史书中记载的第一个采用世袭制的朝代。

因此，孔子在这里提出"舜、禹之有天下也而不与焉"的观点，并在后续的几章中进行阐释。从另一个侧面来看，《论语》的最后一篇确定为《尧曰》，编者的用意也十分明显。

从篇章结构上来讲，本章内容既是对上文内容的延续，又对下文起到了铺垫的作用。

8.19 子曰："大哉尧之为君也！巍巍乎，唯天为大[1]，唯尧则之[2]。荡荡乎，民无能名焉[3]。巍巍乎其有成功也，焕乎其有文章！"

【注释】

[1] 天：天道，唯物主义认为天道是自然界及其发展变化的客观规律。

[2] 则：效法。

[3] 名：说出，描述。

【译文】

孔子说："尧这样的君王真的很伟大！严格遵从客观规律，唯天命是从，只有尧能做到效法于天命。他给民众带来的好处，大家无法完整、客观地称赞和描述。他在社会治理方面取得的伟大功绩，比文章所描述的要光辉得多！"

【解读】

孔子从历史的角度对三位社会领导者进行了对比和评判。在他看来，尧的个人品质和领导能力是首屈一指的，他在担任君王时，通过自身努力使民众得到恩惠。

尧之所以能够取得社会治理方面的巨大成功，原因在于顺应天命，即顺应事物发展变化的客观规律，从严格要求自身开始，最终达到无为而治的效果。在尧的统治下，社会太平，民众幸福，民众对自身得到的恩惠无法用语言进行描述。尧在社会治理方面取得的成功，并非只影响当时，对后世的社会发展同样产生了积极而深远的影响，远不是文章所能表述和呈现的，正可谓"书不尽言，言不尽意"。

孔子在对尧进行相应的论述之后，接下来又谈到了舜。

8.20 舜有臣五人而天下治[1]。武王曰："予有乱臣十人[2]。"孔子曰："才难，不其然乎？唐虞之际[3]，于斯为盛；有妇人焉，九人而已。三分天下有其二[4]，以服事殷。周之德，其可谓至德也已矣。"

【注释】

[1] 五人：禹、稷、契、皋陶、伯益。

[2] 乱：治。这里指治天下之才。十人：《集解》引马融注，指周公旦、召公、太公望、毕公、荣公、太颠、闳夭、散宜生、南宫适、文母。

[3] 唐虞：唐，尧的国号。虞，舜的国号。际：下。

[4] 三分天下有其二：据《史记·殷本纪》记载，周文王原是殷商的诸侯，居幽州，号西伯。由于施行仁政，天下三分之二的地区皆归从之。

【译文】

舜有贤臣五人，便使天下得到了有效的治理。武王说："我有善于治理国家的十个大臣。"孔子说："古人说人才难得，难道不是这样吗？尧舜之后至武王执政之前的这段时间里，并没有多少值得称道的人才，到周朝建立之初，人才也仅能称得上兴盛。而周武王说的十位大臣中还有一位是妇人，此外只有九人罢了。虽然当时天下三分之二的人愿意归顺周文王，但他并没有反叛商朝的想法，而是仍然依照礼制的思想，甘于以臣子的身份接受殷纣的领导。这样做，充分表明周文王的礼制思想是至高的。"

【解读】

尧执政期间，并没有太多的人辅佐他，他通过自身的修为对周围的民众产生影响，在做人做事方面起到了引领作用。与尧相比，舜的情况要好一些，有包括禹在内的五位贤臣辅助他，同样使得社会安定和谐。在15.5章，对于舜的社会治理方法、能力和效果，孔子用一句话做了简要而精准的概括："无为而治者其舜也与！"禹的执政情况在后面有专门阐述。在尧、舜之后的很长的一个时期，能够为人称道、德才兼备的社会治理人才少之又少，十分难得。

孔子为什么会在这里提出"才难"的观点呢？尧、舜之后、到周武王建立周朝之前的这段时间可以说是人才的断档期，而形成这种状况的深层次原因又是什么呢？简单地回顾一下历史，我们不难发现，这个人才断档期，正是禹所建立的夏朝和后来的商朝，前后约1000年。夏朝和商朝的灭亡都与后期当政者施行暴政有关。再往深处思考，可以归结为这两个朝代缺乏礼制规范和未施行仁政。相比而言，周朝自泰伯开始，已经具有了礼让的美德，到后来周公旦制定周礼，在社会治理方面依据礼制对各种社会思想和行为进行有效规范，这也是周朝能够存在790年的重要原因。

从历史的角度来看，周朝的礼制具有极强的创新性，在法治思维和法治体系尚不完备的当时，已经为社会的治理提供了详尽的规范。从本质上讲，周朝的"礼治"就是在当前的语境下的"德治"。在孔子看来，周朝在社会治理方面所采取的礼制规范和仁政为后世的社会治理提供了典范，这也是孔子在春秋末期礼坏乐崩的社会背景下，极力推崇周礼，致力于推广和恢复周礼的主要原因。

作为制定周礼的周朝人，他们在执掌政权之前是怎么做的，是不是首先做到了符合礼制的规范和要求呢？按照一般人的理解，既然自身已经具备了可以与上级分庭抗礼的实力，就可以不服从他们的领导，更甚者，可以揭竿而起，推翻原有的统治阶层，自己称王称霸。但在周文王看来，诸侯国的实力再大也应该服从宗主国的领导，这是典型的礼制思维，也是孔子赞赏周文王及推崇周礼的重要原因。

接下来，孔子又对禹的执政情况做了相应的评价。

8.21　子曰："禹，吾无间然矣。菲饮食而致孝乎鬼神[1]，恶衣服而致美乎黼冕[2]，卑宫室而尽力乎沟洫[3]。禹，吾无间然矣。"

【注释】

[1] 菲：古书上指萝卜一类的菜。这里指微薄、数量少、质量差。

[2] 黼(fǔ)：古代礼服上绣的半青半黑的花纹。这里指华丽的礼服。

[3] 卑：(位置)低，地势低。洫：田间的水道。这里指疏导，泛指疏导河流(沟渠)、治水。

【译文】

孔子说："禹，我对他无可非议。他的一日三餐可以形容为粗茶淡饭，但是他却像享用祭祀鬼神的贡品一样甘之如饴；他平时穿着粗劣的衣服，却像穿着华美的礼服衣冠一样怡然自得；他所居住的地方低湿简陋，却像住在宫殿一样，而尽全力疏导河流。禹，我真的是对他无可非议啊。"

【解读】

本章主要探讨禹的品行与功绩。虽然身处高位，但是不讲求饮食和穿着等外在条件。禹的这种做法足以证明其自身具备良好的品行和高尚的思想境界。在对社会的贡献方面，禹能够做到不在乎住得如何，而是全身心地投入到疏导河流的工作中。禹的这种境界，可以说是无可挑剔的。

大家也许会注意到，说到这里之后，孔子没有对禹之后的君王做出评价，也客观上印证了一个观点，即孔子所说的"才难，不其然乎？唐虞之际，于斯为盛"，这个时间阶段没有什么值得称道的治国之才出现，可能在孔子看来这段历史不值一提。

同时可以看出，禹虽然有带领民众治水的功劳，但在社会治理方面的贡献与尧、舜不可同日而语。从历史发展的角度来看，禹在精神层面的功绩乏善可陈。因此孔子第二次提到的"禹，吾无间然矣"与前者的含义有着本质的不同。这种判断在20.1章可以找到原因。

第九篇

子罕

《子罕》篇主要涉及以下几个问题。

其一，孔子是一个唯物主义者。他不但能够客观、辩证地观察和思考，充分认识事物发展的规律及其内在本质，而且能够清醒地认识自己。对外界的误解能够坦然接受，同时认识到自身的成长与实践活动息息相关。

其二，孔子以恢复和推行礼制为己任。他不但能够针砭时弊，指出当时社会在遵从礼制方面存在的问题，并且能够身体力行率先垂范，还修订了诸多经典文献，为推行礼制奠定了良好的物质基础。

其三，对推行礼制过程中存在的困难进行充分、客观的判断。在正确看待客观困难的同时，强调人的主观能动作用。大家在推行礼制的过程中，过多强调客观的困难，孔子则认为更应该从自身的思想方面找原因。

孔子在遵从礼制方面更注重内心而不是形式；在做人、做学问方面避免主观臆断、绝对化、固执己见、以自我为中心，遇到困难需要保持乐观的精神状态。

本篇内容也将孔子在恢复周礼和推行礼制方面坚毅的优秀精神品质展现得淋漓尽致，十分令人叹服。

9.1 子罕言利与命与仁^[1]。

【注释】

[1] 仁：仁爱，高尚的道德情操。

【译文】

孔子平日很少谈及"利""命"和"仁"的话题。

【解读】

为什么说孔子很少谈及"利""命"与"仁"这三个概念呢？从文中看，上述三者并不少见，其中必定有深层次的原因。

先来看"利"字，在前面，孔子曾提到"放于利而行，多怨"。他认为总是将"利"作为首要条件的话，有很多事情是做不好的。子夏即将去做莒父的主管时，孔子也曾提到："无欲速，无见小利。欲速则不达，见小利则大事不成。"可以看出，孔子在做事情时很少从自身利益出发。

再谈一下"命"字。解释为"命运"，其意思和用法与本章的主题比较吻合。伯牛染上重病，孔子说："亡之，命矣夫！斯人也而有斯疾也！"联想到了同样优秀、同样英年早逝的弟子颜回。孔子是唯物的，而相信命运的事情属于唯心。发生的这一切，是他不愿看到的，也不愿意接受的，于是说出了这番相对违心的话。但这种表述仅作为一种对世事无常的感叹，并非孔子对"命"的一般性表述。

最后说一下"仁"字。"仁"在《论语》中出现过多次，但孔子对"仁"只是给出了相对应的一般描述性回复，并没有对"仁"给出确切的定义。有可能这是孔子的语言风格，也有可能是不想给出形象而具体的答案，但还有一种可能是限于当时的历史条件，没能提出系统、完整而确切的定义。另外，还有一种可能就是，在不同的历史发展时期，对"仁"的具体表述方式也会有所不同，因此没有对"仁"给出确切的定义。

从以上论述中我们可以试着推断一下"子罕言利与命与仁"的客观原因："子罕言利"的原因在于在社会治理和交往的过程中，孔子认为礼制的作用要大于利益，因而不愿意谈及利益，尤其是在涉及自身私利的时候。"子罕言命"的原因在于认命是唯心的，作为唯物论者不可能持有唯心论的思想和观点。"子罕言仁"的原因在于不能给"仁"下一个相对科学的定义。

9.2 达巷党人曰^[1]："大哉孔子！博学而无所成名。"子闻之，谓门弟子曰："吾何执？执御乎，执射乎？吾执御矣。"

【注释】

[1] 达巷：地名，名叫达的里巷。

【译文】

达巷的老乡在谈及孔子时说："孔子的确很厉害，他的学识十分广博，但美中不足的是没有在某一专项成名。"孔子听到这种评论后对弟子们说："我该有什么样的专长呢？是驾车呢，还是射箭呢？如果必须选一项作为我的专长的话，就把驾车算作我的专长吧。"

【解读】

孔子多才多艺，在很多方面表现出了卓越的才能，尤其是深谙人情世故，通晓礼制规范，编纂整理《诗经》，可以称得上是做学问的大家。即使是这样，他也免不了被人挑出不足之处。孔子已经十分优秀了，即使拿出不是十分擅长的一项，也比对方做得好很多，因此完全可以对对方进行辩驳。但是孔子本着"君子周而不比"的原则，对别人不客观的评价保持了相对平和的心态。

一般人认为所有的行为都应该具有目的性和功利性。因此在人们看来，孔子已经达到了博学的境界，但是并没有在某一领域拥有名望。这充分说明人们对孔子的所作所为有较深的误解，他们并没有真正理解孔子恢复和推行周礼这一远大理想抱负。对于这种误解，孔子也只能采取调侃的方式予以回应。

9.3　子曰："麻冕，礼也；今也纯，俭，吾从众。拜下，礼也；今拜乎上，泰也[1]。虽违众，吾从下。"

【注释】

[1] 泰：毫不在意。

【译文】

孔子说："戴麻布做成的礼帽是礼制的要求；现在大家也有戴黑丝做的礼帽的，这样做要节俭些，我愿意和大家一样佩戴黑丝做的礼帽。臣子拜见君主时，按照礼制规定应该在堂下施跪拜礼；但现在很多人并没有严格遵从礼制的要求，而是在堂上向君主施跪拜礼，却显得理所当然。即使与大家的做法相违背，我还是坚持在堂下施跪拜礼这一做法。"

【解读】

孔子通过两个事例表达了自己对礼制的尊崇，同时兼顾礼制的精神层面与物质表现形式。

麻冕是一种用麻布制成的礼帽，纯冕则是用黑丝制成的礼帽。二者相比，麻冕制作起来要耗费更多的材料和时间，而纯冕制作起来要简单得多。如果严格按照礼制，在参加相应的典礼时应该佩戴麻冕。但限于当时的生产能力和经济条件，并非所有人都置办得起麻冕。因此孔子采取了从众的态度，也接受佩戴纯冕参加相应的典礼。在施跪拜礼方面，按照礼制的要求，应该是在朝堂之外的台阶下进行。当时很多人在朝堂之上施跪拜礼，而对自己的违礼行为不以为然。孔子坚持在朝堂下施跪拜礼，虽然和大家不一样，但还是要求自己遵从相应的礼制。

为什么在佩戴麻冕和纯冕的问题上有所妥协，而在施跪拜礼方面仍然坚持呢？问题在于麻冕和纯冕只要是佩戴，无论材质如何，在形式上都符合礼制的要求，甚至还能减轻民众的物质负担。施跪拜礼的问题不涉及经济条件，主要是在思想上如何认识礼制规范的问题。孔子认为在礼节方面，尤其是精神层面的内心虔诚是不能从众的。因此，在施跪拜礼方面表现为不妥协，在不能左右别人时，选择独善其身。

9.4 子绝四：毋意、毋必、毋固、毋我[1]。

【注释】

[1] 意：同"臆"，凭空揣度。固：思维固化。

【译文】

孔子力求在自己身上杜绝四种弊病：一是凭空猜测，主观臆断；二是持绝对的态度；三是固执己见；四是凡事以自我为中心，自以为是。

【解读】

孔子在修身治学方面要求比较严格，在处理日常事务方面拥有自己比较科学而系统的思想方法，同时有自己的底线。

"毋意"，就是遇到问题不主观臆断，而是从实际出发，从而有效避免错误结果的产生。"毋必"，就是不钻牛角尖，不对某件事情持绝对的态度，而是辩证地从正反两方面看问题，全面而客观地掌握事物的本来面貌，避免在认识上出现偏差。"毋固"，就是不固执己见，不固化自己的思维，能够与时俱进、灵活地处理各种问题。"毋我"，就是不以自我为中心，能够多方面听取对方的意见和建议，同时做到换位思考，这样做的效果就是兼听则明。

9.5 子畏于匡[1]，曰："文王既没，文不在兹乎[2]？天之将丧斯文也，后死者不得与于斯文也；天之未丧斯文也，匡人其如予何？"

【注释】

[1] 畏：同"围"，拘囚。
[2] 文：文明的传承，优秀的传统文化。

【译文】

孔子被围困于匡地，说："难道周文王已经去世，优秀的传统文化就随之不在了吗？上天若是想让礼乐之道消亡的话，将来的人就不能知晓和继承这些传统文化了；如果上天并不愿让礼乐之道消亡的话，匡人又能把我怎么样呢？"

【解读】

孔子离开卫国，准备到陈国去，经过匡地。匡人遭受过鲁国人阳货的掠夺和残杀，而孔子的相貌和阳货很像，所以他们以为孔子就是阳货，于是囚禁了孔子。（杨伯峻《论语译注》）这是一次误会，孔子遭受了无妄之灾。

从内容上看，孔子的表述似乎带有一定的唯心主义色彩。但事实上，孔子在这里只是做了一种假设，将人类不可抗拒、不可预知的力量归结为天意。如果断绝优秀传统文化的传承是一种无法抗拒的力量使然的话，后来人就无法知晓传统文化；但如果这并不是无法抗拒的力量，那么这种困难是能够克服的，匡人又何足为惧呢？

孔子的这番话，意在表明他在面对困难时是乐观的，同时展现出孔子在中华优秀传统文化传承方面具有的强烈责任意识和担当精神。

9.6　太宰问于子贡曰："夫子圣者与，何其多能也？"子贡曰："固天纵之将圣，又多能也。"子闻之，曰："太宰知我乎？吾少也贱，故多能鄙事[1]。君子多乎哉？不多也。"

【注释】

[1] 鄙事：别人瞧不上的事情，指一些层次比较低的经营活动或技能。

【译文】

太宰与子贡谈及孔子时说："孔子可以称得上是圣人了，那他为什么还这样多才多艺呢？"子贡回答说："这原本是上天的安排，既让他成为圣人，又让他多才多艺。"孔子听到后对子贡说："太宰了解我吗？我小时候家境贫寒、身份低贱，为了生存学会了许多不起眼的技艺。但是作为君子来说，具备这些技艺和能力能称得上多吗？其实不多呀。"

【解读】

相对于7.19章"叶公问孔子于子路"时子路的无言以对，子贡在此处的回答显得比较精妙，足以看出子贡的学问和善辩确实比子路高出不少。但在孔子看来，子贡的回答还不够恰当，并且存在唯心的成分。于是就从自己的家庭背景和成长经历说起，讲自己为了生存不得不掌握一些在别人看来社会地位比较低的人才应该具备的技能。在孔子看来，即使是所谓的君子也应该具备这些技能，甚至认为自己具备的这些技能不是多了，而是少了。孔子所说的"君子多乎哉？不多也"，其精神实质侧重于学无止境。

苦难是一所大学。圣人也并非一出生就是圣人，在成长为圣人的过程中，首先需要解决的是生存问题，然后在生存的过程中对生活、社会和客观世界形成更深层次的体味和感悟。在下一章，子牢进一步阐释了孔子多才多艺的原因。

9.7　牢曰[1]："子云：'吾不试[2]，故艺。'"

【注释】

[1] 牢：孔子的学生子牢。
[2] 试：试验，尝试，浅尝辄止。

【译文】

子牢说："孔子曾经说过：'我从来不是抱着试试看的态度去对待这些不起眼的小事儿的，所以才掌握了这么多技艺。'"

【解读】

很多人看不上日常生活中的技艺，片面地认为这都是些小技能，或者在学习这些技能时抱着试一试的态度，浅尝辄止。孔子对这些可以赖以谋生的手艺总是潜心学习，认真对待，因而掌握了这些技艺，久而久之就使自己变得多才多艺。

从本章不难看出两个方面的问题。一是孔子并不认为社会劳动有高低贵贱之分，上层人士就不能掌握所谓底层人士才可以具备的手艺。二是他学习这些技艺的态度十分端正，从来没有抱着试试看的想法，而是脚踏实地地去做，这就是为什么他能够熟练掌握这些技艺的主要原因。

结合孔子提到的"君子不器"的观点，以及"君子多乎哉？不多也"的表述，掌握这些"鄙事"正是实现个人全面发展的必由之路。接下来，孔子又谈到了自己在治学方面的心得。

9.8 子曰："吾有知乎哉？无知也。有鄙夫问于我[1]，空空如也。我叩其两端而竭焉。"

【注释】

[1] 鄙夫：知识浅薄的人。

【译文】

孔子说："我有人们说的那样知识广博吗？我其实并没有人们说的那样知识渊博。曾经有个知识浅薄的人来问我一个问题，我对他提出的问题同样一无所知，我只是在他所提问题的初始和结果之间不断推敲，直到从中找出答案。"

【解读】

圣人也是人，并不是全知全会的神仙，他们对知识的掌握同样具有一定的局限。在这里，孔子提出了一个很好的思想方法，就是遇到自己不会的问题时不能不懂装懂，这是实事求是的态度。继而从问题的缘起和结果入手，经过反复推敲得知事情的来龙去脉，最终得出问题的答案。孔子作为教育家，在这里给出了一个解决问题的良策，那就是"叩其两端"。

通过科学的治学方法，无知是完全可以向有知转化的。做学问无非就是多问几个为什么，遵循发现问题、分析问题和解决问题的原则方法，水平自然会逐步提高，这是普遍存在的客观规律。

9.9 子曰："凤鸟不至[1]，河不出图[2]，吾已矣夫！"

【注释】

[1] 凤鸟：古代传说，凤凰是一种神鸟，是祥瑞的象征，出现就表示天下太平。
[2] 河图：据传说，圣人受命，黄河就出现图画。

【译文】

孔子说："凤鸟不来，大河中也不再能见到龙马负图而出，看来我这一生就要这么过去了。"

【解读】

"凤鸟不至，河不出图"是句隐语，意思是圣人不出。据相关史料记载，伏羲王天下，龙马背负河图洛书出来；舜帝在位时，凤凰来仪；周文王治政，凤鸣岐山。

"凤鸟不至，河不出图"，孔子说这番话时是鲁哀公十四年（公元前481年），此时孔子已经七十一岁，回到鲁国也已经三年。这三年里，孔子一心整理古籍文献。孔子借用这些典故，表明当时缺少舜、周文王这样的圣君明主。世上无明主，像孔子这样德才兼备的贤能之士自然也就无人赏识，没有用武之地，只能去整理古籍文献了。

9.10　子见齐衰者、冕衣裳者与瞽者[1]，见之，虽少[2]，必作[3]，过之必趋[4]。

【注释】

[1] 瞽：眼睛瞎。

[2] 少(shào)：年纪轻。

[3] 作：有所反应。

[4] 过：这里指上前迎接。

【译文】

孔子接见穿丧服、礼服的人和盲人时，即使对方年龄比较小，孔子也会一视同仁，精神状态良好，以示庄重。孔子起身过去迎接他们时也一定会快步上前。

【解读】

本章中的"少"有两种解释比较符合当前的语境。第一种解释是数量少，第二种解释是年轻。但是，"齐衰者、冕衣裳者与瞽者"他们也有长幼之分。因此，本章采用第二种解释更为贴切。

"齐衰者、冕衣裳者"代表精神状态迥然不同的两类人，而"齐衰者、冕衣裳者"这两类人都能看见周围的事物，与"瞽者"有所区别，"瞽者"是看不到的。上述三种人年龄也有长幼之分。也就是说，孔子无论对方身份和年龄如何，也不管对方是否能够看得到，都能依照礼制的规范表现出必要的尊重。同时，"过之必趋"则同样表现为一种主动、热情的态度，从中也能看出孔子对他们的尊重。

本章内容与10.25章的内容在表述上有类似之处，但在人物关系、语境和其想要表达的意境方面却有所不同，各有侧重。

9.11　颜渊喟然叹曰："仰之弥高，钻之弥坚。瞻之在前，忽焉在后。夫子循循然善诱人，博我以文，约我以礼，欲罢不能。既竭吾才，如有所立卓尔[1]，虽欲从之，末由也已。"

【注释】

[1] 卓：高而直，高明。优秀卓越，超出常人。

【译文】

颜渊对孔子严谨的治学态度、广博的学识，以及高尚的思想境界佩服得五体投地，感叹地说："孔子的道德学问，如果抬头瞻望的话，愈望愈高、高不可及。悉心钻研的话，愈钻愈深、深不可及。他思维敏捷、思路开阔，有时感觉似乎在眼前，忽而又出现在后面。孔子一步一步地诱导我，以传统的经典文献丰富我的学养，开阔我的视野，又以礼制规范的相关要求约束我的行为，使我想停下来都不可能。我竭尽全力去追随他，而他的成就如同高山矗立在眼前，使人感觉高不可攀，难以逾越，虽然想追随，可是却找不到相应的路径。"

【解读】

从上下文来看，颜回发出这番感叹确实是切中肯綮。孔子以天下为怀的思想境界，严谨求实的治学态度，客观辩证的思维方式，理论联系实际的教学方法，锲而不舍的进取精神，无不让人佩服和感叹。

颜渊在这里所说的"仰之弥高"是指孔子崇高的思想境界，"钻之弥坚"是指其深奥的思想内涵。孔子在日常教学中，采取了多维度的教学方法和教学手段，又因其具有开阔而敏捷的思维，在对知识的掌握和运用方面达到了融会贯通的境界，从而使跟随他学习的人感到"瞻之在前，忽焉在后"，似乎有些无所适从。但是从实际的教学效果来讲，这对于训练一个人的思维能力十分有效。

孔子在对学生的教育和培养方面，能够做到循循善诱，不断地用经典的传统文献来拓展他们的知识面，同时注重用礼制规范去约束他们的思想和行为，使他们既能感觉到有一定的难度，又不会轻易放弃，始终保持进取的精神状态。因此，在颜回看来，孔子的整体境界很高，犹如矗立在人们面前的一座高山，难以逾越，虽然想跟上孔子的节奏、达到他的水平，但是又找不到有效的方法和途径。

两千多年以来的历史事实也足以证明，孔子的儒家思想确实博大精深，作为中华优秀传统文化的基石，对中华民族和社会的发展与稳定都产生了极其重要的影响。

9.12　子疾病，子路使门人为臣。病间[1]，曰："久矣哉，由之行诈也！无臣而为有臣，吾谁欺？欺天乎？且予与其死于臣之手也，无宁死于二三子之手乎！且予纵不得大葬[2]，予死于道路乎？"

【注释】

[1] 病间：病情有所好转。
[2] 大葬：谓以君臣礼葬。

【译文】

孔子病重期间，子路擅自决定让孔子的部分弟子充当家臣，按照大夫的礼制准备操办孔子的后事。孔子病情好转后知道了这件事说："仲由干这种骗人的勾当已经很久了！没有家臣而按照有家臣的规制操办事情，你想让我欺瞒谁呢？难道想欺瞒上天吗？我与其死在家臣的手里，倒不如死在你们这些家伙的手里呢。即使我不能按照大夫的规制安葬，也不至于死在路上没有人掩埋吧？"

【解读】

按照礼制的相应规范，不同社会等级的人有不同的安葬规制和方式。古代大夫治丧，由家臣治其礼。（杨朝明《论语诠解》）孔子不是大夫，如果按照大夫的规制去操办丧事的话，在孔子看来是对礼制的僭越。恰恰在孔子重病的时候，子路违背了孔子的意愿想让葬礼隆重一些。

在当时社会秩序比较混乱的背景下，这种僭越礼制的现象屡见不鲜。在常人看来，按孔子的社会影响力，由家臣操办葬礼也说得过去，但在孔子那里是绝对行不通的。孔子认为，对礼制的维护不但要表现在语言上，更要体现在行动上。如果孔子由着子路的性子超越规制操办葬礼的话，会在当时的社会上产生不良影响，这也不符合孔子实事求是的一贯主张。

孔子在批评子路时为什么说"久矣哉，由之行诈也"呢？这要在11.11章中寻找答案。"颜渊死，门人欲厚葬之，子曰：'不可。'门人厚葬之。"这里的"门人"应该包括子路。由此看来，子路的这种行为并非个例。

9.13　子贡曰："有美玉于斯，韫椟而藏诸[1]？求善贾而沽诸[2]？"子曰："沽之哉，沽之哉！我待贾者也。"

【注释】

[1] 韫(yùn)：包含，蕴藏。椟：匣子。

[2] 贾(gǔ)：商人。古时"贾"指坐商，"商"指行商。

【译文】

子贡说："假如这里有一块美玉，是放在匣子里收藏起来好呢，还是找一个识货的商人卖出去好呢？"孔子说："卖了它吧！卖了它吧！我也在等待有眼力的商人呢。"

【解读】

子贡十分善于言辞，并且自己也是个商人。子贡经常追随孔子，深得孔子的教诲，孔子对自己的这位学生也相当了解。但从以往内容来看，孔子高度欣赏和认可子贡的才能，同时又对其做人和德行的一些方面不太满意。

子贡作为商人必定比较看中利益。孔子曾经这样评价子贡，一是把他比作"瑚琏"，二是说"赐不受命而货殖焉，亿则屡中"。结合孔子"三年学，不至于谷，不易得也"的思想原则，孔子听了子贡的话，已经看透了学生急于出仕的心思，表现出一定程度的反感，但又没有直接表现出反对的态度，而是通过"沽之哉"的重复表述，表现出一定的不满意。

9.14　子欲居九夷[1]。或曰："陋，如之何？"子曰："君子居之，何陋之有！"

【注释】

[1] 九夷：东方诸夷。夷，古时东方的落后部族。（孙钦善《论语译注》）

【译文】

孔子想住到一个比较偏僻的地方去。有人说："那里闭塞，生活条件比较差，礼制思想比较落后，为什么非得去那儿呢？"孔子说："君子住在那里，那里还会偏僻、闭塞吗？"

【解读】

在3.5章，孔子说："夷狄之有君，不如诸夏之亡也。"说明被称为"夷"的地方一般缺乏礼制教化，在社会秩序和社会治理方面同样表现得比较差。因此，当孔子提出想住到这些比较偏远又缺乏礼制教化的地方时，有人提出"陋，如之何"，建议他不要去。

13.19章，当樊迟问仁时，孔子回答说："居处恭，执事敬，与人忠。虽之夷狄，不可弃也。"也就是说，即使处在缺乏礼仪教养的环境和氛围中，也要遵从礼制的要求。相似的观点，15.29章也有，"人能弘道，非道弘人"。这些都说明人能够对周围环境产生主观能动作用，环境能影响人，人也能改善环境。

在孔子看来，九夷之地固然缺乏教化，只要自己能够做好就行，况且可以到那儿之后，推行礼制教化。因此，君子到那里生活的话，那里也就没有什么鄙陋可言了。

9.15 子曰："吾自卫反鲁，然后乐正，《雅》《颂》各得其所。"

【译文】

孔子说："我从卫国返回鲁国后，对乐曲做了订正，对《雅》《颂》中的诗进行相应的遴选，相应的曲调都做了适当的调整和编排，使它们各得其所。"

【解读】

孔子从卫国返回鲁国意味着周游列国结束。孔子时年六十八岁，接近暮年。在周游列国的这些年中，孔子目睹了很多社会现实，也曾经努力争取过，但最终还是壮志未酬。"子在陈，曰：'归与！归与！吾党之小子狂简，斐然成章，不知所以裁之。'"证明孔子在陈国时就已经对出仕这件事情心灰意冷。回到鲁国之后，孔子意识到自己来日无多，于是从修订礼乐入手，对《雅》和《颂》重新进行编纂，并依据自身的理解对相应内容及曲调进行了调整和编排，使它们更加符合礼制的规范和要求，体现出孔子高度的社会责任感和推行礼制的坚定决心。

本章内容是对上一章的延伸，在孔子看来，外部环境简陋不简陋已经无所谓了，自己还有许多事情要做，哪里有心思在乎这些东西呢？接下来又谈到了返回鲁国后的日常修身。

9.16 子曰："出则事公卿，入则事父兄，丧事不敢不勉，不为酒困[1]，何有于我哉？"

【注释】

[1] 困：陷在艰难痛苦中或受环境、条件的限制无法摆脱。

【译文】

孔子说："一切内外事务都按照礼制的要求处理，如果出仕的话，就按照礼节侍奉公卿，在家就按照礼制的规范侍奉父兄，在处理丧事上同样按照礼制的要求严肃对待，不敢不尽心竭力，不因为饮酒而失礼，这些事情我做得怎么样呢？"

【解读】

"出则事公卿"所表达的思想内涵有两个方面。一是志存高远，不轻易出仕，或者随波逐流，仅与公卿之类的思想境界相对较高的人为伍，体现出君子应有的思想境界与眼光。二是以礼制的规范和要求与公卿等这些高级官员相处，表现得中规中矩、不卑不亢。

"入则事父兄"所表达的思想内涵则是在家庭内部，以礼制的要求对待自己的兄长。在古代，不但要对父亲十分尊重，对兄长也要非常尊重。如《史记·陈丞相世家》中有"事兄伯如事父，事嫂如母"的表述。同时，"出"和"入"形成对比，一个表示在家庭之外，另一个则表示在家庭内部，旨在说明在处理内外事务时都要依据礼制的规范和要求。"丧事不敢不勉"是指在处理丧事时不能草率，要依照礼制的规范尽心尽力做好，以对死者表示应有的、足够的尊重。"不为酒困"就是不因沉湎于饮酒而耽误正常的工作与生活，更不能因为饮酒而做出违背礼制的事情。

9.17　子在川上曰："逝者如斯夫[1]，不舍昼夜！"

【注释】

[1] 逝：(时间、水流等)过去。

【译文】

孔子站在河边，看着流淌着的河水有感而发："流逝的光阴就像这奔流不息的河水啊，日夜不停！"

【解读】

从上下文来看，本章内容是对前两章内容的深化，同时对后续章节做了必要的铺垫。

孔子对周游列国结束返回鲁国后的这段时间里，自己所完成的主要工作做了简要的总结，同时对这段时间自己修身治学方面的情况也做了简要的回顾。上述工作耗费了孔子大量的时间和精力。因此，看到时光流逝，如河水流淌一样一去不复返，他感慨万千，同时又意识到自身肩负着重大责任，需要不断学习和提高自身的修养和知识水平。

同时，这一直奔流向前的河水，应该也彰显着一种持之以恒和勇往直前的精神，就如后面将要提到的颜回一样"吾见其进也，未见其止也"。

9.18　子曰："吾未见好德如好色者也[1]。"

【注释】

[1] 色：指妇女的美貌。

【译文】

孔子说："我未曾见过像喜好美色那样喜好美德的人。"

【解读】

据《史记》记载，(孔子)居卫月余，灵公与夫人同车，宦者雍渠参乘，出，使孔子为次乘，招摇市过之。孔子曰："吾未见好德如好色者也。"于是丑之，去卫，过曹。这是本章的背景。《诗经》中有"窈窕淑女，君子好逑"的诗句，在一定程度上表达了"爱美之心，人皆有之"的意思，应该说喜欢美色是很正常的事情。但是为什么孔子在此发出这种感叹？甚至在卫灵公夫妇对他十分尊重的情况下，还是选择离开卫国呢？这还需要从孔子所尊崇和极力推广的礼制说起。

其一，卫灵公与其夫人南子共乘一车是违背礼制的。其二，在车队行进的过程中，人们关注的焦点大多是南子的美貌，而不是孔子的良好德行。其三，卫灵公兴师动众、招摇过市，在孔子看来过于铺张，骄奢淫逸，不符合美德的标准。总体来看，卫国从君主到臣民都不懂礼制，因此孔子提出了"吾未见好德如好色者也"的观点，同样也表达了一种期许："如果人们能够像喜欢女子娇美的容颜一样喜欢美好的德行该有多好啊。"也正是基于上述原因，孔子离开了卫国。

美色和美德都属于美好的东西，美德的社会价值远超美色。但是在现实生活中没有得到应有的重视，因而孔子认为人心不古，多数人的喜好只是停留在美色这一感官层面，而没有进一步注重精神层面的美德，而遵从礼制规范应该就是当时的美德。若想使其发生转变，又需要耗费多大的精力和多么漫长的时间呢？

于是孔子接着用一个形象的比喻，对这个问题做了进一步说明。

9.19 子曰："譬如为山，未成一篑[1]，止，吾止也；譬如平地[2]，虽覆一篑，进，吾往也。"

【注释】

[1] 篑：盛土的筐子。
[2] 平：平整，填平。

【译文】

孔子说："如果用土来堆成一座山，还差一筐土没能堆成，遇到困难需要停下来，那么我就停下来了。如果是用土去填平地面上的一个坑，即使是倒上去一筐土没有明显的效果，也算是向前进了一步，我选择这样做。"

【解读】

孔子在这里又打了一个比方，说明在修身和治学，以及推行礼制的过程中持之以恒的重要性。在修身和治学的方向选择上，选择难事儿与容易事儿只在一念之间，但是最终的成效截然不同。同样是一筐土的事儿，一种情况是用来堆山，越往后越难，如果在最后选择放弃的话，最终的结果就是功亏一篑。另一种情况是用土垫平地上的一个坑，虽然倒一筐土不会太费事，同样也会有成效，但最终的成效不会十分明显。

因此，修身和治学，以及推行礼制的过程就像用土堆山一样，长期坚持，最后才会有所成就。选择做比较容易的事情，最终的结果只能是碌碌无为。在这里，孔子将"好德"比作"为山"，将"好色"比作"平地"。人们往往选择容易的事情来做，那么推行礼制则必将面临不利的社会环境。

结合上下文来看，孔子在本章打的比方是一个铺垫，与下一章颜回的做法形成对比，表明自身在修身治学方面与颜回存在一定的差距。

9.20 子曰："语之而不惰者，其回也与！"

【译文】

孔子说："听我讲述道理后始终勤于实践的人，大概只有颜回了吧！"

【解读】

"师傅领进门，修行在个人"，按道理讲，老师只负责指导和引领，能否取得成绩和进步，关键还要看学生自身的努力程度，以及是不是能够在听取老师的教育和指点之后勤于实践。颜回就是这方面的典范，对孔子的教诲，始终勤于实践。在以往孔子不止一次称赞颜回。在这里又提到了颜回能够做到"语之而不惰"，旨在说明颜回不但大智若愚，而且是一位真正能够坚持不懈地将所学付诸实践的人。颜回正因为如此优秀，才深得孔子喜爱，因此孔子对他的去世感到惋惜。

9.21 子谓颜渊，曰："惜乎！吾见其进也，未见其止也。"

【译文】

孔子谈到颜回时说："可惜啊，这个人死得太早了！我只看到他不断进取，却从未看到他停止。"

【解读】

孔子对颜回的英年早逝难以释怀。孔子认为颜回在治学等方面所表现出的意志品质比自己优秀，也始终认为只有颜回能够传承其衣钵。在整部《论语》中孔子多次提到颜回，并表达出深深的惋惜之情。

本章仍然是在阐述一个道理，无论做什么事，要想成功必须要持之以恒，坚持不懈地奋斗。颜回在治学和修身方面取得的成就，与其坚毅的精神品质密不可分。颜回一往无前的进取精神，也和那一直奔流向前、永不停息的河水一样"不舍昼夜"。

接下来，孔子从另一个侧面再次论证做事情持之以恒的重要性，这次用庄稼的成长打了一个比方。

9.22 子曰："苗而不秀者有矣夫[1]，秀而不实者有矣夫。"

【注释】

[1] 苗：初生的种子植物。秀：植物抽穗开花(多指庄稼)。

【译文】

孔子说："就像种庄稼，长成了苗而没有抽穗扬花，这种情况有啊！即使抽穗扬花了而不能结出果实的情况同样也存在啊！"

【解读】

事物的发展有其客观规律，但也存在例外。有些植物出于各种原因只长苗而不抽穗开花，或者是只开花不结果。

人也一样，小的时候大部分孩子表现得很好，但是随着时间的推移，学习成绩呈现出分层的情况，有的考不上大学，或者考不上理想的学校。有的即使顺利考入大学，也同样存在不能顺利毕业，或者在工作之后发展得不理想的情况。

孔子通过这个比喻，旨在说明应该用辩证和发展的眼光全面客观地看待问题。不但要看事物的开端和发展的过程，更要注重事物的结果。要想取得好的结果，就要不断努力，要在整个过程中持之以恒。这也是要在下一章谈及的话题。

9.23　子曰："后生可畏[1]，焉知来者之不如今也？四十、五十而无闻焉，斯亦不足畏也已。"

【注释】

[1] 后生：比自己年轻的人。畏：敬畏，佩服。

【译文】

孔子说："大家需要对比自己年轻的人保持必要的敬畏，怎么知道他们将来的成就不如现在呢？不过，如果一个人到了四十、五十岁依然没有作为、不为世人所闻的话，那也就没有什么可敬畏的了。"

【解读】

孔子在本章十分辩证地阐释了人的成长及对待年轻人的态度问题。要对年轻一代保持敬畏之心，但是并不能一概而论。对于那些到了四五十岁还籍籍无名、毫无作为的人，也就没有保持敬畏的必要了。

按照2.4章中孔子的观点，正常情况下，一个人在三十岁左右就能够确立世界观、人生观和价值观，四十岁左右的时候就能够对自身形成的"三观"不再有任何疑惑，五十岁左右的时候就应该懂得自然界以及社会发展和运行的普遍规律，因此四五十岁有所成就是必然的。但如果到四五十岁时依然毫无建树，就属于上一章所讲的"苗而不秀、秀而不实"了。

9.24　子曰："法语之言[1]，能无从乎？改之为贵。巽与之言[2]，能无说乎？绎之为贵[3]。说而不绎，从而不改，吾末如之何也已矣。"

【注释】

[1] 法：标准，模范，可以仿效的。

[2] 巽与之言：恭顺赞许的话。巽，顺从。《周易·说卦》将"巽"解释为风，有风吹一边倒的意思。俗称："墙头草，随风倒。"

[3] 绎：抽出或理出事物的头绪来。

【译文】

孔子说："对礼制所规范的说法，能不遵从吗？一个人如果有了违背礼制要求的过失，那么及时改正才是可贵的。一个人听了别人恭维、顺从的话能不感到愉悦吗？但是通过认真梳理，从中分辨真正意图才是可贵的。只是感到心情愉悦而不能辨别出其真正的意图，只是在表面上听从劝告而不改正自己的过失，对这种人我就不知道该如何评价了。"

【解读】

在这里，"法语"可以理解为一种规范，如果具体到《论语》的语境中，则应该理解为礼制的相应规范。

对于礼制所做出的规范性要求，大家都应该遵守。如果存在过失，做到知错就改是可贵的。当听到别人恭维和顺从的话时，一般人会表现出愉悦，但是这些好听的话是否存在"巧言"的嫌疑呢？孔子曾多次指出"巧言"的弊端。能够从这些顺从和恭维的语言中识别出对方的真正意图是比较难的，所以"绎之"也是十分难能可贵的。

因此，对只愿意听好话而不加思索的人，以及在口头上表示遵从礼制规范而实际上有错不改的人，真的是无法评价。正确的做法又是什么呢？孔子在下一章给出了自己的观点。

9.25 子曰："主忠信。毋友不如己者[1]，过，则勿惮改。"

【注释】

[1] 毋：不要。

【译文】

孔子说："要注重忠诚和守信，不要结交那些品德方面不如自己的人，有了过错就不要怕改正。"

【解读】

在1.8章，孔子也曾提出："主忠信，无友不如己者，过，则勿惮改。"与此处的表述仅有一字之差，但所要表达的思想却截然不同。

在"无友不如己者"的语境中，"友"是名词，表示朋友。既然他已经成了自己的朋友，他一定是符合自身的交友标准的。在对待朋友时要谦虚、谨慎，多看对方的长处和优点，多向他们学习，做到"无友不如己者"。

本章中的"友"作动词"交朋友"讲。孔子提出的"毋友不如己者"，则是告诫大家不要和品行方面不如自己的人交朋友。这些人不遵从礼制的相关要求，"近朱者赤，近墨者黑"，与其交友势必会对自身的治学和修身产生不利影响。

孔子在这里再次提到了"过，则勿惮改"。对一个人来讲，改正过错需要勇气。对由一个个普通民众组成的社会这一庞大群体来讲，做出改变，更像一项宏大的工程，势必难度很大。难度到底有多大呢？这就是下一章谈及的内容。

9.26 子曰："三军可夺帅也，匹夫不可夺志也[1]。"

【注释】

[1] 匹夫：普通人。

【译文】

孔子说："一支军队的主师可以斩获，但普通大众的思想意愿是很难统一和改变的。"

【解读】

面对强大的军队，打败这支队伍并俘获主帅并不是一件容易的事情，而要改变一个平常人的思想意愿并非难事。但是孔子在这里为什么说"匹夫不可夺志"呢？比较客观的原因有两个：一是这里的"匹夫"指的是普通的、没有经过礼制教化的民众，他们的行为不符合礼制的要求，更重要的是他们不具备礼制的思维。二是这个群体的基数是比较大的，要想从根本上改变这些人，通过教化使他们都具备符合礼制的思想意识，要比通过战争击败三军并斩获他们的主帅困难许多。

这里的"匹夫"，应该理解为由一个个"匹夫"组成的庞大的基层社会群体。因此，"三军夺帅"并非易事，"匹夫夺志"更是难上加难。

9.27 子曰："衣敝缊袍[1]，与衣狐貉者立而不耻者[2]，其由也与！'不忮不求，何用不臧？'[3]"子路终身诵之，子曰："是道也，何足以臧？"

【注释】

[1] 敝：破旧，破烂。缊：碎麻，新旧混合的丝绵絮。
[2] 狐貉：代指用狐皮、貉皮等高档皮毛制成的服装。
[3] 不忮不求，何用不臧：出自《诗经·邶风·雄雉》。忮，嫉妒。臧，善、好。

【译文】

孔子说："能做到穿着破旧的绵袍与衣着华贵的人站在一起，而不认为是羞耻的，大概只有仲由了吧！'不嫉妒，不贪求，保持一颗平常心，有什么不好吗？'"子路听了之后一直对这两句诗念念不忘。孔子说："这只是一般性的道理，又何必这样予以褒奖呢？"

【解读】

子路的秉性比较刚直，一方面对生活的要求不高，并不贪求物质上的享受；另一方面，当孔子褒奖自己时，时常沾沾自喜。这一次，孔子借用《诗经》中的诗句对他的优点予以称赞。子路听到之后感觉良好，对孔子给予的评价反复诵读。但在孔子看来，"不忮不求"是所有人应该具备的优良品质，是一般性的做人做事的道理，无论谁都没有必要"终身诵之"。

如果再结合上下文来看，对子路这种致力于修身治学的人来说，改变他的思想意识只是一句话的事情，而对那些缺乏礼制教化，不具备进取心的一般民众而言，是十分困难的，两者之间形成明显的对比。因此，从内容上看本章仍然是前文的延续。

9.28 子曰："岁寒[1]，然后知松柏之后凋也[2]。"

【注释】

[1] 岁：指时间。
[2] 后：较晚的时间。

【译文】

孔子说："要等到严寒的季节，才能知道松柏在其他植物之后才逐渐凋落。"

【解读】

"后"，是指时间顺序的先后，而不是指最后。松柏是常绿乔木，但是也会凋零落叶，与某些在冬季不落叶的植物相比，它并非最后凋零的。孔子的语言风格十分严谨、客观，在此可见一斑。

那么问题来了，为什么孔子在这里十分突兀地谈到了松柏的凋零呢？其实，这是孔子对自己的志向、奋争及所处的社会环境所做的评价。孔子周游列国，有一个重要的使命就是推行和恢复周礼，在礼坏乐崩的社会现实面前，他做出过努力，也曾想通过出仕施展自己的抱负，为促进社会的和谐与稳定做出自己的贡献。但是现实无比残酷，无论是上层的君主、士大夫，还是基层的一般民众，对他的思想并不十分认可和接受。尽管现实十分残酷，但孔子仍然矢志不渝。在周游列国后，他对推行和恢复周礼所面临的困难有了更深层次的理解和感悟。这就是"三军可夺帅也，匹夫不可夺志也""岁寒，然后知松柏之后凋也"所要表达的真实内涵。

孔子的做法并没有得到大多数人的理解。在常人看来，他的做法有些不切实际，同时也不值得、没有必要，但孔子为什么还要坚持呢？下一章给出了答案。

9.29　子曰："知者不惑，仁者不忧，勇者不惧。"

【译文】

孔子说："智慧的人不会陷入困惑之中，有仁爱之德的人不会因自身而忧虑不安，勇于实践真理的人无所畏惧。"

【解读】

要准确理解本章内容的含义，仍然需要将本章放在本篇所要阐述的主题中进行系统审视。

面对如此糟糕的外部社会环境，包括当政者在内的上层人士，并没有意识到礼制在社会治理中的重要作用。一般民众也不理解礼制对维护家庭和谐与促进社会稳定的重要意义，从而导致孔子在推行和恢复周礼的过程中遇到了极大的阻力。仅凭孔子一己之力，即使有三千弟子的帮助和支持，要想让民众在推行周礼方面形成相对统一的思想也是十分困难的。

但是面对这种困难，孔子并没有退缩，而是选择了继续前进，因为他已经深刻地认识到，推行礼制对社会和组成社会的个体都是有益的。智者能够明白这其中的道理，因此"不惑"。作为仁者，首先要考虑的是大众的利益，而不是私利，那他还有什么可患得患失的呢？故而"仁者不忧"。推行和恢复周礼是仁者坚定的信念，遇到这些困难又何足畏惧？因此"勇者不惧"。

孔子有如此坚定的决心和毅力，如果再有一些志同道合的人一起努力是不是会更好？但这是可遇不可求的。在下一章，孔子将道出其中的原委。

9.30 子曰："可与共学，未可与适道；可与适道，未可与立[1]；可与立，未可与权。"

【注释】

[1] 立：确立共同的(价值追求)。

【译文】

孔子说："可以一起学习的人，未必认同同一个道理；认同同一个道理的人，未必能确定相同的价值追求；可以确定相同价值追求的人，未必在关键时刻权衡利弊之后做出同样的选择。"

【解读】

在本章，孔子从发展的角度阐述了一个道理：真正志同道合的人是很难遇到的。用一个大家比较熟悉的例子可以说明。

一般情况下，接受过高等教育的人从小学读到大学，直至工作，中间有很多同学，但是真正能够算得上志趣相投、志同道合的人又有多少呢？屈指可数。即使是为数不多的好朋友，在面临重大决策的关键时刻，也不一定有相同的选择。

因此，孔子认为在推行周礼、恢复礼制这件事上，找到志同道合的人是十分困难的。事实也充分证明了这一点，孔子周游列国，他的思想和主张始终没有得到人们的认可，尤其是没有得到上层士大夫阶层的认同。

孔子的思想和主张如此美好，但为什么没有得到他们师生之外更多的人的认可呢？下一章，孔子借用四句诗给出了解释。

9.31 "唐棣之华[1]，偏其反而。岂不尔思？室是远而[2]。"子曰："未之思也，夫何远之有。"

【注释】

[1] 唐棣：植物名。

[2] 室：住处。

【译文】

"唐棣的花儿，随着风儿翩翩翻动，我难道会不思念你吗？只是我们住得太远了！"孔子说："恐怕不是真的思念吧，要是真的思念，哪里会有住得远这种理由呢？"

【解读】

"唐棣之华，偏其反而。岂不尔思？室是远而"是四句逸诗。孔子借用这四句诗来说明住得远只是借口，实际上是没有真正地思念对方。如果真思念对方的话，即使住得再远，这种困难也能够克服。

那么，孔子借用这四句诗的真实意图是什么呢？是指当时人们对礼制规范不认同，大部分人没有理解礼制的真正作用和意义，片面地认为推行礼制是不着边际的事情，很难实现。当然也有人认为这是件好事，但是做起来很难，达到这种境界更难，从而同样在主观上表现出排斥的思想倾向。于是孔子接着说，你在主观上都没有遵从礼制要求的这种念头，为何又把原因归结于做起来不切实际或者做起来太难呢？如果真的认可并遵从礼制的规范和要求，那又怎么会存在看起来不切实际的问题呢？

另外，值得注意的是"室是远而"中的"室"，其实有一语双关的作用。一个人修身治学的成长过程是符合循序渐进规律的。11.15章有"由也升堂矣，未入室也"的表述，可以看出，学问的层次可以形象地大致分为三个阶段：入门、升堂、入室。达到入室的程度，就等于掌握了事情的精要和实质，达到了出神入化的境界，需要很长的时间。但是，即使时间再长，只要坚持不懈、持之以恒地努力，既定的目标一定能够实现。这一观点与前几章的内容观点同样高度连贯、形成呼应。

乡党

　　《乡党》篇的主题同样是礼制。从表面看，本篇很少用"子曰"来表明说话的主体，也没有明确行为主体就是孔子，但是从表述的内容看，语言和行为主体确定是孔子无疑。因此，本篇可以看作是孔子在日常生活中的衣食住行等方面遵循礼制的具体表现。从总体看，本篇语言平实流畅，对人物的刻画入木三分，同时可以看出礼制的具体要求十分规范严谨。从本质上讲，礼制的核心是对人们在言行方面提出约束，这种约束就是规矩。

　　孔子通过自身的举止向大家做出示范，让大家时时、事事、处处都要注意讲规矩，这又是为什么呢？因为到处都有潜在的危险。例如，在语言方面，如果不充分考虑所处的客观环境，则容易招致不必要的误解和非议；在处理社会或外交事务时，如果出现违礼或失礼之处，容易导致自身甚至是所代表的国家形象受损；坐车出行时，如果不遵守规矩，则有可能产生严重的后果。

　　上述内容看起来过于琐碎，而事实上是要求人们时刻对潜在的危险保持必要的警惕，通过规范自身的行为对这种潜在的风险予以有效规避。在最后一章，孔子通过与子路的对话阐释了一个道理：即使作为动物的稚鸡都知道在面临潜在的危险时，做出相应的规避。对于人来说，遵从礼制则是规避潜在风险最为有效的措施，为什么人们却意识不到这一点呢？本篇的最后一章看起来比较突兀，貌似与前文没有联系，而实际上是对前述内容的深度凝练和高度升华。

10.1　孔子于乡党[1]，恂恂如也[2]，似不能言者；其在宗庙朝庭，便便言[3]，唯谨尔。

【注释】

[1] 乡党：自己的家乡。

[2] 恂：诚实，恭顺。

[3] 便：比较放松、轻松的状态。

【译文】

孔子在与乡邻交流时，表现得温和而恭顺，似乎是一个不善言辞的人。但是他在宗庙等祭祀场所，或者在朝庭上与君主及士大夫商讨问题时，却能够比较放松，说话通俗流畅，只是很注意分寸罢了。

【解读】

孔子在与自己的乡邻交流时和处在比较重要的场合、面对比较重要的人物时表现出很大的不同。孔子的这种做法是不是我们经常说的"两面派"呢？其实孔子这种表现非但不是"两面派"，而且十分客观理性。

事实上孔子深谙人情世故，能够正确把握人与人之间交往的尺度，按现在的说法就是"见什么人说什么话，到什么山上唱什么歌"。家乡的邻居的关注点、个人修养、认知能力、对礼制的理解等，都存在不同程度的差异。同时，在说话时要充分考虑对方的接受能力、说话语气等因素，分寸很难拿捏，而表现得比较温顺、谦恭会起到更好的效果。如果考虑到孔子的身份和社会影响，这种比较低调的做法也接地气，避免给人留下趾高气扬的印象。如果在交流的过程中遇到思想格局小的"小人"，事事挑毛病，最终的结果可能会更糟。这也是孔子说"唯女子与小人为难养也"的原因之一。

在相对庄重的祭祀场所和朝堂上，交流对象的层次相对较高，在礼制教化方面具有较大的一致性，所谈论问题的层面相对集中，多数人的认知水平相对接近。因此只要谨慎，在一定的范围内可以畅所欲言，这就是所谓的"不逾矩"。

孔子这样做，既是基于对人性的深刻思考，又是基于处事经验。接下来所表述的内容也是这样的。

10.2　朝，与下大夫言[1]，侃侃如也[2]；与上大夫言，訚訚如也[3]。君在，踧踖如也[4]，与与如也[5]。

【注释】

[1] 下大夫：周时官职中的一级。下文"上大夫"也是官职中的一级。按照《礼记·王制》："王者之制禄爵，公、侯、伯、子、男凡五等。诸侯之上大夫卿、下大夫、上士、中士、下士，凡五等。"（黄克剑《<论语>解读》）

[2] 侃：侃侃，形容说话理直气壮，从容不迫。

[3] 訚訚(yín)：形容辩论时态度好。

[4] 踧踖(cù jí)：恭敬而不安的样子。

[5] 与与：威仪中适的样子，即容态仪表既不紧张，又不懈怠，郑重而自然。

【译文】

孔子在朝堂之上，在君主不在现场的情况下，与下大夫说话时表现得从容不迫；与上大夫说话，则表现得既有自己的见解又有好的态度，诚恳而不阿。在君主在场的情况下，则显得恭敬而不安，但举止方面依然郑重而自然。

【解读】

本章描述了孔子在朝堂上的举止表现，孔子处在各种环境下都能做到中规中矩。

大体可以分为三种情况，一是君主不在场的情况下与下大夫交流，虽然自己级别高于对方，但是毫不盛气凌人。二是君主不在场的情况下与上大夫探讨问题，虽然自己级别低于对方，但是交流时也没有阿谀奉承，而是既能据理力争，充分阐释自身独到的见解，又能保持良好的态度。三是君主在现场的情况下，则表现得恭敬而不安，但又不失郑重和自然。孔子表现出的上述细节，都很到位，完全符合礼制的规范和要求。

10.3 君召使摈[1]，色勃如也[2]，足躩如也[3]。揖所与立，左右手，衣前后襜如也[4]。趋进，翼如也。宾退，必复命曰："宾不顾矣[5]。"

【注释】

[1] 摈：同"傧"，接待宾客的人。

[2] 勃：旺盛，精神旺盛。

[3] 躩(jué)：迅疾。

[4] 襜(chān)：围在衣前的围裙。

[5] 顾：转过头来看。

【译文】

当君主召见并委任孔子做傧相时，孔子的神色表现得充满活力，脚步也变得比以往迅疾。向站在一起的其他傧相作揖时，左手在前右手在后，就像穿着的衣服一样，左襜在前右襜在后。快步前行时，那样子就像鸟儿展翅。送走宾客后，他一定会向君主回报："宾客已经走远，不再回头看了。"

【解读】

本章描述了孔子担任傧相时的表现，同样符合礼制的规范和要求。

其一是面部表情方面，神情表现得比以往更加有活力，显得精力十足、朝气蓬勃。其二是行动方面，走路的步伐也比平常快，显得很有活力。其三是向同事行礼方面，在对站立在一起的傧相行拱手礼时，左右手的摆放顺序是左手在前右手在后，和衣服的袍襟顺序一致。其四是快步走时，因为穿着袖口宽大的长衫，加上步伐轻盈，整个人走起来就像小鸟扇动翅膀一样，这种比喻十分形象。其五是迎送宾客时，同样很有规矩、注重细节，等到客人走得比较远了，不再回头道别致意时，必定再向上级做出回复，做事情有始有终。从信息处理的角度来看，实现了信息传递的闭环。

那么在出入朝堂时，孔子又是怎么做的呢？

10.4　入公门[1]，鞠躬如也[2]，如不容。立不中门[3]，行不履阈[4]。过位，色勃如也，足躩如也，其言似不足者。摄齐升堂[5]，鞠躬如也，屏气似不息者。出，降一等，逞颜色[6]，怡怡如也；没阶，趋进，翼如也；复其位，踧踖如也。

【注释】

[1] 公门：朝廷大门。

[2] 鞠躬：走路时弓着身子。

[3] 中：正冲着。

[4] 履：脚踩。

[5] 摄齐(zī)：提着衣服的下摆。堂：正屋的大厅。

[6] 逞：纵容；放任，放松。

【译文】

孔子进朝廷大门时，身体微躬，像是没有自己的容身之地。他从不站立在正冲着门的地方，进门时也从不踩门槛。经过君主的座位时，脸色骤然变得庄重起来，迈步急促起来，说话像是中气不足的样子。提起衣裳下摆到堂上去时，恭敬谨慎，屏住气像是没有了呼吸。出来、下了几层台阶之后，面色才放松下来，展现出怡然安适的样子。下完台阶，快步向前走，就像鸟儿舒展开了翅膀。一旦回到自己的位子上，又开始恭谨不安起来。

【解读】

本章着重描述孔子出入朝堂时的规矩与表现，大体分为五种情况。

其一是"入公门，鞠躬如也，如不容"。孔子自走进朝堂大门开始，一直保持身体微躬的状态，好似进了朝堂的大门之后没有自己的容身之地，显得惴惴不安。其实是表明自己对参与国事讨论心存敬畏，所以仪容收敛、态度谦卑。

其二是"立不中门，行不履阈"。"立不中门"其实也是一种规矩。一般情况下，正冲着门的位置比较显眼，是比较尊贵的地方，用现在比较流行的说法就是"C位"。站在不符合自己身份的位置，同样是对礼制的僭越。这里的"立不中门"实际上就是"席不正"的一种表现。"行不履阈"同样是礼制方面的规矩。在古代，门槛的设置有两个基本作用。一是从安全的角度考虑，一方面增加了大门的强度系数，另一方面可以防止动物或者是人通过门下面的缝隙非法进入。二是迫使进入大门的人低下头留意脚下，从形式上表现为对面前的器物心存敬畏，这在重要场所中更为突出。现存的故宫、孔府等建筑中仍然可以看到。

其三是"过位，色勃如也，足躩如也，其言似不足者"。在君主面前走过时，精神抖擞，步履轻盈迅疾，表明一个人的精神状态和身体状态都比较良好，而不是精神萎靡、老态龙钟。"其言似不足者"，是一种谦逊的态度，说话或者表达意见时有所保留，而不是夸夸其谈。

其四是"摄齐升堂，鞠躬如也，屏气似不息者"。表现为谨慎和收敛，提着衣角的目的在于防止摔倒或者对别人行走造成影响。同时，对身穿朝服的孔子而言，微躬身体、提起衣角也是快速行走的前提。

其五是"降一等，逞颜色，怡怡如也；没阶，趋进，翼如也；复其位，踧踖如也"。这里的"降一等"并非大部分学者讲的"一个台阶"，而是几层台阶形成的一个等级。在古代，越是规模宏大的建筑，其台阶的层数越多，往往在基层到最高一层中间留出比较宽阔的一层，从而形成多等级结构。"逞颜色，怡怡如也"，讲的应该是商讨国事结束之后，在返回的途中表现出如释重负的放松状态。"没阶，趋进，翼如也"，简单地讲就是到了平地上之后，又会快步行走，加上穿着衣袖宽大的长袍，走起路来就像鸟儿扇动着翅膀一样。"复其位，踧踖如也"，描述的是等到再次上朝的时候，仍然按照上述的规矩和要求来规范自己的言行举止。

在孔子看来，这些都是符合礼制的规范性做法，孔子现身说法给其他人做出示范。

10.5 执圭[1]，鞠躬如也，如不胜。上如揖，下如授。勃如战色，足蹜蹜如有循[2]。享礼[3]，有容色。私觌[4]，愉愉如也。

【注释】

[1] 圭：一种玉器，上圆，或者作箭头形，下方。举行典礼的时候，君臣都拿着。

[2] 足蹜蹜(sù)如有循：脚步很小，踵趾相接；每动一脚，微抬前趾，拖着后踵，蹭地而行。《礼记·曲礼下》："执主器……行不举足，车轮曳踵。"（孙钦善《论语注释》）走路时好像车轮在车轨里面行走一样。蹜蹜，形容小步快走。

[3] 享礼：使者向所访问国家献礼物时的仪式。

[4] 觌(dí)：相见。

【译文】

手持着作为信物的圭时，保持身体微躬的状态，表现得不胜其重。孔子这种躬身的状态，如果从上面看，犹如向人施礼作揖；如果从下面看，就如要将手中的东西交给别人。在整个过程中始终保持精神旺盛且高度集中，好像比较紧张的样子。走路时双脚小步快行，犹如沿着轨道向前走。孔子在进献礼物的正式场合，神色表现得端庄肃穆，而在非正式场合与所到访国家的官员相见时，则表现出一副轻松愉快的样子。

【解读】

本章描述的是孔子作为使者参加其他国家典礼时的情况。圭，作为出使别国时自身所带的信物，不但代表着自己的身份，更代表着国家，按照礼制应当予以尊重。孔子微躬身体手持玉圭时不高不低，表现出不卑不亢的态度。如果从居于高位的君主的角度看，好像是在鞠躬施礼，而如果从居于下位的一般人的角度看，又好像要将手中的东西交给别人，这种姿态恰恰能够准确地表现出使者的形象和地位。

"勃如战色"表明精力集中，精神焕发，表现出使者应有的精神风貌。"享礼，有容色。私觌，愉愉如也"表明孔子在正式场合和非正式场合，能够做到因地制宜，有所区别。

本章通过对孔子出使他国及在典礼过程中表现的描述，对相应的礼制规范做了生动而形象的说明。

10.6　君子不以绀緅饰[1]，红紫不以为亵服[2]。当暑袗絺绤[3]，必表而出之。缁衣羔裘[4]，素衣麑裘，黄衣狐裘。亵裘长，短右袂[5]。必有寝衣[6]，长一身有半。狐貉之厚以居。去丧，无所不佩。非帷裳[7]，必杀之[8]。羔裘玄冠不以吊[9]。吉月[10]，必朝服而朝。

【注释】

[1] 绀(gàn)：稍微带红的黑色。緅(zōu)：黑里带红的颜色。

[2] 亵服：平时家居衣服。

[3] 袗(zhěn)：单衣。絺(chī)：细葛布。绤(xì)：粗葛布。

[4] 缁(zī)：黑色。

[5] 袂(mèi)：袖子。

[6] 寝衣：被子。

[7] 帷裳：参加典礼时专用的礼服。

[8] 杀：裁剪。

[9] 羔裘玄冠：黑色的皮袍和黑色的礼帽。

[10] 吉月：每个月的初一。

【译文】

　　遵从礼制要求的君子不会用带红的黑色和黑中带红的布来镶嵌衣领或袖口，不用红色、紫色的布料制作居家时穿的便服。夏天，会穿着细葛麻布或粗葛麻布做的单衣，但是出门时一定要在外面穿上外套。在冬天的时候，如果穿黑色羔羊皮做的袍子，要在外面配上黑色罩衣；如果穿白色小鹿皮做的袍子，同样要配白色的罩衣；若是穿着黄色狐狸皮做的袍子的话，就要在外面配穿黄色的罩衣。平时在家时穿的皮袍要相对长些，右边的袖子要挽得短一些。一定要有被子，长度是身长的1.5倍。制作坐褥要用厚厚的狐貉皮。出了服丧期，各种饰物的佩戴就没有什么忌讳了。除了参加重要祭祀活动时所穿的礼裳可以用整幅的布料来做，其他衣服一定要经过剪裁。不穿黑色皮袍，不佩戴黑色礼帽去吊丧。每个月的初一，一定身穿朝服去朝拜君主。

【解读】

　　本章内容着重讲述着装规范。这里的"君子"泛指那些遵守礼制规范的人，只有符合这些礼制规范的人才能称得上君子。

　　那么君子的着装规范为什么有这些讲究呢？从孔子致力于推行周礼的角度看，讲究着装的目的在于不违礼、不失礼，而不是讲排场、比阔气，对材料的选择、颜色的搭配、用料的标准都有较为严格的规定。衣物的用料方面在讲求规范的同时，又不失简约。着装要求协调，一是符合身份，二是符合场合。而服饰和着装都需要符合相应的礼制规范。

　　按照礼制的规范，不可以用红中带黑或者黑中带红的混色来装饰衣领和袖口等显要位置。在家里穿的便服宜采用浅色调的面料，而不宜采用红色或紫色等比较鲜艳的颜色，使服饰的色调与家居休闲的氛围相协调。夏天出于纳凉考虑，应穿着孔隙比较大的葛麻布，使身体感觉凉爽舒适。但出门时要在麻布内衣外面罩上外套，一来防止暴露个人隐私，二来不至于违背礼制。在冬天穿着裘皮衣服时不但要穿上罩衣，还要注意罩衣与内层裘皮保持颜色的一致。冬天在家穿着裘皮时以长一些为宜，利于保暖，但同时要求右边的袖子要适当短一些，便于书写、取物等。睡觉时要盖被子，被子的长度也有规定，以身长的1.5倍为宜。家里用的座垫用厚一些的狐貉皮制作，坐起来更舒服一些。

可以看出，在服饰和家居方面，礼制同样有着甚为详细的规范和要求。下面又涉及斋戒的规范。

10.7 齐[1]，必有明衣[2]，布。齐必变食[3]，居必迁坐[4]。

【注释】

[1] 齐：斋戒。

[2] 明衣：色调淡雅明快的衣物。

[3] 变食：与往常的饮食习惯有所不同。

[4] 迁坐：暂时改变原有的居住习惯，不与妻妾同房。（杨伯峻《论语译注》）

【译文】

斋戒时，一定要穿着色调淡雅明快的干净衣物，这种衣物应是麻布做的。斋戒期间务必要改变以往饮酒、吃辛辣刺激食物的习惯，住的地方也一定要从内室迁到外室。

【解读】

本章主要阐述斋戒的相关规定。一般情况下，斋戒期间，周围的环境也应该简约肃穆。就色调而言，应该以浅色调为主，显得温馨、肃穆，而不是沉闷、压抑。因此，可以推断这里的"明衣"是指颜色相对淡雅明快的衣物。饮食以口味平淡的素食为主，其目的也是营造相应的追思或反思的氛围。"变食"有利于斋戒的顺利完成，而"迁坐"也表示对斋戒活动保持必要的敬畏。

同样可以看出，斋戒活动也需要必要的规范，并且所有的规范必须符合礼制的相关要求。

10.8 食不厌精[1]，脍不厌细[2]。食饐而餲[3]，鱼馁而肉败[4]，不食；色恶，不食；臭恶，不食；失饪，不食；不时，不食；割不正[5]，不食；不得其酱，不食。肉虽多，不使胜食气。唯酒无量，不及乱。沽酒市脯，不食。不撤姜食，不多食。

【注释】

[1] 精：经过提炼或挑选的。

[2] 脍：切得很细的鱼或肉。

[3] 饐(yì)：食物腐败变味。餲(ài)：食物经久而变味。

[4] 馁：(鱼)腐烂。

[5] 割：分割，分配。

【译文】

不会因为食物做得是否精细而表现出厌恶的态度，即使肉切丝切得很细也不会在意。但是如果食物放久变味儿，鱼腐烂了，肉腐败变臭了，不吃。颜色不正常的食物或者食物的颜色因为变质而发生变化，不吃。气味难闻的食物，不吃。烹调失当的食物，不吃。不到该吃饭的时间，不吃。食物分配得不合规矩，不吃。某些食物没有与之相配的酱等调料，不吃。即使肉再多，也不会吃得过饱，以不超过自己平时的饭量为度。只有酒可有可无，可多可少，没有定量，以不至于醉酒而导致神志不清为度。从街市买来的酒和肉干，不吃。每顿饭姜料是必不可少之物，但从不多吃。

【解读】

本章内容主要表述孔子在饮食、保健方面的细节和观点。事实上，饮食也代表着社会文明的发展程度，人类在学会用火之后，食用熟食保障了自身的健康，有利于人类的生存与发展。由此发展和衍生出来的饮食和养生文化，对人类的繁衍生息起到了积极作用。

从历史的角度来看，孔子生活的春秋末期，生产力并不发达，与现代丰富的物质生活相比有很大的差距，而肉食就更加稀缺了。"精"和"细"两个字的本意都具有少或小的意思。由此来看，"食不厌精"不能单纯地理解为对奢侈生活的追求，而是"食不厌精粗"。基于当时的客观条件，无论饭食做得是否精细，都不会挑三拣四，即使是"饭疏食饮水"，也能够接受。"脍不厌细"则表示食物中有切得比较细的肉丝。这两句是说无论是接受别人家的招待还是在家吃饭都不应挑食。因此，这两句话也表现出了孔子对人们赖以生存的食物具有深层次的认识，同时对从事生产劳动的基层劳动者的高度尊重。

"食馑而餲，鱼馁而肉败，不食；色恶，不食；臭恶，不食"则从健康的角度予以考量。食用腐败变质的食物会损害身体健康，严重时会危及人的生命。"不时，不食"则表明按时令、按季节、按规律进食，有利于身体健康。这里的"割"是指分配。无论是在家里还是在其他场合，对食物的分配同样需要遵循礼制，同样可以表现出一定的思想倾向。中华民族历来具有尊老爱幼的优良传统，在吃饭时总是把营养价值高、口味好、易消化的那部分优先分给老人和孩子。如果没有按照这种原则来分配，就是文中说的"割不正"。

"不得其酱"解释为"没有相应的酱料"比较合理。例如，紫苏可以解鱼蟹之毒，紫苏做成的酱料可以防止过敏。"肉虽多，不使胜食气"则表明饮食有度，定量进食，不能见到好吃的食物就暴饮暴食。至于酒，则是可有可无、可多可少，但是饮酒也有必要的限度，即"不及乱"。"沽酒市脯，不食"则表明对于制作过程和来源不明的食物持谨慎态度。"不撤姜食，不多食"则表明自身的饮食偏好，但也同样要有度。

生姜不但是调味品，也是一味中药。生姜味辛，性微温，归肺、脾、胃经，具有解表散寒、温中止呕、温肺止咳、解毒的功效。孔子在日常饮食中"不撤姜食"同样符合养生之道。孔子终年七十三岁，在他生活的年代已属于高寿，这应该与他注意科学养生有关。

总体看来，孔子关于饮食的思想和观点比较科学，有利于身体健康，兼顾了礼制的规范和要求。

10.9 祭于公^[1]，不宿肉^[2]。祭肉不出三日，出三日不食之矣。

【注释】

[1] 祭于公：公共团体或社会人士举行祭奠。文中指君王主持的公开场合的祭祀活动。古时大夫、士都有助君祭祀之礼，须带助祭之肉。

[2] 宿：旧有的，一向就有的。

【译文】

参加公开场合的祭祀时，不能用原有的肉来充数。用来祭祀的肉应当在三天内吃完，过了三天，就不吃它了。

【解读】

诸侯国的君主在举行公祭的时候需要士大夫等人助祭，其实就是让这些人各自带着祭肉去参加祭祀活动，对所带祭肉有相应的要求，应该是新鲜的，而不能用原有的或者自己家用过的祭肉。因此，"不宿肉"是指不能用原有的祭肉来充数，如果谁用"宿肉"则表明他心不诚，是不符合礼制要求的。

对祭肉的保存也有要求。无论是君主赏赐的祭肉还是自己家的祭肉，都必须在三天之内吃完，超过三天就不能吃了，这主要是出于健康考虑。鉴于当时食物储存的技术与条件受限，食物有可能出现腐败变质的情况，相关道理在前一节内容中进行过表述。

10.10 食不语^[1]，寝不言^[2]。

【注释】

[1] 食：吃，专指吃饭。

[2] 寝：睡。

【译文】

吃饭的时候不说话，睡觉的时候不讨论、不交流。

【解读】

"语"和"言"都有说话的意思，但有所不同。"语"可以理解为"告诉"，"言"可以理解为"交流"。"语"可以用作名词，也可以用作动词，在这里应该是用作动词。"言"同样是可以用作名词，也可以用作动词，在这里则用作动词。用作动词时，和此处意思相同的还有"恂恂如也，似不能言者"中的"言"。

事实上，孔子的这种观点具有一定的科学道理。先说"食不语"。从生理学的角度看，吃饭时食物需要通过一个重要的器官——咽。咽是呼吸道和消化管的共同通道。当人进食伴随说笑时，或者饮水太急太快时，都会发生呛咳，严重时甚至造成窒息，危及生命。其原因在于当我们吞咽时，会厌能像阀门一样将喉口覆盖，食物则进入食管。如果我们边吃饭边说笑，或者饮水时太急太快，会厌因来不及盖住喉口而导致食物或水进入喉腔，引起咳嗽，甚至造成窒息。（吴宣忠《解剖学与组织胚胎学基础》）在现实中的聚餐中，双方的语言交流不可避免，那么严格意义上的"食不语"应该是嘴里吃着东西的时候不要说话。另外还有一种情况，就是吃饭时对家人，尤其是对孩子的说教，同样会影响对方进食时的情绪，继而影响进食及后期的消化，对身体健康造成不利影响。

再说"寝不言"。如果我们在应该休息的时候，仍然进行语言交流，大脑会兴奋，同时会影响到交感神经系统的调节作用。一方面要使全身进入休眠的状态，而另一方面又要让大脑保持兴奋，本身就是很矛盾的。因此，在睡觉的时候说话会影响到身体健康，这就是"寝不言"的原因。

10.11 虽疏食菜羹[1]，必祭，必齐如也[2]。

【注释】

[1] 疏食菜羹：粗茶淡饭。

[2] 齐：通"斋"。

【译文】

即使是食用比较稀的饭食、青菜做的羹，在吃的时候也一定要像参与祭祀和斋戒那样虔诚恭敬。

【解读】

本章的"疏食"与7.16章中的意思一样，指聊以果腹的稀饭等简单的饭食。

这里的"必祭，必齐如也"重点指内心对食物的敬畏，而不是形式上的祭拜。关于对食物的敬畏，清朝朱柏庐《朱子家训》中的"一粥一饭，当思来处不易；半丝半缕，恒念物力维艰"的表述十分经典，传播也十分广泛。这里的"必祭，必齐如也"与"当思来处不易""恒念物力维艰"所表达的意思是一样的。

还需要指出的是，本章与8.21章禹 "菲饮食而致孝乎鬼神"的做法具有相同的意蕴，在逻辑关系上形成呼应和承接。

10.12 席不正[1]，不坐。

【注释】

[1] 席：座位，席位。

【译文】

如果座次安排不符合礼制规范，自己就不会就座。

【解读】

这里说的"席不正"指的是不符合礼制要求的座次安排。即便是现在，座席的安排与身份也存在着相应的关系。一般情况下，长者、尊者应该坐在上席，以表示尊重。和下一章讲到的"乡人饮酒，杖者出，斯出矣"的道理一样。在形式上是礼仪，但实质上代表着尊敬长者的优良传统和思想意识。

因此，"席"只是表象，关键是座席的安排有着严格的礼制要求，在这里，"席不正，不坐"应该是礼制规范在日常交往场合的具象化。

10.13 乡人饮酒，杖者出[1]，斯出矣。

【注释】

[1] 杖者：指长者、老人。

【译文】

在与乡邻饮酒之后，如果在一起就座的人中有年长者，必须等着持杖的老者离席之后，自己才能离席。

【解读】

这里表述的是与乡邻饮酒时的礼制要求。一般情况下，大部分老年人出于身体原因，需要用拐杖辅助行走，因此，这里的"杖者"是指老人。

在饮酒活动结束之后，按照顺序先让老者离席，同样表现出对老者的尊重。一方面，假如年长的老人尚在席间，年轻人都已经离席的话，老年人该作何感想呢？另一方面，年长的老人行动不便，晚辈稍后离席可以观察一下老人是否需要帮助，以便在老人需要帮助时施以援手。所有这些都是礼制的要求，同样表现出对长者的尊重和关爱。有学者认为本章的"乡人饮酒"是指"行乡饮酒礼"，这与本文的解释并不矛盾。事实上，"杖者出，斯出矣"作为礼仪方面的规矩，即使不是"行乡饮酒礼"，在这种正式场合也是同样需要遵循的。

另外，按照相关文献记载，中国的权杖制度的出现不早于西周，这样的话，孔子生活的春秋时期应该沿袭了以往的权杖制度。如果再从这个角度看，"杖者"的含义并非特指老人和年长者，社会层次较高和身份尊贵的人也当属"杖者"之列。这种情况与10.12章的"席不正，不坐"形成呼应。

10.14 乡人傩[1]，朝服而立于阼阶[2]。

【注释】

[1] 傩(nuó)：旧时腊月驱逐疫鬼的仪式。

[2] 阼(zuò)阶：古代指大堂前东边的台阶，主人迎接宾客的地方。

【译文】

乡人举行迎神驱疫鬼的傩礼仪式，孔子总会穿着朝服肃立在大堂前的东边台阶上。

【解读】

在参加傩礼的时候，孔子为什么要穿朝服？为什么又站在阼阶的位置上呢？

其实这里面也有讲究，同样能反映出孔子入乡随俗、为人低调的基本素质。傩礼仪式意在迎神驱疫鬼，而孔子主张"敬鬼神而远之"，参加乡人组织的傩礼则表明孔子能够做到入乡随俗，充分尊重对方的信仰和行为。穿着朝服同样是表明对仪式的尊重。"立于阼阶"则表现出孔子为人低调，能够放低自己的身份，反而更能表现出其良好的内在修养。

10.15 问人于他邦，再拜而送之[1]。

【注释】

[1] 再：表示又一次。拜：行礼表示敬意。

【译文】

孔子托人问候外地的友人，在为受委托的人送行时，对其两次施行拜礼。

【解读】

在请人帮忙时，"拜"是表示敬意和感谢的一种方式。拜一次不行吗，为什么要拜两次呢？事实上，"拜"和"再拜"之间是有区别的，其中一拜是对受托之人表示感谢，而再拜应该是通过受委托人向朋友转达的问候之礼。在这里可以看出，孔子对朋友的尊重和诚意不会因为距离产生思想和行为上的差异，同时也表现出孔子表里如一的思想行为特质。

从语言的表述方面看，文中的"再"表现出《论语》编纂者的学术态度极其严谨，措辞相当精准规范。同样的还有5.8章中的"又问"。

10.16 康子馈药，拜而受之。曰："丘未达[1]，不敢尝。"

【注释】

[1] 达：懂得透彻。

【译文】

季康子听说孔子病了，就赠药给孔子，孔子拜谢后收了下来。说："我对这种药的药性不够了解，不敢轻易尝试。"

【解读】

"丘未达"是指孔子不太了解季康子所赠药品的药性。"达"字在这里准确的解释应该为"全面而准确地了解"。

季康子是鲁国的权臣，当他听说孔子生病了，出于礼节派人给孔子送来了药品。这本是好意，但也给孔子出了个不大不小的难题。如果接受馈赠，就应该服用，但是季康子又不是医生，他馈赠给孔子的药物是否对症很难保证。常言说"是药三分毒"，如果对症还好，不起任何作用的话也不太要紧，最糟糕的结果是适得其反，加重病情，甚至于危及生命。但如果孔子直接拒绝季康子的赏赐，也是极不礼貌的。

因此，孔子一方面对季康子的好意表示感谢，同时本着实事求是、安全稳妥的原则，向来者进行了解释，"我对这种药的药性不太了解，不知道是否对症，所以不敢贸然尝试"。

10.17 厩焚[1]，子退朝，曰："伤人乎？"不问马。

【注释】

[1] 厩(jiù)：马棚，泛指牲口棚。

【译文】

马棚失火了。孔子退朝后看到这一情景，问周围的人："伤着人没有？"而没有询问马的情况。

【解读】

本章内容充分体现了孔子的仁爱思想。马棚失火，一般情况下受伤的是马，人受伤的概率相对较小。孔子在了解到马棚失火之后，首先想到的却是人的安全情况，足以突显出其人性的光辉。

难道马对他不重要吗？不是的，马和车对他都很重要，他要坐车上朝。即使他最为欣赏的学生颜回去世后，颜回的父亲颜路"请子之车以为之椁"时，孔子仍然认为"以吾从大夫之后，不可徒行也"。可见马与车对孔子生活的重要性。因此，这一问句更能突显孔子的仁爱思想。

10.18 君赐食，必正席先尝之[1]。君赐腥[2]，必熟而荐之[3]。君赐生[4]，必畜之。侍食于君，君祭，先饭[5]。

【注释】

[1] 正席：坐在正席上的人。这里指长辈或身份尊贵的人。
[2] 腥：生的鱼或肉。
[3] 荐：献，祭。
[4] 生：活的动物。
[5] 先饭：提前吃饭。

【译文】

君主赐给熟食，孔子一定会让位于正席的长辈或尊者先尝，之后再供家人食用。君主赐给生肉，孔子一定会在煮熟后先供奉祖先，之后再供家人食用。君主赐给活物，孔子一定会饲养起来，以备不时之需。侍奉君主吃饭，如果是在君主举行祭礼仪式时，孔子会自己提前吃饭。

【解读】

本章中的"正席"是指坐在正席上的长者或尊者，而不是把席子摆正。摆正自己的席子对"君赐食，必正席先尝之"这一过程没有任何实际意义，而让正席上的长者先尝，则表明尊老，符合礼制规范所代表的精神内涵。

也有学者将"君祭，先饭"解释为"侍奉君主吃饭，在君主举行饭前祭礼仪式时，孔子一定会依礼先尝一尝"。这种解释同样不太妥当。如果是先尝一尝的话，这里为什么用"饭"，而不是用前面"必正席先尝之"的"尝"呢？另外，替君主尝食的礼制缺乏相应的文献支持。还有就是这里指的是服侍君主吃饭，而不是君臣同时吃饭，或者由大臣陪着君主吃饭，没有让孔子先尝的道理。

其实合理的解释应该是这样的："如果是服侍君主吃饭，遇到君主举行祭祀活动时，耗时比正常的时候要长，事先自己先吃饭垫补垫补，免得自己饿肚子。"假如不考虑自己的实际情况，一味地从服侍君王的角度出发，致使自己挨饿，岂不是孔子提到的"足恭"吗？

可以看出，在饮食方面，孔子依然遵从礼制的规范和要求，并且本着实事求是的原则处理好食物的分配、保存和享用问题，同时对其中有可能出现的特殊情况也进行了恰当的考虑与处理。

10.19　疾，君视之，东首^[1]，加朝服，拖绅。

【注释】

[1] 东首：头朝东躺着。

【译文】

孔子生病，君王来探视，孔子就头朝东躺着，身上穿着朝服，用手拖着朝服上的带子。

【解读】

本章描述的是孔子在病中接受君主探视时的表现。孔子即使是在生病躺在床上的情况下，也没有忽视礼制的规范和要求。

当君主来探视他的时候，孔子为什么要头朝东躺着呢？其目的是确保君主进到屋子里面之后，能够位于孔子的右手位。根据传统的礼制规范，右手为尊。还有一个必要条件就是床的位置应该在室内的南侧。孔子的居住地是中国的北方，当地的正房都是坐北朝南的。至今很多北方地区人家的床（或是炕）的位置仍然在卧室南侧，这同样能够印证这种推断。

对君主表示尊重还体现在着装上。在病中仍然穿着朝服，并且像站立在朝堂之上一样，用手拖着束腰的大带子，表示与君主见面非常正式和庄重。

10.20　君命召，不俟驾行矣^[1]。

【注释】

[1] 俟（sì）：等待。

【译文】

君王有命令召见孔子时，如果车马没有备好，孔子就不等待车马，先步行去见君主。

【解读】

从这件事上可以充分看出孔子对待君命的态度。其实这并不是简单接受君命的问题，而是一种工作状态，象征着办事从不拖沓、雷厉风行的工作精神。孔子的这种敬业精神有其效仿和学习的对象，这个人就是"一沐三握发，一饭三吐哺"的周公旦。

10.21 入太庙，每事问。

【解读】

本章内容在3.15章出现过，但两者的侧重点有所不同。在3.15章作为后面内容的铺垫，所表达的意思比这里要丰富一些。在这里，进太庙时，凡事必问完全是出于礼节，是一种遵从礼制规范的表现。

10.22 朋友死，无所归，曰："于我殡[1]。"

【注释】

[1] 殡：停放灵柩，把灵柩送到埋葬或火化的地方去。这里指办理丧事。

【译文】

朋友死了，无处安葬，孔子知道后就说："由我来为他办理丧事吧。"

【解读】

从这件事上，可以看出孔子高尚的情操及仁爱之心，在关键时刻勇于担当。

10.23 朋友之馈，虽车马，非祭肉，不拜。

【译文】

朋友之间的馈赠，除非是祭肉，即使是接受了像车马那样贵重的东西，孔子也不会向对方施拜礼表示谢意。

【解读】

孔子对祭肉异常重视，有其深层次原因。分送祭肉与古代的礼制有重要的关系。西周和春秋时期，祭祀宗庙的肉称为"膰"（fán），又称"胙"（zuò）。一般情况下只有在位的贵族才能参与祭祀分享到祭肉，分享祭肉逐渐成为维系贵族之间关系的纽带，也逐渐成为礼制的一项内容。(杨朝明《论语诠解》)相关文献表明，孔子离开鲁国开始周游列国，就与自己没有分到祭肉有关。

如果将本章内容与10.15章比较就会发现，孔子比较注重"拜"这一礼仪规范，在物质馈赠方面，即使是接受了比较贵重的物品也不会施行拜礼。"祭肉"则有所不同，它代表的并不只是一块肉，而是一种精神层面的礼遇。

10.24 寝不尸[1]，居不容[2]。

【注释】

[1] 尸：古代祭祀时代表死者受祭的人。
[2] 不容：没有自己的容身之地，比较拘谨。

【译文】

寝卧时不像死尸那样直挺四肢，应当相对自然舒展；平日起居也不用像在严肃场合那样仪容拘束，放不开手脚，而是相对放松。

【解读】

本章内容与10.4章形成对比，旨在表明上朝与赋闲在家是有区别的。睡觉时不必太拘谨，应该充分舒展身体，确保能够休息好。在家的时候也不用像上朝时那样紧张，而是要相对舒服一点。

10.25 见齐衰者，虽狎[1]，必变。见冕者与瞽者，虽亵[2]，必以貌。凶服者式之[3]，式负版者[4]。

【注释】

[1] 狎(xiá)：亲近而态度不尊重。

[2] 亵(xiè)：轻慢。

[3] 凶服者：穿送丧、出殡衣服的人。式：同"轼"，古代车厢前用作扶手的横木。

[4] 负版者：身负重物的负贩者。

【译文】

孔子在接见穿丧服的人时，哪怕平时关系再亲近，这个时候也一定会与平时不同，变得神情庄重。接见身着礼服的人或盲人，即使对方看起来比较轻慢无礼，这时孔子也一定会以礼相待。乘车偶遇穿丧服的人扶着横木与其交流时，孔子同样也扶着横木深深地俯下身子，形同身上背负重物的贩夫。

【解读】

本章内容与9.10章有重复之处，但由于所表达的主题思想稍有差异，因此内容、人物及场景也有所不同。

"亵"正确的解释应该是"轻慢"。"冕者"一般自认为位高权重，具有较强的本位思想和优越感，易对人轻慢，病根儿在思想上。"瞽者"的缺陷是看不到，面部表情上表现为轻慢实属无奈，病根儿在生理上。两者都表现得比较轻慢，目中无人，但个中缘由却大相径庭。本章意在说明，孔子能够做到知人，在此基础上对他人一视同仁，而不是常人认为的迂腐。

"凶服者式之，式负版者"，本章是对《子罕》篇9、10章的拓展和延续，增加了一种人物、一个场景，因而孔子的反应也有了相应的变化。一种人物是指"凶服者"，不同于"齐衰者""冕者"和"瞽者"。一个场景是指"式之"，说明孔子乘车在路上偶遇"凶服者"，并不是在家中接见。"式负版者"是指孔子做出反应时的身体状态，而不是指实际上"负版"。贩夫在身负重物时，身体往往深深地躬着。因为"凶服者"在车下扶着横木，孔子在车上扶着横木，若想向对方施礼，必然会将身体深深地俯下去，就如贩夫负重一样。结合10.5章中的"鞠躬如也"，就能更加深刻地理解这里的"式负版者"的含义。

文中对孔子肢体语言的描述可谓言简意赅，形象刻画入木三分。

10.26 有盛馔[1]，必变色而作[2]。

【注释】

[1] 馔：饭食。
[2] 作：这里指面部表情愉悦。

【译文】

每逢有丰盛的饭食，孔子一定会神色愉悦、精神振作。

【解读】

孔子为什么会在看到丰盛的饭食时表现出愉悦的神色呢？原因无外乎以下几个。

其一，孔子是一个具有真性情的人。虽然外界评价孔子时常以"圣人"称呼他，但是孔子自身并没有接受这种说法。在物资相对匮乏的年代，遇到丰盛的饭食表现得高兴是正常现象。其二，这种表现可以视作对对方的一种善意的回敬。如果是在自己家的话，感谢的是家庭主妇或者厨师的辛勤劳动；如果是到别人家做客的话，感谢的是男女主人的盛情款待。其三，出于礼制方面的考虑。在8.4章，曾子曾经提到"君子所贵乎道者三"，其中之一就是"正颜色，斯近信矣"。如果表现得无动于衷，势必会导致对方不知道招待得好不好，有没有存在失礼之处，后期会感到无所适从。

孔子的这种做法既符合礼制的要求，又充分显示出他良好的个人修养。文中的表述也将孔子的形象塑造得生动丰满。

10.27 迅雷风烈[1]，必变[2]。

【注释】

[1] 迅雷风烈：极端天气状况。
[2] 变：神色变得凝重。

【译文】

每当遇到迅雷、狂风等恶劣天气时，孔子都会变得神色凝重，貌似心事重重。

【解读】

孔子为什么要这么做呢？本章与整部《论语》所表达的主题思想有何关系呢？"若有疾风，迅雷，甚雨，则必变"可不是做作，而是孔子内在高尚道德情操的外化。

极端天气容易导致自然灾害，在这种情况下，又会有多少老百姓的生活甚至生命安全会受到恶劣天气的影响呢？这些危机都是潜在和不可预料的，因而引起了孔子深深的忧虑。这就是孔子"迅雷风烈，必变"的真正原因，彰显了孔子天下为怀的崇高思想境界。

10.28 升车，必正立，执绥[1]。车中不内顾[2]，不疾言，不亲指。

【注释】

[1] 绥(suí)：上车时供手抓的短绳。

[2] 车中：在车辆行进过程中。

【译文】

孔子上车的时候，一定先端正地站立于车旁，然后挽着登车用的绥绳上去。在车辆行进的过程中，不回头看，不突然开口讲话，不亲自指挥驾车的人如何操作。

【解读】

或许有人会问，难道古代乘车也有很多规矩吗？确实如此。这些规范和要求都是乘车安全的必要保障。

首先是上车环节的规范。上车的时候，孔子自己首先站好，让驾车的人知道他要上车，同时与驾车的人通过肢体语言进行交流，确认是否可以安全上车。"执绥"的目的有两个，一是确保自身安全，二是避免对驾车的马匹造成惊吓而导致危险。

其次是乘车过程中的规范。"车中不内顾"同样是出于安全考虑。这里的"车中"解释为"在车辆行进过程中"比较中肯。春秋时期的马车没有座位（古车无座）（康有为《论语注》），乘车人抓住前面的横木，以保持车辆行进过程中的身体平衡。在车内左顾右盼的结果是分散注意力，当出现车辆颠簸、倾斜或者有危险发生时，乘车人反应不及，有可能受到较大的伤害。

另外，"不疾言"就不会转移驾车人员的注意力，使他能够专心观察马匹、路况及周围的情况，确保行车安全。"不亲指"同样是不干涉驾车人员的正常操作，其目的也是保障行车安全，同时也对驾车人表现出了应有的尊重。

孔子乘车所采用的这一整套规范，既考虑到了礼制，又兼顾了安全。对现在的行车安全同样能够起到很强的指导作用。本章的语言逻辑规整严密，对上车前的准备、上车过程及上车之后车辆行进过程中的注意事项一一进行详细说明。为什么乘车要这么小心呢？意在说明乘车存在潜在的危险，如果不遵从上车、乘车的基本规范，则有可能导致危险后果。因为潜在的危险无处不在，不小心就可能出现大问题，这就为下一章的内容做了充足的铺垫。

10.29 色斯举矣[1]，翔而后集。曰："山梁雌雉[2]，时哉时哉[3]！"子路共之[4]，三嗅而作[5]。

【注释】

[1] 色：脸上表现的神情，神色。举：全。
[2] 雌：雌伏，隐藏起来。
[3] 时：时机。这里指审时度势。
[4] 共：同"拱"。
[5] 嗅：闻。这里指深深地吸气。

【译文】

隐藏在山梁上的雉鸡发现有人走来，认为存在潜在的危险，于是全都神色惊恐地向天上飞去，当飞了一段距离确认安全后，又落下来聚集在一起。孔子感叹地说："连隐藏在山梁上的稚鸡都知道审时度势啊！"子路听到孔子的这番话之后，犹如醍醐灌顶，深切地领悟了其中的道理，不由自主、深深地吸了几口气，随即神态为之振作，并向孔子拱手行礼。

【解读】

本章是《乡党》篇的结尾。关于本章，学界存在较大的争议。学者黄克剑解释为："野稚（见有人来）惊恐地向上飞去，乍飞上去又栖止在山梁。夫子感叹地说：'山梁上的雌稚哟，知其时啊！知其时啊！'子路向它拱拱手，那野稚张开双翅拍打了三下飞走了。"学者杨伯峻则认为："这段文字很费解，自古以来就没有满意的解释，很多人疑它有脱误。"其实上述解释都存在一定歧义，主要体现在以下几个方面。

其一，没有解释"色"的具体含义。这里的"色"应该是雉鸡发现有人靠近后，而表现出的惊恐神色。其二，没有正确理解"雌"的意思。这里的"雌"并非表示性别，而是指雌伏、隐藏起来。"雌稚"应该解释为原本隐藏起来的雉鸡，而不是"母雉鸡"。其三，子路拱手行礼的对象是孔子，而不是那些稚鸡。其四，"三嗅"是子路在领悟了孔子所说的道理之后，面部表情发生了变化，同时深深地吸了几口气。

那么还有一个问题，孔子所说的"山梁雌稚，时哉时哉"有什么寓意呢？这还要对《乡党》整篇所要表达的主题思想进行系统审视。

《乡党》篇主要阐述了孔子在言行举止、饮食起居、着装规范、乘车安全、待人接物等不同层面所遵从的规矩，对人们的行为做出了规范性的要求。对于这些要求，很多人是持排斥态度的，不愿意受到规范和约束，完全没有意识到不遵守这种礼制规范，将会对社会的和谐稳定及健康发展产生潜在的危险。相比之下，这些躲在山梁、树窠或者野草里的稚鸡都能够审时度势，当遇到潜在危险时，一飞而起，确认安全后又落在一起。从这个角度讲，当时的大部分人还不如这些"山梁雌稚"，并没有充分理解礼制的重要作用，更做不到从善如流。

如果再结合上文来看的话，本章内容正是对9.31章"未之思也，夫何远之有"的回应。

第十一篇

先进

　　《先进》篇通过三个重要事件阐述了礼制规范的重要意义，同时阐明遵从礼制应该坚持客观、适度和实事求是的原则。

　　第一件事是颜回去世后，颜路想请孔子帮忙厚葬颜回，孔子并没有答应。当自己的门生将颜回厚葬之后，孔子因自己无力阻止这一行为而表现出了懊丧。颜路和孔子的门生都希望颜回能够得到厚葬，但是颜回的家境及颜回本人的思想境界都不允许这样做。颜回虽然得到了厚葬，但是却违背了颜回本人的意愿，这种貌似遵从礼制的做法事实上是明显的违礼行为。

　　第二件事是闵子骞评论季氏修缮长府。在闵子骞看来，需要做出改变的不是长府这个建筑，而是季氏对待礼制的态度。产生纷争与战乱的根本原因在于季氏没有遵从礼制，而与长府没有直接关系。闵子骞的观点可谓一针见血，明确指出遵从礼制才是解决问题的关键。

　　第三件事是孔子与子路等弟子交流思想。在交流思想的过程中，子路没有按照礼制的要求做到礼让，冉求也将礼乐教化的责任推卸给别人，而公西华的回答也没有本着实事求是的原则说出自己的真实想法。显然这三人都没有理解礼制对国家治理的重要作用，也没有意识到自身应该担负的责任，其根源在于他们的思想格局不大。这也从一个侧面反映出孔子恢复和推行礼制所面临的尴尬局面。

11.1 子曰："先进于礼乐，野人也^[1]；后进于礼乐，君子也^[2]。如用之，则吾从先进。"

【注释】

[1] 野人：没有经过系统礼乐教化而能够遵从礼制规范的人。

[2] 君子：经过礼乐教化之后能够遵从礼制规范的人。

【译文】

孔子说："事先没有经过礼乐教化而能够遵从礼制规范的人，这种人可以称为'野人'。经过礼乐教化之后能够遵从礼制规范的人是'君子'。如果考虑实用性的话，我愿选用那些没有经过礼乐教化而具备礼制规范的人。"

【解读】

孔子曾指出："质胜文则野，文胜质则史。文质彬彬，然后君子。"由此我们可以看出，这里的"野人"是指在整体表现上"质胜文"的人，通俗地讲，就是那些比较质朴而在礼制的理论层面稍显不足的人。"野人"之所以表现为"质胜文"，是因为他们并没有受过专门的礼乐教化，而是在成长的过程中，在受到外界环境影响的情况下，直接成长为符合礼制规范的人。就像一些没有受过正规的教育，甚至是大字不识，但却深谙人情世故，在处理日常事务时表现得十分通透的人。这里的"君子"指经过礼乐教化，才遵从礼制规范的人。他们既具备相应的理论基础，进行的实践又符合礼制的规范，表现为"文质彬彬"。

在本章，孔子依据成长过程将人分为两类，一类是所谓的"野人"，另一类就是所谓的"君子"。"野人"在成长的过程中并没有经过礼乐教化，但成长为遵从礼制规范的人，说明其在客观上具备一定的主动性和自觉性。相对于"野人"来说，"君子"在成长的过程中，是经过礼乐教化才逐步遵从礼制规范的，因而具有一定的被动性。因此二者在后期实践过程中同样表现出不同的行为特质。

对于新生事物，或者在对礼制规范的掌握方面，二者同样存在一定的差异。在具体实践中，"野人"要比"君子"更胜一筹，在处理问题时不会过多考虑礼制规范的细枝末节，不受理论的羁绊，能及时做出正确的判断和决策。在5.20章，孔子对季文子的"三思而后行"做出了"再斯可矣"的评价。所以在这里孔子认为，如果考虑到实用性，还是优先考虑用"野人"。到底有没有孔子所说的"野人"呢？当然有，后面将要提到的颜回和闵子骞就属于这种人。

11.2 子曰："从我于陈、蔡者^[1]，皆不及门也。"

【注释】

[1] 从：跟随。

【译文】

孔子说："当时在陈国和蔡国跟我学习的人，他们的学问都没有达到入门的水平。"

【解读】

　　结合11.15章"升堂""入室"的比喻，这里的"及门"解释为"达到入门的水平"，比较中肯。孔子在前一章中谈到了自己用人的原则，在这里从用人想到了自己的学生。在陈国与蔡国旅居时，也有跟随孔子学习的人，但是他们的学问都没有达到入门的水平，这与当时陈国、蔡国的人文环境及孔子所面临的外部条件都有关系。

　　虽然在陈、蔡期间，没有培养出比较出色的学生，但是以往的弟子中不乏出类拔萃的人，孔子可以聊以慰藉。同时，本章内容在结构上是过渡，为下一章内容做了相应的铺垫。

　　11.3　德行[1]：**颜渊，闵子骞，冉伯牛，仲弓。言语**[2]：**宰我，子贡。政事**[3]：**冉有，季路。文学**[4]：**子游，子夏。**

【注释】

　　[1] 德行：道德品行。

　　[2] 言语：能言善辩，擅长沟通交流。

　　[3] 政事：处理社会事务。

　　[4] 文学：文献、文字撰写等方面的学术修养。

【译文】

　　在孔子的弟子中，在道德品行方面见长的有颜渊、闵子骞、冉伯牛、仲弓四个人；在沟通交流方面见长的有宰我、子贡两个人；在处理社会事务方面见长的有冉有、季路两个人；在古代文献方面见长的有子游、子夏两个人。

【解读】

　　这里提到的这十个人就是"孔门十哲"，他们各有所长。孔子对自己的学生十分了解，在接下来逐一予以介绍，谈及他们时如数家珍。

　　11.4　子曰："回也非助我者也，于吾言无所不说。"

【译文】

　　孔子说："颜回呀，不是那种通过提问难题而有助于我的人，他对我说的话悉数听取，无不悦纳。"

【解读】

　　颜回是孔子最为得意的学生，在文中多次提起，而且孔子多次对他的英年早逝表示惋惜。

　　在这里，孔子谈及颜回时却做出了与以往不同的评价。孔子说过的"吾与回言终日，不违，如愚"，与这里所说的"于吾言无所不说"有相同的意味。颜回总是表现得很听话，从不反驳孔子的观点，对孔子的教诲照单全收。但是，这样做对孔子却没有帮助，因为这种交流是单向的，没有对方的交流和反馈。事实上，不相互提出问题，师生之间就没有办法对问题进行更为深入而细致的探讨，孔子也不会因为颜回的提问而有所提高。

从颜回的综合表现来看，他遵从礼制规范并非是在接受系统的、专门的礼制教化之后，而是之前自身已经具备了质朴的秉性，这符合前面"野人"的特征。

11.5 子曰："孝哉闵子骞！人不间于其父母昆弟之言[1]。"

【注释】

[1] 昆弟：兄弟。

【译文】

孔子说："闵子骞真是个孝子啊！他能够做到不为外人的流言所离间，始终保持与父母兄弟的亲密和谐关系。"

【解读】

整部《论语》中，闵子骞仅说过两句话。第一句是季氏想安排他到一个地方去做官，他说"如有复我者，则吾必在汶上矣"。第二句是见到鲁人改建长府，说"仍旧贯如之何？何必改作？"。从11.3章可以知道，后人对闵子骞的评价很高，将他排在孔子最为欣赏的大弟子颜回之后。难道说仅凭这三言两语，或者是"人不间于其父母昆弟之言"，就能让人对他如此欣赏？其实还有更深层次的原因。

在这里，借用《鞭打芦花》对闵子骞的为人做一了解。《鞭打芦花》是一个古老的民间传说，讲述了闵子骞的故事。他常受后母虐待，却怀"忠恕"之心，矢口不讲。闵子骞的父亲发现后母苛待闵子骞，愤怒休妻。闵子骞跪求父亲饶恕后母，说："母在一子寒，母去三子单。"后母感动认错，一家人和好。孔子知道了，夸赞道："孝哉闵子骞！"因此，孔子认为闵子骞可谓至孝。这一孝行，正是为孔子所称道的闵子骞的过人之处。

闵子骞能够在别人挑拨是非的时候保持清醒的头脑，不为外部环境所迷惑，是十分难能可贵的，反映出闵子骞的几个性格特质。一是具备独立思考的能力，听到流言蜚语时不为所动。二是具有很强的大局意识，无论是遇到继母的不公正对待，还是有外人挑拨离间，都能够维护家庭的和谐与幸福。三是遵从礼制的规范，即使是在长辈思想和行为存在瑕疵的情况下，仍然能够保持对他们的孝敬和尊重。这也是孔子对闵子骞赞赏有加的缘故。

闵子骞在年少时接受系统的礼乐教化之前就已经具有优秀品质，因此他也属于孔子所说的"野人"。

11.6 南容三复白圭[1]，孔子以其兄之子妻之。

【注释】

[1] 白圭：诗名，《诗经》中的一篇。

【译文】

南容反复诵读《白圭》这首诗，孔子认为他具有良好的道德修养，就把自己的侄女嫁给了他。

【解读】

《白圭》出自《诗经·大雅·抑》，其中几句为："白圭之玷，尚可磨也；斯言之玷，不可为也。"意思是"白玉做成的圭如果有了瑕疵，还可以通过打磨去除；但是如果一个人开口说错了话，那就难以挽回了"。说明作为君子应该谨言慎行，在品行方面要做到守身如玉。

"南容三复白圭"，并非是指他反复诵读《白圭》这首诗，而是指他经常性地借用这首诗来告诫自己，慎言慎行，注意自身的修养。按照现在的话讲，就是南容把《白圭》诗中的内容当成了自己的座右铭，由此可以看出他的价值观和人生目标。这是南容能够做到"邦有道不废，邦无道免于刑戮"的重要思想基础，同时也是孔子十分欣赏他并将自己的侄女嫁给他的主要原因。

11.7 季康子问："弟子孰为好学？"孔子对曰："有颜回者好学，不幸短命死矣，今也则亡。"

【译文】

季康子问孔子："你的弟子中谁能算得上好学之人？"孔子回答说："有个叫颜回的十分好学，但不幸短命死了。现在再也没有这样的人了。"

【解读】

在本文中，孔子曾几次提到颜回之死，每次都感觉十分惋惜。同样的内容在6.3章也出现过。哀公问："弟子孰为好学？"孔子对曰："有颜回者好学，不迁怒不贰过，不幸短命死矣，今也则亡，未闻好学者也。"二者内容相差无几，从文章的内容来看，表达了孔子对颜回英年早逝的深深惋惜之情，同时也体现出二人深厚的师生之谊。这在后边的多章内容中仍有所阐释。

从文章的结构来讲，本章是下一章内容的铺垫，因为接下来就谈到了处理颜回丧事的部分细节。

11.8 颜渊死，颜路请子之车以为之椁[1]。子曰："才不才[2]，亦各言其子也。鲤也死[3]，有棺而无椁，吾不徒行以为之椁。以吾从大夫之后[4]，不可徒行也。"

【注释】

[1] 颜路：颜渊的父亲，名无繇。椁：古代套在棺材外面的大棺材。

[2] 才：同"财"。

[3] 鲤：孔子之子，字伯鱼。五十岁去世，孔子当时是七十岁。

[4] 从士大夫之后：孔子曾在鲁国做过司寇，属于士大夫。不过此时孔子已经离职多年。这种表述与"吾曾为士大夫"相比要谦逊一些。（杨伯峻《论语译注》）

【译文】

颜渊死后，他的父亲颜路请求用孔子乘坐的马车为颜渊置办外椁。孔子说："这不是钱不钱的事情，说来都是各自为自己的儿子办理丧事。孔鲤去世下葬的时候，也只有内层的棺，而没有外面的椁。那个时候我也没有用自己的马车给他打造椁而自己步行出门。因为我当过大夫，自那之后，我出门是不可以徒步行走的。"

【解读】

在本章，"才不才"是全面理解内容的关键。这里的"才"是指钱财。

从前文可以看出，颜回的家庭经济状况十分一般，准确地讲应该是家境贫寒。颜回死后，颜路没有钱为颜回置办外椁，于是找到孔子，请求孔子为颜回置办外椁。最初颜路要求用钱购买，孔子未同意，颜路就接着请求以孔子的车为原料，为颜回制造一个，那样就不用花钱了。这才有了孔子说的"才不才"。"才不才"用现在的话说就是"这不是钱不钱的问题"，跟钱没有关系。按照礼制，颜回应该不用这种排场，为颜回置办外椁，应该属于下文所说的"厚葬"。

孔子用孔鲤过世时的情况举了一个例子，孔鲤去世的时候同样也没有购置外椁。按照孔子的经济实力，应该能够负担得起这部分费用，但是孔子并没有这么做，其原因必定与相应的礼制要求有关。在3.4章，"林放问礼之本"，孔子曾说"礼，与其奢也，宁俭"，丧事从简也是孔子的一贯原则。

当"颜渊死，门人欲厚葬之"时，孔子同样持反对的态度，因为在孔子看来，厚葬颜回同样也是违反礼制要求的。根据颜回的家庭经济情况和他自身的社会影响力，他并不具备厚葬的条件，这样做同样不符合实事求是的基本原则。

颜渊死后，孔子极度悲伤，也印证了师生之间情谊深厚。如果不是因为礼制，孔子肯定会提供这方面的经济支持。因此，这里的"才不才"实际上与"才能"没有关系，虽然解释为"财"，但其实与钱也没有关系，只跟礼制规范有关系。这种解释与上下文所表达的思想才是吻合的。孔子在接下来所说的"不可徒行"同样也是因为礼制，因此才有了这次据"礼"力争的过程。

当颜路坚持为颜回置办外椁，并提出如果孔子不愿花钱，就用孔子的马车打造外椁这一无理要求时，孔子则从礼制规范的角度向颜路进行了解释。不为颜渊置办外椁确实不是钱的问题，更不是师生之间的感情问题，其关键在于要依礼行事。

11.9 颜渊死。子曰："噫！天丧予！天丧予！"

【译文】

颜渊死了。孔子说："哎呀！这难道是上天要丢下我不管吗？这难道是上天要丢下我不管吗？"

【解读】

颜回于公元前481年因病逝世，时年四十岁。颜回具有良好的道德品质，学习勤奋，且天资聪慧，属于不世出的奇才，孔子对颜回抱有很高的期望，想让颜回继承他的衣钵，但现实却又十分残酷。颜回的英年早逝对孔子造成了巨大的打击。因此，他十分悲痛地说，难道是上天要丢下我不管吗？为自己的事业后继无人而感到悲哀。

11.10　颜渊死，子哭之恸[1]，从者曰："子恸矣！"曰："有恸乎？非夫人之为恸而谁为？"

【注释】

[1] 恸：极悲哀，大哭。

【译文】

颜渊死后，孔子表现得极度悲伤。随他一起参加吊唁的人说："您悲伤过度了。"孔子说："真的是悲伤过度了吗？我不为这样的人悲伤，还能为谁悲伤呢？"

【解读】

孔子在颜回去世这件事上的表现与面对其他人过世极为不同，在别人看来是一反常态，表现出从未有过的悲哀，似乎有些悲伤过度。孔子的这种状态，看起来与其主张的中庸思想有些不符。当其他人劝说孔子不要这样悲伤时，他认为自己的行为是恰当的。一方面，师生情同父子，他与颜回之间的感情甚至超出了与孔鲤之间的父子之情。另一方面，孔子是真性情，他认为也只有颜回这样的人才值得他悲痛欲绝。更深层次的原因在于，不但自己的事业后继无人，还没有人真正理解他此时此刻复杂的心情。

事实上，孔子此时的极度悲伤并非全部是因为颜回的去世，更大程度上是出于对礼制在未来的继承和发展上的忧虑。

11.11　颜渊死，门人欲厚葬之，子曰："不可。"门人厚葬之，子曰："回也视予犹父也，予不得视犹子也。非我也，夫二三子也[1]！"

【注释】

[1] 二三子：非正式称谓，意思类似于现在的"几个人"。

【译文】

颜渊死后，孔子的弟子打算厚葬他。孔子说："不可以这样做。"弟子们没有听从孔子的意见，还是厚葬了颜渊。孔子失望地说："颜回呀，你能像看待父亲那样看待我，而我却不能像看待儿子那样看待你啊。这并非我的本意，是你那几个师兄弟执意如此。"

【解读】

在11.8章，当颜路请求孔子为颜回置办外椁的时候，孔子没有同意。在这里，当颜回的师兄弟想厚葬颜回时，孔子同样持反对的态度。孔子的亲生儿子孔鲤的葬礼采取了一切从简的原则，孔子将颜回视若己出，在他的丧事上，坚持同一原则。但在实际操作的过程中，学生们违背了孔子的意愿，孔子却无能为力。有一种可能是因为颜路，如果颜路以颜回父亲的名义厚葬颜回，这是无可厚非的。但孔子仍然认为厚葬颜回严重违背孔子和颜回二人的本心，导致二人处于不仁不义的境地。面对这种情形，孔子只能无奈地自言自语，对颜回说，这并非我的本意。

为什么孔子会在别人厚葬颜回后说这番话呢？其实，如果征求颜回本人意见的话，颜回也会采取和孔子一样的态度。原因在于师生二人不但情同父子，而且在精神和认知上高度一致。这一点，是包括颜回师兄弟在内的所有人都无法理解的。即便是颜路，他也并没有真正理解颜回的为人、思想和对仁德的不懈追求。

11.12 季路问事鬼神，子曰："未能事人，焉能事鬼？"曰："敢问死。"曰："未知生，焉知死？"

【译文】

子路问侍奉鬼神的事情。孔子说："不能侍奉人，又怎么能侍奉鬼呢？"子路又说："冒昧地请教老师，死是怎么回事？"夫子说："不懂得生，又怎么能懂得死呢？"

【解读】

结合9.12章在孔子病危期间子路的表现，这次颜渊得到厚葬的始作俑者应该还是子路，虽然文中并没有明确指出，但子路至少是一个积极的主张者和参与者。这也表明子路并没有得到孔子的真传，没有真正领悟礼制的精髓。

孔子对子路的表现不太满意，所以当子路向孔子请教如何"事鬼神"时表现出了一定程度的不耐烦。孔子与樊迟曾谈过与鬼神相关的话题，主张"敬鬼神而远之"。孔子始终坚持唯物的观点，并不相信鬼神之类的封建迷信，祭祀活动与相信鬼神存在本质上的区别，祭祀只是表示对逝者尊重的一种形式。孔子在日常教学和生活中肯定会时常和学生们提到这些唯物的观点，但是子路并没有领会，而往往自以为是。子路的问题，在孔子看来是比较愚昧的，而子路并没有意识到这一点，接着"敢问死"。孔子同样没有正面回答。

结合本章的主要内容，不难发现本篇主要是在阐述孔子几个学生的综合表现。虽然在11.3章中子路被列为"孔门十哲"之一，擅长处理社会事务，但在德行和学识方面，尤其是在遵从礼制规范方面，与其他人相比还存在不小的差距。这也正是下一章孔子预判他"不得其死然"的重要依据。

11.13 闵子侍侧，訚訚如也[1]；子路，行行如也[2]；冉有、子贡，侃侃如也。子乐。"若由也，不得其死然[3]。"

【注释】

[1] 訚訚(yín)：形容辩论时态度好。
[2] 行行(hàng)：刚强的样子。
[3] 其死然：正常死亡。

【译文】

闵子骞侍奉在孔子身边，与孔子交流时显得面色和悦，子路则显得刚强而负气，冉有、子贡显得和乐而从容。孔子看到弟子们的成长显得比较高兴，但也若有所思地说："像仲由这样的人，怕是不得善终啊！"

【解读】

可以看出，本章内容存在明显转折。按照常规的解读，孔子看到学生们的表现十分优秀，因此而感到高兴。但是子路与另外三人的和悦、从容相比，在性格和行事风格上表现得比较刚直，因此，孔子似有隐忧，考虑到上一章子路曾经问到生与死的问题，本章似乎从侧面予以了相应的回答。

孔子不好勇武，而在孔子看来，子路"好勇过我"。好战者亡是被历史客观事实证明了的一般性规律，孔子经过对子路的长期观察，结合当时礼坏乐崩、社会动荡的时代背景，做出了子路不得善终的推断。《论语》中与子路一样"不得其死然"的还有擅长射箭的后羿和善于水战的奡（áo）。孔子的推断应该能够对子路起到一定的警示作用，但当时并没有引起子路的重视，子路依然我行我素，这一点在11.25章可以看出。

11.14 鲁人为长府[1]，闵子骞曰："仍旧贯如之何？何必改作？"子曰："夫人不言，言必有中。"

【注释】

[1] 长府：鲁国存放钱粮兵器的大仓库。

【译文】

鲁国的权臣季平子要改建长府。闵子骞说："仍旧保持原貌不就行了？何必改建呢？"孔子说："这人不轻易开口，一开口就一语中的。"

【解读】

事实上也是如此，整部《论语》中闵子骞就说过两次话。第一次是执意拒绝季氏，推辞做官。第二次则是不赞成季平子改建长府这座建筑。这一次也受到了孔子的高度评价。如此平常的一句话，为什么孔子认为"言必有中"呢？闵子骞到底说中了什么呢？

据史料记载，在公元前517年，鲁国发生过一次内乱。在这次内乱中，鲁昭公曾以此建筑作为据点抵抗过季氏的进攻，季氏对此耿耿于怀，于是季氏把鲁昭公赶走之后，便急于改建长府，意在消除它军事上的作用。

闵子骞听说这件事之后，发表了自己的看法，认为没有必要改建，保持它们的原貌就行。言外之意就是长府改建与否没有什么实在意义，鲁国的问题并非出在这些可以用来充当军事用途的设施上，而是出在礼制方面。"仍旧贯如之何"其实是一语双关，一方面是说不必改建长府，另一方面则是指如果季平子不改变原有的僭越礼制的思想和行为，即使改建了长府也无济于事。在这里闵子骞通过隐喻的手法表达了对季氏以下犯上、驱逐国君行为的强烈不满和批评。孔子听说后，对闵子骞大加赞赏。

这件事情充分说明闵子骞具有敏锐的观察力和系统的分析能力，看问题十分透彻，能抓住问题的实质和要害，提出的观点也十分中肯。

11.15 子曰："由之瑟奚为于丘之门[1]？"门人不敬子路，子曰："由也升堂矣，未入于室也。"

【注释】

[1] 瑟：古代弹拨乐器，像琴。这里指弹奏瑟的水平。

【译文】

孔子说："子路弹瑟的水平，哪像是出于我孔丘的门下呢？"听了这番话，弟子们不再像以往那样尊重子路了。孔子了解到这种情况后，又说："子路弹瑟的水平已经算得上'升堂'，只是还没有达到'入室'那样精妙的境界罢了。"

【解读】

在这里，孔子借用"及门""升堂"和"入室"三个阶段来比喻一个人在做学问等方面取得的成就，十分形象。一般情况下，如果一个人从房子的外面走进去，第一步必须是进门，第二步才能走到前厅，第三步才能进入内室。对应到做学问上则是初始入门阶段、探索上升阶段和造诣精深阶段。这里的"做学问"是广义的，包含治学、修身及技艺的训练。

孔子用形象的比喻，说明子路弹瑟的水平虽然还没有达到出神入化的境界，但是也已经达到了一定的水准，并非像外人想象的那样差。换个角度来看，所有的评价必定有一个标准。孔子的水平高，自然评价问题时所采用的标准也高，孔子认为子路的水平不行，并不一定是真的不行。

11.16 子贡问："师与商也孰贤[1]？"子曰："师也过，商也不及。"曰："然则师愈与？"子曰："过犹不及。"

【注释】

[1] 师：颛孙师，复姓颛孙，名师，字子张。商：卜商，字子夏。

【译文】

子贡问孔子："子张和子夏谁更优秀一些呢？"孔子说："子张，过了些；商呢，还有些不到火候。"子贡说："那么，是不是子张更好一些？"孔子说："过和不及是一样的。"

【解读】

本章谈及的子张和子夏是不同类型的人，子夏是"孔门十哲"之一，与子游一样擅长文学。子张也深得孔子赏识，但与子夏相比，其学问和影响力逊色不少。关于子张，孔子有过"师也辟"的评价，认为他性格偏激，狂妄自大。因此，在这里孔子所说的"师也过"，是指子张的为人过于张扬。要想深入、细致而准确地理解孔子对两人的评价，还要结合《子张》篇的内容。

先说子张。子张具有明确的思想主张和鲜明的性格特征。他在19.1章提到："士见危致命，见得思义，祭思敬，丧思哀，其可已矣。"这就是他对"士"的理解。当子夏的弟子向他请教如何与人交往时，他没有直接回答，而是先问子夏是怎么说的，然后再予以批驳。子张的这种做法显然是失当的，这也显示出了子张比较张扬的性格特征，因此孔子对他做出了"师也辟"的评价。

再说子夏。与子张相比子夏则收敛得多。在1.7章子夏提到"贤贤易色"的观点，起到了开宗明义的作用，《子张》篇，同样对子夏着墨较多。如"虽小道必有可观者焉，致远恐泥，是以君子不为也"，凸显出其谨慎的处事原则和治学态度。"日知其所亡，月无忘其所能""博学而笃志，切问而近思""仕而优则学，学而优则仕"等诸多脍炙人口的语句都出自子夏之口，可见子夏具有很深的学术造诣。

综上所述，孔子对二人的评价十分客观、中肯。同时，孔子在这里提到了一个十分重要的概念"过犹不及"，准确地体现了孔子的中庸思想，这也是中庸之道的精髓所在，过度和不足都是不行的，这就是辩证法。

接下来又谈到了另外一个学生冉求。

11.17 季氏富于周公，而求也为之聚敛而附益之[1]。子曰："非吾徒也，小子鸣鼓而攻之可也[2]。"

【注释】

[1] 附：附带，另外有所补充。

[2] 鼓：这里指大张旗鼓，名正言顺。

【译文】

季孙氏的财富已经比肩周公，而冉求还帮着季孙氏聚敛财物，让他的财富继续增长。孔子说："冉求不再是我的门徒了，你们这些同门师兄弟可以大张旗鼓、公开地去指责他了。"

【解读】

当时鲁国的情况是季孙、叔孙、孟孙三家把持朝政大权，这三家中，又以季氏为首，执掌朝政。当时的君主鲁定公只是个傀儡，没有实权。孔子的学生冉求擅长政事，具有出色的经济管理才能，尤其善于理财，季氏就聘他为宰臣。他曾长期为季氏改革田赋，以增加税收。

周公被封于鲁国，是鲁国的国君初祖。周公已经很富有了，但是季孙氏经过自身的经营财富与之比肩。在这种情况下，冉求仍然帮助他横征暴敛，想方设法地为季孙氏增加财富，这无疑会增加民众的负担，明显是在与民争利，与孔子所秉持的"泛爱众"思想相背离。因此孔子对冉求的这种做法十分不满，并说出了"非吾徒也"的话。冉求确实在理财方面有过人之处，但是这种才能没有以礼制规范为准则，违背了"仁"的基本思想，实际是在助纣为虐。

11.18 柴也愚[1]，参也鲁，师也辟[2]，由也喭[3]。

【注释】

[1] 鲁：迟钝，笨。

[2] 辟：驳斥与排除。

[3] 喭(yàn)：粗鲁。

【译文】

子羔带点儿愚笨，曾参略显迟钝，子张有些偏执，子路比较粗鲁。

【解读】

在本章孔子又谈到了另外四个学生。柴，高柴，字子羔，齐国人，孔子的弟子，比孔子小四十岁。据《孔子家语·七十二弟子解》所述，子羔身高不过六尺，容貌极为丑陋。孔子在谈及自己的这四位弟子时略显调侃，并非严格意义上的评价。孔子的评价，总体来看客观辩证，比较中肯，每个人都有所长，但也稍有不足，可以说是白玉微瑕。

这里提到的子羔，《论语》中仅出现过两次，第二次则是在11.25章。

11.19 子曰："回也其庶乎[1]，屡空[2]。赐不受命而货殖焉[3]，亿则屡中[4]。"

【注释】

[1] 庶：平民，百姓。
[2] 空：指生活清贫。
[3] 命：命令，指示。这里指教育、教导、教诲。
[4] 亿：古代指十万。

【译文】

孔子说："颜回的学问可不是一般人能比得了的，可他往往陷于穷困的生活状态之中。子贡则不大听从教诲，而通过经商谋利却屡屡得手，且收获颇丰。"

【解读】

孔子的两个学生颜回和子贡都十分优秀，但是在经济来源和生活状况方面大不相同。颜回深得孔子的真传，安于贫困，致身于修身治学，在学问方面取得了很大的成就，但是在生活上经常处于贫困状态。子贡则不然，在做学问方面虽然也取得了相对较好的成绩，但与颜回不可同日而语。他不太听从孔子的教导，经常从事一些商业经营活动，且屡屡有比较可观的斩获。这两个学生各有所长，术业有专攻。

前文孔子提到了自己的那么多学生，性格各异，各有所长，在本章更是提到了他最为欣赏的颜回和具有经商天赋的子贡，这是为什么呢？其实这正是做下一章内容的铺垫。

11.20 子张问善人之道[1]。子曰："不践迹[2]，亦不入于室。"

【注释】

[1] 善人：各方面发展得比较均衡的人。
[2] 践迹：踩着前人的足迹，即循规蹈矩。践，踩、履行、实行。

【译文】

子张向孔子请教如何成为各方面发展得比较均衡的人，孔子说："不要循规蹈矩，也不必要求自己达到升堂入室的境界。"

【解读】

在7.26章，我们对"善人"的概念进行过相应的阐释。"圣人""君子""善人"和"有恒者"四种人分别代表四个不同的层次，有持久的恒心和毅力是成为"圣人"的基础。这里的"善人"并不是人们理解的一般意义上的善良的人、好人，而应该解释为发展比较均衡，但又不是特别突出的人。这里的"善人"与14.12章"子路问成人"中"成人"的意思相近，是指治学修身等方面都很完善、全面的人。如果把《论语》中孔子提到的这几种人，按照学识和修养的层次由高到低来排列的话，大致应该是这样的：圣人、贤人、成人、君子、善人、常人、小人。

在这里，孔子仍然坚持自己一贯主张的适度原则，适度原则也是中庸思想的重要组成部分。孔子所提出的"不践迹，亦不入于室"其实也代表着一种看法，每个人都有其优点，同时也不可避免地存在缺点，就是颜回和子贡这样优秀的人也无法避免，也就是所谓的"人无完人"，大家应该客观看待。这也对我们对待周围的人具有指导意义。

11.21 子曰："论笃是与[1]，君子者乎，色庄者乎？"

【注释】

[1] 论：分析和说明事理。这里指言语上的表述。笃：忠实，一心一意。

【译文】

孔子说："仅凭一个人口头上的笃实不足以确定一个人的本质，他到底是一个真正的君子，还是一个仅在神情上表现庄重的人呢？"

【解读】

看一个人，不能仅从其说话来判断他本质上是一个什么样的人，更重要的是要看他的实际行动。这里的"论笃"与"唯仁者，能好人，能恶人"中的"唯仁"所表达的意思基本一致，都表示口头上、语言表达上。与本章相似的观点还有："今吾于人也，听其言而观其行。"

11.22 子路问："闻斯行诸？"子曰："有父兄在，如之何其闻斯行之？"冉有问："闻斯行诸？"子曰："闻斯行之。"公西华曰："由也问闻斯行诸，子曰'有父兄在'；求也问闻斯行诸，子曰'闻斯行之'。赤也惑，敢问。"子曰："求也退，故进之；由也兼人[1]，故退之。"

【注释】

[1] 兼：加倍。

【译文】

子路向孔子请教："听到一个道理就付诸实践行吗？"孔子说："上有父兄在，怎么可以一听到就付诸行动呢？"当冉有问孔子："听到一个道理就该付诸实践吗？"孔子说："听到了就该付诸行动。"公西华对此大惑不解，说："仲由问听到一个道理就该去做吗？您说：'上有父兄在，怎么可以一听到就付诸行动呢？'但是冉求问同样一个问题，老师您却说：

'听到了就该付诸行动。'我感到很困惑，请问这是为什么呢？"孔子说："冉求是个遇事容易退缩的人，因此我那样说，目的是鼓励他勇于实践。子路做事情的勇气要两倍于他人，我那样回答，目的就是让他做事情的时候缓一缓。"

【解读】

子路的性格比较豪爽，勇气十足，思考问题不太全面。孔子曾指出，"由也好勇过我""片言可以折狱"，形象地表现了子路直爽的性格和雷厉风行的行事风格。在这里对同一问题，针对不同性格特质的人，孔子所给出的因人而异的个性化回答，也恰恰反映了孔子因材施教的教育特点。

11.23 子畏于匡，颜渊后。子曰："吾以女为死矣！"曰："子在，回何敢死！"

【译文】

孔子被围困在匡地，与众人失散，随后颜渊赶来。孔子说："我以为你已经死了呢。"颜渊说："老师您还健在，我哪里敢轻易死呢？！"

【解读】

孔子与颜回在这里的对话，一方面体现了师生二人之间真挚的感情，另一方面颜回的回答符合礼制的要求。颜回视孔子为父，按照礼制应该在孔子面前尽孝，所以在回答孔子的话时，说"子在，回何敢死"。再结合11.21章的内容来看，本章内容其实也表明了颜回才是一位言行一致、知行合一的真君子。

11.24 季子然问[1]："仲由、冉求可谓大臣与？"子曰："吾以子为异之问，曾由与求之问。所谓大臣者，以道事君，不可则止。今由与求也，可谓具臣矣[2]。"曰："然则从之者与？"子曰："弑父与君，亦不从也。"

【注释】

[1] 季子然：鲁国大夫。
[2] 具：才干，才能。

【译文】

季子然问孔子："仲由、冉求两位能够称得上大臣吗？"孔子说："我以为您问别的事情呢，仲由和冉求也曾经问过同样的问题。所谓"大臣"，他们具备大的思想格局，能以礼制的规范和要求侍奉君主。如果行不通，那么他们就会停下来。至于如今的仲由和冉求，可以称得上有一定才干的具臣。"季子然又问："那么，他们会听从任用他们的人吗？"孔子说："如果做弑父弑君这一类严重违背礼制规范的事，他们也是不会服从的。"

【解读】

在季子然与孔子谈到仲由和冉求是否符合大臣的标准时，孔子对自己的学生进行了客观评价，同时提出了自己认为大臣应遵从的原则："以道事君，不可则止。"这里有两个概念，"大臣"与"具臣"。"大臣"是指不但具有履职才能，而且具备较大思想格局的人，也就是德才兼备的人。"具臣"是指那些仅仅具备履职能力，但在思想格局方面存在较大的局限，在遵从礼制规范方面还达不到高度的自觉的人。

单从个人能力来衡量的话，仲由和冉求符合履职的标准。但是当季子然提到是否服从领导的问题时，孔子给出了一个例子，表明了自己的观点：因情况而异，如果是符合礼制规范的事情，当然会服从上级的指示，但是如果像"弑父与君"这类严重违背礼制规范的事情，肯定不会服从。

从孔子与季子然二人的交流可以看出，孔子的原则是：无论做什么事情，礼制规范都是核心，凡事依礼而行，绝对不能违背礼制而无原则地服从。孔子的思想观点和原则是一贯的，同时也是明确和辩证的。

11.25　子路使子羔为费宰，子曰："贼夫人之子[1]。"子路曰："有民人焉，有社稷焉[2]，何必读书，然后为学。"子曰："是故恶夫佞者。"

【注释】

[1] 贼：伤害；作践，作弄；侮辱。

[2] 社稷："社"指土神，"稷"指谷神，古代君主都祭社稷，后来就用"社稷"代表国家。

【译文】

子路安排子羔去做费邑的邑长。孔子知道后说："你这不是在作践人家孩子吗？"子路说："怎么是作践他呢？那个地方有百姓，也有相应的社稷可以施政，何必现在读书，先做官然后再学习不是一样吗？"孔子说："所谓做了坏事儿还狡辩就是指你这样的人。"

【解读】

子路安排子羔去做费邑的邑长，自认为很妥当，但是孔子却对此颇不赞成。子路说出自己的想法之后孔子表现得十分生气，原因无外乎以下四个方面。

其一，孔子认为学习的首要目的不应该是做官。其二，在11.18章，对子羔的情况有过介绍。他总体上比较愚笨，综合其学识和性格特质来看，子羔尚不具备担任一个地方行政长官的条件。其三，"学而优则仕"是儒家的主张之一，在自身修养和学识，尤其是对礼制规范的学习未达到出仕要求时贸然出仕，有可能对当地的社会治理产生负面影响，也会对当事人自身的成长产生不可逆转的负面影响。其四，子路的这种行为，正如子夏所说的"小人之过也必文"。在孔子提出质疑的时候，子路并没有进行反思，而是对自己的不当行为进行狡辩。孔子对子路的这种不遵从礼制要求的错误行为持反对态度，但是更令他失望的是子路自以为是、固执己见、文过饰非的小人行为。

本章内容恰恰为子路不能担当"大臣"，充其量只能算得上"具臣"提供了充分的证据。

11.26 子路、曾皙、冉有、公西华侍坐。子曰："以吾一日长乎尔，毋吾以也。居则曰'不吾知也'，如或知尔，则何以哉？"子路率尔而对曰[1]："千乘之国，摄乎大国之间[2]，加之以师旅，因之以饥馑，由也为之，比及三年，可使有勇，且知方也[3]。"夫子哂之。"求，尔何如？"对曰："方六七十，如五六十，求也为之，比及三年，可使足民。如其礼乐，以俟君子。""赤！尔何如？"对曰："非曰能之，愿学焉。宗庙之事，如会同[4]，端章甫[5]，愿为小相焉。""点，尔何如？"鼓瑟希，铿尔，舍瑟而作，对曰："异乎三子者之撰[6]。"子曰："何伤乎？亦各言其志也。"曰："莫春者，春服既成，冠者五六人，童子六七人，浴乎沂，风乎舞雩[7]，咏而归。"夫子喟然叹曰："吾与点也！"三子者出，曾皙后。曾皙曰："夫三子者之言何如？"子曰："亦各言其志也已矣。"曰："夫子何哂由也？"曰："为国以礼，其言不让，是故哂之。""唯求则非邦也与？""安见方六七十、如五六十而非邦也者？""唯赤则非邦也与？""宗庙会同，非诸侯而何？赤也为之小，孰能为之大？"

【注释】

[1] 率：不加思考，不慎重。

[2] 摄：介，夹。

[3] 方：方圆。

[4] 会同：会同之礼。

[5] 端章甫：端，古代礼服之名；章甫，古代礼帽之名。这里名词用作动词，即穿着礼服，戴着礼帽，以接待宾客。

[6] 撰：选，志向选择。

[7] 舞雩(yú)：用跳舞的方式祈雨。雩，祈雨的祭祀。

【译文】

有一天，子路、曾皙、冉有、公西华陪侍在孔子身边。孔子说："我年龄比你们要大几天，你们不要因为这一点就不敢开口说话。你们平日总抱怨没有人了解你们，如果现在有人想了解你，那么你将会做些什么呢？"子路不假思索地说："如果有一个拥有千辆兵车的国家，夹在几个大国之间，并且经常受到他国军队侵犯，再加上连年的灾荒，如果由我来治理它的话，等到三年之后，我就可以使人们变得勇敢，而且懂得规矩。"孔子听后微微笑了笑。"冉求，你怎么样？"冉求回答说："假使有一块方圆六七十里，或者五六十里的地方，由我去治理的话，待到三年后，可以使百姓丰衣足食。至于礼乐教化的事情，还是等待君子来完成吧。"孔子接着又问公西华："公西华，你说说看？"公西华回答说："我不敢说自己擅长什么，只是愿意学习罢了。遇到宗庙祭祀或是诸侯会盟时，我愿穿上礼服，戴上礼帽，做个小小的司仪官。"孔子又问曾皙："曾皙，你说说怎么样？"在一边鼓瑟的曾皙慢慢地停了下来，最后"铿"的一声，曾皙结束了弹奏，站起身来说："我的想法和他们三位的志向选择有所不同。"孔子说："说说看，有什么妨碍呢？没什么大不了的，就是大家各言其志嘛！"曾皙说："待到暮春时节，穿上春服，与五六个成年的朋友和六七个童子相约，结伴去沂水边洗洗澡，到祈雨的雩台上沐浴春风，然后再唱着歌回家。"孔子长叹一声说："我和曾皙的想法一样啊！"子路、冉有、公西华离开后，曾皙跟在孔子的身后。他问孔子："他们三位说的怎么样啊？"孔子说："只不过是各说各的志向罢了。"曾皙问："夫子您为什么要笑仲由呢？"孔子说："治理国家讲求礼，可他讲话都不懂得谦让，因此我笑他。"曾皙问："冉求说的不是国家治理吧？"孔子说："何以见得方圆六七十里或五六十里的地盘不算一个国家呢？"曾皙又问："公西赤所说的不是国家的治理吧？"孔子说："宗庙祭祀和诸侯会盟这样的事，不是诸侯国的事又是什么事呢？像公西华那样的人只能做小司仪官，又有谁能做大司仪官呢？"

【解读】

从内容看，孔子在闲暇之余与身边的弟子们畅谈志向。在这四个弟子中，前边表达观点的三个人都谈到了国家治理问题，并且各抒己见，可以看出他们三个人都胸怀大志。按常理说，孔子应该感到欣慰和满意才对，为什么只是对出口轻率的子路报之一笑，对冉求和公西华的说法不加评判，而在最后却对曾点的说法表示赞同呢？当曾皙询问其中的缘由时，孔子分别予以评价。从评价的内容看，子路、冉求和公西华在谈论自己的志向时都没有重视礼制在社会治理过程中的作用。

首先是子路。当孔子提出师生共同交流志向时，子路还没有等孔子说完，就率先、急切地发表了自己的看法。从子路的表述与孔子的评价来看，子路的行为至少有四点违背礼制规范。第一点，在发言时没有做到礼让。第二点，违背"礼让为国"的思想。子路在治国理念方面有"好勇"的倾向，子路依靠勇武之力治国的理念与孔子以礼治国的主张在根本上是相悖的。在孔子看来，"礼让为国"是以礼治国的核心和关键，而"礼让为国"与本章的"为国以礼"在本质上是一样的。第三点，没有正确领会孔子的意图。在5.26章，孔子与颜渊、子路三人有过一次"各言其志"的经历。在那次对话中，孔子已经完整地表述过自己的志向是"老者安之，朋友信之，少者怀之"。通过这次子路的回答可以看出，他对孔子的教诲充耳不闻，没有领悟到孔子的思想内涵，而是自以为是地完全按照自己的思路去回答孔子的问题。第四点，答非所问。孔子问："'不吾知也'，如或知尔，则何以哉？"问题的关键是"不吾知也"，而子路的回答是如何治理国家，这种回答显然与孔子的问题没有太大的关联。更离谱的是，冉有和公西华也顺着子路的节奏阐述了自己的思想观点，同样也是答非所问。

其次是冉求。他的看法至少有两处违礼。一是冉求和子路一样没有充分认识到"礼让为国"的重要作用，只是把工作的重点放在使民众富足方面。二是虽然意识到了礼乐在社会治理方面的作用，但是把"为国以礼"的责任推卸给了别人。

再次是公西华。公西华的能力很强，孔子对他有过"赤也，束带立于朝，可使与宾客言也"的评价。但在这里他的回答十分谦虚、低调，显得自己比较虚伪。其违礼之处在于心口不一。这正是孔子在11.21章谈及的问题。

最后是曾皙。对曾皙的回答，孔子表示赞同，这是为什么呢？无外乎以下三个原因。一是曾皙能够做到礼让，没有与另外的三个人争着回答孔子的问题，而是在一旁一边安然地鼓瑟，一边倾听他们发表观点，等到孔子问到他时才做出相应的回答。二是能够根据孔子的问题做出针对性极强的回答，符合问题的原意。三是曾皙回答问题时能够根据自己的实际情况，心口如一、真实地表达自己的想法和意愿。看起来曾皙的志向选择与子路、公西赤相比，显得并不是那么高大上，仅是一种对美好社会的憧憬和希望，但这种安定和谐的太平盛况，不正是孔子推行礼制之后所期望看到的吗？

　　如果再结合上下文内容来看，子路、冉有、公西华三个人的理想和志向不可谓不远大，但其自身志向与语言表达尚属于"论笃是与"的层面。本章最后"赤也为之小，孰能为之大"的表述，对11.24章中"大臣"的"大"进行了阐释与演绎。子路等三人在语言表述的方式方面显得比较高大上。相比而言，曾皙所表述的理想和志向则平实、低调得多。然而从孔子对四个人的最终评价来看，子路等三个人与曾皙在思想格局方面存在的差距十分明显。曾皙的观点是以小见大，呈现出来的思想格局与孔子的政治理念形成了共鸣。

第十二篇

颜渊

　　《颜渊》篇的主题是"仁"及"为政"，但"礼制"仍然是修身致仁和施行仁政的重要基础。

　　孔子在本篇提出了"克己复礼为仁"的思想。"克己复礼"是措施和方法，"为仁"是方向和目标，也就是说，"克己复礼"是实现"仁"这一目标的重要方法和途径。孔子同样指出，达到"仁"的境界的决定因素是自己，而不是外部条件。如何才能达到"仁"的境界呢？孔子同样给出了比较具体的原则性方法，这就是文中提到的"非礼勿视，非礼勿听，非礼勿言，非礼勿动"和"己所不欲，勿施于人"。

　　本篇同时谈到了施行仁政的问题。孔子在与子贡的交流中指出"民无信不立"，民众的信赖是执政的根本。有若在与哀公的讨论中则提出了"百姓足，君孰与不足？百姓不足，君孰与足？"的民本思想。在与齐景公的对话中，孔子提出"君君，臣臣，父父，子子"的理念，其本质是强调每个人都要对自身的社会身份进行准确定位，同样是在强调规矩意识。在与季康子探讨为政问题的过程中，孔子提出"政者，正也""子为政，焉用杀"的思想观点，意在表明，执政者首先要做到自身正，在遵从礼制方面率先垂范，在此基础上再去教育和引导民众，才是正确的方法，而不应该采用简单粗暴的方式。

12.1 颜渊问仁，子曰："克己复礼为仁[1]。一日克己复礼，天下归仁焉。为仁由己，而由人乎哉？"颜渊曰："请问其目[2]。"子曰："非礼勿视，非礼勿听，非礼勿言，非礼勿动。"颜渊曰："回虽不敏[3]，请事斯语矣。"

【注释】

[1] 克己复礼：严格约束自己，使一言一行都合于礼。

[2] 目：大项中再分的小项。

[3] 敏：聪明，机警。

【译文】

颜渊向孔子请教有关"仁"的问题，孔子说："克制自己的私欲，使自己的言行完全合于礼制规范，就能达到'仁'的境界。如果有朝一日每个人都能做到这一点，天下就会最终达到'仁'的境界。践行'仁'这一理想和追求取决于每个人自身，难道说在于别人吗？"颜渊说："请问包括哪些具体内容呢？"孔子说："不符合礼制规范的现象不要去看，不符合礼制规范的言论不要去听，不符合礼制规范的事情不要去讲，不符合礼制规范的行为不要去做。"颜渊说："我虽然不够聪明，但我还是愿意按照老师您的这些话去做。"

【解读】

孔子在这里提到的"克己复礼"是儒家的重要主张，同样也是重要的方法论。

孔子认为，要想周围的客观世界达到"仁"的境界，需要每个人在思想方面都达到"仁"的境界。这一观点符合量变和质变的辩证关系。他提到的"为仁由己，而由人乎哉"，强调个人的主观能动作用，在修身致仁方面，个体的主观能动性起决定性作用。孔子在回答颜回的"请问其目"时，提到了"非礼勿视，非礼勿听，非礼勿言，非礼勿动"，这四项都属于实践层面的内容。如果再将以上四项内容细致划分的话，前面两项应属于外部的信息输入，后面两项则是人对外部行为的输出。

需要注意的是，孔子在这里提到的"非礼"包含两种情况：一种情况是事物本身不符合礼制规范，主要针对客体而言，但是也存在主体、客体同时表现为"非礼"的情况。另一种情况是当事人的行为不符合礼制规范，这主要是针对主体而言的。如果一个人能够在这四个方面做到克制自身私欲的话，应该能够达到"仁"的境界。假如大家都能达到这种境界的话，整个社会不就能够达到"仁"的境界了吗？

在本章的开始，孔子还提到了一个十分重要的观点，那就是"礼"与"仁"的关系。"克己复礼为仁"，也就是说遵从礼制规范的目的在于达到"仁"的境界，即"仁"是目的，"礼"是措施，是实现目标的重要保障。通过上下文对比，同样是请教与"仁"相关的问题，孔子会因人而异给出不同的回答。颜回专心于修身治学，孔子给颜回的答案主要侧重于思想方法层面，在具体的内容上则表现为"视、听、言、行"四个方面的原则性意见。

12.2　仲弓问仁，子曰："出门如见大宾[1]，使民如承大祭。己所不欲，勿施于人。在邦无怨，在家无怨。"仲弓曰："雍虽不敏，请事斯语矣。"

【注释】

[1] 大宾：贵宾。

【译文】

仲弓向孔子请教有关"仁"的问题，孔子说："要注意工作态度，出门做事如同接待贵宾那样恭敬，役使民众要像承担重大祭祀活动那样慎重。要强调工作原则，自己不想要的，就不要强加给别人。要注重工作标准，要做到无论在邦国处理工作，还是在家处理家庭关系都达到无怨的境界。"仲弓说："我虽然不够聪明，但我还是愿意按照老师您的这些话去做。"

【解读】

同样是"问仁"，仲弓和颜回得到的答案却有很大的差异，其实这与两个人的身份、志向及关注点有所不同有关。

孔子对仲弓有过"雍也可使南面"的评价，在13.2章又有"仲弓为季氏宰"的描述，可见仲弓不但具有良好的道德修养，而且具备一定的执政能力和执政经历。因此在仲弓请教"仁"的问题时，孔子的回答与仲弓的职业特点紧密结合，如"出门如见大宾，使民如承大祭"。

"己所不欲，勿施于人"则要求无论在什么时候，处理什么事情，都要做到自己不愿意接受的就不强加给别人，这是工作原则。"在邦无怨，在家无怨"应该是工作目标，这是衡量工作成败的标准。这种标准应该包括两个方面，一方面是自己面对工作和家庭中的责任要勇于担当，无怨无悔；另一方面则是妥善地处理工作和家庭中的各种关系，做到使别人毫无怨言。

与颜回得到的答案相比，孔子对仲弓的答复更加侧重于工作实践。

12.3　司马牛问仁，子曰："仁者，其言也讱[1]。"曰："其言也讱，斯谓之仁已乎？"子曰："为之难，言之得无讱乎？"

【注释】

[1] 讱：(言语)迟钝。

【译文】

司马牛向孔子请教"仁"的问题，孔子说："仁者说话时谨慎迟缓。"司马牛说："难道一个人出言谨慎迟缓，就可以说他是个仁者吗？"孔子说："做到就很难，即做出承诺之后获得结果很难，如果考虑到这一因素的话，说话还能不谨慎迟缓吗？"

【解读】

司马牛"多言而躁"，不但喜欢多说话，而且性格急躁。因此，当他向孔子请教"仁"的问题时，孔子答复说要说话谨慎迟缓。做到很难，也就是承诺容易，实现起来难，如果意识到这个道理的话，说话就会谨慎迟缓，不轻易多言多语。这与孔子提出的"君子欲，讷于言而敏于行"所表达的思想是一致的。

从上面三章内容看，孔子对学生进行了个性化的教育，这也可以看作是因材施教的范例。

12.4　司马牛问君子，子曰："君子不忧不惧。"曰："不忧不惧，斯谓之君子已乎？"子曰："内省不疚[1]，夫何忧何惧？"

【注释】

[1] 疚：对自己的错误感到内心痛苦。

【译文】

司马牛问孔子什么样的人才能称得上是君子，孔子说："君子不忧虑，不惧怕。"司马牛说："不忧虑，不惧怕就能称得上是君子吗？"孔子说："当自己反省时，如果没有任何事情让自己感到愧疚，那还会有什么忧虑和惧怕呢？"

【解读】

在4.17章，孔子谈到了君子的心理特质和行为特征，作为君子应该"见贤思齐焉，见不贤而内自省"。如果自我反省，没有违背礼制的相关要求，就不会产生愧疚感，这样的话忧虑和惧怕又从何而起呢？

孔子的语言逻辑十分精妙，"不忧不惧"的前提是"内省不疚"，而"内省不疚"的基础是思想和行为不违背礼制的要求。时时、事事都能遵从礼制规范的人就可称为"君子"。按照这种逻辑，一个人要想成为君子，就要从依据礼制的要求严格规范自己的思想和言行开始，达到"内省不疚"的标准，这样就会形成"不忧不惧"的心态，也就像孔子指出的"君子坦荡荡"。

由此可以看出，孔子本章所说内容的主旨是：遵从礼制规范是君子思想和行为的核心要素。

12.5　司马牛忧曰："人皆有兄弟，我独亡。"子夏曰："商闻之矣：'死生有命，富贵在天。'君子敬而无失，与人恭而有礼，四海之内皆兄弟也。君子何患乎无兄弟也？"

【译文】

司马牛忧伤地说："人家都有自己的兄弟，唯独我没有啊。"子夏劝慰他："我听先生说过：'死生有命，富贵在天。'君子时时保持恭敬的心态就不会失礼，对人恭敬而且用礼制来规范自己的行为，这样四海之内到处都有自己的兄弟。君子又何必忧虑自己没有兄弟呢？"

【解读】

本章司马牛和子夏的对话是前一章内容的延续和具体化。在前一章，孔子对司马牛的答复不是十分明确。孔子的回答需要听者具备一定的悟性才能听得懂，因此在本章需要进一步厘清其中的逻辑关系。在本章，子夏的说法比较直截了当，明确地指出只要遵从礼制的要求，就不必忧虑这种事。整体来看，这两章内容都是在讲礼制的重要性。

子夏所提到的"死生有命，富贵在天"，并非唯心的说法，意在表明生活中所面临的事情都遵从一定的客观规律，即天命。人不能对所处的外部环境做出根本性的改变，但可以通过自律改变自己。君子对自己严格要求，保持恭敬的态度，做到不失礼，并对人保持恭敬、以礼相待，那么君子必定能够与周围的人友好相处，最终"四海之内皆兄弟"，这就是内在的客观规律。

12.6　子张问明[1]，子曰："浸润之谮[2]，肤受之愬[3]，不行焉，可谓明也已矣。浸润之谮，肤受之愬，不行焉，可谓远也已矣。"

【注释】

[1] 明：眼力好；眼光正确；对事物、现象看得清，明察秋毫，明辨是非。

[2] 浸润之谮(zèn)：渐渐形成的，而使听者难以觉察的谗言。谮，诬陷、中伤。

[3] 肤受：挠痒痒般，不痛不痒。愬(sù)：同"诉"，控告、诋毁。

【译文】

子张问，怎样才称得上明辨是非呢？孔子说："无论是像水慢慢浸润物体一样不易察觉的诬陷，还是那种不痛不痒的中伤，都能察觉出来。如果这两种情况在他这里都行不通，这种人就可以称得上是一个明辨是非的人了。无论是像水慢慢浸润物体一样不易察觉的诬陷，还是那种不痛不痒的中伤，都能察觉出来。如果这两种情况在他这里都行不通，这种人就可以称得上是一个有远见的人了。"

【解读】

这里的"谮"和"愬"都有诬陷、中伤的意思，"浸润"指无声无息，而"肤受"则同样表示一种不太明显的情形，二者都具有较强的隐蔽性，就像"千里长堤，毁于蚁穴"那样。

从行文结构上看，出现了"浸润之谮，肤受之愬，不行焉"的重复，而后面的结论又有所不同，后者貌似答非所问。同样的前提，为什么出现了不同的表述呢？"可谓明也"与"可谓远也"之间存在着什么样的逻辑关系呢？事实上，孔子的表述十分精妙。这里的两句"浸润之谮，肤受之愬，不行焉"绝非简单的重复，而是在语言逻辑上形成了延伸和递进。前一种情形是能够用眼睛或肌肤感知到的，这是所谓的"明察秋毫"，即文中所指的"明"。后一种情形是思想意识上的防微杜渐，要求对事物的发展具有一定的前瞻性和预判性，这就是所谓的"深谋远虑"，即文中所指的"远"。

对所有事情，不仅要能看到其表面上表现出来的细微变化，更重要的是要具备一定的远见卓识，做到防微杜渐。"远"是更高层次的"明"，是"明"的进一步提高和升华。接下来的内容就是一个生动的案例。

12.7 子贡问政[1]，子曰："足食，足兵，民信之矣。"子贡曰："必不得已而去，于斯三者何先？"曰："去兵[2]。"子贡曰："必不得已而去，于斯二者何先？"曰："去食。自古皆有死，民无信不立。"

【注释】

[1] 政：国家事务的治理。

[2] 兵：军人，军队。

【译文】

子贡问如何治理国政，孔子说："一要有充足的粮食，二要有必要的军事力量，三要取得百姓的信任。"子贡说："如果万不得已，必须要在三者之中放弃一个，那么先放弃哪一个呢？"孔子说："放弃武装力量。"子贡又问："如果万不得已，必须要在剩下的二者中再放弃一个，那么先放弃哪一个呢？"孔子说："放弃粮食。自古以来，人都会死；如果不能获得百姓的信赖，国家就无法安定。"

【解读】

《论语》全文共有10处涉及"问政"，"子贡问政"是第一次。从孔子回答的内容看，治理国家需要注意粮食、军队和民心三个问题。粮食和军队属于物质方面，而民心属于精神方面。在孔子看来，民心是治理国家的核心要素，如何赢得民心是执政者重点关注的头等大事。

按照一般人的逻辑，民以食为天，没有足够的粮食会发生人员死亡，最终导致社会混乱，粮食应该是社会治理的重要基础。但在孔子看来，民心比物质方面的粮食更重要。这正是孔子的高明之处，本章内容同样是对前一章内容的回应。至于如何赢得民心，反观前面的内容，不都是在谈论礼制吗？"出门如见大宾，使民如承大祭""克己复礼"恢复和遵从礼制，不就是赢得民心的正确方法吗？从社会治理的角度看，施行仁政是遵从礼制的具体表现，由此引出了下面的话题。

12.8 棘子成曰[1]："君子质而已矣，何以文为？"子贡曰："惜乎，夫子之说君子也！驷不及舌[2]。文犹质也，质犹文也，虎豹之鞟犹犬羊之鞟[3]。"

【注释】

[1] 棘子成：人名，卫国的大夫。古代大夫都可以尊称为"夫子"，所以子贡也这样称呼他。

[2] 驷不及舌：四匹马拉的车子也追不回来说出去的话。指话一说出口，就无法收回。

[3] 鞟(kuò)：去毛的兽皮。

【译文】

棘子成说："君子只要有质朴的品格就可以了，何必还要加上礼制的修饰呢？"子贡说："夫子您这样谈论君子，实在是令人惋惜啊！话一出口真是驷马难追。如果按照您的逻辑，文就是质，质就是文，那么去了毛之后的虎皮与豹皮，去了毛之后的狗皮与羊皮也应该是一样的了。"

【解读】

孔子曾经阐释过"文"和"质"的辩证关系，即"质胜文则野，文胜质则史"，强调形式和内容高度统一的重要性。人的内在修养是本质，礼制的行为规范是必要的外在表现，也是人类文明的重要特征。

棘子成向子贡表达自己的看法后，子贡进行了严肃的驳斥，同时用了一个例子说明礼制的重要作用。他说，"文"和"质"之间的关系就像动物的毛和皮，同样是长在皮上，有了毛的颜色和纹理可以很容易地加以区分。如果把这些动物身上的毛去掉的话，是很难分辨的。例如虎皮与豹皮，狗皮与羊皮，如果把它们上面的毛都去掉的话，该如何区分呢？

子贡这里说的"驷不及舌"，意在告诫和警示大家说话要慎而又慎，与孔子提到的"仁者，其言也讱"的观点一脉相承。

12.9 哀公问于有若曰[1]："年饥[2]，用不足，如之何？"有若对曰："盍彻乎[3]？"曰："二，吾犹不足，如之何其彻也？"对曰："百姓足，君孰与不足？百姓不足，君孰与足？"

【注释】

[1] 有若：字子有，世称"有子"，孔子弟子。文中提及有子时，只有"有子"和"有若"两种称谓。

[2] 饥：饥馑，年景歉收。

[3] 彻：十分之一的田税制度。（孙钦善《论语注释》）

【译文】

鲁哀公问有若："如果遇到年景歉收、国家用度不足时，该怎么办？"有若说："何不按十取其一的比例收取田税呢？"鲁哀公说："现在按照十取其二的比例征收我还不够用，怎么能十取其一呢？"有若回答说："百姓够用，您哪里会不够用呢？如果百姓都不够用，您哪里会够用呢？"

【解读】

本章从字面上看与问政无关，而内容的确与问政有关。本章交流的主体与其他地方不同，观点的侧重也有所不同，但思想主旨方面与问政别无二致，有子的回答与孔子所主张的民本思想如出一辙。

鲁哀公按照十取二的比例收取田税，但遇到年景歉收时，感觉用度方面吃紧。他向有若请教能不能想个好办法，有若则提出了减税的建议。有若的观点内涵比较丰富，一是不同意增加赋税的做法，认为增加赋税无益于解决国家用度的不足。二是国家用度不足的根源不在于税率的多少，而在于鲁哀公所代表的上层统治阶级骄奢淫逸。再往深层次考虑的话，还在于鲁国的上层社会缺乏必要的礼制思维和民本思想，没有施行仁政。

有若的观点十分辩证。立场不同，观点也就不同。立场，是人们观察、认识和处理问题的立足点。因此，如果换个角度看问题，结果就会不同。鲁哀公从统治阶级的角度考虑，国家用度不足，就应该通过提高赋税征收比例的方法来解决。有若则是从基层民众的角度，也就是基于民本思想看待税赋的征收问题。

其实，有若通过阐述自己的观点，向鲁哀公委婉地表达了自己的思想：通过节用从而达到体恤百姓的目的。他的这种观点与孔子在1.5章阐述的"敬事而信，节用而爱人，使民以时"的民本思想高度一致。

12.10 子张问崇德辨惑，子曰："主忠信[1]，徒义，崇德也。爱之欲其生，恶之欲其死；既欲其生又欲其死，是惑也。'诚不以富[2]，亦祇以异[3]。'"

【注释】

[1] 主：最重要的，最基本的。

[2] 富：完备。

[3] 祇：同"只"。

【译文】

子张问孔子，具备什么样的能力才能算得上是崇尚美德、辨别疑惑呢？孔子说："最重要的一点就是做事能够尽心尽力、言而有信、见贤思齐，听到合乎正义的人和事就主动做出改变，这就是崇尚美德。假若有这么一个人，喜爱他的人希望他长生不老，而厌恶他的人却希望他尽快死去。既想要他活，又想要他死，这就是一种迷惑。借用《诗经》里的一句诗就是'诚不以富，亦祇以异'。"

【解读】

本章内容同样是问政，当政者虽然表面上是子张与孔子讨论"崇德"和"辨惑"的问题，但仍然与社会治理有关，侧重于加强自身修养和提升基本判断能力两个方面。其主要是要告诉子张，应该努力不受主观思想的影响，做到从实际出发，客观辩证地看待和处理所遇到的问题，继而做到"崇德辨惑"。本章与12.6章阐述的主题类似，但更侧重于基础层面的自我修身和主观判断，这与子张的身份和特点比较吻合。

在孔子看来，人在处理各种关系和事物时所表现出的尽心竭力和言而有信是最基本的也是最重要的个人素质。他认为，只要一个人能够做到见贤思齐、闻义能徒，就能算得上崇尚美德。

孔子向子张解释如何才能做到"辨惑"时则颇费了一番功夫。他首先举了一个例子，一个人，喜欢他的人总是希望他长生不老，厌恶他的人却希望他尽快死亡，这该怎么办呢？这类事情就具有很强的迷惑性。接着，孔子又引用了《诗经》中的一句诗"诚不以富，亦祇以异"来解释"辨惑"的主观性。恰恰是这句诗，非但没有帮助后来的学者正确理解孔子的想法，而且引发了长达几百年的学术争议，至今尚无定案。

"诚不以富，亦祇以异"出自《诗经·小雅·我行其野》，原文是这样的：

我行其野，蔽芾其樗。婚姻之故，言就尔居。尔不我畜，复我邦家。

我行其野，言采其蓫。婚姻之故，言就尔宿。尔不我畜，言归斯复。

我行其野，言采其葍。不思旧姻，求尔新特。诚不以富，亦祇以异。

大意是：走在郊野荒凉路，路旁椿树枝叶疏。出于婚姻的缘故，我才与你同居住。你不好好善待我，只有回到我故土。走在郊野荒凉路，采摘蓬叶多辛苦。出于婚姻的缘故，才到你家同住宿。你不好好善待我，只有回归我家族。走在郊野荒凉路，采那葍草聊果腹。你全不思往日情，追求新欢太可恶。不是她比我更完美，是你变心的缘故。

从原文及语境来看，这首诗所要表达的主题思想是："客观上不是我的问题，我并不存在不完备(富)的地方，真正的原因是你主观上变心了。"这句诗十分形象地表达了主观与客观这对矛盾的辩证关系。

因此，在认识外部世界的过程中，做到客观理性，摒弃主观意识对认知的影响是提升"辨惑"能力的重要途径。而在这一过程中，礼制思维仍然发挥着不可替代的作用。由此也可以看出，孔子的思想在实质上同样是客观、唯物、辩证的。

12.11　齐景公问政于孔子，孔子对曰："君君，臣臣，父父，子子。"公曰："善哉！信如君不君[1]、臣不臣、父不父、子不子，虽有粟，吾得而食诸？"

【注释】

[1] 信：听凭，随意，放任。

【译文】

齐景公问孔子如何治理国家，孔子回答说："全体社会成员都应该按照礼制的规范，各安其位、各司其职。无论是君王、大臣、长辈还是晚辈，都应该以礼制的要求来规范自己的言行举止，使自己符合礼制的要求。"齐景公说："讲得好啊！若真是听凭大家不遵从礼制规范而恣意妄为，致使君王做得不像君王，大臣做得不像大臣，父辈做得不像父辈，晚辈做得不像晚辈，恐怕即使有粟米，我们也吃不到嘴里啊！"

【解读】

对于齐景公的问政，孔子同样给出了异于其他人的回复，这里孔子给出的答案更贴近于实践层面。他指出，各层级的社会成员，要对自己的身份进行准确定位，按照礼制规范的要求，做好自己分内的事情，这就是施政的根本所在。可以看出，孔子的回答的核心依旧是礼制。齐景公对孔子的这种见解十分赞同，认为如果大家真的随心所欲，社会秩序就会混乱，恐怕就是有饭也吃不到嘴里。这也是在12.7章，孔子主张先"去兵"，再"去食"的缘故。如果没有礼制规范作为约束，就会导致民心涣散，各行其是，最终造成社会动荡。"倾巢之下安有完卵"，而齐景公比较深刻地意识到了这一点。

孔子强调以礼制规范作为处理君臣之间，以及父子、兄弟、朋友之间的社会关系的准则。可以看出，礼制对维系社会的和谐与稳定具有十分重要的现实作用和深远的社会意义。孔子致力于推行礼制和恢复周礼，这对当时礼坏乐崩的社会环境而言是一味良药。但是，又有谁能真正理解呢？又有谁能够真正意识到社会不施行礼制的潜在危险呢？这种危险犹如"浸润之谮"，又似"肤受之愬"，应该引起包括上层统治阶级在内的所有人的高度重视。

孔子的这种见解同样是基于人的社会属性的，只有在社会实践的基础上，把握人与自然、人与人的相互作用关系，才能把握人的本质。人是组成社会的基本元素，同样也是恢复和推行礼制至关重要的因素。因此，维系符合礼制的人际关系和社会关系，是营造和谐安定社会环境、保障社会稳步发展的重要基础。

12.12　子曰："片言可以折狱者[1]，其由也与？"子路无宿诺[2]。

【注释】

[1] 片言：只言片语，片面之辞。折狱：断案。
[2] 宿诺：以前的诺言，也作"夙诺"。

【译文】

孔子说："依据一面之辞就可以判决案件的，大概只有仲由了吧！"子路一旦承诺就会尽快履行，没有未履行的诺言。

【解读】

"片言"，古人叫作"单辞"。打官司一定有原告和被告两方面的人，叫作"两造"。自古迄今从来没有只根据"单辞"来判决案件的。

结合上下文来看，12.10章，孔子在与子张交流的过程中就已经明确指出，观察事物切忌主观臆断，而子路的做法恰恰与孔子所秉持的"毋意、毋必、毋固、毋我"的原则相悖。如果再联系下一章内容，这里孔子对子路的做法并不赞赏，而是持否定态度。因此本章的主题是孔子告诫大家，不要像子路这样以偏概全，而是要充分认识问题，并正确处理整体与局部的辩证关系。子路"片言可以折狱"的做法有失偏颇，应当引以为戒。

本章内容是12.10章的延续，同时又是下一章内容的铺垫。在下一章，孔子现身说法，直截了当地表明了自己的原则方法，与子路的做法形成鲜明的对比。

12.13　子曰："听讼[1]，吾犹人也。必也，使无讼乎。"

【注释】

[1] 讼：在法庭上争辩是非曲直，打官司。

【译文】

孔子说："审理案件听取双方的争辩时，我所采取的方法是将自己当作当事人。最终的必然结果是使双方不再有争论。"

【解读】

本章内容继续探讨判决案件，其主旨在于借用事例表明一种客观辩证的思想方法，而有别于上一章子路主观的判案方式。

在前一章，孔子认为子路判决诉讼案件时比较主观片面，同时没有做到全面了解原被告双方的整体情况，那孔子自己是怎样做的呢？孔子的方法十分简单，也十分中肯。他在听取双方的争辩时，没有和常人一样将自己当作第三者，而是分别从原告、被告的角度，换位思考，设身处地地去思考和分析问题，依据礼制规范，最终做出自己的判决。由于采取了比较科学的方式，判决结果比较客观、公正，双方的争论自然就消失了，也不会留下什么后遗症。

换位思考是一种思想方法，设身处地地去考虑问题，最终找到双方都能接受的平衡点，从而达到最理想的结果，将来也不会再产生诉讼。当然这种判案的原则和方法也表现出了孔子的高明。

12.14　子张问政，子曰："居之无倦，行之以忠[1]。"

【注释】

[1] 行：做，办，实施。这里指行使国家权力。

【译文】

子张向孔子请教如何治国理政，孔子说："在位时要勤勉不倦，履职时要忠心耿耿。"

【解读】

当子张向孔子请教社会治理的方法时，孔子给出的答复与前面的两者不同，同样是因为子张的特点、身份和学识与前两者不同，他所关注的重点问题也与前两者不同。齐景公是一国之君，子贡曾经当过鲁国和卫国的丞相，同时擅长经商，子张的个人经历和思想境界与前两者存在一定的差异，因此孔子就对基本的工作态度和行事原则进行阐述。

"居之无倦"就是当一个人身居官位的时候，首先要思想坚定，还要做到持之以恒，不能因为工作中有困难而产生厌倦的情绪。"无倦"就是一个人要克服工作中的倦怠思想。"行之以忠"则是要求一个人在工作中脚踏实地、尽心尽力。以上两点用现在的话讲就是"干一行要爱一行，干一行要精一行"。在13.1章，当子路向孔子请教如何治国理政时，孔子同样向他提出了"无倦"的建议。

需要指出的是，本章的"忠"并非指愚忠，而是中性词，表示尽心竭力。"忠"也是儒家思想的重要组成要素，属于礼制思想的范畴，与"无倦"一样表现为一种认真负责的态度。

12.15　子曰："博学于文，约之以礼，亦可以弗畔矣夫[1]。"

【注释】

[1] 畔：田地的界限。

【译文】

孔子说："广博地修习《诗经》《尚书》《礼记》等经典文献，以礼制的要求来约束自己的行为，这样就可以不超出礼制和为政的边界了。"

【解读】

本章内容与6.27章的内容相近，只是前面少了主语，这样就将相关的概念泛化了。结合上下文所表达的主题思想，这里将君子的为人问题扩展到了为政。作为当政者，只有广泛地学习经典的文献书籍，以相应的礼制要求来约束和规范自己的言行，才能不至于超出"为国以礼"的边界。这种边界就是判定"仁政"与"暴政"，或者说是"有道"与"无道"的标准。

"博学于文"的初衷在于从以往的历史中总结和汲取经验教训，"约之以礼"则是对自身的思想和行为进行约束，其目的在于有一个好的发展和结果，这个过程其实就是曾子所说的"慎终追远"。

从篇章结构看，本章内容更像是对前文的概括性总结。与下文结合来看的话，在语义表达上好像还意犹未尽。于是在下一章，孔子又对"为国以礼"的判定标准进行了具象化表述。

12.16 子曰："君子成人之美[1]，不成人之恶；小人反是。"

【注释】

[1] 成：成全，帮助人，使达到目的。

【译文】

孔子说："君子总是帮助他人实现美好的愿望，而不去帮助他人做坏事情。小人却与此相反。"

【解读】

本章内容与前章内容具有一定的承接关系。从表面上看，孔子用概括性的语言阐明了君子与小人在如何帮助人上的区别。结合上下文所表达的主题来看，所有的问题都是围绕"为政"这一主题展开的。孔子在上一章提到了"为国以礼"的边界问题，那么具体评价标准是什么呢？就是本章提到的"君子成人之美，不成人之恶"。当政者在社会治理方面只要能够做到"成人之美，不成人之恶"，就是在施行仁政。

本章对"美"和"恶"这两个概念的表述比较笼统，20.2章相应的解读更为详尽。"成人之恶"的小人，孔子的学生中就有这么一个，他就是冉求，冉求帮助季氏敛财就是"成人之恶"。

12.17 季康子问政于孔子，孔子对曰："政者，正也。子帅以正[1]，孰敢不正？"

【注释】

[1] 帅：军队中最高的指挥员，担任指挥官。

【译文】

季康子向孔子询问为政之道，孔子回答说："政意味着正。就如作战一样，作为最高指挥官，您自己做得正，还有哪个敢不正呢？"

【解读】

季康子的为人在前文有过阐述。当他向孔子请教为政之道时，孔子从领导者的角度做出了阐释，认为领导者应当以身作则，率先垂范，从而在群众中树立起威信。这与孔子提出的"其身正，不令而行；其身不正，虽令不从"的观点完全一致。

我们在日常工作中，同样会遇到类似的问题。如果工作进展不顺，作为领导干部首先要从自身找原因，思考自己是不是真正起到了模范带头作用，而不能一出现问题就将矛头指向下级。同时，孔子也通过隐喻的手法反讽季康子的为人与执政方法，具体情况将在下一章通过事例展开阐述。

12.18　季康子患盗，问于孔子。孔子对曰："苟子之不欲，虽赏之不窃。"

【译文】

季康子为盗贼滋生而感到忧虑，问孔子有什么好的解决方案。孔子回答说："假如失窃之物是盗窃者不想要的，即使你赏赐给他他都不会要，更不会去偷窃这些东西了。"

【解读】

正确理解本章内容需要从以下两个方面入手。

首先是理解"季康子患盗"。在这里，季康子并不是因为自己家的东西被偷而感到忧虑，他作为一个当政者，是在相对较高的社会层面关注盗窃成风这一问题。即使是想问自己家的事儿，季康子也不可能明着问孔子。另外，考虑到孔子作为智者，应该会回答得比较委婉，不可能如此直截了当。从孔子与季康子两者之间的关系来看，孔子不会说"你家东西太多了，即使是悬赏或者赏赐也没人要"，孔子和季康子之间的关系还没有好到随意说话的程度。孔子回答季康子的问题时，肯定会依据礼制规范。这种回答方式不但违礼，也不符合孔子的语言风格。另外，从古至今也没有悬赏、奖励偷盗行为的先例。更为重要的是，被盗的东西一定可以用来解决生活问题，如粮食、财物。

其次是理解"虽赏之不窃"。季康子对盗窃问题深感忧虑，就问孔子有没有良策。孔子并没有直接说出解决办法，而是陈述了一个事实，委婉地表明了自己的观点。被盗物品一定是偷盗者所需要的，如果那些东西是大家不想要的，你就是赏赐给他，他都不会要的，更何况去偷呢。

与此同时，孔子比较含蓄地对季康子提出建议，从侧面给出了解决问题的正确思路，当政者应该充分考虑基层老百姓的民生问题。形成盗窃的社会风气有深层次的社会原因：常年战乱，民不聊生，乱臣当道，不施仁政等。社会状况的形成，与季康子等上层统治阶级有着密切的关系，正因为他们不遵从礼制规范，横征暴敛，骄奢淫逸，不顾及民生，才礼坏乐崩和社会动荡，这才是盗窃成风的根本原因。

本章虽然在表面上没有季康子问政的表述，但仍然是在探讨社会治理问题，可以看作是季康子问政，只是形式上不太正式罢了。接下来季康子的问政就比较正式了。

12.19 季康子问政于孔子曰："如杀无道以就有道，何如？"孔子对曰："子为政，焉用杀？子欲善而民善矣。君子之德风，小人之德草，草上之风必偃[1]。"

【注释】

[1] 上：在一个物体上施加某种形式的力量。偃：仰面倒下，放倒。

【译文】

季康子向孔子请教为政之道，说："如果杀掉那些缺乏道德修养的人，使社会风气得以好转，如何？"孔子回答说："您处理政事哪能采用杀戮的方法呢？您想做善事，百姓就会跟着做善事。君子的美德就像风一样，小人的德行就像草，当风吹到草上时，草就随着风向一边倒伏。"

【解读】

这是季康子第三次向孔子请教为政之道，看来季康子并没有理解孔子所说"政者，正也"的思想精要。

在本章他想杀的"无道"者，应该是那些不按照统治阶层的规矩行事的人，也就是那些违法者，当然也包括上一章所提到的盗窃者。遇到违法的问题，他还是没有从自身的修养和行为方面找原因，没有认真思考如何从根本上解决问题。同样没有从深层次思考这一问题的产生与自身的领导和统治是否有关，而是片面地认为是违法者缺乏道德修养。事实上，真正缺乏道德修养的人正是以季康子为代表的当政者，是他们忽视了大众的民生问题，没有考虑他们制定的法律制度是否符合礼制的规范，是否充分考虑了基层民众的承受能力。更为可悲的是，只想通过杀戮这一简单粗暴的方式处理违法问题，季康子贪婪而残暴的本性暴露无遗。

"季康子患盗"和"季康子问政"这两章的内容，真切地体现了孔子"成人之美，不成人之恶"的行为准则。

12.20 子张问："士何如斯可谓之达矣[1]？"子曰："何哉尔所谓达者？"子张对曰："在邦必闻，在家必闻。"子曰："是闻也，非达也。夫达也者，质直而好义，察言而观色，虑以下人[2]。在邦必达，在家必达。夫闻也者，色取仁而行违，居之不疑。在邦必闻，在家必闻。"

【注释】

[1] 达：懂得透彻，通达(事理)。
[2] 下：放下自己的身份地位以示谦恭。

【译文】

子张问孔子："士怎样做才可以称得上'达'呢？"孔子说："你所说的'达'是什么意思？"子张回答说："在诸侯之邦一定有名望，在家一定有名望。"孔子说："这是'闻'，不是'达'。那些称得上'达'的人，为人朴实正直而讲求信义，善于察言观色，而且总会放低自己的身份考虑问题。这类人才能达到在邦必定通达，在家也必定通达的境界。那些仅有名望的人，往往表面上是仁者的姿态，而实际行为上却与'仁'的思想原则相悖，并且以仁者自居，对此深信不疑。这类人才是你所说的'在邦必闻，在家必闻'。"

【解读】

本章孔子通过与子张的交流阐述了"达"与"闻"之间的辩证关系，以及达到"达"这种境界的原则方法。

在子张看来，"闻"和"达"是两个差不多的概念，都指在一定范围内有名望，并没有真正理解两个概念的本质及二者之间的辩证关系。因此，孔子首先听取了他对"达"的理解和界定，接着分析了"达者"和"闻者"这两种人的性格和行为特征。"达者"，其本质是正直的，而且认同公正合宜的道理，能够客观细致地分析自己所听到的和看到的表象，同时又能够放下自己的身份和地位去考虑问题，从而做出具有独到见解的深层次判断。相比而言，所谓的"闻者"，只是表现得像是仁者，但是行为却与之相背，还以仁者自居，对此确信不疑，到处招摇，以至于外界和家里对其都有所耳闻。

接下来，孔子进一步指出了子张在概念方面存在的误区。在孔子看来，"闻"和"达"的认识主体有区别，"闻"的主体是其他人，而不是自己，"达"的主体才是自身。只有自己在主观上有提高个人修养水平和认知能力愿望的情况下，才能在客观上更好地达到"闻"的效果。从另一方面讲，"达"是对自我修身严格要求的初心和结果，"闻"并非自身所追求的目标。"闻"只是表面文章，并不能表明本质上修身致仁的自我意愿，有可能仅是一种伪装罢了。

"达者"未必有"闻"，"闻者"未必能"达"，一个是事物本质，一个是表面现象。那如何加以区分呢？其实在12.6章与12.10章，孔子已经给出了相应的思想方法，接下来又做了进一步的阐释。

12.21　樊迟从游于舞雩之下，曰："敢问崇德、修慝[1]、辨惑。"子曰："善哉问！先事后得[2]，非崇德与？攻其恶，无攻人之恶，非修慝与？一朝之忿[3]，忘其身，以及其亲，非惑与？"

【注释】

[1] 修：修行。慝(tè)：邪恶，罪恶，恶念。

[2] 事：事情，工作。

[3] 忿(fèn)：因为不满意而感情激动，发怒。

【译文】

樊迟跟随孔子游至舞雩台下，对孔子说："请问怎样才能算得上崇德、修慝、辨惑呢？"孔子说："这个问题问得好！先勤勉工作，后考虑所得，这不就是崇德吗？逐步改正自身存在的恶习恶念，不一味指责别人的过错，这不就是修慝吗？因为一时的愤怒而忘了自身的安危，甚至殃及自己的亲人，这不就是犯迷糊吗？"

【解读】

在12.10章，子张曾经向孔子请教过"崇德辨惑"的问题，樊迟的问题增加了"修慝"。从提出问题的角度来看，他与子张相比有了质的提升，已经涉及内心修养层面，这就是孔子夸樊迟问题问得好的主要原因。大致相同的问题，孔子对樊迟的回答与对子张的不相同，再次体现了孔子因材施教的育人特点。

樊迟与孔子之间交流的话题比较广泛，涉及孝、知、仁、稼、圃等问题，可以看出樊迟是一个勤学好问的学生。但是他也有自己的不足之处，樊迟勇武，有一定的军事才能，脾气急躁，缺乏耐心，有时候表现为急于求成。孔子正是结合他的上述特点对问题做出了回答。

"先事后得"，就是按照礼制的规范和要求，先把自己职责范围内的事情做好，然后再考虑最终的收获和所得。如果事先考虑所得，患得患失的话，就不会踏踏实实地做事情了，这就是孔子所说的"小人长戚戚"。这里的"先事后得"与6.22章孔子提到的"先难后获"有所区别，但也有相通之处。"先难后获"侧重于凸显担当精神，"先事后得"则侧重于履职尽责。

"攻其恶，无攻人之恶"其实就是刀刃向内，自我剖析，自我反省，其实这就是孔子所主张的"见贤思齐焉，见不贤而内自省也"。深挖自己思想深处的恶念，提升思想境界，这就是"修慝"的真正目的，而不是一味地发现和攻击其他人的缺点和不足。"攻人之恶"也就是前面提到的"攻乎异端"。

"一朝之忿，忘其身，以及其亲，非惑与？"则是孔子针对樊迟勇武的行为特点，对他提出的个性化建议，这就是孔子所讲的"小不忍，则乱大谋"。

通过对比不难看出，虽然孔子回答的内容有所不同，但精神实质是一样的，那就是要求大家按照礼制的要求，不断规范自己的思想和言行，从而提升自身的思想境界和修养水平。

12.22 樊迟问仁，子曰："爱人。"问知，子曰："知人。"樊迟未达，子曰："举直错诸枉，能使枉者直。"樊迟退，见子夏，曰："乡也吾见于夫子而问知[1]，子曰：'举直错诸枉，能使枉者直'，何谓也？"子夏曰："富哉言乎！舜有天下，选于众，举皋陶，不仁者远矣。汤有天下，选于众，举伊尹，不仁者远矣。"

【注释】

[1] 乡(xiàng)：同"向"，刚才。（杨朝明《论语诠解》）

【译文】

樊迟向孔子请教"仁"的问题，孔子说："爱人。"樊迟又问，那么什么是"智"呢？孔子说："了解人。"樊迟没听懂。孔子解释道："选拔那些正直的人，弃用那些不正直的人，就能使不正直的人也变得正直。"樊迟从孔子那里退出来见到了子夏，说："刚才，我见到老师，问他什么是'智'，夫子说：'举直错诸枉，能使枉者直。'这是什么意思？"子夏说：

"这句话的含义简直是太丰富了！舜有了天下之后，通过选举从众人中选中了皋陶(yáo)，人们以皋陶为榜样，自觉践行仁德，从而疏远了那些不仁的人。商汤有了天下，从众人中选用了伊尹，人们以伊尹为榜样，自觉践行仁德，从而疏远了那些不仁的人。"

【解读】

《雍也》篇中也有樊迟向孔子请教"仁"和"知"的相关描述。在本章，孔子再次提到了"仁"与"知"，子夏则通过"选贤任能"的例子在实践层面论证了二者的辩证关系。

在6.22章，孔子从"务民之义，敬鬼神而远之"的角度阐述了对"知"的理解，以"先难而后获"的原则方法阐释了"仁"的特征。孔子的"爱人"思想在1.5章就已经提及。在孔子看来，"爱人"是"仁"的核心与本质，体现了孔子的人本思想。关于"知人"，1.16章也有相关阐述："不患人之不己知，患不知人也。"

由此可以看出，"爱人"是"仁"的本质，而"知人"是"爱人"的前提和基础。在社会治理方面，"知人"主要表现在对人的选拔和任用上，进一步突出用人导向。只有选拔正直的人，才能真正起到榜样的作用。子夏提到的皋陶和伊尹在品行和修养方面都符合"仁德"的相关标准和要求。

在本章和2.19章，孔子都提到了"举直错诸枉"这一观点，两者所表达的思想在根本上是一致的。子夏在回答樊迟的问题时用了一个"富"字，说明"举直错诸枉"的含义十分丰富。为了便于樊迟理解，子夏就以舜、商汤选用人才为例，对"举直错诸枉"进行了针对性的解读。在2.19章，只是给出了广义的原则性观点，而在这里，子夏在狭义的层面上对"举直错诸枉"进行了具象化的分析和描述。

12.23　子贡问友，子曰："忠告而善道之，不可则止，毋自辱焉。"

【译文】

子贡向孔子请教交友之道，孔子说："如果发现朋友存在不足，应该对他提出忠告。但在提出忠告时，要注意采取对方能够接受的交流方式，好好地劝导他。若是他不愿听从劝导，就应该适可而止，免得自取其辱。"

【解读】

孔子在谈及交友之道时，提出了一般性的方法和原则。这种方法原则并不只限于交友，在与不同层面的人交往时都是适用的。

首先，如果发现自己的朋友存在不足，应该及时给对方提出忠告。事实上这是从对方的角度出发，做到对朋友尽"忠"，对潜在的风险做出提示，完全符合礼制的要求。

其次，要采取正确的方法，用对方能够接受的方式告诉他，以免出现"直而无礼"的情况。

最后，还要注意把握分寸，如果对方不愿意接受，自己要适可而止，就像子游说的那样"事君数，斯辱矣；朋友数，斯疏矣"，免得对方不高兴，导致自取其辱。

反观前面几章，孔子回复季康子等人问政时，不就是本着这种原则的吗？

12.24 曾子曰："君子以文会友[1]，以友辅仁。"

【注释】

[1] 文：经典文献著作。

【译文】

曾子说："君子以礼制规范的相应形式与朋友交往，结交品行高尚的朋友以提高自身仁德修养。"

【解读】

一般情况下，"文"泛指经典文献著作，具体到本章，则是指与礼制规范相关的经典文献，或者经典文献中与礼制规范有关的内容。

通过曾子的"以文会友"，可以看出孔子所阐释的礼制方面的道理并非自己杜撰或独创的，而是通过学习经典文献，在继承前人思想成果的基础上，结合现实情况及自身的思考，将其进一步凝练和升华得到的。学习经典文献的过程，也是吸收和借鉴前人思想的过程。就这一点上看，"以文会友"与"有朋自远方来"在意境上具有相通之处。

再来看"以友辅仁"。在9.25章孔子曾提出"主忠信。毋友不如己者"的观点，主张结交品德高尚的朋友，这样客观上可以受到朋友的正向激励与影响，促使自身思想境界和修养水平得到提升。这里的"以友辅仁"与"毋友不如己者"形成呼应。

"辅"字突出了人在修身致仁的过程中，自身才是主体，为提高思想境界和自身修养水平，应该充分发挥自身的主观能动作用，以自身为主、外界为辅。这与孔子提出的"为仁由己"的观点高度契合。由此可以看出，曾子与孔子的思想观点同样是比较客观和辩证的。

从整体看，曾子在本章提出的观点是对上一章孔子阐述的交友之道的延伸和补充，同时又与12.1章的"颜渊问仁"形成呼应。

其实本章的"文"一语双关，同样能够表明礼制的重要作用。"文"的作用在于进一步强调君子在与人交往的过程中应该采取符合礼制规范的方式。这种符合礼制规范的交往方式正是上文中"善道"的前提和基础。

第十三篇

子路

　　《子路》篇的主要内容是孔子阐释为政之道，而礼制同样是施行仁政的重要基础。本篇从"子路问政"开始，孔子结合子路、仲弓、樊迟等人不同的性格特点和行事风格，分别给予了相应的建议，同时阐述了为政的态度、政治的本质、礼制的重要作用等内容，以及用人、决策等技术性原则问题，主要包括以下几个方面。

　　首先是为政的态度。孔子对子路指出，为政者自己要做到身先士卒、以身作则，还要踏实肯干、不辞辛苦。孔子接着向仲弓指出，为政要坚持原则，对不同的人采用不同的对待方式，不要和自私自利的小人计较，不对人求全责备，注意举荐自己充分了解的贤才。无论是担任职务，还是开展具体工作，都要做到名正言顺，这是顺利开展工作的重要基础。

　　其次要注重礼制规范。在回复樊迟的问题时，一方面，孔子提出要抓住为政的核心，在为政的过程中要高度重视礼制的作用，即施行仁政。另一方面，孔子指出要做到理论与实践相结合，礼制规范要在认真学习的基础上做到活学活用，切忌生搬硬套和刻板教条。

　　最后是执政的技术原则及用人、决策问题。在执政方面，一是不能急于求成，不能贪图小利；二是要善于透过表面发现问题的实质。在用人方面，尽量选用一些具备中庸思想的人。在决策方面，不能以群众的好恶作为判定的标准，而应当客观辩证地予以审视。

　　总体来说，本篇内容主题明确突出，论证严谨，逻辑缜密。

13.1 子路问政，子曰："先之，劳之[1]。"请益，曰："无倦[2]。"

【注释】

[1] 劳：任劳任怨。

[2] 无倦：孜孜不倦。

【译文】

子路向孔子请教如何从政，孔子说："首先要做到身先士卒，其次要做到任劳任怨。"子路想听更多的建议，孔子说："孜孜不倦。"

【解读】

在《颜渊》篇，先后有子贡、齐景公、子张和季康子等人向孔子请教治国理政的问题，孔子均给出了个性化的指导性建议。当子路问政时，孔子的回答仍然与前面不同。孔子提出了两条建议，子路听后似乎感觉意犹未尽，请求孔子再多说一些，于是孔子就又加了一条"无倦"。

"先之"就是自己要身体力行带好头，然后大家一起辛勤劳作。在2.13章，孔子曾向子贡指出"先行其言而后从之"。不难理解"先之"的意思，就是作为当政者，要做到身先士卒，在各个方面起到良好的模范带头作用。

"劳之"涉及主体的问题。"劳之"的主体是当政者还是老百姓呢？如果结合12.1章孔子提出的"为仁由己"的观点，以及12.14章子张问政时孔子所做的回答"行之以忠"，"劳之"的主体应该是当政者自己，而不是老百姓。因此，孔子对子路提出的"劳之"是建议子路在工作中做到任劳任怨，而不是让老百姓辛勤劳动。

为什么孔子同样对子路提出了"无倦"的建议呢？这是由于子路的性格原因。在12.12章，孔子曾提到子路"片言可以折狱"，说明子路性情急躁，自身学识和修养还没有达到相应的水平，有可能在较短的一段时间内，就会出现职业倦怠的情况，因此对他提出了要持之以恒的建议。

13.2 仲弓为季氏宰，问政，子曰："先有司[1]，赦小过，举贤才[2]。"曰："焉知贤才而举之？"曰："举尔所知。尔所不知，人其舍诸？"

【注释】

[1] 有司：出手吝啬，存有私心的人。

[2] 举：举荐。

【译文】

仲弓将赴任季氏的地方主管，向孔子请教如何处理政事。孔子说："凡事先让着存有私心的人，放过别人的小过错，举荐有德行和有才能的人。"仲弓问："怎么知道哪些是贤才并且举荐他们呢？"孔子回答说："举荐你所了解的即可。至于那些你不了解的，难道别人还会舍弃他们吗？"

【解读】

在20.2章中，孔子对前文提到的部分概念进行了明确的阐释，十分系统地为子张阐释了为政之道及其精要。其中的"犹之与人也，出纳之吝谓之有司"就是"有司"的准确解释，即"出手悭吝，器量狭小"的人。

"先有司"就是对这种器量狭小、自私自利的人，先不要和他一般见识，免得他们纠缠，对大局造成影响。"赦小过"，即对并不涉及大是大非的小过错不予追究，与18.10章所说的"无求备于一人"的原则是一样的。"举贤才"，就是选拔和推荐具有良好德行和才能的人。这种做法的好处，在12.22章"樊迟问仁"时，子夏已经做出了回答。整体来看，孔子所说的三条建议层次分明，有章可循，告诫仲弓要做到抓大放小，循序渐进。

仲弓对第三条"举贤才"的建议稍感困惑，没能理解其中的玄机。于是孔子接着向他阐释了举荐贤才所需要掌握的基本原则，即"举尔所知"，举荐那些你自己十分了解的。对那些你不十分了解的或者根本不了解的人，不要轻易举荐。那这些人怎么办呢？你不了解并不意味着别人不了解，举荐贤才也不是你仲弓自己一个人的事情，其他的人由了解他们的人推荐就是了。这里，孔子建议"举贤才"，为什么不用"举才"呢？原因在于"君子成人之美，不成人之恶"，对所推荐的人一定要本着高度负责的态度，把好质量关。孔子所主张的"举尔所知"与12.22章提到的"知人"一样，也显示出了"仁""爱人""知人"和"为政"之间的密切联系。"爱人"是施行仁政的前提，"知人"是施行仁政的基础。

另外，举荐贤才也是一种美德。在15.14章，孔子评价臧文仲："臧文仲其窃位者与！知柳下惠之贤而不与立也。"可见臧文仲这个人就缺乏这种举荐贤才的美德。还有一个问题，为什么这里用"举"，而不是"任"，原因在于仲弓也是个打工的，用人的决定权在季氏手里。

总体来看，孔子对仲弓提出的建议可以归结为一点三条，既要具备大局意识，还要做到礼让有司、宽容别人和选贤荐能。

13.3　子路曰："卫君待子而为政，子将奚先？"子曰："必也正名乎！"子路曰："有是哉，子之迂也[1]！奚其正？"子曰："野哉由也[2]！君子于其所不知？盖阙如也[3]。名不正，则言不顺；言不顺，则事不成；事不成，则礼乐不兴；礼乐不兴，则刑罚不中；刑罚不中，则民无所错手足。故君子名之必可言也，言之必可行也。君子于其言，无所苟而已矣。"

【注释】

[1] 迂：迂腐，（言谈、行事）拘泥于陈旧的准则，不适应新时代。

[2] 野：一种解释是蛮不讲理，粗鲁没礼貌。

[3] 阙如：欠缺，空缺。

【译文】

　　子路说："卫国的国君等待您去都他治国理政，您认为首先应该解决的问题是什么？"孔子说："那必定是正名这件事了。"子路说："倒是有道理，不过老师您也太迂腐了吧！为什么非要正当的名分呢？"孔子说："仲由，你太不注意礼制规范的细节了！君子（卫灵公）难道真的不懂这些规矩吗？大概是忽视了吧。名分不正当，说话就不顺当；说话不顺当，事情就难以办成；事情办不成，礼乐规范就难以兴起；礼乐规范不能兴起，刑罚就难以恰如其分；刑罚不能恰如其分，老百姓就会惶惶然不知所措。因此，君子的名分一定要能够说得出口，能说得出口的必定是可行的。君子对自己说的话，一点都不能随便。"

【解读】

　　首先需要介绍一下卫灵公对待孔子的态度。孔子在卫国可谓一波三折，最终结果也不太令人满意。卫灵公对孔子的态度也是时好时坏，后来孔子不得不离开卫国。据《史记》记载：卫灵公闻孔子来，喜，郊迎……灵公老，怠于政，不用孔子。孔子喟然叹曰："苟有用我者，期月而已，三年有成。"孔子行。

　　基于礼制规范，应如何看待名分，卫灵公作为一国君主不可能不知道，但是他并没有遵从礼制规范来处理事情。他很希望孔子去帮助他治国理政，却不给孔子正当的名分，这在孔子看来是违背礼制的。因此，孔子认为名分是形式，形式与内容应该高度统一。在子路看来，老师太过拘泥于礼制的繁文缛节，看中这些所谓的名分等细节。在6.18章，孔子曾指出"质胜文则野，文胜质则史"，所以当子路提出"有是哉，子之迂也！奚其正"的观点时，孔子进行了明确的驳斥，指出"野哉由也"。这里的"野"是指在思想上缺乏礼制意识和礼制思维。

　　接着，孔子向子路阐释了名分正当的重要意义。在孔子看来，正当的名分是礼制的必然要求，名分不正当的最终结果是社会动荡，也就是说，社会动荡归根结底在于当时的上层人士不遵从礼制。从表面上看，孔子要的是名分，而实质上孔子要的是大家都遵从礼制的规范。

　　本章的最后一句"君子于其言，无所苟而已矣"一语双关，一方面是指子路说话太随意，缺乏礼制意识和思维；另一方面则是指卫灵公说话不算数，出尔反尔。

13.4　樊迟请学稼，子曰："吾不如老农。"请学为圃[1]，曰："吾不如老圃[2]。"樊迟出，子曰："小人哉，樊须也！上好礼，则民莫敢不敬；上好义，则民莫敢不服；上好信，则民莫敢不用情。夫如是，则四方之民襁负其子而至矣[3]，焉用稼？"

【注释】

[1] 圃：种蔬菜、花草的园子或园地。

[2] 老圃：指种圃的农民。

[3] 襁：背小孩子用的宽带子。

【译文】

　　樊迟向孔子请教种庄稼方面的知识，孔子说："我不如经验丰富的农民。"樊迟又向孔子请教种菜方面的知识，孔子说："我不如经验丰富的种圃的农民。"樊迟出去后，孔子说："这个樊须的格局还是小啊！如果居于上位的人讲究礼制，百姓就不敢不恭敬；居于上位的人行事合乎正义，百姓就不敢不服从；居于上位的人恪守信用，百姓就不敢不真诚相待。假如能这样的话，那么周围的老百姓就会背着他们的孩子到你这里来，哪里用得着你自己去种庄稼呢？"

【解读】

要想准确理解本章的含义，需要搞清楚以下几个问题。

第一，樊迟学种庄稼和种菜的原因与动机。樊迟师从孔子之前在冉求手下任职，冉求任季氏的家宰。这一次是樊迟要去担任一定的职务，在赴任前向孔子请教相关的问题。在樊迟看来，种好庄稼和种好蔬菜可以确保食物充足，能够为当地百姓解决生活问题。

第二，为什么孔子不予回答？孔子不回答樊迟的问题，并非自己真的不会，原因在于他认为樊迟是"小人"。孔子说"小人哉，樊须也"并不是辱骂或者在背后诋毁樊迟，而是对樊迟思想格局的客观评价，同时指出了为政的关键。

第三，孔子想要表达的主要思想是什么？种庄稼和种菜是普通老百姓都能做到的，仅凭樊迟自己不会对改善百姓生活产生多大的影响。假使樊迟的格局大一些，做到好礼、好义、好信，那么必定能赢得民众的尊敬、佩服和真情。如果真能做到这些，周围的民众即使是有小孩子缠身，也会背着孩子来投奔他。种地这种小事儿不是樊迟应该考虑的。

由此可知，孔子的主要思想有两个，一是作为领导人要学会分清工作的重点，做到抓大放小；二是要充分认识到礼制在社会治理过程中的重要作用，作为领导者应当提升自身的思想格局，以推行礼制为己任，致力于对民众的引导和教化，这才是为政的关键所在。

13.5　子曰："诵《诗》三百，授之以政，不达；使于四方，不能专对；虽多，亦奚以为？"

【译文】

孔子说："即使把《诗经》中的三百多篇都背得滚瓜烂熟，把政事交付给他，却不通达《诗经》中所蕴含的社会治理的道理；作为使者出使周围的国家，而做不到随机应答，这样的人即使书读得再多，又有什么用呢？"

【解读】

本文多次谈及《诗经》，并多次引用《诗经》中的诗句，孔子在晚年专门对《诗经》进行了修订。由此可见，孔子十分重视《诗经》这部经典文献。那么《诗经》对于从政的人来说有哪些具体作用呢？17.9章给出了相应的解释："《诗》可以兴，可以观，可以群，可以怨。迩之事父，远之事君。"孔子认为，《诗经》中的诗歌蕴含着许多符合礼制的道理，诗是作为礼制引导和教化的载体出现并存在的。学习《诗经》不但能够提高人们的文化修养，同时还能够使人们充分了解礼制的思想和具体规范，通晓外在世界的一般性客观规律。但在孔子看来，即使熟读《诗经》，如果没有正确把握其思想内涵，不能做到学以致用，一切皆是枉然。

由此我们可以认识到两方面的道理：第一，要学会读书，不但要读懂字面的意思，还要读懂字面背后所蕴藏的做人做事的道理。第二，要突出问题导向，必须做到理论联系实际，读书要着眼于解决实际问题。同时对所学到的知识不能生搬硬套，要做到实事求是、灵活运用。

可以看出，本章内容是前一章的延续，孔子意在表明为政的两个关键问题：一是不必贪多，抓住重点，通晓事物之间的道理即可；二是不可教条化，在具体工作实践中能够灵活运用更为重要。

13.6 子曰："其身正，不令而行；其身不正，虽令不从。"

【译文】

孔子说："如果当政者自身行事端正，即使没有下达任何指令，周围的人也会跟着行动。与之相反的是，如果当政者自身行事不端正，即使下达了命令，周围的人也不会听从。"

【解读】

本章内容不难理解，重点强调为政者的表率作用。需要注意的是，"其身正"与"其身不正"都是指遵从礼制方面。

13.7 子曰："鲁卫之政，兄弟也。"

【译文】

孔子说："鲁国和卫国的政治局面，看起来真像是一对难兄难弟。"

【解读】

《史记》中有相关的记载，孔子曰："鲁卫之政，兄弟也。"是时，卫君辄父不得立，在外，诸侯数以为让。孔子弟子多仕于卫，卫君欲得孔子为政。孔子说这番话的时间应该与13.3章孔子与子路对话的时间差不变。孔子周游列国也与鲁国执政者沉湎女乐、不理朝政，孔子与执政者的矛盾进一步激化有关。由此看来，卫国与鲁国的情况差不多，国家治理方面都比较混乱，完全与礼制的规范和要求背道而驰。因此，孔子把鲁国和卫国当时的政治局面十分形象地比喻成了一对难兄难弟。

孔子在这里说"鲁卫之政，兄弟也"的动机又是什么呢？其实还是在延续樊迟问政的话题，指出鲁卫两国社会治理混乱的根本原因都是没有很好地遵从礼制规范，再次强调为政的核心是统治阶级推行和遵从礼制。

13.8 子谓卫公子荆，"善居室。始有，曰：'苟合矣[1]。'少有[2]，曰：'苟完矣[3]。'富有，曰：'苟美矣。'"

【注释】

[1] 苟：姑且。合：凑合，将就。

[2] 少：稍微。

[3] 完：全，完整。

【译文】

孔子评论卫国的公子荆时说："他善于居家过日子。刚刚有了点产产的时候，就说：'将就着够了。'财帛稍有增加，就说：'差不多已经很全了。'财帛多起来了，就说：'算得上是完美了。'"

【解读】

卫公子荆，卫国大夫，字南楚，卫献公的儿子。孔子在谈到卫公子荆时，对他勤俭持家的态度表示赞赏。从本章内容看，公子荆能够做到知足常乐，与周围的其他士大夫相比，算得上是一股清流。

结合上下文来看，在这里提到公子荆的目的在于将鲁国和卫国的整体情况再次做对比，指出两国的区别。在上一章，孔子将鲁国和卫国的政局比作一对难兄难弟，但是两国的社会局面还是有很大区别的，最根本的区别就在于卫国还有公子荆这样知足常乐的人，同时还有一批德才兼具的大臣。这就是即使卫灵公如此无道，卫国也没有迅速没落的原因。虽然表面上看，鲁国、卫国的社会状况差不多，但是就执政团队的核心而言，卫国还是要比鲁国好一些。

13.9 子适卫[1]，冉有仆，子曰："庶矣哉[2]！"冉有曰："既庶矣，又何加焉？"曰："富之。"曰："既富矣，又何加焉？"曰："教之。"

【注释】

[1] 适：到，去。
[2] 庶：人口多。

【译文】

孔子到了卫国，冉有服侍左右。孔子说："卫国人口真多啊！"冉有说："人口多起来之后，还需要做些什么呢？"孔子说："要让百姓富足。"冉有说："百姓富足了，接下来又该再做些什么呢？"孔子说："那就教化、开导他们。"

【解读】

孔子到了卫国之后，在冉有的陪同下体察民情，看到卫国人口比较多，由此师生二人展开了交流。

孔子提出了自己的观点：一个国家的繁荣昌盛不仅仅表现在人口众多上，民众还要富足，并且得到教育，而教育的重点内容应该是礼制。孔子的观点阐明了社会发展的必然规律，同时阐释了经济基础决定上层建筑的辩证关系。"仓廪实而知礼节，衣食足则知荣辱。"经济基础决定上层建筑，经济繁荣，百姓富足，文化教育是必然要求。同时，教育水平和民众素质的普遍提升，也是实现经济社会健康可持续发展的必由之路和重要保证。

13.10 子曰："苟有用我者，期月而已可也[1]，三年有成。"

【注释】

[1] 期(jī)月：一整年。

【译文】

孔子说："如果有人任用我治理国家的话，一年就可以有所起色，差不多三年就会见到明显成效。"

【解读】

据《史记》记载，灵公老，怠于政，不用孔子。孔子喟然叹曰："苟有用我者，期月而已，三年有成。"孔子行。可以看出，孔子旅居卫国，卫灵公始终没有对孔子委以重任，孔子十分失落，有种壮志未酬的感觉，最终选择从卫国离开。

真像孔子所说的那样，给他一个月的时间就能初见成效，三年时间能够使社会实现根本好转吗？此言不虚，《史记》中也有相关记载："定公十四年，孔子年五十六，由大司寇行摄相事，有喜色……与闻国政三月，粥羔豚者弗饰贾；男女行者别于途；途不拾遗；四方之客至乎邑者不求有司，皆予之以归。"可见，孔子有过执政经历，并且成功了，"期月而已可也，三年有成"的说法是比较可信的。但可悲的是，卫灵公并没有为孔子提供施展才华和抱负的机会。

13.11 子曰："'善人为邦百年，亦可以胜残去杀矣。'诚哉是言也！"

【译文】

孔子说："'由善人治理国家一百年，可以使残暴的人化而为善，使世间废除刑杀。'这话说得真对啊！"

【解读】

在11.20章，我们讨论过"善人"的概念，所谓"善人"，就是在思想和行为、为人与处世、学问与修养等方面都比常人要好一些，但还算不上优秀的人。其突出特点是比较全面，本性比较好，但没有特别突出的地方。

孔子在这里借用别人的口吻表达了自己的观点，认为"善人为邦百年，亦可以胜残去杀矣"。这句话还是比较符合道理的。那么这个道理指的又是什么呢？孔子是在说，良好社会风气和某种特定文化的形成需要一个漫长而渐进的过程，不可能一蹴而就，有可能需要相当长的历史时期，甚至是几代人的不懈努力，夏朝、商朝和周朝的历史能够证明这一观点。

同时，本章内容和前章内容同样形成顺接，孔子喟叹如果卫灵公给自己三年的时间，他就能在社会治理方面有所成就，即使不用他这样的能臣，哪怕任用"善人"，假以时日，社会风气同样会有所好转。言下之意，当时的绝大多数执政者并不具备相应的礼制意识和思维，就连一般"善人"的标准也达不到。

13.12 子曰："如有王者[1]，必世而后仁。"

【注释】

[1] 王：君主，最高统治者。此处用作动词。

【译文】

孔子说："如果有想称王的，那也一定要经过一代一代不间断地施行仁道的方式。"

【解读】

首先要了解一下"君"和"王"两个概念。二者相同之处在于都表示一定区域的最高统治者，不同之处在于属地的范围。"王"的权属更大，诸侯国是由王朝分封的，严格意义上讲，王朝的统治者才能称为"王"，诸侯国的统治者称为"君"。"如有王者"中的"王"当动词讲，意思是"称王于世，做到长期执政"。"如有王者，必世而后仁"，这是孔子通过对历史的分析和总结得出的结论。

在孔子看来，要想达到长期执政的目的，施行仁政是必由之路。春秋之前的历史已经证明了这一点，夏朝、商朝到周王朝的政权更迭都是由于末世统治者不尊崇礼制和昏庸无道。夏朝是中国史书中记载的第一个采用世袭制的朝代，前后延续470年。商朝是中国历史上的第二个朝代，前后相传17世31王，延续550余年。周朝是中国历史上继商朝之后的第三个奴隶制王朝。周朝共32代37王，享国790年。到孔子去世时，周王朝已经延续了567年。

孔子认为周朝能够长期执政，其主要原因在于周公制定了周礼，统治阶级能够通过遵从周礼施行仁政，基层民众遵从周礼尊重统治阶级，实现了社会的和谐与稳定，从而为周王朝的长期执政奠定了良好的基础。这也是孔子致力于推行礼制和恢复周礼的重要原因。孔子指出了施行仁政和实现长期执政之间的辩证关系，在这一关系中，主体仍然是当政者。

接下来的内容则直接对当政者提出了建议，告诉他们应该怎样做。

13.13 子曰："苟正其身矣，于从政乎何有？不能正其身，如正人何？"

【译文】

孔子说："当政者如果能端正自身，治理国家还会有什么难处？如果不能端正自身，又如何能使别人保持端正呢？"

【解读】

孔子在这里采用反问的句式提出自己的观点。其所阐述的道理与13.6章"其身正，不令而行"相同，都强调当政者应该以身作则，从自我做起，起到良好的模范带头作用，也与2.13章"先行其言而后从之"所表达的思想一致。

接下来的内容，就是用季氏的行为做了一个反面的案例分析。

13.14 冉子退朝，子曰："何晏也[1]？"对曰："有政。"子曰："其事也。如有政，虽不吾以[2]，吾其与闻之。"

【注释】

[1] 晏：迟，晚。

[2] 以：用。

【译文】

冉子从季氏家议事回来，孔子问："为何这么晚了才回来？"冉求回答说："有政事。"孔子说："恐怕是季氏家的私事吧。如果涉及国家公事的话，虽然国君现在不用我了，我还是会听说的。"

【解读】

孔子何以判断冉有所说的政事是季氏家的私事呢？孔子是从三个方面做出判断的。一是时间。如果是国家大事，没有必要在晚上商议，白天在朝堂上商议就行。二是传播范围。一般情况下，国家层面的事情都会涉及民众，势必民间有所议论，平常人都会有所了解。三是关注焦点。孔子时刻关注民众、体察民意、了解民情，观察和思考社会治理方面的问题，具有高度的政治敏锐性。

由此，孔子认为季氏和冉求商议的并非国家大事，而是季氏自己的私事。作为士大夫，不能做到出于公心，为大众的利益和国家的发展着想，而是专注于自身的私利私事，这种做法就是孔子所说的"不能正其身，如正人何"。

那么，作为上层的统治阶层，或者是领导阶层，该如何处理与基层民众的关系呢？在下一章，孔子提出了一个比较切合实际的范式。

13.15 定公问："一言而可以兴邦，有诸？"孔子对曰："言不可以若是其几也[1]。人之言曰：'为君难，为臣不易。'如知为君之难也，不几乎一言而兴邦乎？"曰："一言而丧邦[2]，有诸？"孔子对曰："言不可以若是其几也。人之言曰：'予无乐乎为君，唯其言而莫予违也。'如其善而莫之违也，不亦善乎？如不善而莫之违也，不几乎一言而丧邦乎？"

【注释】

[1] 几：细微。（汤可敬《说文解字今释》）
[2] 丧(sàng)：丢掉，失去，没落。

【译文】

鲁定公问："一句话就可以让邦国兴盛起来，有这回事吗？"孔子回答说："一般情况下话不可以这样说，如果这样说的话，它们之间有一些细微的关系。有人说：'做君主难，做大臣不易。'如果能够理解和体会到做君主的难处，这不就几乎等于一言兴邦了吗？"鲁定公说："一句话就可以使邦国丧亡，有这回事吗？"孔子回答说："一般情况下话不可以这样说，如果这样说的话，它们之间也有一些细微的关系。有人说：'我对做君主没有什么兴趣，只是他说的话我全部照办，绝不违抗。'如果君主说得对而没有人违抗，当然好了，如果说得不对也没有人违抗，不就几乎等于一言丧邦了吗？"

【解读】

"如知为君之难也"这句话是正确理解整章内容的关键。由于前面有"为君难，为臣不易"的表述，所以"如知为君之难也"的主体并非君主自己，而是大臣，下属也应该理解君主的难处。只有君主和大臣双方都能真正意识到彼此的不容易，上下级之间才能在思想上保持高度一致，才能在治理国家的过程中同心同德，如此一来国家的兴盛就是一种必然。

在3.19章，鲁定公与孔子的对话已经阐明了这种思想。孔子当时已经指出君臣之间的关系准则"君使臣以礼，臣事君以忠"，双方都以礼相待是建立良好君臣关系的重要基础。在这里，孔子交流的对象同样是鲁定公，所以借用君主与大臣的关系来说明问题。如果将这种思想进行泛化，那么无论在哪个层面，只要能够做到上下级同心同德、齐心协力，还有什么困难不能克服呢？

另一种情况则与之迥然不同。有人说我可以做到唯命是从，绝对服从上级的领导，表面上看，上下级关系也很和谐，但实际上存在着潜在的危险。孔子做了两方面的假设，一种情况是君主做的决策是正确的，臣子不违背君主的意志，这种情况当然很好，可以称为"成人之美"；另外一种情况是君主所做的决策是不正确的，并不符合礼制规范和要求，下属仍然坚决执行上级的命令，这样最终会危害民众的利益，继而导致君主威信扫地、国运没落，这种情况岂不就是"成人之恶"吗？

因此在孔子看来，以礼制规范为原则，共同努力形成一种同心同德的上下级关系是国家兴旺的重要基础。

13.16　叶公问政，子曰："近者说，远者来。"

【译文】

叶公问为政之道，孔子说："能够使周围及和自己亲近的人感到愉悦，能够让距离远或原来疏远你的人愿意归附你。"

【解读】

叶公的情况在7.19章有过介绍，当时孔子和叶公还没有见面，而本章和13.18章则是两位高人的直接对话，虽然内容简洁明了，背后蕴含的哲理却相当丰富。

当叶公向孔子请教社会治理方面的问题时，孔子给出了"近者说，远者来"的回答，可谓言简意赅。此处的"近"，并非仅仅表示距离上近，还应该包含双方之间的关系及思想等方面的亲近或接近。同样，"远"包含距离和空间上的远，以及双方关系的疏远和思想认同方面的差异。

如何实现"近者说，远者来"呢？核心是得民心。如果准确认识了孔子在本章提出的观点，那么在13.4章"樊迟请学稼"时，孔子不直接回答，并且用"小人"来评价樊迟就不难理解了。

在本章，孔子指出了为政的核心问题，接下来又谈到了为政的技术性原则，不能急于求成，不可贪图小利。

13.17　子夏为莒父宰[1]，问政，子曰："无欲速，无见小利。欲速则不达，见小利则大事不成。"

【注释】

[1] 莒父：地名，鲁国的一个城邑。

【译文】

子夏做了莒父的主管，向孔子请教为政之道。孔子说："不要急于求成，不要贪图眼前小利。急于求成反而达不到预期目的，贪图眼前小利往往办不成大事。"

【解读】

在7.21章，我们讨论过"子不语怪、力、乱、神"，其中的"乱"就是在提醒人们，在修身治学的过程中不能违背客观规律，应该遵循循序渐进的原则，与这里的"欲速则不达"是同样的道理。如果急于求成，就会违背事物的客观规律。例如，赢得民心，岂能是一朝一夕之功？

"见小利则大事不成"应该如何理解呢？凡是贪图蝇头小利的人思想格局都小，同时会因为与民争利，失去民众的支持，也就失去了民心。没有民众的支持如何能够做成大事呢？这种道理是显而易见的。

13.18 叶公语孔子曰："吾党有直躬者[1]，其父攘羊[2]，而子证之。"孔子曰："吾党之直者异于是。父为子隐，子为父隐，直在其中矣。"

【注释】

[1] 党：乡党，古代以五百户为一党。
[2] 攘：抢。

【译文】

叶公对孔子说："我的家乡这一带有个无论做什么事情都很正直的人，他的父亲抢了别人的羊，当别人追究此事时，他竟然证明确有此事。"孔子说："我的家乡正直的人与你说的有很大不同。遇到这类事情时，父亲为儿子隐瞒，儿子为父亲隐瞒，正直的道理就在其中了。"

【解读】

关于本章内容，大家要认真思考才能正确理解。

叶公说的"直躬者"并非真正的以直道立身行事的人，实际上是一个暗藏祸心、不遵从礼制规范的小人，这种人的做法是典型的"成人之恶"。叶公提到的这个人如果真的是正直的人，就不应该坐视"攘羊"这种不符合礼制的事情发生。作为儿子，可以采取很多方法制止，最起码的规劝就能起到一定的阻止效果。即使这件事是在儿子不知情的情况下发生的，同样也有很多可以补救的方案，做到亡羊补牢。例如，代表父亲向当事人道歉，争取羊主人的谅解。

但是他为什么偏偏在事情发生之后，又出来作证呢？甚至父亲抢羊这件事情极有可能就是由其告发的。为什么会出现这种情况呢？其更深层次的原因就是父子双方都没有按照礼制的规范来处理彼此之间的关系。可以肯定的是，父子之间在抢羊这件事情发生之前，就已经产生了隔阂，这件事情只是父子之间的矛盾进一步激化的具体表征。

从上下文来看，本章通过抢羊的事例告诉我们一个道理：看问题不要只看表面，而应该通过表面洞察事件背后的实质。礼制是赢得民心的重要基础，如果缺少了这种基础，即使是关系最为亲近的父子也会出现问题，其他的关系更无从谈起，治理社会更是难上加难。

13.19 樊迟问仁，子曰："居处恭，执事敬，与人忠。虽之夷狄，不可弃也。"

【译文】

樊迟问怎样做才能达到"仁"的标准，孔子说："对自己的身份有正确的定位，做事时保持敬畏的心态，与人交往时秉持忠厚诚实、尽心竭力的原则。即使到了缺乏教化的偏远之地也不可放弃这些原则。"

【解读】

孔子对樊迟做出的回答，我们可以从以下几个方面来理解。一是"居处恭"，就是对自己的身份有正确的定位，严格规范自己的言行举止，保持必要的严肃态度，使自己的表现与自己的身份相符合。二是"执事敬"，就是要高度重视自己所做的工作，对所从事的工作保持必要的敬畏。三是"与人忠"，就是在与人交往的过程中，要依照礼制的规范和要求尽心尽力。"虽之夷狄，不可弃也"则是转换了一个场景，意思是无论周围环境发生什么样的变化，即使是身处缺乏礼制教化的"夷狄"，依然要做到慎独慎微，按照礼制的要求行事。至于对方如何可以不做评判，至少要做到独善其身。如果能够起到示范作用则更好。

可以看出"居处恭，执事敬，与人忠"，孔子分别从正确定位身份、严格工作标准、坚守交往原则三个不同的方面，就樊迟的问题给出了中肯的建议。

13.20 子贡问曰："何如斯可谓之士矣？"子曰："行己有耻[1]，使于四方不辱君命，可谓士矣。"曰："敢问其次[2]。"曰："宗族称孝焉，乡党称弟焉。"曰："敢问其次。"曰："言必信，行必果。硁硁然小人哉[3]！抑亦可以为次矣。"曰："今之从政者何如？"子曰："噫！斗筲之人[4]，何足算也！"

【注释】

[1] 已：停止。

[2] 次：次序，等第。

[3] 硁硁：形容浅薄固执。

[4] 斗筲之人：器量狭小的人。斗筲，古代的饭筐，容量五升。

【译文】

子贡问孔子："怎样做才能称得上'士'呢？"孔子说："依礼行事，知耻而止。奉命出使四方能做到不辱君命，这种人就可以被称为'士'。"子贡说："如果降低一下标准呢？"孔子说："那些孝顺父母，在宗族范围内被人称道；尊重平辈，在乡邻范围内得到称赞的人，也可以称为'士'。"子贡说："如果再降低一下标准呢？"孔子说："那些言而有信，行为果决不移的人。甚至于那些浅薄固执、格局不大的人，都能称为'士'。"子贡说："当今的那些从政者如何？"孔子说："咳！这些才识短浅、气量狭窄的人，简直是不值一提！"

【解读】

"行己有耻"中的"己"当作停止来讲，意思是言行举止都应该以礼制规范的要求为原则，对于不符合礼制的言行应当知耻，继而行有所止。

从文中可以看出，孔子认为最高层次的"士"具备"行己有耻"的思想素质，同时具备不辱使命的行为能力，也就是上一章提到的"执事敬""虽之夷狄，不可弃"。第二等级的"士"能够做到孝悌，孝敬长辈，尊重平辈，得到大家的广泛认可。第三个等级的"士"的标准比较低，只要能做到言而有信，行动有结果。甚至那些气量比较小、思想意识浅薄、比较固执的人也可以称为"士"，这应该属于第四个等级最起码的标准和要求了。

子贡问孔子如何评价当时的从政者，孔子认为这群人器量十分狭小，思想格局太低，根本不值一提。为什么这样说呢？前面提到的这几位当政者的所作所为已经给出了答案，他们要么从根本上不知礼，要么即使知道礼制的规范也不愿意遵从，这才是当时社会混乱、民不聊生的根源。

13.21 子曰："不得中行而与之[1]，必也狂狷乎[2]！狂者进取，狷者有所不为也。"

【注释】

[1] 中行：依据中庸思想做事。
[2] 狂：纵情地，无拘束地。狷：狷介，性情正直，不肯同流合污。

【译文】

孔子说："在与人交往的过程中，如果不能遇到行为合乎中庸思想的人，那么就得结交那些性情无拘无束或者性情正直的人！无拘无束的人有进取心，性情正直的人能够做到洁身自好，不肯与小人同流合污。"

【解读】

在上一章，孔子谈到了"士"的标准，在这里谈及与人交往的原则，这也是为政的重要内容之一。

在孔子看来，依据礼制规范、本着中庸的思想方法做事的人不可多得。如果把朋友按照综合能力划分等级的话，"中行"之人是第一等的，可遇不可求。如果没有符合这种要求的朋友的话，就交往那些性情无拘无束或者性情正直的人。这些被称为"狂"的人具备进取精神，而那些被称为"狷"的人则表现为有所为、有所不为，不愿意与小人同流合污。

孔子主张与人交往应更加注重对方的思想道德，具备"中行"思想的人是最理想的朋友。如果没有这一类人，那些"狂狷"之士则是退而求其次的选择。"狂"和"狷"二者各具特色，前者表现为行为目标明确，后者表现为具备底线思维。如果结合上一章内容来看的话，孔子这番话还有更深的内涵，对当时的从政者提出了严厉批评，这些从政者不但不具备中庸的思想方法，也不像"狂者"那样积极进取，更不具备"狷者"的底线，而是一群碌碌无为、不断违背礼制的"斗筲之人"。

13.22　子曰："南人有言曰：'人而无恒，不可以作巫医。'善夫！""不恒其德，或承之羞[1]。"子曰："不占而已矣。"

【注释】

[1] 不恒其德，或承之羞：出自《周易·恒卦》。

【译文】

孔子说："南方人有句话说：'人如果没有恒心，是不可以做巫医的。'这句话说得很好！"借用"周易"的话说就是："不恒其德，或承之羞。"孔子说："这句话只不过是告诉那些没有恒定德行的人不必占卦，这种人即使占卜也是无济于事的！"

【解读】

在这里，孔子借用南方人的俗语和《周易》中的一句话来说明，持之以恒对中庸思想的习得与形成具有重要意义。

孔子借用《周易》中的语句论证了"人而无恒"的不良后果。同时指出，那些不具备恒定道德观念的人，即使是在做事情之前进行占卜也是无济于事的，最终的结局同样是要承受缺乏恒定思想观念所导致的羞辱。孔子在这里所表达的思想与"君子不重则不威，学则不固"是契合的。

试想，一个朝秦暮楚、朝三暮四的人怎么能够做到言而有信呢？这样的人就做不到"恒其德"，最终也不会得到周围人的认可。因此，坚定理想信念，持之以恒地修身治学是具备中庸思想的必由之路和现实基础。

13.23　子曰："君子和而不同[1]，小人同而不和。"

【注释】

[1] 和：这里指符合礼制的规范。

【译文】

孔子说："君子的所作所为虽然表现各异，但都合乎礼制的规范。小人正好与之相反，他们的所作所为在表面上看是符合礼制规范的，但是思想境界和行为实质上并不符合礼制的规范。"

【解读】

什么是"和"？"和"的作用是什么？在1.12章，对"礼"与"和"之间的关系有过相应的阐述，即"礼之用，和为贵"。礼制的运用，贵在与周围的环境相协调，也就是合适的人依据礼制的规范，在适当的场合和环境，采取适当的方法处理问题，只有这样才能表现出礼制的美妙之处。这样看来，"知和而和"与"以礼节之"是一项知行合一的系统工程。

客观地讲，没有一定的思想境界和认知能力则不能真正理解礼制的重要作用，不能准确掌握礼制的核心内涵，也就不能做到遵从礼制的规范。这样看来，只有称得上君子的人才能具备上述能力要求，能够做到"知和而和"，从而表现为"和而不同"。

君子能够在思想上依据礼制的要求进行规范，但其表现形式因人而异。所谓的小人，只是表面上看起来符合礼制的规范，但实质上并没有达到"和"的境界，因而表现为"同而不和"。可以看出，君子的"和而不同"，表现为外表各具特色，但实质是相同的；而小人的"同而不和"则表现为外在貌似符合礼制的规范，但实质与礼制的要求相去甚远。具体到本篇而言，则表现为不同当政者的执政风格。

13.24 子贡问曰："乡人皆好之[1]，何如？"子曰："未可也。""乡人皆恶之，何如？"子曰："未可也。不如乡人之善者好之，其不善者恶之。"

【注释】

[1] 乡人：周围的人，邻居，乡里乡亲。

【译文】

子贡问孔子："如果有这样一个人，周围的人都称赞他，这个人怎么样，能算得上君子吗？"孔子说："算不上。"子贡又问："如果有这样一个人，周围的人都厌恶他，这个人怎么样，能算得上君子吗？"孔子说："算不上。无论是周围的人全都称赞他，或者是周围的人全都厌恶他，都不如周围的那些好人称赞他，周围的那些不好的人厌恶他。"

【解读】

本章继续探讨君子的标准。子贡提问，大家都交口称赞的人能称为"君子"吗？孔子认为不可以。子贡接着提到了与之相反的一类人，孔子认为这种人也称不上君子，继而提出了自己的观点：那些好人交口称赞，而坏人深恶痛绝的人才是真正的君子。

孔子的这种说法同样涉及立场和观点的关系问题，即立场不同，观点也会不同。那些大家一致认为不错的人有可能是我们常说的老好人，没有是非原则。大家都认为不好的也不一定那么差，因为人与人之间存在着相对的认知差异，"人不知"的情况还是客观存在的。那么周围道德品行好的人交口称赞，而周围道德品行不好的人深恶痛绝的人才能称得上好人、君子。原因在于这种人自身具备鲜明的是非原则，能够得到道德品行好的"善者"的认可，同时受到"不善者"的厌恶，从正反两个方面证明了这类人的人品。孔子这种观察和评价人的方法是十分客观和辩证的。同时也为我们提供了很好的方法借鉴，我们自己在实际工作中，应该具备独立观察、思考和判断问题的能力，努力克服从众心理，切不可人云亦云。

如果考虑到为政的主题，本章内容还可以理解为执政过程中的决策原则。如果一项即将出台的政策，大家都认为对，或者都认为不对，那么这项政策不一定对。如果周围(乡里)那些思想比较开化，为人质朴善良的好人都赞成，而周围(乡里)那些不好的人都反对的话，那么这项政策就是正确的，应当施行。

其实，礼制的推行也一样，不能简单地因为某一群体的好恶而决定是否推行，而是应该以"乡人之善者好之，其不善者恶之"作为评判的标准。

13.25 子曰："君子易事而难说也[1]，说之不以道不说也，及其使人也器之[2]。小人难事而易说也，说之虽不以道说也，及其使人也求备焉。"

【注释】

[1] 事：侍奉，共事，相处。

[2] 器：器重，(长辈对晚辈、上级对下级)看重，重视。

【译文】

孔子说："与君子类型的领导是很容易相处的，但是很难取悦他，如果不以符合礼制规范的方法取悦他，他也不会高兴。但在使用人时却能够对下级保持必要的尊重(器重)。与小人这种类型的领导是很难相处的，但是要想取悦和讨好他却是比较容易的，即使取悦他采用的方法不符合礼制的要求也没有关系。但在使用下级时却求全责备，完全不考虑下属的实际情况。"

【解读】

这里首先解释一下"事"。"事"的原意是侍奉。封建社会存在着比较森严的等级制度，但随着社会文明的不断进步，解释为"共事、相处"比较恰当。所谓的"易事"和"难事"也就是我们经常说到的"好伺候"或者"难伺候"。另外，结合上下文，前文都是在探讨"为政"，因此，这里的"君子"和"小人"并非泛指思想境界和格局比较高或者比较低的两类人，而是特指两种不同类型的上级或者领导，侧重阐释的也是上下级之间的关系。

第二个需要说明的是"说"，意思是取悦或者讨好。事实上，获得上级好评或者取悦上级的方式有很多种，但总体可以分为符合礼制要求的和不符合礼制要求的两种。君子型的领导，他能够正确区分公事与私事，如果工作干得不好，即使是阿谀奉承，他也是不会接受的，更为关键的是，他更关注双方之间的工作关系而不是个人喜好，或者将对工作关系的重视程度置于个人喜好之上。处理与小人类型的领导的关系时，情况则截然相反，他们过分强调自身的主体作用，工作关系处理起来比较难，但是想取悦或讨好他却是很容易的，即使取悦或讨好的方式不符合礼制的规范和要求，他也会欣然接受。但在使用下级时却总是求全责备，总是挑下级的毛病，给下属"穿小鞋"。

孔子通过"事"和"悦"两者之间辩证关系的阐释，形象地刻画了"君子"和"小人"两种不同类型领导之间的重要区别，在思想境界上表现为格局与胸怀的高低，在具体工作中则表现为双方关系的处理，与君子类型的领导相处时表现为双方相互尊重，而与小人类型的领导相处时则表现为领导的本位主义与颐指气使。

13.26 子曰："君子泰而不骄[1]，小人骄而不泰。"

【注释】

[1] 泰：安宁，泰然。骄：骄傲自大，傲慢。

【译文】

孔子说："君子从容而不傲慢，小人傲慢而不从容。"

【解读】

在本章，孔子继续阐释"君子"与"小人"两种类型领导之间的不同之处。君子型领导不但具备较高的思想境界和格局，同时具有良好的学识和修养，在处理问题时能够从容不迫，泰然处之，虽然具备高超的处事能力，但由于具备良好的修养，并没有表现出傲慢。而小人型的领导的表现正好与之相反，不但不具备从容处事的能力，并且表现出不应该有的傲慢。

在20.2章，孔子与子张谈及从政问题时，提到了"尊五美，屏四恶"的观点，"泰而不骄"就是"五美"之一。该章还对"泰而不骄"的辩证关系给出了比较详尽的阐释，指出"泰而不骄"就是君子不会因为面对的人的多少，或是势力的大小，而表现出傲慢，而是依照礼制规范的要求，做出适当的反应。

为什么君子能够做到"泰而不骄"，而小人做不到呢？从根本上讲，还是源自君子与小人之间在思想境界和格局方面存在的差异。正因为君子对自身的定位和追求具有较高的思想境界和格局，最终在修身治学方面所取得的成就也远在小人之上，这就是君子遇事泰然处之的基础和前提。"不骄"则是君子依照礼制规范，所表现出的比较高尚的道德修养。因此，也可以将"泰而不骄"看作是君子较强处事能力和较高道德修养的完美体现。

13.27 子曰："刚、毅、木、讷近仁[1]。"

【注释】

[1] 木：质朴。讷：(说话)迟钝。

【译文】

孔子说："如果一个人表现得刚直、坚毅、质朴、出言谨慎，这种人就接近仁者的境界了。"

【解读】

在4.24章，孔子曾提到过"讷"，"讷"外在表现为语言迟缓，而实际上并非个人智力或语言能力方面存在缺陷所引发的迟钝。这种表象上的迟钝类似于大智若愚，是从容不迫的一种表现形式，同时表现为说话谨慎。一个人刚直，则说明其具备较强的原则性，而不是一般意义上的"墙头草，随风倒"。这种表现恰恰与"泰而不骄"的意蕴高度契合。坚毅是一种优良的精神品质，与孔子在1.8章所提到的"君子不重则不威，学则不固"中的"重"具有相同的含义，即人在思想信念方面所表现出的定力。"木"则表现为为人质朴，不夸夸其谈。如果一个人能具备这几点，就接近仁者的境界了。具体到本篇而言，这里是对当政者性格特点的归纳与描述。

由此可以看出，本章内容与前章同样存在承继关系，而"刚、毅、木、讷"正是"泰而不骄"的具体表现。

13.28 子路问曰："何如斯可谓之士矣？"子曰："切切偲偲[1]，怡怡如也，可谓士矣。朋友切切偲偲，兄弟怡怡。"

【注释】

[1] 偲偲(sī)：相互切磋、督促的样子。

【译文】

子路问孔子："怎样做才可以称作'士'呢？"孔子说："诚恳待人、相互勉励而亲切和顺，能做到这样，就可以称作'士'了。朋友之间要诚恳相待、相互勉励，兄弟之间要亲切互爱、和睦相处。"

【解读】

在13.20章，子贡提出过与子路一样的问题，但孔子给子路的回答与给子贡的有所不同。对子贡的回答，主要是如何做到"行己有耻""依礼行事"和"言必信，行必果"，主要侧重行为方面。

对子路的回答虽然同样侧重行为方面，但相对简单了许多，并且在行为的层面上的要求也低了许多，更接近于日常的相处。对待朋友恳切，相互促进，兄弟之间要和谐相处，都是基础性的礼制要求，其实是孔子在告诫子路，若想达到"士"的境界，应该从注重基础的礼制规范开始，逐步提高自身的能力和水平。

这是孔子因材施教的又一力证，同样是问"士"的问题，孔子对不同的人，根据其学识水平和行为特点给出了不同的答案。

13.29 子曰："善人教民七年，亦可以即戎矣[1]。"

【注释】

[1] 戎：军事，军队。

【译文】

孔子说："百姓即使不用接受专门的军事训练，而是由善人教导七年左右，同样能够符合从军作战的基本要求。"

【解读】

本篇的主题是社会和国家的治理，即为政，那么战备问题也是其中的一项重要内容。

在13.11章，孔子曾提到"善人为邦百年，亦可以胜残去杀矣"，说明不必刻意用十分优秀的人才来治理国家就能取得较好的效果。在这里同样提出即使用算不上出色的"善人"来教导民众，也能使他们符合从军作战的标准。

为什么在这里提到了军事训练的事情呢？在12.7章，孔子就曾提到为政的三个要素：一是粮食，二是军队，三是民心。从国家治理的角度来看，军队同样是维护国家安定的物质基础，需要从日常抓起。至于为什么要注重民众军事素养的培养，孔子则在下一章给出了相应的答案。

13.30 子曰："以不教民战，是谓弃之。"

【译文】

孔子说："如果让没有经过训练的普通百姓去作战，这可以说是放弃他们。"

【解读】

本章是上一章的延续，都在讲战备的问题。战争是惨烈的，古今中外概莫能外。"不战而屈人之兵"当然是上策，但是当战争不可避免时，就需要由军队履行保家卫国的使命。如果让那些没有经过系统军事训练的民众直接投入战斗，相当于让他们到战场上去白白送死，无异于草菅人命。当政者这样做则是极不负责任的，同样不符合礼制规范。只有在平时注重提高民众的战斗素养，才能够在战时尽可能大地降低伤亡。

第十四篇

宪问

《宪问》篇讨论的主题是如何施行仁政，同时阐释了施行仁政的过程中所需要秉持的原则、态度及基本思想。

孔子主张施行仁政首先要改变自身的错误思想倾向，不能考虑自身得失。通过南宫适对羿、奡与稷、禹的对比描述，表明了以仁德赢得天下的思想观点。孔子认为应该充分认识到仁政的实施需要一个相对漫长且科学严谨的过程，不应该浅尝辄止。仁政的核心指标是"惠人"，即让民众得到实惠。

孔子在文中对"成人"的概念及其相应的标准进行了阐释，同时以公叔文子和臧武仲为例，对"成人"的标准进行了补充说明。以管仲、公叔文子及卫灵公为例，分析了应如何辩证地看待"仁"，纠正了人们对"仁"这一概念在认知上存在的错误。

同时还可以看出，礼制仍然是本篇的重点内容。孔子对公叔文子的违礼行为提出了质疑，对臧武仲的违礼行为进行了批评。陈成子弑简公，孔子则依据礼制的规范向鲁哀公做了汇报，虽然在按照鲁哀公的要求向季孙、叔孙、孟孙三人汇报之后没有获得批准，但孔子还是遵从礼制和本心，仗义执言，力求维护礼制的尊严。对其他人的不理解，孔子以"仁者不忧，知者不惑，勇者不惧"予以回应，并通过"以直报怨，以德报德"来表明自己恢复和推行礼制的意志和决心。

在本篇孔子明确指出"上好礼，则民易使"，充分表明施行仁政的必要性和合理性。施行仁政的基础是当政者做到"修己"，而"修己"有三种层次，一是"修己以敬"，二是"修己以安人"，三是"修己以安百姓"。关于"修己"，要明确"修己"的内容和途径，还要掌握客观的思想态度，一方面要做到时不我待，另一方面还要循序渐进，克服急功近利的思想倾向。

14.1 宪问耻，子曰："邦有道，谷；邦无道，谷，耻也。""克伐、怨、欲不行焉[1]，可以为仁矣？"子曰："可以为难矣[2]，仁则吾不知也。"

【注释】

[1] 伐：自夸。怨：怨恨。欲：欲望。

[2] 难：难能可贵。

【译文】

原宪向孔子请教做什么事是耻辱的。孔子说："如果国家政治清明，出仕做官领取俸禄是正常的。如果国家政治昏暗，出仕做官领取俸禄则是可耻的。"原宪接着问："如果一个人克制自己的自夸、怨恨、贪求等念头不付诸行动，能称得上'仁者'吗？"孔子说："可以称得上'难能可贵'，至于能不能称得上'仁者'那我就不知道了。"

【解读】

在8.13章，孔子也提到"邦有道，贫且贱焉，耻也；邦无道，富且贵焉，耻也"。其表述与本章有相似之处，但8.13章侧重于个人生活方面，而本章则侧重于为政的语言背景。

此处的"谷"是指出仕所领取的实物配给，泛指俸禄。在13.20章，孔子谈及"士"时曾指出"行己有耻"，指的就是"士"有所为有所不为，以"耻"作为原则底线，而所依据的标准同样是礼制。因此，当国家政治清明时，出仕做官无可厚非，但是如果国家政治昏暗，再出仕做官领取俸禄就不对了。为什么呢？当政者如果昏庸无道，此时出仕岂不是助纣为虐？从所要表达的主题思想看，本章仍然是在探讨为政的问题，是前面内容的延续。

本章的"克"解释为克制，与12.1章"克己复礼为仁"中的"克"意思相同。原宪认为，如果一个人能够克制自己的自夸、怨恨和贪求等不良念头，而不付诸行动，就已经达到了"仁"的境界。孔子则认为，这种人还没有达到"仁"的境界。他认为这种人能够克制自己，只能称得上"难能可贵"，但是还没有达到用礼制的规范来要求自己的程度。如果主动用礼制的规范要求自己的话，在人的潜意识里，这些念头根本不会产生。也就是说"克伐、怨、欲"连"克己复礼"的境界都没有达到，更何况"仁"的境界呢？孔子并没有这样直接表述，而是给原宪提供了充分的思考空间。

接着在下一章通过一个事例进行了相应解释。

14.2 子曰："士而怀居[1]，不足以为士矣。"

【注释】

[1] 怀：比较注重，念念不忘。居：住所，住的地方。

【译文】

孔子说："如果一个被称作'士'的人还依旧念念不忘家室的安逸，那这种人就配不上'士'的称谓了。"

【解读】

孔子在这里提到的"怀居"只是一种表述方式，其实它具有更宽泛的指向，"居"泛指一切与自身利益相关的东西。如果在思想上还停留在注重自身利益的层面，那么这种境界与"士"的标准还存在相当大的差距。在4.9章，孔子曾指出：所谓的"士"，其思想境界和格局必定不能仅停留于对物质的追求，而应在精神层面有更高的期许。在上一章原宪提到的"克伐、怨、欲不行焉"是否能称为"仁"的问题，似乎在这里也有了更为明确的答案。

作为仁者，不仅要在行为方面克制自己，更重要的是应该在思想上有所摒弃，根本不会产生自夸、怨恨、贪求的念头。如果仍然存在"怀居"的思想倾向，连"士"都称不上，哪里能称得上"仁者"呢？由此看来，本章是对前一章的内容的进一步阐释和回应。

在讨论了思想方面的问题之后，孔子又将内容稍稍做了延伸，接着说到了人的言行问题。

14.3 子曰："邦有道，危言危行[1]；邦无道，危行言孙。"

【注释】

[1] 危：端正，正直。

【译文】

孔子说："如果国家政治清明，就应该坦率地说话、正直地行事；如果国家政治昏暗，可以正直地行事，但是说话要注意谦逊谨慎。"

【解读】

孔子提出的这种观点是十分辩证的。一个人首先要本着实事求是的原则来规范自身的言行，要注意周围环境和人的变化。如果整个社会，无论是在治理方面，还是在人与人之间关系的处理方面，都能够按照礼制的规范进行的话，整个社会就会呈现出"有道"的状态。反之，若都不以礼制来规范自身思想和言行，整个社会秩序势必显得比较混乱。缺少了礼制规范的必要限制，没有了统一的思想和行为准则，难免会产生过激的言行和后果，人与人之间也很难相处。

孔子提出这种观点，目的是建议人们在处理周围的各种关系时要做到实事求是、审时度势，根据周围环境的变化、对方的实际情况决定自身的言行，正确处理好上下级关系和工作生活中的各种事情，以期在乱世能够独善其身，避免不必要的麻烦。

14.4 子曰："有德者必有言[1]，有言者不必有德。仁者必有勇，勇者不必有仁。"

【注释】

[1] 言：个人的主张。

【译文】

孔子说："一个有思想道德的人一定有自己的主张，一个有自己的主张的人不一定具备相应的思想道德。具有仁德的人一定具备勇毅的品质，具有勇敢特质的人不一定具备仁德。"

【解读】

孔子在本章接着上一章的内容谈到了"言"和"德"的问题。孔子认为具备良好德行的人必定有自己的主张，能够对相应的事物发表自己的看法，如果没有自己的主张和见解，外界如何知道他是否具备良好的德行呢？

根据李索的《左传正宗》，孔子曾经说过："'言以足志，文以足言。'不言，谁知其志？"对一件事情每个人都可以评价，都能够发表各自的主张和见解，这些主张和见解恰恰能够反映一个人的立场和价值观。一个人是否具备良好的德行，往往能够通过他的主张和见解得以表征。有些人，虽然对客观事物有自己的主张和见解，但是这种主张和见解恰恰证明他不具备良好的德行。同样，在思想和行为方面也存在着这样的辩证关系。作为仁者必定具备勇毅的思想和行为特质，在面对大是大非时能够坚持自己的原则，敢于"危行"，遵从礼制的规范，正直地处理周围的事情。

那如何理解"勇者不必有仁"呢？事实上，前后两个"勇"字既有相通之处，又各有侧重。两者都有勇敢的意思，而前者侧重于勇毅的品质，后者则侧重于勇猛的行为特征。在5.7章和5.8章，孔子对子路的评价能够充分印证这一观点。子路虽然具备勇敢的行为特征，但是在思想素养方面距离"仁者"还有相当大的差距。

从上述内容可以看出，孔子的论述是相当辩证的，对人的治学修身同样具有指导和借鉴意义。"有德者必有言""仁者必有勇"的论述，也为追求"仁"的思想境界提供了具体的方法和路径。

接下来，孔子借用南宫适的提问，对"勇者不必有仁"及其有可能产生的后果进行了进一步阐释。

14.5 南宫适问于孔子曰[1]："羿善射[2]，奡荡舟[3]，俱不得其死然；禹、稷躬稼而有天下[4]。"夫子不答。南宫适出，子曰："君子哉若人！尚德哉若人！"

【注释】

[1] 南宫适(kuò)：前文中的南容。

[2] 羿：后羿，夏朝有穷国的国君。

[3] 奡(ào)：传说中寒浞的儿子，据说他有力，善于水战，能够陆地行舟。

[4] 稷：周朝的祖先，又被尊为谷神，曾教民种植庄稼。

【译文】

南宫适向孔子请教："后羿善于射箭，奡擅长水战，但是都没有得到善终。禹和稷只是亲自耕种，怎么就轻而易举地得到天下了呢？"孔子没有回答他的问题。等到南宫适出去后，孔子对周围的人说："像这样的人才能称为'君子'啊！像这样的人才能称得上理想高尚啊！"

【解读】

南宫适就是前文曾经两次提到的孔子的学生南容，综合素质十分高，深受孔子认可。当南容向孔子请教后羿、奡，及禹、稷的能力和结局时，孔子并没有予以回答，而是在其离开后对其大加称赞，称赞他是真正的君子，真正崇尚美德的人。这是为什么呢？其实本章内容正是对上一章中"勇者不必有仁"的进一步阐释。

张守节《史记正义》记载：奡多力，能陆地行舟。使奡率师灭斟灌、斟寻，杀夏帝相，封奡于过，封豷于戈。恃其诈力，不恤民事。初，奡之杀帝相也，妃有仍氏女曰后缗，归有仍，生少康。初，夏之遗臣曰靡，事羿，羿死，逃于有鬲氏，收斟寻二国余烬，杀寒浞，立少康，灭奡于过，后杼灭豷于戈，有穷遂亡也。在太康不理朝政的时候，其时的"司羿"（即后羿）以王宫侍卫负责人的身份发动宫廷政变，将太康五兄弟逐出王宫，自己摄政。

由此可以看出，后羿和奡都有一个突出的特点：勇而不仁。他们不得善终的结局看似偶然，实则是必然。禹及周朝的祖先稷能够体恤民情，亲自参与耕种等生产劳动，为民众解决了生存和生活的问题，获得了民众的拥戴。从表面看，后羿和奡骁勇善战，比仅会种地的禹和稷强很多，但事实上，后者看似平常的行为却表现出他们深怀仁爱之心。

南容向孔子请教这样的问题，足以说明他已经充分意识到了"勇者不必有仁"与"不得其死然"，以及"躬稼"与"有天下"之间的必然性。只有怀有仁爱之心才能得到民众的拥戴，因此得天下是一种必然。缺乏礼制规范，采取暴力手段取得的天下只是暂时的，失去天下同样是必然的。

孔子之所以没有回答南容的问题，还是因为其一贯的教学原则。虽然孔子没有给予南容正面的回复，但起到了无声胜有声的效果。

14.6 子曰："君子而不仁者有矣夫，未有小人而仁者也。"

【译文】

孔子说："君子不能成长为仁者的情况是存在的，而从来没有一个小人成为仁者的。"

【解读】

从篇章结构和叙述内容可以看出，本章是14.4章内容的接续。

孔子指出，作为君子，有时候也会在处理问题时表现欠佳，不能做到完全符合"仁"的标准和要求，但是总体上还是不错的。因为君子不同于圣人那样完美无瑕，偶尔有点过错也属于瑕不掩瑜。

君子的成长目标是达到"仁"的境界，能称得上"君子"的人，在德行方面并非都能够达到"仁"的境界，还有上升的潜力和成长的空间。因此，孔子认为君子在处理问题时有些方面还没有达到"仁"的标准，这种情况是客观存在的。

小人在发展定位上就与君子不同，并且小人在思想境界、格局等方面与君子存在质的差别，更重要的区别在于价值观和人生追求方面，小人的价值取向与"仁"的标准背道而驰。因此，小人不可能表现出"仁"的一面。

14.7 子曰："爱之，能勿劳乎[1]？忠焉，能勿诲乎？"

【注释】

[1] 劳：为之操劳。

【译文】

孔子说："深爱着他们，能不为他们操劳吗？对他们尽心，能不教诲他们吗？"

【解读】

本章的含义比较丰富，由于原文中的指示代词不十分明确，只能从上下文进行推断。鉴于前几章内容都与人的德行、修养有关，这里将"爱之"的"之"界定为"人"比较恰当。但考虑到上下文逻辑关系及本篇的主题，将"之"泛化为"民众"更为确切。本章内容与孔子主张的"泛爱众"思想高度契合。正因为对基层民众怀有深厚的感情，所以能从他们的立场出发，心甘情愿地为他们操劳。具体地讲就是推行礼制，对上至君主、下至普通百姓进行劝诫，以至于"诲人不倦"。

接下来将要提到的子产等人就是这种兢兢业业工作的代表人物。

14.8 子曰："为命，裨谌草创之[1]，世叔讨论之[2]，行人子羽修饰之[3]，东里子产润色之[4]。"

【注释】

[1] 裨谌：春秋时郑国的大夫。

[2] 世叔：即子太叔，名游吉。郑国的大夫。

[3] 行人子羽：行人是掌管朝觐聘问事务的官员，即近代的外交官。子羽，春秋时郑国大夫公孙挥的字。（杨朝明《论语诠解》）

[4] 东里：地名，子产的居住地。

【译文】

孔子说："每当郑国制定相关法令时，总是由裨谌起草，与世叔讨论后确定初步文案，再经外交官子羽进行斟酌修改，确定主要内容后再交给子产进一步润色。"

【解读】

在5.16章及下一章，孔子对子产给予了很高评价，认为他对自己的行为要求相当严格，态度又十分谦逊；对待上级能保持足够的尊重，在合乎时宜和有正当理由的情况下使用民力，并且能让老百姓充分得到实惠。同时，从本章内容可以看出，郑国的政通人和，得益于众多大夫的通力协作和子产的有效治理，从制定和出台相应的政策与文件这件具体事上就可见一斑。子产等人高度负责的敬业精神正是上一章"爱之"而为之劳的具体表现。

无论是子产本人的良好个人品质，还是执政团队成员的优异表现，都十分符合礼制的规范。孔子通过这样一个事例，意在说明礼制对社会和国家治理的重要作用。

另外，通过推行礼制来改善社会治理，是一个循序渐进的过程，不可能一蹴而就。推行礼制最终的落脚点，一定是让老百姓得益，也就是下一章将要谈到的"惠人"。

14.9　或问子产，子曰："惠人也。"问子西[1]，曰："彼哉，彼哉！"问管仲，曰："人也。夺伯氏骈邑三百，饭疏食，没齿无怨言[2]。"

【注释】

[1] 子西：郑国的公孙夏，子产是继他而主持郑国政治的。
[2] 没(mò)：一直到完了。

【译文】

有人问孔子，子产这个人怎么样？孔子说："他是一个能够使百姓得到实惠的人。"又问子西这个人怎么样。孔子说："他呀！他呀！"又问管仲这个人怎么样。孔子说："他是个人才啊！他削夺了伯氏的三百户骈邑，致使伯氏吃粗茶淡饭，但伯氏至死没有怨言。"

【解读】

本章提到了三个人，第一个是前章提到的子产，孔子一如既往地给予了很高评价。对第二个人子西，孔子则表现出了不屑。"他呀，他呀"，言外之意是子西根本不值一提。这主要是因为子西的为人。他杀了自己的同僚子孔，并瓜分了子孔的财产，这两件事情都不符合礼制的规范。第三个人就是管仲，他虽然使伯氏失去了原有的封地，但伯氏到死都没有对他有任何怨言，可以说心悦诚服。

本章提到的子产、子西和管仲三个人，最本质的区别在于是否对民众抱有仁爱之心，行事是否能够做到符合礼制的规范，能否让老百姓得到实惠和好处。

14.10　子曰："贫而无怨难，富而无骄易。"

【译文】

孔子说："要做到生活贫苦而没有怨言很难，而做到富有而不骄矜相对容易一些。"

【解读】

孔子在8.10章指出："好勇疾贫，乱也。"他认为无论贫富都应该通过最起码的、符合礼制规范的方法和途径来获得财富，如果财富的取得不符合礼制的规范，宁愿甘守清贫。如果一个人对清苦的生活状况深恶痛绝，又不能以礼制的思想进行约束，那么他所表现出来的冲动就是社会秩序混乱的动因和源头。

因此孔子提出了"贫而乐，富而好礼"的理想状态。他认为富有者如果不"好礼"，不具备礼制的思维，不免会产生骄奢淫逸的念头。作为贫苦的群体，面临清苦的生活状况，要在思想上遵从礼制的规范，做到安贫乐道，在物质和精神两个层面都需要克服相应的困难，确实比较难。

这是物质层面的富有和贫苦，孔子此处提到的"贫和富"还有更为丰富的内涵。在14.8章，子产和裨谌、世叔、子羽同为郑国的大夫，都属于位高权重的官员，但是他们都能够遵从礼制的要求，协调好工作关系。在这一过程中，尤其是子产并没有表现出骄矜的一面，也可以归结为"富而无骄"，这是四个人顺利完成工作任务的关键。

由此，又延伸出如何了解人和使用人的话题。

14.11 子曰："孟公绰为赵、魏老则优[1]，不可以为滕、薛大夫[2]。"

【注释】

[1] 赵、魏：晋国最有权势的大夫赵氏、魏氏。老：大夫的家臣。优：充足，富裕。
[2] 滕、薛：当时的小国，在鲁国附近。

【译文】

孔子说："让孟公绰做晋国大夫赵氏或魏氏的家臣，其能力还是绰绰有余的，但不可以让他去做滕、薛这样小国的大夫。"

【解读】

孟公绰是鲁国的大夫，但就其个人能力而言，充其量只能当权臣的家宰，即使是担任滕国、薛国这样的小国的大夫都有困难。在孔子看来，孟公绰担任鲁国的大夫更是困难了。但是孟公绰也有其长处，就是下一章提到的"不欲"。

在5.11章，孔子曾指出"枨也欲，焉得刚"，说明了无欲与刚直之间的辩证关系，无欲是做到刚直的前提基础。在13.27章，孔子又指出"刚、毅、木、讷近仁"。这样，我们可以大致理解"不欲"与"仁"之间的必然联系。这也是孟公绰虽然能力一般，却能成为鲁国的大夫的原因，关键在于他精神品质方面超出常人，这正是其可取之处，也是下一章"成人"的重要标准之一。

14.12 子路问成人[1]，子曰："若臧武仲之知、公绰之不欲、卞庄子之勇、冉求之艺[2]，文之以礼乐，亦可以为成人矣。"曰："今之成人者何必然？见利思义，见危授命，久要不忘平生之言[3]，亦可以为成人矣。"

【注释】

[1] 成人：自由全面发展的人。
[2] 臧武仲：鲁国大夫臧孙纥（hé）。卞庄子：鲁国卞地的行政长官，以勇力著名。
[3] 要（yāo）：强求，有所仗恃而强硬要求，要挟。平生：终生。

【译文】

子路向孔子请教成人的标准。孔子说："如果有臧武仲那样的智慧、孟公绰那样的无欲、卞庄子那样的勇敢、冉求那样多才多艺，再以礼乐予以陶冶和教化，这样的人就可以称得上是大成之人了。"孔子接着说："当今成人的标准又何必如此呢？只要能做到见利思义、见危授命，在受到强迫或威胁时，也不忘记自己的志向，如此也就算得上是成人了。"

【解读】

准确理解本章内容需要从以下几个概念入手。

其一是"成人"。《孟子》说："孔子之谓集大成。"事实上，孔子的确是春秋之前各种学派思想的集大成者，他继承春秋之前两千多年的思想文明，并进行较为科学而系统地梳理之后，逐步形成了自己的思想理论体系。客观地讲，儒家思想是一种与时俱进的思想。因此，这里的"成人"就像孟子描述孔子为"集大成"那样，有"集大成之人"的意思。其二是"要"。"要"含有强迫、威胁的意思，也就是说受到外部环境或其他人的威胁。其三就是"平生之言"。"平生"应该解释为终生，这样"平生之言"就应该指"终生之言"，可以理解为一生恪守的誓言，即终生誓言。需要注意的是，这里的"平生之言"并非一般意义上的终生誓言或者是格言，而应该是礼制规范的具体表述。作为君子，这些都应该是耳熟能详、需要终身谨记的。

依据上述解释，本章内容可以解读为孔子对"成人"的两种标准。第一种标准，如果不考虑现实社会条件的话，所谓的"成人"，不但需要具备臧武仲的智慧，还要有孟公绰的刚直、卞庄子的勇敢、冉求的多才多艺，并且还要经过礼乐的教化与熏陶，从而进一步提升精神境界。第二种标准，如果考虑当时社会状况的话，只要做到见利思义，在危难之际还能够勇于承担社会责任，长期处于困境之中或者受到胁迫时，仍能够不忘记自己的终生誓言，这就能算得上是"成人"了。

接下来以公叔文子为例，对"成人"的问题进行了论证。

14.13　子问公叔文子于公明贾曰[1]："信乎，夫子不言，不笑，不取乎？"公明贾对曰："以告者过也。夫子时然后言[2]，人不厌其言；乐然后笑，人不厌其笑；义然后取，人不厌其取。"子曰："其然？岂其然乎？"

【注释】

[1] 公叔文子：公叔拔，卫国的大夫。
[2] 时：应时，恰当的时候。

【译文】

孔子向公明贾求证有关公叔文子的传说，问道："确实是这样吗？公叔文子不说、不笑、不收取别人的东西？"公明贾回答说："告诉您这件事儿的人有些言过其实了。他老先生在该说话的时候才说，所以别人并不讨厌他说的话；当他遇到高兴的事情才笑，所以别人不讨厌他笑；对于别人的馈赠，合于道义的他才取，所以别人不讨厌他取。"孔子说："公叔文子真是这样做的吗？难道这样做真的就对吗？"

【解读】

从文中表述可以看出，当时应该有关于公叔文子的传说，很多人认为公叔文子能够做到"不言，不笑，不取"，貌似达到了"成人"的境界。当孔子向公明贾求证时，公明贾给出了解释，认为外界的传言有些言过其实。公叔文子的这种做法在公明贾看来无可厚非，并且比较符合常理。但在孔子看来，事情并非如此简单，也对公明贾的辩词并不完全认同，因此反问："公叔文子真是这样做的吗？难道这样做真的就对吗？"

为什么孔子会对公叔文子的做法和公明贾的解释持不同见解呢？其中的关键就是

礼制规范。在处理日常事务时，公叔文子是否能够依据礼制规范呢？并不尽然。公叔文子完全是依据自身的感受和判断，或者双方认可的习俗做出决策的。例如，"义然后取，人不厌其取"。作为卫国的大夫，当有人馈赠礼物时，首先应想到的是依据礼制该不该取或能不能取，应该做到前文提到的"见利思义"，继而做到"不欲"，这样才能逐步成长为一个"成人"。

可以看出，传说中的"成人"公叔文子是经不住推敲的。公叔文子做出的许多决策并非依据礼制的相应规范，而是依据自身的修养和认知，依据自身对礼制的理解。孔子对外界的评价并不认同，同样不认同公明贾的解释，只是在表述上对自己的意见有所保留。

接下来，孔子又提到的臧武仲也是不太符合"成人"标准，说明要达到"成人"的标准，仅有聪明的头脑是远远不够的。

14.14 子曰："臧武仲以防求为后于鲁[1]，虽曰不要君，吾不信也。"

【注释】

[1] 防：臧武仲的封邑，离齐国边境很近。

【译文】

孔子说："臧武仲在逃亡齐国之前以防邑为条件，请求鲁国国君立其家族的子弟继承他的鲁国大夫职位，虽声称不是要挟国君，我根本不相信这是他的本意。"

【解读】

14.12章曾经介绍过臧武仲这个人，他很聪明。本章介绍的是他在逃亡齐国之前的所作所为。他因为得罪了鲁国的权臣，不得不出逃。在逃亡齐国之前，他想通过自身的影响为后代谋求利益。虽然在形式上表现为请求国君任用臧氏后代为大夫，但是他以防这块封地作为交换，实质上是在与鲁国的国君谈条件，让鲁国的国君自己来权衡利弊。

在孔子看来，臧武仲的行为至少有两点是不符合"成人"的标准的。一是没有做到"久要不忘平生之言"，在自己比较落魄的情况下，做出违背礼制规范的事情，要挟国君，与国君谈条件。二是没有做到"不欲"，即使是在逃难期间，仍然首先想到的是封地和后代的爵位。由此判断，臧武仲算不上刚直，在思想境界和格局方面与"仁"的标准相差甚远。

从本章内容来看，孔子虽然对臧武仲的聪明有所肯定，但实际上并不认为臧武仲是个十分明智，或者说是具有智慧的人。如果他的智慧真正达到了一定的境界，一是不会得罪鲁国的权臣，二是不会这样贪婪，三是不会用自己的封地说事，借此来要挟国君。臧武仲的所作所为明显违背了礼制的规范，不符合"成人"的标准。

14.15 子曰："晋文公谲而不正[1]，齐桓公正而不谲。"

【注释】

[1] 谲：欺诈，玩弄手段。

【译文】

孔子说："晋文公玩弄手段而不行常道，齐桓公行事遵循常道而不玩弄手段。"

【解读】

晋文公和齐桓公都是春秋时期的霸主，与秦穆公、楚庄王、宋襄公并称"春秋五霸"，在当时具有很大的影响力。齐桓公主张"尊王攘夷"，晋文公也曾经打着"尊王攘夷"的旗号，而实质上是召集周王参加会盟。晋文公表面上是"尊王攘夷"，但其行为明显是对礼制的僭越。齐桓公至少在对待周王的态度上能够遵从礼制的要求，做到了基本的尊重。

相比而言，孔子对齐桓公的做法比较认可。在王位争夺的过程中，公子纠指使管仲袭击齐桓公，齐桓公险些因此而丧命。在取得王位后，齐桓公对管仲的处理也比较特殊，让鲁国人将管仲囚禁、押至齐国，后来经鲍叔牙的举荐，管仲担任齐国的执政大臣，帮助齐桓公成就了齐国的霸业。齐桓公并没有因为个人恩怨处死管仲，而是从国家和社会治理对人才的需要方面考虑，尽弃前嫌，重用管仲，这就足以表明齐桓公胸怀宽广，为人正直。

以上内容，正是下一章子路与孔子展开讨论的铺垫。

14.16 子路曰："桓公杀公子纠，召忽死之[1]，管仲不死。"曰："未仁乎？"子曰："桓公九合诸侯不以兵车，管仲之力也。如其仁，如其仁！"

【注释】

[1] 召(shào)忽：管仲和召忽都是公子纠的家臣。

【译文】

子路说："齐桓公杀了公子纠，家臣召忽自杀殉主，而同样作为公子纠家臣的管仲却没有自杀。"接着说："管仲这样做应该算不上一个有仁德的人吧？"孔子说："齐桓公九次促成诸侯会盟，订立盟约，不凭借武力就做到了这一点，这全是凭借管仲的能力啊。取得这样的效果，他还称不上'仁'吗？取得这样的效果，他还称不上'仁'吗？"

【解读】

齐桓公迫使鲁国人杀了公子纠之后，公子纠的两位家臣的表现迥然不同，召忽选择了自杀殉主，而管仲并没有这样做。在子路看来，管仲与召忽相比达不到"仁"的标准。孔子并不同意子路的观点，认为齐桓公能够不费一兵一卒，而数次促成诸侯会盟，都应该归功于管仲，这样做是"仁"的正确表现。可以看出，师生二人在看待和认识"仁"的问题上存在较大差距。

为什么孔子认为管仲的不死更是"仁"的表现呢？其一，管仲比较现实，管仲曾多次临阵脱逃，都是因为有老人需要赡养。管仲的这种表现实际上是孝，这是"仁"的根本。其二，管仲帮助齐桓公"九合诸侯不以兵车"，从更大的格局来看，管仲的作为远比召忽舍身殉主更有价值。其三，会盟在形式上是在维护周王朝的统治，是

"尊王攘夷"的具体表现，完全符合礼制的要求。因此，孔子认为管仲选择不死，成就了齐国的霸业，避免了战乱，维护了礼制，更符合"仁"的标准，

在语义表达方面，语句的重复，表达了丰富的内涵。两句"如其仁"，说明孔子一方面认为管仲的做法符合"仁"的标准，另一方面认为齐桓公重用管仲同样符合"仁"的标准。

14.17 子贡曰："管仲非仁者与？桓公杀公子纠，不能死，又相之。"子曰："管仲相桓公霸诸侯，一匡天下[1]，民到于今受其赐。微管仲[2]，吾其被发左衽矣。岂若匹夫匹妇之为谅也[3]，自经于沟渎而莫之知也[4]。"

【注释】

[1] 匡：纠正；匡扶，匡正，辅佐。

[2] 微：仔细想的话。

[3] 谅：信。

[4] 自经：自杀。沟渎：沟渠。

【译文】

子贡说："管仲恐怕不能算作一个仁者吧？齐桓公杀了公子纠，他不自杀殉主，反而做了公子纠仇人齐桓公的相。"孔子说："管仲做齐桓公的相，使其称霸诸侯，匡正天下，百姓至今仍受到他的恩惠。仔细想的话，如果没有管仲，我们可能会被外族侵扰，以至于依从夷狄的生活习俗而披发左衽。难道管仲也要像一般的老百姓那样，为了表现所谓的忠诚就上吊自杀于僻野，且不为人知吗？"

【解读】

在子贡看来，齐桓公杀死公子纠之后，管仲作为旧臣，即使不像召忽那样自杀殉主，也不应该担任齐桓公的大夫。但孔子不认同子贡的说法，他认为，管仲担任齐桓公的执政大夫，帮助齐桓公称霸诸侯，辅佐周朝的君王一统天下，使得到今天百姓还得益于此。

由此可以看出，对管仲是否能被称为"仁"，不应该用一般的眼光去看待，而是要将他的所作所为放到更大的格局中去审视，这样才能得出正确的结论。接下来就提到了一个做人格局比较大的大夫公叔文子。

14.18 公叔文子之臣大夫僎与文子同升诸公[1]，子闻之，曰："可以为'文'矣[2]。"

【注释】

[1] 僎(zhuàn)：公叔文子的家臣。

[2] 文：按中国古代谥法，称"文"是很难的。根据谥法的记载，称文的有下面几种：一是经天纬地，二是道德博闻，三是勤学好问，四是慈惠爱民，五是愍民惠礼，六是赐民爵位。（南怀瑾《论语别裁》）

【译文】

公叔文子的家臣僎由于公叔文子的引荐与其一同做了卫国的大夫。孔子听说这件事后说："公叔文子可以配得上'文'这个谥号。"

【解读】

在春秋时期，依照当时的封建制度，平民很难得到擢升的机会，做到大夫阶层更是难上加难。就是在这种背景下，公叔文子能够克服当时的困难将自己的家臣僎从一介平民逐步提升，并最终推举为大夫，使其具有了与自己同等的地位，说明公叔文子的胸襟足够宽广，思想格局够大，既有容人之量，又能做到举荐贤才。这与15.14章将要提到的臧文仲"知柳下惠之贤而不与立"形成鲜明的对比。公叔文子能够做到"赐民爵位"，按照古代的谥法，被称为"文"是十分恰当的。

如果将本章内容与14.13章对比来读的话就会发现，孔子认为公孙可以得到"文"的谥号，认为其符合仁者的标准。在14.13章表现出的未置可否似乎也有了相应的答案，公叔文子在社会上久负盛名，并非因其"不言，不笑，不取"，也不是因为公明贾所标榜的"时然后言""乐然后笑""义然后取"，而是因为其"赐民爵位"所展示出的宽阔胸襟、仁者的思想境界。

14.19　子言卫灵公之无道也，康子曰："夫如是，奚而不丧[1]？"孔子曰："仲叔圉治宾客[2]，祝鮀治宗庙，王孙贾治军旅，夫如是，奚其丧？"

【注释】

[1] 丧(sàng)：丢掉，失去。这里解释为没落。

[2] 仲叔圉(yǔ)：春秋时卫国大夫孔圉，辅佐卫灵公，为执政上卿，也就是前文提到的孔文子。

【译文】

孔子谈到了卫公的昏庸无道，季康子问："要是真像您说的这样，卫国为什么没有因此而没落呢？"孔子说："卫国有仲叔圉负责礼宾事宜，祝鮀主管宗庙祭祀，王孙贾掌管国家的军事，统率军队。像这样，卫国怎么会没落呢？"

【解读】

在与季康子探讨为政之道时，孔子谈到了卫灵公，认为他缺乏礼制思维和治国的能力。季康子反问，如果卫灵公真像孔子所说的那样，那卫国为什么没有呈现出颓败的趋势呢？对此孔子给出了解释。

在这里他提到了辅佐卫灵公的三位贤臣，一是仲叔圉，他能够依据礼制的规范处理外交方面的事务，有效地维护了卫国在诸侯国中的良好形象。二是祝鮀，他能言善辩，能够按照礼制的相关要求，正确处理祭祀等事宜，确保内部正常运转。三是王孙贾，他具备良好的军事才能，统领卫国的军队，能够抵御外敌的入侵，有效维护了卫国的国家安全。如此一来国家安全、内政和外交都有了保障。另外，在13.8章还提到了一位卫国的贤才公子荆，他颇具君子风范。再加上卫灵公的夫人南子，同样具备一定的政治才能。卫灵公有这么多贤才良将辅佐，卫国哪有没落的忧虑呢？

通过孔子与季康子的对话可以看出，在国家治理中，选贤任能是一项十分重要的工作，礼制规范是实现国家稳固的重要基础。

14.20 子曰："其言之不怍[1]，则为之也难。"

【注释】

[1] 怍：惭愧。

【译文】

孔子说："如果一个人说话大言不惭，那他做起来是十分困难的。"

【解读】

成语"大言不惭"就源自本章的"言之不怍"。孔子曾提出"先行其言而后从之"的观点，指出君子应当言行一致，说过的话，要能够做到。他还曾指出，"古者言之不出，耻躬之不逮也""君子欲，讷于言而敏于行"，表明君子注重实际行动，在说话、承诺等方面应持谨慎态度。

"言之不怍"的人，做出的承诺往往超出自身的能力。如果这个"言之不怍"的人是一个普通百姓还好一些，如果他是位高权重的当政者，那么他的"言之不怍"所造成的负面影响将是极大的。作为当政者，应该做到一切从实际出发，不设定过高的工作目标，不提过高的工作要求，以免给民众带来不必要的麻烦。

《左传正宗》中记载了这样的一个事例。鲁定公九年，为支援齐景公，卫灵公带兵车五百乘欲过中牟，时晋国有兵车千乘在中牟，所以卫灵公令人占卜，但占卜者竟将占卜用的龟甲烧焦了。就在那位占卜者非常害怕的时候，卫灵公却豪情万丈地说："可以前进，我们卫国的兵车有中牟的一半，我本人也可以抵他们的另一半，加起来正好和他们匹敌！"结合上下文及这一史实，孔子所说的"言之不怍"的人中应该包含卫灵公。

14.21 陈成子弑简公，孔子沐浴而朝，告于哀公曰："陈恒弑其君，请讨之。"公曰："告夫三子[1]！"孔子曰："以吾从大夫之后，不敢不告也，君曰'告夫三子'者！"之三子告，不可。孔子曰："以吾从大夫之后，不敢不告也。"

【注释】

[1] 三子：指鲁国的三位大夫季孙、孟孙、叔孙。

【译文】

齐国大夫陈成子杀了齐简公，孔子听说这件事后，按照礼制规范先行沐浴，再去拜见鲁哀公。他向鲁哀公禀告："陈恒杀了他的君主，请出兵讨伐他。"鲁哀公说："你汇报给三位大夫，由他们处理吧！"孔子对随行的人说："自从我任大夫之后，重要事项不敢不向君主禀告。君主说'汇报给三位大夫吧'。"他将事情原委报告给了三位大夫，结果他们不肯出兵讨伐。孔子对随行的人说："自从我任大夫之后，重要事项不敢不向君主禀告。"

【解读】

本章的核心在于如何处理与上级的关系(事君)，为下一章内容做了铺垫。孔子在11.24章提到过"事君"的原则，即"以道事君，不可则止"。如何做到"以道事君"呢？关键在于符合礼制的相关要求。

本节中孔子的行为完全符合礼制规范，主要表现在以下几点。其一，陈成子弑齐简公，这一行为是不符合礼制规范的，是典型的"作乱犯上"。其二，孔子认为陈成子的行为大逆不道，所以请求鲁哀公出兵征讨陈成子，其目的在于伸张正义。其三，有重要事项向上级汇报符合礼制的要求，所以孔子把陈成子弑君的事情向鲁哀公做了汇报。其四，陈成子杀齐简公这件事孔子原本不应该向三位大夫汇报，孔子之所以这样做，完全是因为鲁哀公是这样要求的，不向季氏等人汇报就是违背君命，同样是违反礼制规范的。

14.22 子路问事君，子曰："勿欺也，而犯之[1]。"

【注释】

[1] 犯：冒犯，言语或行为没有礼貌，冲撞了对方。

【译文】

子路向孔子请教如何侍奉君主，孔子说："对君主不可以欺骗，但是在适当的时候冒犯他是可以的。"

【解读】

当子路向孔子请教如何侍奉君主的时候，孔子从两个方面予以回复，一是不能欺骗君主，二是可以冒犯他。也许有人会对第二个方面表示怀疑，因为冒犯君主同样也是违背礼制要求的。因此，正确理解本章内容应该从两个方面入手。

其一，事君的态度。孔子主张"君使臣以礼，臣事君以忠"，同时主张"以道事君，不可则止"。可以看出，孔子"事君"的基本原则是"以忠、以道"，也就是说在态度上要尽心竭力，在方式上要以正确的方法，要符合礼制的要求，而并非一味地顺从和听从。其二，孔子也曾指出，"君子成人之美，不成人之恶"。这就说明在君主做出不符合礼制规范的决策时，不能坐视不管，应该适当劝谏。

因此在这里，孔子提出了"勿欺也，而犯之"的"事君"原则。不欺骗，重点是言而有信，可以冒犯的前提是"忠"，出发点是"成人之美"，不一定什么事都顺着他来。而基于上述原则的冒犯，对君主何尝不是一种负责和保护呢？

事实上，本章正是上一章孔子劝说鲁哀公出兵征讨陈成子的后续说明。当时，孔子已经不是鲁国的大夫了，执意劝谏鲁哀公出兵征讨陈成子也应该属于一种冒犯，而这种冒犯是符合正义的，是出于对礼制规范的维护。

14.23 子曰："君子上达，小人下达。"

【译文】

孔子说："君子的志向和追求是对义理的通达，小人的志向和追求则是对具体事务的通达。"

【解读】

这里同样涉及"君子"与"小人"的概念。二者最本质的区别在于思想境界和思想格局，这也决定了他们的志向和追求，在行为上则表现为关注点不同。"君子"侧重于关注较为宏观、层次较高的问题，如"仁""义""礼""道""德"等形而上的内容。"小人"则相对更为现实，由于自身对客观世界的认知和理解存在局限，他们更加注重具体的问题，遇事不能从大处着想。同样的，要想了解一个人的思想境界和格局，也可以通过他的关注点和他所通达的事物来做出大致的判断。

如果结合前两章内容来看，本章客观上同样具有对鲁哀公和季孙、孟孙、叔孙等人进行批评的意味，认为他们虽然身居高位，但并不知礼，不能称为"君子"。就像孔子在13.20章指出的那样"今之从政者"都是"斗筲之人"。

接下来，孔子对"君子上达，小人下达"进行了扩展和演绎。

14.24 子曰："古之学者为己[1]，今之学者为人。"

【注释】

[1] 为(wéi)：修为。

【译文】

孔子说："从前的学者其学习目的在于提升自身的道德修养，而当今的学者其学习目的在于将所学当作炫耀的资本。"

【解读】

如果按照现在的理解，"为人"相比"为己"应该更高尚一些，而且孔子一贯"信而好古"，而这里孔子为什么提出"古之学者为己，今之学者为人"的观点呢？难道从前的学者更自私一些，不如现在的学者吗？这里的"己"与"人"是相对的概念，并非严格意义上的"自己"与"他人"，而是表示一种自身与外界的关系。"己"是指学习的动机源于自身，而"人"是指学习的动机源于外界，表现为一定的被动性。

孔子认为，从前的学者其学习动机出自本心的内在驱动力，其学习目的在于通过治学而更好地修身，不断提高自身的思想境界和格局，从而达到"修身、齐家、治国、平天下"的效果。如今的学者，往往是由于外部环境的影响，不得不通过学习来满足出仕的条件和要求，从根本上来说是迫于外界的压力，是被动的学习，在思想境界和格局上与前人是存在差距的。

那么，孔子生活的那个年代的人是不是都像孔子说的那样呢？当然不是，只是"为己"的人比较少罢了。接下来提到的蘧伯玉就是其中与众不同的一位，颇具"古之学者"的遗风。

14.25　蘧伯玉使人于孔子[1]，孔子与之坐而问焉，曰："夫子何为？"对曰："夫子欲寡其过而未能也[2]。"使者出，子曰："使乎！使乎！"

【注释】

[1] 蘧伯玉：卫国的大夫，名瑗。

[2] 寡：少，缺少；降低，减少。

【译文】

蘧伯玉派人探望孔子，孔子让来人坐下并问道："蘧老夫子在做些什么呢？"来人回答说："老先生总是在思考如何让自己的过错尽可能少一些，却总觉得还没有做到。"那人出去后，孔子说："好一位使者啊！好一位使者啊！"

【解读】

蘧伯玉，春秋时期内黄人。在卫献公初年即已入仕，在卫献公中期已成为卫国皆知的贤大夫，一生侍奉卫献公、卫殇公、卫灵公三代国君，主张以德治国，倡导执政者以自己的模范行为去感化、教育、影响人民，体恤民生。病卒于任上，谥号为成。他是孔子的朋友，道家"无为而治"的开创者。

孔子到卫国之后，作为朋友，蘧伯玉派人去看望孔子，说明蘧伯玉为人重情重义，注重礼尚往来。两个人在交流过程中，很自然地会提到蘧伯玉的近况。孔子问的"夫子何为"，就是现在朋友见面常说的"最近忙什么呢"。使者的回答十分恰当，他说"夫子欲寡其过而未能也"，客观真实地表述了蘧伯玉的具体行为及其思想内涵。蘧伯玉的修身行为源自内心，而不是源自外界，同时在修身的过程中始终保持永无止境的态度，充分体现了蘧伯玉崇高的思想境界与格局。他能够很好地传承"古之学者"的优良传统，同时也像一位优秀的传统继承者、传播者和优秀的使者。

蘧伯玉的行为，足以表明他是一位君子，和孔子一样具备"信而好古"的优秀品质，可以称为优秀传统文化的使者。蘧伯玉派来探望孔子的使者同样能够真实地表达蘧伯玉的思想和行为，准确、恰当地传递相关信息，符合使者的标准。因此，孔子在这里所说的"使乎！使乎"，其实是一语双关，意思是蘧伯玉和他派来的使者都是十分合格的使者，只不过一个是真正意义上的使者，而蘧伯玉则是象征意义上的使者。

14.26　子曰："不在其位，不谋其政。"曾子曰："君子思不出其位[1]。"

【注释】

[1] 君子思不出其位：出自《周易·艮卦》。

【译文】

孔子说："不在那个位置上，就不必去谋划那个位置上的事情。"曾子说："君子在思考问题时从不超出他自身的现实处境。"

【解读】

在8.14章，孔子也曾提出过"不在其位，不谋其政"的观点。在本章，曾子结合孔子的观点，引用《周易》中的语句对其做了进一步阐释。他认为孔子的"不在其位，不谋其政"，其实是在告诫君子，在考虑问题时不能脱离自身所处现实环境和条件，要做到实事求是。一旦在思想上脱离了实际，就会导致言行过激或浮夸，有可能说大话，办错事。

曾子提出的"君子思不出其位"，对现代的人同样具有现实指导意义。考虑问题要做到实事求是，要充分考虑自身的能力、水平、所处的位置，根据实际情况做出符合实际的思考和判断，从而进一步科学地谋划自身的工作，避免一些不切实际的想法和不必要的麻烦。

接下来，孔子的话印证了曾子的理解是正确的。

14.27 子曰："君子耻其言而过其行。"

【译文】

孔子说："作为君子，如果他说的超过了他所能做到的程度，那么他会以此为耻。"

【解读】

"其言而过其行"主要是指言过其实、语言浮夸，或者是说大话。既包括事前的承诺，也包括事后的浮夸。如果一个人做出超出实际的承诺，过分地标榜自己，而自身的能力又达不到自己所表述的那种程度，或者是自己并没有做得那样好，表述得天花乱坠，其实都是在说大话。作为君子应讲求实事求是的中庸原则，不应将话说得太满，更不会超出实际水平。

本章的"耻其言而过其行"与"其言之不怍，则为之也难"形成呼应。如果一个人大言不惭，他的承诺同样会超出合理的限度，那么他要兑现自己的诺言是十分困难的，而这种说大话的事情，君子是不会这样做的，因为他们会为此感到耻辱。也就是说，作为一位君子，应该做到言行一致，实事求是，不吹不擂。

14.28 子曰："君子道者三，我无能焉：仁者不忧，知者不惑，勇者不惧。"子贡曰："夫子自道也。"

【译文】

孔子说："君子能够在下列三个方面做得恰到好处，我还没有达到这种境界：能像仁者那样没有忧怨，能像智者那样不陷入困惑，同时也能像勇者那样表现得无所畏惧。"子贡说："这难道不正是他本人的真实写照吗？"

【解读】

在9.29章，孔子曾提出"知者不惑，仁者不忧，勇者不惧"的观点。在本章孔子以这三条标准对自己的言行进行自省和观照，认为自己还没有达到这样的境界。但在子贡看来，这三条标准正是孔子自身的真实写照，只不过孔子始终那么谦虚，没有承认而已。

14.29 子贡方人[1]，子曰："赐也贤乎哉？夫我则不暇。"

【注释】

[1] 方人：评论别人的长短。

【译文】

子贡有时在背后品评别人的长短，孔子说："子贡这么做符合贤者的标准吗？要是我的话可没有闲工夫去谈论别人。"

【解读】

真的像孔子说的那样自己没有闲工夫吗？其实不然，即使有闲工夫，孔子也不会去评论人，而是"见贤思齐焉，见不贤而内自省也"。另外在14.26章，曾子曾引用《周易》中的"君子思不出其位"对孔子的"不在其位，不谋其政"进行注解。也说明了一个问题，不要对别人的事情评头论足，因为存在信息不对称的情况。如果没有设身处地地从当事人的角度出发，所有的评判都有可能是错的。

14.30 子曰："不患人之不己知，患其不能也[1]。"

【注释】

[1] 不能：能力不足，或者是主观不努力而造成的不足。

【译文】

孔子说："不必在意别人不了解自己，要担心的倒是自己还有哪些方面能不能做得更好。"

【解读】

本章内容实际上还是在说子贡的问题。"子贡方人"，已经说明子贡并没有从对方的角度出发，没有做到换位思考。同时，子贡评价别人的长短也存在炫耀自己的嫌疑，自以为比别人做得更好。再从君子的角度来看，作为君子，不应该总是在意别人不了解自己，而更应该尽可能多地关注自身存在的不足，这是"君子思不出其位"的另一种解读。

14.31 子曰："不逆诈[1]，不亿不信，抑亦先觉者，是贤乎！"

【注释】

[1] 逆诈：以受到欺诈为前提做倒推假设。

【译文】

孔子说："如果一个人不在事前以受到欺骗为前提做倒推假设，不无端猜忌对方不诚信，但又能提前察觉出一切，这样才算是贤人啊！"

【解读】

"不逆诈，不亿不信"是处理人际关系或具体事务的基本态度。"不逆诈"就是在事前本着客观、公正的态度去看待和处理问题。假如双方在交往之前，缺乏相互信任的基础，其中一方或者双方都怀疑对方企图欺骗自己，那么在后期的交往过程中会处处设防，最终的结果也不会太好。

"不亿不信"就是不主观臆断，不无端猜忌对方不诚信，也就是现在所说的"不戴有色眼镜看人"。只有做到"不逆诈，不亿不信"，才能够做到客观、公正地处理事情。

如果一个人能够在达到上述两方面要求的基础上，对事物的发展方向提前做出客观的判断，这才是贤人。若是按照这个标准来衡量的话，子贡距离贤人还有一定的差距。孔子在指出子贡不足之处的同时，也提出了建议，即"不逆诈，不亿不信"。

14.32 微生亩谓孔子曰："丘何为是栖栖者与[1]？无乃为佞乎？"孔子曰："非敢为佞也，疾固也。"

【注释】

[1] 栖栖：栖栖遑遑，意思是忙碌不安，到处奔波。出自班固《答宾戏》。

【译文】

微生亩对孔子说："丘！你为什么总是这样栖栖遑遑的呢？如此岂不成了一个巧言取媚的人？"孔子说："我并非敢巧言取媚，只是痛恨那些固执己见、冥顽不化的人。"

【解读】

微生亩，姓微生，名亩，春秋时期鲁国的隐士。微生亩认为孔子的所作所为，是在利用自己的能言善辩博得诸侯国君王的信任，孔子对微生亩的这种不当评价进行了反驳。孔子说，自己并非能言善辩、巧言取媚，只是当时社会上下普遍存在不遵从礼制规范的现象，当事人却对自身的错误行为固执己见，采取听之任之的态度，自己对此感到痛恨，总想通过一己之力，唤起社会对礼制的重视，促使社会朝着正常的方向发展，最终形成和谐稳定的社会局面。这一点是微生亩所不能理解的。

微生亩对孔子做出巧言取媚的判断，根本原因是其违背了"不逆诈，不亿不信"的原则，通过主观臆断，认为孔子的行为是为了自己。因此，本章内容是前一章内容的延续，孔子用微生亩作为例子，说明在现实生活中确实存在做不到"不逆诈，不亿不信"的人。

14.33 子曰："骥不称其力[1]，称其德也。"

【注释】

[1] 骥：好马。比喻贤能之人。

【译文】

孔子说："人们在称道好马时，所称道的不是它的力气，而是它的德性。"

【解读】

"骥"是古代名马、良马、千里马的总称，能够与骑乘人员协调，使骑乘人员感觉比较安全舒适。力量作为外在的表现，并非只有良马具备，而内在品质才是判定良马的核心指标。

如果结合上文内容来看，孔子其实是接着回答微生亩的问题。孔子将自己比喻成一匹好马，肩负着恢复周礼的重任，一直坚持勇往直前。同时也表明，自己所做的事情可能在当时没有明显的效果，但从历史发展的角度来看，若想社会保持长治久安，推行和遵从礼制是一种必然要求。春秋之后两千多年的历史，似乎证实了孔子的预见和判断。

14.34　或曰："以德报怨，何如？"子曰："何以报德？以直报怨，以德报德。"

【译文】

有人问："以仁德回应怨恨，这样做怎么样呢？"孔子说："那又怎样回应仁德呢？应该以正直回应怨恨，以仁德回应仁德。"

【解读】

对于如何处理"德"和"怨"的问题，无非"以德报德、以德报怨、以怨报怨、以怨报德"四种情况。事实上，上述四种处理方式恰恰能够反映出当事人的思想境界和格局。"以怨报德"最不可取，应该属于最可耻的一类，本节没有提到。同样的，"以怨报怨"也不足取，会导致双方对立或冲突的加剧。

那么"以德报怨"是否恰当呢？孔子对此持否定态度。从对等原则上讲，"以德报德"和"以怨报怨"是合适的，"以怨报德"和"以德报怨"则是不对等的。对"以怨报德"的人大家都会嗤之以鼻，而"以德报怨"没有建立在平等基础上，是不能长期维持的"足恭"。因此，对于怨恨本着礼制的规范和原则，采取不予理会的态度是比较合适的。"以德报德"体现了交往之中的对等原则，而"以直报怨"则体现出应有的底线思维。

在本章，孔子基于"子贡方人"、微生亩的不当评价，结合礼制的规范，给出了人与人之间交往的基本准则：即使得不到别人的理解，甚至是别人误解了，都要保持自己的本色。

14.35　子曰："莫我知也夫！"子贡曰："何为其莫知子也？"子曰："不怨天，不尤人，下学而上达。知我者其天乎？"

【译文】

孔子说："没有人真正了解我啊！"子贡说："为什么说没有人能真正了解您呢？"孔子说："不抱怨天，不归咎于别人，通过对日常社会生活的观察和思考，不断提升自身的思想格局。真正了解我的大概只有上天了吧？"

【解读】

关于"上达"的问题，在14.23章已经讨论过。作为君子，其思想境界往往高于常人，其思想格局往往要大于一般人，因此他的思想和行为并不能为常人所完全理解，也就是所谓的"曲高和寡"。微生亩对孔子的评价并非个例，而是代表着当时社会上相当一部分人的思想。他们认为孔子是在通过巧言善辩来谋求自身的利益，当然这是典型的以小人之心度君子之腹。以微生亩为代表的这部分人只看到了孔子行为的表面，而对其深层次的用意并不理解。

在这种情况下，孔子仍然能够坚守自己的信念，为恢复周礼而奔波。其目的在于通过宣传、教育和引导，引起人们对礼制的重视，在统一思想的基础上，构建和谐稳定的社会环境。在遇到挫折和冷遇时，还能够做到"不怨天，不尤人"，能通过对周围社会生活的观察和思考，通晓社会事务运行的客观规律。

整个社会不遵从礼制，最终结果将是社会混乱。人们对礼制的认知局限或错误认知，就是社会治理过程中潜在的风险。就像10.29章提到的那样，连山上的野鸡都知道规避潜在的危险，而人们对不遵从礼制所形成的潜在风险为什么却无动于衷呢？由此，孔子发出了"知我者其天乎"的感叹，透露出些许无奈，也伴着一丝悲凉。

14.36　公伯寮愬子路于季孙。子服景伯以告，曰："夫子固有惑志于公伯寮，吾力犹能肆诸市朝。"子曰："道之将行也与[1]，命也；道之将废也与，命也。公伯寮其如命何？"

【注释】

[1] 道：正确的道路，治理社会正确的方法。这里指对礼制的遵从。

【译文】

公伯寮在季孙氏面前诋毁子路。子服景伯把这件事告诉了孔子，说："公伯寮与您存在着不同的见解，不过凭我的能力还能将公伯寮除掉，让他暴尸于朝廷或者市井。"孔子说："如果道能够行得通，那也是符合客观规律的；如果道行不通，也是符合客观规律的。难道仅凭公伯寮一个人就能够影响事物发展的客观规律吗？"

【解读】

公伯寮与子服景伯当时都是鲁国的大夫，曾经与子路一起做季氏的家宰，与季孙氏交好，有一定的政治影响力。从文中可以看出，公伯寮与孔子之间存在一定的隔阂，主要是见解和政治主张不同，这就是孔子与公伯寮之间原先就有的"惑志"。

公伯寮作为鲁国的大夫，同前文提到的微生亩一样，对孔子的所作所为并不理解。但是有所不同的是，微生亩只是做出不切实际的评价，公伯寮却利用自己的影响力挑拨孔子与季孙氏的关系，试图在二者之间制造矛盾。公伯寮在季孙氏面前诋毁子路，其真正目的在于否定孔子的政治主张，抑或是嫁祸于孔子。子服景伯作为子贡的学生，看到公伯寮的无耻行径后义愤填膺。于是，他将公伯寮恶意中伤子路这件事向孔子做了汇报，同时向孔子表明态度，如果孔子同意，自己有能力将公伯寮除掉。

但是孔子在听了子服景伯的汇报之后，并不同意他的想法。在他看来，除掉公伯寮没有任何意义，一是公伯寮同微生亩一样，只是一部分人的代表，而持相同看法的人还有很多，总不能一一除掉。二是公伯寮、微生亩及他们所代表的这一群体可以持有偏见，甚至做出不道德的事情，但是不能从根本上对事物发展的客观规律产生影响。孔子的这一回复，恰恰表明了他"以直报怨"的基本态度。

当政者是否能够采取正确的社会治理方法，不会从根本上影响到客观规律的运行。当政者都无法做到的事情，公伯寮能做到吗？从另一个方面讲，公伯寮自身并不具备直接对子路或者孔子施加威胁的能力，他只能通过挑拨离间，借助季孙氏的势力实现自己的企图。子路或者孔子会不会受到伤害，则最终取决于季孙氏的判断。如果季孙氏能够具备客观、辩证的独立思考能力，那么他就不会被公伯寮欺骗，这就是接下来孔子提到的"辟言"。

14.37 子曰："贤者辟世[1]，其次辟地，其次辟色，其次辟言。"子曰："作者七人矣。"

【注释】

[1] 辟(bì)：排除。这里指排除外物或外部环境的影响、限制。

【译文】

孔子说："头等的贤者，能够排除所处时代的影响，次一等的贤者能够规避所处地域的影响，再次的贤者能够排除一个人外在表现的影响，再次的贤者能够不受巧言的影响。"孔子说："能做到这样的很少，也就是七个人了。"

【解读】

这里首先解释一下"辟"。借用辟谷来理解"辟"比较容易。辟谷就是摆脱进食五谷，排除了五谷对人的限制。因此这里的"辟"解释为"摆脱外界事物的影响和限制"更为贴切。

按照孔子的观点，贤者在摆脱外部因素的干扰方面，大体可以分为以下几个层次。最高层次的贤者能够摆脱所处时代的影响和限制，能够客观、清晰地认识所处的客观世界，做出的决策科学、精准。第二个层次的贤者能够摆脱所处地域的影响和限制，能够跳出周围的环境观察和思考问题，从而做出比较客观的决策。第三个层次的贤者能够排除外在表现的影响和限制，透过现象看本质。但看问题的层面与前者比有所降低，只能局限于具体事物、就事论事。第四个层次的贤者能够不受当事人的语言蛊惑，做出自己的客观评价和决策。结合前一章内容，如果季孙氏能够不为公伯寮的语言所蛊惑，那么他就做到了"辟言"，可以称得上是一位贤者，"辟言"是对君子最起码的要求。

在孔子看来，能够达到"辟世"这个标准的贤者很少，也就只有七个人。本章提到的七个辟世的贤者，就是在18.8章将要提到的七位逸民。

14.38 子路宿于石门,晨门曰:"奚自?"子路曰:"自孔氏。"曰:"是知其不可而为之者与?"

【译文】

子路在石门附近过夜。待到清晨,开城门的人问他:"你从哪里来?"子路回答说:"从孔子那里来。"开城门的人说:"是那个明明知道有些事情做不成,可偏偏还要去做的人吗?"

【解读】

当子路说从孔子那里来时,开城门的人流露出戏谑的态度。在他看来,孔子是个自不量力的人,有些事情明明知道做不到,但还是坚持去做。孔子的弟子也是如此特立独行,独自夜宿于城外。由此可以看出,不但是微生亩、公伯寮不理解孔子,就连一个看城门的人都感到孔子做的事情有些匪夷所思。看来,孔子这种不为人所理解的情况确实具有相当的普遍性。由此可以看出,孔子不受周围人及时代的影响,俨然已经达到了"辟世"的境界。

真是孔子自不量力吗?当然不是,外人看来的自不量力,恰恰反映出孔子推行和恢复礼制所具备的坚定信心和笃定信念。下一章的内容同样表现了孔子恢复礼制的壮志和决心。

14.39 子击磬于卫,有荷蒉而过孔氏之门者[1],曰:"有心哉,击磬乎!"既而曰:"鄙哉,硁硁乎!莫己知也,斯己而已矣。深则厉,浅则揭。"子曰:"果哉!末之难矣。"

【注释】

[1] 蒉:盛土的草编的筐子。

【译文】

孔子在卫国的时候,有一天他正在击磬,一个背着草筐的人从他门前走过。那人说:"这击磬的人好像心事重重啊!"听了一会儿又说:"音调粗俗低沉,就像两块石头敲击的声音一样!仿佛是在说没有人了解我,无所谓啊,自己了解自己就行了。'深则厉,浅则揭。'"孔子说:"说得真干脆啊!如果真像你说的这样,那到最后可就难以改变了!"

【解读】

"深则厉,浅则揭"出自《诗经·邶风·匏有苦叶》。意思是,渡河时,如果水深就无所谓了,衣服湿了就湿了吧,如果水浅就撩起衣服来,保持衣服干爽。即没有必要考虑那么多,事情好做就做,不好做就算了,表现出一种随波逐流的心态。但在孔子看来,这样做是不行的。

从本章内容同样可以看出,孔子致力于推行和恢复周礼的行为,很多人是不理解的,而这位路人则给孔子提出了退一步的建议,建议他随遇而安,或者与世人沆瀣一气。

孔子击磬真的能够准确地向外界传达其思想吗?这需要看两个前提条件,一是孔子击磬的水平，二是受众的接受能力。《史记》记载："孔子学鼓琴师襄子，十日不进……（师襄子）曰：'丘得其为人，黯然而黑，几然而长，眼如望羊，如王四国，非文王其谁能为此也！'"说明孔子在古琴演奏方面出神入化，颇具周文王的神形。那个荷蒉的人同样能够听懂孔子击磬所传达的思想，这也能够证明此人并非普通百姓，从他具备如此强的音乐欣赏能力，以及对《诗经》内容的掌握和运用能力来看，这个人极有可能是一位隐居民间的贤士或高人。

接下来继续探讨遵从礼制规范的问题。

14.40　子张曰："《书》云[1]，'高宗谅阴[2]，三年不言'。何谓也？"子曰："何必高宗，古之人皆然。君薨[3]，百官总己以听于冢宰三年[4]。"

【注释】

[1] 书：《尚书》。
[2] 谅阴：原指居丧时所住的房子，这里指天子服丧。
[3] 薨：君主时代称诸侯或大官等的死。
[4] 冢宰：辅佐天子行政的最高行政长官。

【译文】

子张请教孔子："《尚书》说'高宗谅阴，三年不言'。说的是什么意思呢？"孔子说："哪里只是高宗，其实古人都是这样做的。国君去世之后，文武百官按照自己的职责，全面听从于冢宰的领导，新立的国君三年不过问政事。"

【解读】

首先，"高宗谅阴，三年不言"是按照礼制规范来做的。一国之君去世之后，新的国君有三年时间不能直接主政，大臣们都听从冢宰的领导，这样做可以从客观上保持政策执行和国家治理的连续。其次，继任国君必定有自己的执政理念，一般情况下都有新的政策出台，但应该先认真做调研，深入思考执政的方略，避免出现朝令夕改的情况。

由此可以看出"谅阴三年"是礼制的要求，同样是对逝去的长辈的孝敬和尊重。作为国君，就应该在遵从礼制方面率先垂范，如果连自己都做不到，那么如何再去教育和引导自己的下级和天下的百姓呢？

14.41　子曰："上好礼[1]，则民易使也。"

【注释】

[1] 上：居于上位的当政者。

【译文】

孔子说："居于上位的人崇尚礼制，就容易让百姓听从指挥。"

【解读】

本章内容是上一章内容的接续。依据礼制的要求，"高宗谅阴，三年不言"，如果新任国君做到这些，就足以证明他能够遵从礼制的要求。上级遵从礼制规范，就能起到上行下效的作用，百姓也会遵从礼制规范。同样，如果"上好礼"，必然也能做到"使民以时"，老百姓听从指挥将是一种必然。

在13.4章，孔子也曾提出"上好礼，则民莫敢不敬"的观点，与本章内容在思想上高度契合。

14.42 子路问君子，子曰："修己以敬[1]。"曰："如斯而已乎？"曰："修己以安人。"曰："如斯而已乎？"曰："修己以安百姓。修己以安百姓，尧、舜其犹病诸！"

【注释】

[1] 修：(礼制、学问、品行方面的)学习和锻炼。

【译文】

子路请教孔子，怎样做才能真正符合君子的标准呢？孔子说："应该以自己抱有敬畏的心态为标准修炼自身。"子路又问："难道这样就能行吗？"孔子说："再进一步的话就应该是以能使周围的人安心为标准修炼自己。"子路又问："难道这样就能行吗？"孔子说："难道还想通过修行自身而达到使百姓安定的效果吗？通过修行自身而达到使百姓安定的效果，恐怕是尧、舜也不容易做到啊！"

【解读】

从本章内容同样可以看出孔子"因材施教"和"不愤不启"的教学风格。当子路向孔子请教如何做才能成为君子的问题时，孔子给出了"修己以敬"的方法和原则，但子路认为这很容易做到。孔子于是又给出"修己以安人"的方法与原则，但子路同样认为太简单，并没有收到自己想要的结果。于是孔子做了一种假设，反问子路："难道要达到'修己以安百姓'的目标吗？这恐怕连尧和舜都感到难以做到吧。"

孔子所给出的方法和原则真像子路认为的那样简单吗？其实不然。作为一个君子，在成长的过程中不断学习和实践礼制的内容，不断提高自身的思想境界和认知能力，这是最起码的事情。在"修己"的过程中，态度也是十分重要的因素，保持对外界事物的敬畏才是正确的态度。如果不能对外界的事物保持敬畏之心，不免会产生高傲自大和骄奢淫逸的思想倾向，那么就达不到通过修身提高境界的效果。因此，孔子指出的"修己以敬"，就是在提醒子路，要想成为君子，要从自身做起，深刻领会心存敬畏的重要意义。

"修己以安人"则是"修己"的另一重境界。什么是"安人"呢？就是假如大家遇到什么困难，只要一想到这个人，就像吃了定心丸一样。这个人一定具有很高的威望和能力，他的威望基于其自身的思想境界和思想格局，以及高度的责任感和超高的综合素质。因此，能够通过自身的修身和成长，达到"安人"的目标实属不易。由此可以看出，达到"修己以安百姓"的境界，其难度是可想而知的，恐怕像尧和舜这样的帝王都做不到。因此，孔子在子路表示"修己以安人"比较简单时，进行了适当的反驳。

可以看出，孔子在告诫子路，要想成为君子，应不断地学习和实践礼制的内容，逐步使自己具备较高的思想境界和格局，还要立足实际，由近及远，而不能好高骛远。

还有一个问题，对于修身的问题应该采取什么样的态度呢？正确的态度应该是既要做到时不我待，又要避免急功近利。孔子通过两个实例对此做了形象而生动的阐释。

14.43 原壤夷俟[1]，子曰："幼而不孙弟，长而无述焉[2]，老而不死[3]，是为贼[4]！"以杖叩其胫。

【注释】

[1] 夷俟：两腿张开、身体后倾、双臂向后支撑，像簸箕一样坐着。

[2] 述：称述。

[3] 死：固定，不活动。

[4] 贼：失败。

【译文】

原壤张开双腿坐在地上。孔子见到他这个样子，对身边的学生说："这个人在小的时候不谦逊，也不懂得尊重长者，到了成年之后也几乎没做过一件值得别人称道的事情，到现在都老了还缺乏稳定的心性，他这样的人生其实是很失败的。"说完，孔子深感惋惜地用手杖敲了敲自己的小腿。

【解读】

原壤是孔子的老朋友，《礼记·檀弓》记载了他的一段故事，说他母亲去世时，孔子去帮助他治丧，他却站在棺材上唱起歌来，孔子只好装作没听见。这件事表明，原壤这个人我行我素，思维和行为方式都比较怪异，最为突出的特点就是他连基本的礼制规范也不遵从。孔子认为他的人生十分失败，主要原因就在于他不遵从礼制规范。

孔子用原壤作为素材，给自己的学生上了一堂生动的现场课。原壤作为一个老者，在生活中仍然两条腿像八字一样张开坐在地上，不能为年轻人做出表率。作为自己的"故交"，孔子看到他到了这把年纪还是这个样子，未免感到惋惜。因此有了孔子向自己的学生说的这段话："幼而不孙弟，长而无述焉，老而不死，是为贼。"

孔子对自己的学生说这段话，应该是基于他对原壤的成长过程的了解，认为原壤的人生比较失败，于是把原壤作为一个反面的典型，在教学或交流的过程中予以阐释。最后，孔子惋惜地用手杖敲了敲自己的小腿。

孔子对原壤的经历进行评说，旨在让自己的学生引以为戒，尽早依据礼制规范，本着时不我待的态度修身治学，提高自身的修养水平。接下来的章又提到了一个"幼而不孙弟"的孩子，借以阐述在修身致仁的过程中还要改变急功近利的态度。

14.44 阙党童子将命[1]。或问之曰："益者与[2]？"子曰："吾见其居于位也，见其与先生并行也[3]。非求益者也，欲速成者也。"

【注释】

[1] 阙党：孔子居住地。命：命令，指示。
[2] 益：增加。这里指求长进，求进步。
[3] 先生：年长的人。

【译文】

阙党的一个孩子受人派遣给孔子传话。有人问孔子说："他是个求上进的孩子吗？"孔子说："我见他坐在位子上，又见他和长辈们并行。这不是那种求上进的孩子，而是一个想尽快和成年人平起平坐的孩子。"

【解读】

阙党的一个孩子，受人委派给孔子捎话，孔子依据他的行为举止做出了判断：这个孩子不是一个追求上进的孩子，而是一个急于求成、急功近利的孩子。

为什么孔子会做出这种判断呢？首先，按照礼制的规范，年幼者和年长者在一起时，应该是站立的，而不能和年长者一样坐在位子上。根据《礼记·玉藻》的记载，"童子无事则立主人之北，南面"。孔子曾指出，"席不正，不坐"。因此与年长者一样坐在位子上是不遵从礼制的表现。

其次，在行走的过程中，同样需要遵守规矩。按照礼制规范，两个人在一起时，居于右手位者为上。在正常情况下，年幼者应该是跟随在年长者之后，或者是处在年长者的左后方。因此，与年长者并行也是违背礼制规范的。

最后，作为未成年人，承担捎信儿、传话这种任务，是否能够真正完成，很难说。主动要求承担这项任务则表现为不谦逊。那么，什么样的人才是符合要求的使者呢？应该是有能力做到全面、客观、真实、准确地传达相关信息的人。14.25章，蘧伯玉委派看望孔子的那位使者，才是真正意义上的使者。所以，孔子对传话的阙党童子做出了上述判断，这种判断和评价应该说是十分客观、公正的。

从表面看，本章内容是在叙述一个孩子没有很好地遵从礼制规范，存在急功近利的思想观念，而事实上是在说明一个道理：在学习礼制规范和修身致仁的过程中，不但要秉持时不我待的态度，还要努力克服急于求成的思想倾向。

卫灵公

《卫灵公》篇的主要内容是对当政者在执政方面进行劝谏。

在本篇的开始，当卫灵公向孔子了解陈国的情况，并对陈国图谋不轨时，孔子选择了离开，理由十分充分："道不同，不相为谋"。如果按照"君子固穷"的标准来衡量的话，卫灵公算不上是一位"君子"。在当时像卫灵公这样位高权重的人却不在少数，像舜帝那样能够做到无为而治的人是不存在的，因此孔子对当时的社会做出了"知德者鲜矣"的评价。

面对礼坏乐崩的社会，作为从政者应该如何做呢？首先要秉承"言忠信，行笃敬"的原则，同时还要做到因时制宜、因地制宜，合理地表达自己的主张，采取适当的方式向当政者举荐仁人志士来从事国家和社会的治理。在国家治理方面，应该本着历史唯物主义的原则，对历史上的各种制度和规范博采众长，为我所用，以期达到最佳的治理效果。

对于当政者来说。一是要"躬自厚而薄责于人"，凡事主动从自身找原因；二是要"义以为质，礼以行之，孙以出之，信以成之"，坚持正确的思想原则，依礼规范行事、说话态度谦逊、言而有信；三是不必过多理会外界对自己的评价，同时还要本着实事求是的原则对历史事件做出评价，不能采取虚构或添枝加叶的方式对人进行赞誉或诋毁。

在本篇的最后，孔子就礼制的推行阐述了自己的观点。认为推行礼制并非当政者、从政者或者是基层民众的事情，而是全社会共同的责任，需要大家统一思想认识，共同遵守礼制的规范和要求，以取得良好的效果。

15.1 卫灵公问陈于孔子，孔子对曰："俎豆之事[1]，则尝闻之矣；军旅之事，未之学也。"明日遂行。

【注释】

[1] 俎豆：俎和豆都是古代盛肉食的器皿，祭祀、宴缋时用，借以表示与礼仪相关的事宜。

【译文】

卫灵公向孔子打听陈国的情况，孔子回答说："礼仪方面的事情，我曾听说过；军队排兵布阵打仗的事，我从没有学过。"第二天，孔子一行就离开了卫国。

【解读】

按照传统的解释，卫灵公向孔子请教排兵布阵的事情，孔子推说自己只是知道一些礼仪方面的事情，军事方面的内容没有学过。孔子如果仅仅是因为这个，第二天就辞行离开卫国，有些牵强。"明日遂行"，说明孔子离开卫国这件事情十分迫切，而且孔子的目的地是陈国。孔子曾三次到陈国讲学，最长的一次待了三年，这足以证明孔子对陈国比较熟悉。

另外，陈国的国君对孔子比较认可，孔子曾得到陈湣公的礼遇，应该说孔子对陈国是有好感的。由此可以推断，卫灵公的"问陈"是指向孔子打探陈国的具体情况，对陈国另有图谋。

结合14.19章"子言卫灵公之无道"，14.20章卫灵公的"言之不怍"。不难看出卫灵公与孔子在思想境界和价值认同方面存在很大的差异。孔子的政治抱负在卫国很难实现，加上卫灵公对陈国图谋不轨，那么孔子急于离开卫国就很好理解了，这就是15.40章孔子提出的"道不同，不相为谋"。通过这件事情，可以看出孔子坚定的信念和鲜明的个性，并且具备敬而远之的智慧。

15.2 在陈绝粮，从者病莫能兴[1]。子路愠见曰："君子亦有穷乎[2]？"子曰："君子固穷[3]，小人穷斯滥矣。"

【注释】

[1] 兴(xīng)：兴致，兴趣。
[2] 穷：到尽头，没有出路。
[3] 固：固守，主观固执地遵循。

【译文】

孔子一行在陈国断了粮，随行的弟子们都饿病了，也没有了以往的兴致。子路心怀怨忿地来见孔子，说："君子也有陷入困顿的时候吗？"孔子说："君子能够在困顿的时候坚守礼制，而小人在同样的情况下则表现为不受礼制的约束。"

【解读】

本章的背景为孔子及其弟子在陈国与蔡国之间被围困。孔子一行因为受困连续几天没有饭吃，随行的弟子有的已经由于饥饿病倒了。子路将自身的怨气撒到孔子身上，没好气地对孔子说："君子也有陷入困顿的时候吗？""穷"应该从两个方面来理解：一是物质财富意义上的穷，二是精神品质方面的穷。因此，孔子没有正面回答子路的问题，而是从正确对待穷困的态度方面予以阐释。

在4.5章，孔子就曾指出"君子无终食之间违仁，造次必于是，颠沛必于是"。也就是说，作为君子，无论遇到什么情况，即使是面临困顿的窘境，也不能做出违背礼制的事情。在这里，孔子同样指出，君子在面临困境时，同样应该固守节操，做到不违背礼制规范。其实困境也是一块试金石，面对困境所采取的态度，正是君子与小人的区别所在。

在阐释道理的同时，孔子也绵里藏针地对子路表现出的浮躁心态给予了适度批评。这里所提到的"小人"，应该也包含卫灵公。卫灵公"问陈"的动机就是通过战争获取自身的利益，这种不受礼制约束的思想动机就是"小人"的表现，也可以归结为精神上的穷人。

15.3 子曰："赐也，女以予为多学而识之者与？"对曰："然，非与？"曰："非也，予一以贯之。"

【译文】

孔子说："子贡啊！你以为我是那种博学而强记的人吗？"子贡说："是啊，难道不是这样吗？"孔子说："不是这样的。我是个一以贯之的人。"

【解读】

"一以贯之"，在4.15章也提到过。当时是孔子与曾参探讨修身致仁的方法。在这里，表面上看，孔子是在与子贡交流学习方法，但实质上同样涉及修身致仁的问题，并且是在"在陈绝粮"这一背景下，旨在表明修身致仁并非通过博学和强记，更多的是在实践过程中始终如一，即使面临恶劣的外部环境，同样要做到"一以贯之"。孔子在思想和言行方面，确实像他说的那样，能够做到理论和实践的统一，思想和行为的统一。那孔子"一以贯之"的理论和实践基础又是什么呢？答案是礼制规范。

从内容上看，本章是前一章的延伸，是对"君子固穷"这一观点的进一步阐释。

15.4 子曰："由，知德者鲜矣[1]。"

【注释】

[1] 鲜(xiǎn)：很少。

【译文】

孔子说："子路啊！当前同时具备智慧和德行的人实在太少了。"

【解读】

孔子"知德者鲜矣"这句感慨，一方面对当前民不聊生的社会状况表达了不满和无奈，另一方面也对以卫灵公为代表的这些位高权重的当政者表达了失望。当时导致社会礼坏乐崩的深层次根源，主要是当政者漠视礼制和不作为，没有充分认识到礼制对治理社会和营造安定社会环境的重要作用。这里所说的"知德"，就是下一章将要提到的"无为而治"。

15.5 子曰："无为而治者其舜也与！夫何为哉？恭己正南面而已矣。"

【译文】

孔子说："能做到无为而治的大概只有舜了！他做了什么呢？只不过恭谨地做好自己的事情，使自己的举止行为符合君王的身份而已。"

【解读】

儒家所提倡的"无为而治"是指充分发挥带头示范作用，上级自己首先做好自己的事情，用符合礼制的思想和言行去影响下属，而对下属的行为不做过多的干涉。在这里，孔子提到了"无为而治"的典范，他就是舜帝。孔子在本章提到的"恭己"，事实上就是14.42章提到的"修己以敬"。这说明无论是普通百姓还是位高权重的当政者，都应该在修身方面以礼制为规范，怀有敬畏之心。如果大家都能够做到这些，都按照统一的思想和行为原则去处理事物，"无为而治"就完全能够得以实现。

15.6 子张问行，子曰："言忠信，行笃敬，虽蛮貊之邦行矣[1]；言不忠信，行不笃敬，虽州里行乎哉[2]？立则见其参于前也[3]；在舆则见其倚于衡也，夫然后行。"子张书诸绅。

【注释】

[1] 蛮貊(mò)：古代人对少数民族的称谓，蛮在南方，貊在北方。

[2] 州里：周代的居民编制办法，五党为州，每州两千五百户，每里二十五户。后来泛指乡里或本土。（杨朝明《论语诠解》）

[3] 参：参照物。

【译文】

子张向孔子请教如何才能做到无为而治。孔子说："言语方面能够做到忠诚守信，行为方面能够做到足够恭敬，即使是在偏远的蛮夷之地，也能够做到无为而治。如果在言语方面做不到忠诚守信，行为方面也做不到足够恭敬，那么即使是在本乡本土，能做到无为而治吗？要始终坚持'言忠信，行笃敬'这一处事原则，它就像人站立时的参照物，驾车时要看车辕前端的横木，这样就能做到无为而治了。"子张随即把这些话写在了自己束腰的带子上。

【解读】

结合上下文内容，不难看出"子张问行"的内容应该是"如何做到'无为而治'"。有什么依据吗？首先是本章内容。本章与前章具有承接关系，是前章内容的延伸。孔子刚刚提到舜做到了"无为而治"，子张还存在疑惑，问舜是如何做到"无为而治"的呢？其次是子张的身份，"绅"表明了子张的身份，他向孔子请教社会治理问题，与其身份是相吻合的。

孔子曾多次提到"主忠信"的观点。他认为，作为一个人来说，最基础、最根本、最重要的就是忠信，忠信是一个人的立身之本。在文中，孔子多次提到"忠"的问题，对于"信"的阐释也很多。

孔子认为，只要做到在言语方面处处为对方着想，并且言而有信，在行为方面表现出足够的恭敬，保持敬畏之心，就能够达到"无为而治"的效果，反之则做不到。在实现"无为而治"的过程中，始终坚持"言忠信，行笃敬"这一处事原则十分重要，它就像人站立时前面的参照物、车辕前面的横木一样，能使自己的言行始终符合礼制规范。

需要注意的是，此处的"笃敬"表述为足够而适度的恭敬和敬畏，但不是十足的、过度的"足恭"。

15.7　子曰："直哉史鱼！邦有道如矢，邦无道如矢。君子哉蘧伯玉！邦有道则仕，邦无道则可卷而怀之。"

【译文】

孔子说："史鱼是多么刚直啊！国家政治清明的时候，他就像射出的箭那样勇往直前；国家政治昏庸的时候，他依旧像射出的箭那样勇往直前。蘧伯玉才是真正的君子啊！当国家政治清明时，他就出仕来实现自己的政治抱负；当国家政治昏庸时，就不再对外展现自己的政治能力，而是做到身怀不露。"

【解读】

在本章，孔子提到了两个人，一个是史鱼，另一个是蘧伯玉，并将两个人进行了对比。

史鱼，卫国的大夫史鳅，字子鱼。根据朱熹《论语集注》："史鱼自以不能进贤退不肖，既死犹以尸谏，故夫子称其直。"史鱼采用这种过激行为的目的在于劝告卫灵公进用蘧伯玉，斥退弥子瑕。虽然史鱼多次向卫灵公举荐大夫蘧伯玉，但最终卫灵公并没有重用蘧伯玉。史鱼的这种做法刚直，也比较悲壮，这么做算得上明智吗？

孔子在评价宁武子时说"邦有道则知，邦无道则愚。其知可及也，其愚不可及也"，其实是在称赞宁武子能够审时度势，在不同的政治条件下有不同的表现。蘧伯玉的做法和宁武子基本相同，而史鱼的表现与宁武子相比可谓大相径庭，他只能算得上是一位刚直的人，但是在智慧方面有所欠缺。蘧伯玉的表现恰如其分，十分符合"知德"的标准。

15.8　子曰："可与言而不与言[1]，失人；不可与言而与之言，失言。知者不失人亦不失言。"

【注释】

[1] 言：交谈，把信息告诉对方。这里指举荐。

【译文】

孔子说："如果可以举荐而不举荐，(国家)就会失去一位人才；如果这个人不应该举荐而举荐了，那么这种举荐就是错误的。作为一个明智的人，能够做到既不错过人才，又不至于举荐失当。"

【解读】

从前一章的内容可以看出，孔子认为史鱼向卫灵公举荐蘧伯玉这件事是正确的，但是举荐的方式未免欠妥。本章则从另外的角度对史鱼的做法进行了分析，说明史鱼也有为难之处。蘧伯玉是一位君子，在史鱼看来是卫国不可多得的人才，不重用这样的人才是卫国的损失，这就是史鱼屡次向卫灵公举荐蘧伯玉的原因，甚至不惜采用了"尸谏"的方式。

如果单从字面上解释的话，应该是这样的："如果有些话应该告诉对方而没有告诉对方，就是没有做到'忠'，最终会失去对方的信任；如果有些话不应该说给对方而说了，就是事实上的言语失当。"可以看出，史鱼向卫灵公举荐蘧伯玉是一种责任，而卫灵公不采纳史鱼的建议是卫灵公昏庸。史鱼的不明智不但表现在"尸谏"这件事上，而且还表现在他清楚卫灵公的为人，但还是数次举荐蘧伯玉导致自取其辱。这是典型的有"德"无"智"。

15.9 子曰："志士仁人无求生以害仁[1]，有杀身以成仁。"

【注释】

[1] 志士：有坚定意志和高尚情操的人。仁人：追求"仁"的境界的人。

【译文】

孔子说："志士和仁人不会因为贪求生存而做任何有违于'仁'的事情，却能够为了达到'仁'的目标而不惜牺牲自己的生命。"

【解读】

严格地讲，"志士"和"仁人"是两个既密切联系又有所区别的概念。"志士"所具有的坚定意志和高尚的道德情操"仁人"同样具备，但是"仁人"的层次要比"志士"高一些，"仁人"还有崇高的精神追求。"志士"和"仁人"不会因为生存而放弃精神追求，但会为了实现理想追求，不惜失去生命。在现实中做到"杀身以成仁"这一点的是史鱼，但他只能称得上是一位追求"仁人"境界的"志士"。

综合以往及本章对"仁"的论述，在这里对"仁"的概念进行概括性的描述：所谓"仁"，指的是人的一种境界，至少体现为三点，一是高尚的道德情操，二是坚定的理想信念，三是崇高的精神追求。在精神和行为特质上符合这三种条件的，就可以称为"仁人"。

15.10　子贡问为仁，子曰："工欲善其事，必先利其器[1]。居是邦也，事其大夫之贤者，友其士之仁者。"

【注释】

[1] 利：锋利，锐利。这里指使锋利。

【译文】

子贡向孔子请教达到"仁"这一境界的有效方法。孔子说："工匠想要顺利地完成任务，一定要先把工具磨得锋利一些。无论身处哪个国家，都要侍奉那些大夫中的贤者，结交那些士人中的仁人。"

【解读】

孔子不愧是"能近取譬"的高手，在这里用工匠干活儿这件事做了十分形象的比喻，向子贡阐释修身致仁的好办法，那就是与优秀的人为伍，与仁人交朋友。孔子提出要多与大夫中表现出众的贤者交往，尽可能地交往那些志向远大、立志修身致仁的人，在与他们交往和交流的过程中，达到"见贤思齐"的效果。"蓬生麻中，不扶自直"就是这个道理。

"工欲善其事，必先利其器"也常用来比喻正确的工作方法。正确的方法是做好工作的重要保证，掌握了正确的工作方法，往往能收到事半功倍的效果。

15.11　颜渊问为邦，子曰："行夏之时[1]，乘殷之辂[2]，服周之冕，乐则《韶》《舞》[3]；放郑声，远佞人。郑声淫，佞人殆。"

【注释】

[1] 时：历法。
[2] 辂：古代的一种大车。
[3] 舞：同"武"，指《武》乐。

【译文】

颜渊向孔子请教如何治理国家。孔子说："采用夏朝的历法，乘用殷朝那种规制的大车，戴周朝的礼帽，选用《韶》《武》这样的音乐。弃用郑国的乐曲，远离那些能言善辩的人。郑国的乐曲过于放纵，不符合礼制规范，能言善辩的人往往很危险。"

【解读】

当颜回向孔子请教治理国家的问题时，孔子指出了几个关键的问题，一是历法的采用，二是车辆的选取，三是礼帽的选用，四是礼乐的选择，五是人员的任用。

历史上不同的朝代所采用的历法标准、车辆规制、礼制规范等有相近之处，但又不尽相同。"殷之辂"是指殷朝的车辆规制，而"周之冕"则引申为周朝的礼制规范。孔子之所以提出采用夏朝的历法，主要是因为夏朝的历法合乎春、夏、秋、冬四季与农业生产之间的自然规律，更有利于农业生产。商朝的车辆规制，实用而不奢华，体现了"礼，与其奢也，宁俭"的原则。周朝的礼制更加严谨、细致、规范和实用，更符合礼制形式和内容相一致的要求。孔子主张在举办重大仪式、活动时演奏《韶》乐和《舞》（同"武"）乐。孔子认为《韶》"尽美矣，又尽善也"；虽然《武》乐"未尽善"，但总体还是符合礼制的要求的。相比之下，郑国的乐曲显得放纵，不正规。在用人方面，能言善辩的"佞人"往往很危险。因此，在礼乐选用方面，要禁绝和弃用郑国的音乐；在用人方面，要对能言善辩的人敬而远之。

事实上，孔子的建议博采众长，选取了各朝代在治理国家方面的优点，同时在礼乐和用人方面规避了一定的风险，是比较客观、有效的。

15.12 子曰："人无远虑[1]，必有近忧。"

【注释】

[1] 虑：经过系统思考之后的科学谋划。

【译文】

孔子说："一个人如果没有基于长久的系统谋划，那么在现实生活中总会受到各种琐事的困扰。"

【解读】

在前一章中，孔子谈到了关于国家治理的几个问题，都是基础层面的工作。如果考虑到社会的长治久安，在制度设计方面就要本着礼制的原则，采取最优的方案，因此，孔子在本章提出了顶层设计的思想。孔子虽然提出了顶层设计，但是他并没有直接点明国家或社会治理，而是从当政者的角度予以阐释。

在国家和社会治理方面，当政者如果能够进行长久而系统的谋划，以发展的眼光去审视当下的问题，同时充分考虑未来的发展方向，这就是"远虑"。当政者制定政策或采取措施时没有充分考虑历史、现在和未来的话，就会经常性地受到当下以及周围琐事的困扰，这就是所谓的"近忧"。

一个人是否能够做好系统规划和顶层设计，他的思想境界和格局是决定因素。具体到个人来说，境界和格局是由一个人的"德"，即价值取向和理想追求决定的。这正是下一章将要涉及的问题。

15.13 子曰："已矣乎！吾未见好德如好色者也。"

【译文】

孔子说："算了算了！我还未曾见过谁像喜欢美色那样喜欢美德。"

【解读】

"吾未见好德如好色者也"这句话，在9.18章提到过，两者在语义方面没有区别，但在不同的语境下，其表达的侧重点则有所不同。前者侧重于表达培养"好德"的社会氛围需要一个比较长的时间阶段，本章则侧重于表达国家或社会的治理应该从培养"好德"的观念着手。从深层次讲，"好德"是"远虑"的表现，而"好色"则是一种短视的表现。

孔子从现实的角度指出，作为普通民众，大部分人并不具备对每件事情都进行深入思考、发现其背后深层次问题的能力，而更容易接受表象化的信息，这是客观存在的事实。作为当政者应该对这种现象足够重视，在制定相关政策或处理社会问题的时候充分考虑基层民众的理解能力和接受能力。

在社会治理方面，"德"的作用是无可替代的，就如北斗星一样，引导着社会朝着正确的方向发展。作为当政者，除了要注意"为政以德"的问题，还要有容人之量。下面就讲到了一个反面典型。

15.14 子曰："臧文仲其窃位者与！知柳下惠之贤而不与立也。"

【译文】

孔子说："臧文仲大概要算是一个窃居官位的人吧！他明明知道柳下惠才能出众，却不愿举荐他。"

【解读】

臧文仲这个人，在5.18章出现过，他"居蔡，山节藻棁"，明显僭越了礼制。在这里，孔子又列举了他的另一条罪状"窃位"。孔子为什么说臧文仲的官位是通过不正当的手段获得的呢？理由是他没有举荐柳下惠。

柳下惠就是14.37章提到的能够做到"辟世"的七位贤者之一，也就是将在18.8章提到的"逸民"。如果臧文仲推荐了柳下惠，有可能臧文仲官位不保。也正是基于这种顾虑，臧文仲没有举荐柳下惠，证明臧文仲心胸狭小，思想格局较低，缺乏容人之量。他的这种做法与14.18章的公叔文子存在很大的差距，与史鱼的做法相比更是天壤之别。因此，在"为邦"的过程中，臧文仲这一类的小人是需要引起注意的。

15.15 子曰："躬自厚而薄责于人，则远怨矣。"

【译文】

孔子说："一个人应该多反省自身，而尽可能少地责怪别人，这样的话，就可以避免产生怨恨。"

【解读】

文中的"躬自厚"应该有宾语"己"，补充完整后的句式和所要表达的观点都会更加完整和严谨。如果一个人能够做到对自己严格要求，尽可能多地开展自我反省，达到修身的目的，同时又不将责任推卸给其他人，不怪罪其他人，就可以有效避免双方产生矛盾，怨恨自然就会少些。

孔子曾指出："为仁由己，而由人乎哉？"强调了增强自身修养的重要性。因此，遇事多做自我反省，避免怨天尤人，是远离矛盾的有效方法。由上述分析可以看出，本文中的"怨"应该包括两种解释，一是对自己的怨恨，二是双方之间的矛盾和怨恨。

具体到本文的话，因为臧文仲缺乏反躬自省这种思维，以为举荐柳下惠之后，自己的地位将会受到威胁，将怨恨归咎于柳下惠。另外，他"知柳下惠之贤而不与立"的不智之举，受到了很多明眼人的批评。

15.16 子曰："不曰'如之何、如之何'者，吾末如之何也已矣。"

【译文】

孔子说："那些从来不说'怎么办、怎么办'的人，我最后对他们也不知道该怎么办了。"

【解读】

对于"如之何"应该从两个方面来理解，一是在事前问"如之何"，这实际上是对事物的提前谋划和思考。二是在事后问"如之何"，即在事物发展过程中出现困难时积极想办法予以解决。上述两种态度都是比较积极的，当然第一种态度更好，就是前面讲过的"远虑"。从另外的层面讲，那些在事前不经过认真思考和谋划，对事物的发展不做任何预判、听之任之的人，以及那些即使遇到困难仍然不去积极想办法着手解决的人，都可以归结为思想上懒惰的人。这类人不但缺乏深谋远虑的系统思维能力，更缺乏主动解决问题的思想意识。

就当政者而言，自身主观上不努力，别人即使有办法也帮不上忙。很多问题源自自身，如果不从自身找原因，最终会导致问题无解，陷入绝境。实际上，孔子的这番话也是对当政者提出的忠告和建议，当政者要克服自身的本位主义，出现问题时不要总是责怪别人，或者是听之任之，而是应该主动从自己身上找原因，这才是解决问题的关键所在。因此，本章是上一章内容的延续。

15.17 子曰："群居终日，言不及义，好行小慧，难矣哉[1]！"

【注释】

[1] 难(nàn)：不幸的遭遇，灾难。

【译文】

孔子说："假如有这样一群人，他们终日相处，无论是所谈论的话题或讨论的事情都不符合义理的要求，达不到义的标准，只是喜欢耍点儿小聪明，长此以往这难道不是一种灾难吗？"

【解读】

有学者将此处的"难"解释为"难以教导"，有其合理性，但具体到本章并不合适。结合上文，从15.11章至本章都是在讨论国家和社会治理相关的话题。在这里孔子做了一个假设，其实也是在描述一种客观事实，对当时的一些当权者的所作所为进行了比较形象的刻画。如果在朝堂之上，有这么一群不以义理为标准、只会耍小聪明的当政者讨论国家和社会治理问题，他们所制定的政策或采取的措施会是怎样的呢？高层做出的昏庸决策，势必会导致社会混乱，甚至会形成灾难。

在这里，孔子是在评判当政者"不该怎么做"；在下一章，孔子就为当政者提出了"应该怎么做"的原则要求。

15.18 子曰："君子义以为质，礼以行之，孙以出之，信以成之。君子哉！"

【译文】

孔子说："君子以义为根本，依据礼制来规范自己的行为，以谦逊的态度和方式表达自己的想法，以信用为保障去实现它。君子不应该这样吗？"

【解读】

那么如何做才能达到君子的标准和要求呢？本章，连同接下来的五章，都是在讨论这个问题。

君子首先要以义为本。"义以为质"是思想原则。做事的出发点和目标要符合正义的要求，"义"是判定一件事情是否可以做的重要标准。"义以为质"也是方法原则。在做某件事情之前，或是在做事情的过程中遇到问题思，考解决方法时，要根据是否符合正义做出判断。其次要依礼行事。仅仅将"义"作为做事的出发点和目标还不够，在处理问题的过程中还要做到时时、事事遵从礼制的规范，确保既定目标的实现。如果做不到遵从礼制的规范，则有可能导致好心办坏事。再次是在做出承诺时要言辞谦逊。"君子耻其言而过其行"，"孙以出之"可以有效避免说大话。最后是要做到"言必信，行必果"。对自己做出的承诺，要言而有信。

孔子十分注重"信"的问题，这是做人的根本和基础，它对普通人重要，对位高权重的当政者更加重要。可以看出，孔子在本章从四个方面回答了当政者"应该怎么做"的问题。

15.19 子曰："君子病无能焉[1]，不病人之不己知也。"

【注释】

[1] 无能：没有能力，不能干什么，做不到。

【译文】

孔子说："作为君子只会对自己做不到事情感到自责，而不会因为别人不了解自己而感到不满。"

【解读】

首先需要明确一个问题，这里提到的"君子病无能"中的"无能"就是指做不到上一章提到的四个方面，即"义以为质，礼以行之，孙以出之，信以成之"。

经过对比可以看出，本章与14.30章的"不患人之不己知，患其不能也"所表达的思想基本一致，在这里作为对当政者的建议提出来，可以简要地表述为"谦虚谨慎、戒骄戒躁"。这些建议与上一章的建议一样，都比较客观、中肯，对无论是当政者、士大夫阶层，还是普通百姓，也无论是处理社会问题、家庭关系，还是个人事务，都有借鉴作用。

15.20 子曰："君子疾没世而名不称焉[1]。"

【注释】

[1] 称：赞扬。

【译文】

孔子说："君子认为自己去世之后名声不为人称道，是一件令人痛苦的事情。"

【解读】

俗话说："人过留名，雁过留声。"自古至今，修养好的人都很在意自己的名声。作为君子必定追求在离开人世之后仍然为人称道。如果达不到这种层次，自身会感到痛苦。这种自我剖析、由内而外的痛苦就是上一章所提到的"病无能"的一个方面，同时也是君子"内自省"的一种表现。

如何才能做到去世后还能够为后人称道呢？原则与方法就是"君子义以为质，礼以行之，孙以出之，信以成之"。一个人如果想去世后还能够为人称道，那么一定会认真思考人生，科学谋划自身的成长，本着"君子义以为质"的原则，"礼以行之，孙以出之，信以成之"。

15.21 子曰："君子求诸己[1]，小人求诸人。"

【注释】

[1] 求：责求。

【译文】

孔子说："君子严于要求自己，小人苛于责备别人。"

【解读】

本章内容可以从三个方面来理解。一是在遇到问题时，君子首先从自身做起，充分发挥自身的主观能动作用，积极想办法解决问题。小人遇到问题时首先想到的是如何借助别人的力量来解决问题。二是在双方合作共事的过程中，一旦发生问题，君子会从自身找原因，而小人会将责任归咎于对方。三是无论是在生活中，还是在与人交往的过程中，君子都会用严格的标准来要求自己。小人则正好相反，他们对自己要求比较宽松，对别人要求却比较严格。

结合上下文的内容来看，第三种理解更符合本章的主题思想。"君子求诸己"与现在的成语"严于律己，宽以待人"具有相同的意思。上述三种解释在表述方面稍有不同，但其底层逻辑是一致的，都能够表明作为君子总是能从自身出发，做到"修己以敬"。"君子求诸己"也正是"礼以行之"的具体表现。

15.22 子曰："君子矜而不争[1]，群而不党[2]。"

【注释】

[1] 矜：自尊自大，自夸。

[2] 党：由私人利害关系结成的集团。

【译文】

孔子说:"君子能够做到既保持自尊而又不与人争执,能够做到合群却又不结成利益团伙。"

【解读】

本章主要阐述君子在与人交往过程中所把握的尺度,既不丧失原则,又能保持自身的尊严,而且不与其他人发生争执;既不会自命清高,又能与周围的人和谐相处,但又不会因为私利形成相应的团伙。这种行为原则的核心就是孔子的中庸思想,具体表现为"允执其中"。"党"的行为实质是私利,而私利是君子所不齿的。

15.23 子曰:"君子不以言举人,不以人废言[1]。"

【注释】

[1] 废:不再使用,不再继续。

【译文】

孔子说:"君子不会仅凭某人所说的话就去举荐他,也不会因为某人的身份而弃用他所说的符合义理的话。"

【解读】

在14.18章、15.7章和15.14章,孔子分别提到了公叔文子、史鱼和臧文仲这三个人,从正反两个方面阐述了向君主或上级举荐人才的正当性。作为君子,本着"义以为质"的原则举荐贤才是自身的责任所在,但是在举荐的过程中同样需要遵循一定的原则,这就是本章所涉及的内容。

为什么"君子不以言举人"呢?孔子曾提到"巧言令色,鲜矣仁"的观点,这是通过对周围人的长期观察和思考得出的结论。更加全面、客观观察一个人的方法,就是在2.10章提到过的"视其所以,观其所由,察其所安"。也就是说,不但要观察其言行,还要从三个不同的层面去进行更加深入、细致和充分的了解,在此基础上再进行举荐。

在讨论了"君子不以言举人"之后,孔子接着提到了问题的另一面"不以人废言"。在这里,孔子提出了对"人"和"言"进行区别对待的观点。对这一观点应从下面几个方面予以理解。一是一个人的观点正确与否,不应该根据他的身份和地位来判定,这个人的地位高低不应影响其观点或意见是否被采纳。二是不应该因为一个人曾经发表过错误的言论或提出过错误的观点,或者是做过错误的事情而认为其观点不具有正确性、合理性和科学性。通俗地讲,说话对错与身份无关,不能以偏概全。那么,判定一个人的观点或者言论是否正确的标准是什么呢?就是15.18章中提到的"义"。

15.24 子贡问曰："有一言而可以终身行之者乎？"子曰："其恕乎[1]！己所不欲，勿施于人。"

【注释】

[1] 恕：忠恕，以仁爱的心待人，用自己的心推想别人的心。

【译文】

子贡问孔子："有没有哪一个字可以作为终身的行为原则呢？"孔子说："大概就是'恕'这个字了吧！自己不想要的结果，就不要强行施加给别人。"

【解读】

"恕"是指导孔子言行的根本原则，对此孔子也是"一以贯之"的。

"己所不欲，勿施于人"就是自己不想要的结果，也别强加给别人。这一观点是处理不同层面双方之间关系的一种准则，对小到人与人之间、大到国与国之间的关系普遍适用。可以看出，"恕"就是"己所不欲，勿施于人"的实质和内涵，"己所不欲，勿施于人"就是"恕"的具体表现和外延。

"己所不欲，勿施于人"这一观点在12.2章也提到过，在当时的语境下，孔子根据仲弓的身份对这一思想从社会治理方面做出了阐释。这里将"己所不欲，勿施于人"这一观点进行了泛化，将其普遍适用的特点予以呈现。

从结构及内容看，其实本章内容是对前几章内容在主题思想方面的高度总结和概括。与15.11章出现的"颜渊问为邦"形成高度关联，主体人物还是颜渊，而与子贡没有太大关系，只是在行文的过程中增添了一个人物而已。

15.25 子曰："吾之于人也，谁毁谁誉？如有所誉者，其有所试矣[1]。斯民也，三代之所以直道而行也。"

【注释】

[1] 试：试验，尝试。

【译文】

孔子说："我对于其他人，难道刻意地去诋毁或者称赞过谁吗？如果有谁被我称赞过，那必定是经过相关验证的。这些被我称赞的人啊，是那些严格按照夏朝、商朝、周朝的正确方法行事的人。"

【解读】

在《论语》中，孔子对一部分人做出过评价，但是这些评价都是基于相关的事实，依据礼制的规范，经过自身的深入观察和思考而做出的，并不存在刻意诋毁、贬低哪一位，或者虚构拔高、不切实际地去赞扬某一人的情况。那些被批评的人，他们的所作所为是大家有目共睹的，不必再做任何的佐证。那些自己所称赞的人更是能够经得起事实的推敲和历史的检验，就像夏、商、周三个朝代中被历史检验过、正确的事情一样。孔子所指的经过历史检验的那些事情，就是夏朝的历法、商朝的车辆规制及周朝的礼制规范。

15.26　子曰："吾犹及史之阙文也，有马者借人乘之，今亡矣夫！"

【译文】

孔子说："我还看到过史籍上存在不实的文字记载，文献说有人将自己的马借给别人乘用，后来马却跑丢了。"

【解读】

孔子曾提出"述而不作，信而好古"的原则，事实上他也是这样做的，那些既没有文献翔实记载，又缺乏事实依据的事情，他不会用来作为证据去称赞某一个人的。

"吾犹及史之阙文"是指孔子曾看到相关记载失实，存在不符合逻辑的情况的文献。"有马者借人乘之，今亡矣夫"，孔子借用这句话表明，用虚构事实、无中生有来赞美一个人的做法是欠妥的。就如一个人本来没有马，却虚构说自己原来有马，只是把马借给别人骑的时候跑丢了，现在没有了。孔子在上一章已经表明自己依据事实来评价人的原则，在这里是从反面做了进一步的说明。

"有马者借人乘之，今亡矣夫"这种虚构事实的说法正是下一章中的"巧言"。

15.27　子曰："巧言乱德，小不忍，则乱大谋。"

【译文】

孔子说："花言巧语会造成道德及公序良俗紊乱。如果不能做到在小处容忍，最终就会影响到大局的谋划。"

【解读】

本章所提到的"德"并非特指个人的道德，还包含民众共同遵守的社会公德。如果社会成员中的每个人都不能从小处做起，对自身的思想意识和行为举止做出一定的约束和限制，从而使之符合礼制规范，那么再好的谋划也不会实现。

"小不忍，则乱大谋"清晰地阐释了局部与整体之间的辩证关系，只有全体社会成员都从自身做起，从小事做起，遵从共同的价值观念和行为准则，社会秩序才能得到质的改变，从混乱逐步变得和谐与稳定。理解其中的辩证关系，确实需要一定的思想格局。如果能够准确理解其中的关系，那么做到修身方面的"小忍"，就会成就社会稳定与和谐这个"大谋"。

这里所说的"小"和"大"含义相对宽泛，本章具体指的是什么呢？在15.32章，孔子给出了答案："君子谋道不谋食。"因此，本章的"小"是指现实生活中个人所遇到的困难，"大"是指社会治理过程中的客观规律和思想方法。"君子谋道"的方法又是什么呢？这就是接下来涉及的问题。

15.28　子曰："众恶之，必察焉；众好之，必察焉。"

【译文】

孔子说："如果众人都讨厌一件事情，一定要认真调查；同样的，如果众人都喜好某一件事情，也一定要认真调查。"

【解读】

上一章对"德"的概念进行了讨论，它可以指民众共同遵守的社会公德，是一种群体思想和行为方面的表征。因此在探索社会运行过程中内在规律的时候，应该从社会现象入手，通过对表面现象的观察与思考，总结和归纳深层次的客观规律。事实上，孔子在这里为大家开展社会研究提供了科学的思想原则和具体方法，从宏观的角度着眼，从微观的角度入手，通过观察表面现象，逐步发现其内在本质。

15.29 子曰："人能弘道[1]，非道弘人。"

【注释】

[1] 弘：扩充，光大。

【译文】

孔子说："人能弘扬道，而不是道弘扬人。"

【解读】

孔子在上一章给出了"谋道"的思想原则和具体方法，在本章则进一步阐释了"人"与"道"之间的辩证关系。方法是客观存在的事物，人作为行动的主体，可以在发现和全面认识方法的基础上，充分发挥方法的积极作用。反之则不成立。表面上看，孔子在阐释"人"与"道"的辩证关系，事实上还给人们提出了建议：应该充分发挥自身的主观能动作用，主动去"谋道"，在此基础上，在实践过程中充分"弘道"。

15.30 子曰："过而不改，是谓过矣。"

【译文】

孔子说："有了过错不改正，这才是真正的过错。"

【解读】

事物的发展并不是一帆风顺的，人类在认识和改造自然界的过程中，同样会遇到这样或那样的问题，出现失误或发生过错是十分正常的。发生过错并不可怕，关键是如何对待和处理过错。知错就改，是正确的选择，"过而不改"，才是真正的过错。在上一章孔子阐释了"人"与"道"之间的辩证关系，需要人们深刻认识并在实践中充分加以应用。如果没有正确地认识到二者之间的关系，那就是本章所说的"过"。

如何做到知过和改过呢？其一是要有判断是非的标准，不符合这一标准的即为过。具体到本章，礼制规范就是标准。其二是对待过错的态度要正确，知错就改是正确的态度，而不是文过饰非。其三是改过的方法与途径要正确，要通过学习来解决。这也是下一章要涉及的内容。

15.31 子曰：“吾尝终日不食、终夜不寝以思，无益，不如学也。”

【译文】

孔子说：“我曾经尝试整日不吃饭、整夜不睡觉而一味地思考，但是并没有更多的收获，不如通过学习提高得快。”

【解读】

探索真知的道路是艰辛和漫长的，正确的方法是取得成效的前提条件，学习就是所谓的捷径。人在成长和提高的过程中应该处理好学习与思考的辩证关系，在学习的过程中要注重深入思考，思考要基于认真学习。

那么，本章中“学”的内容又指的是什么呢？从上下文来看，应该是15.11章“颜渊问为邦”之后的那些内容。本章所表达的主题思想是，上述内容并非孔子通过空想得来的，而是通过对历史文献的学习和对现实生活的深入观察与思考后而得出的，与15.26章形成对照。

15.32 子曰：“君子谋道不谋食。耕也，馁在其中矣，学也禄在其中矣。君子忧道不忧贫。”

【译文】

孔子说：“君子专注于对正确方法和道理的探索，而不注重自身的生活来源。即使是那些专门从事田间劳作的百姓也有饿肚子的时候。即使不直接种庄稼，通过学习同样能够获得俸禄而生存。正是基于上述思想，君子一向是为找不到正确的方法而担忧，而不会担忧自己贫困。”

【解读】

从孔子所表述的观点可以看出，君子所注重的是“谋道”，而不是“谋食”。“谋道”是为了大众的福祉和社会的安定与发展，而“谋食”只是为了自身的生存。

君子“谋道不谋食”，是由君子的自身素质决定的，思想境界的高低和思想格局的大小是君子与小人的本质区别。作为君子，他所注重的并非自身的贫富，而是能否找到治理社会更为有效的途径和方法，使社会能够和谐稳定，老百姓能够摆脱生活困境，享受安定的生活。

在孔子生活的年代，社会环境混乱，民不聊生。由于税赋和战乱等，即使是直接从事农业生产的百姓也有饿肚子的时候。与之相对应的一种情况则是，一部分人虽然不直接从事生产劳动，但通过学习，增长了才干，最终参与社会的治理，同样能够做到衣食无忧。因此，寻找或探求科学的治国之道是君子的当务之急。

如果从孔子的角度出发，这里“谋道”的内涵并非探求治国之道这样简单，而是探究如何让统治阶级和广大百姓认识到礼制在社会治理方面的重要作用，继而进一步推行和恢复周礼。还有一个问题，如果君子通过自身的学习、观察和思考，已经得到了“道”的精神实质，那么应该如何去实践呢？孔子在下一章就谈到了“道”的具体实践方法。

15.33 子曰："知及之，仁不能守之，虽得之，必失之；知及之，仁能守之，不庄以莅之[1]，则民不敬；知及之，仁能守之，庄以莅之，动之不以礼，未善也。"

【注释】

[1] 莅：使用，使起作用。

【译文】

孔子说："如果一个人凭借自身的智慧懂得了治国的道理，但是没有做到恪守仁德，即使懂得了也一定会失去它。如果凭借智慧懂得了它，同时又能做到恪守仁德，但是不能以庄重、规范的形式在社会治理的实践中加以应用，百姓就不会对其表现出恭敬。如果凭借智慧懂得了这些道理，也能做到恪守仁德，同时又能以庄重的态度在社会治理的实践中加以应用，但是在实际施行和使用的过程中不依据礼制规范，那同样不会达到完善的效果。"

【解读】

这里所说的社会治理之"道"可以解释为普遍性、一般性的方法，也可以理解为具体的政策。"仁能守之"就是在施行上述方法的过程中，时时符合"仁"的标准。"庄以莅之"就是在具体的实践过程中要做到形式规范与庄重，态度敬畏，而不是随随便便地实施。"动之以礼"就是在使用和实施的过程中，要做到符合礼制规范，也就是"非礼勿动"。

通过本章内容，孔子阐释了两个内容：一是理论和实践的辩证关系。对于社会治理的方法，仅从理论上掌握是不够的，更要注重实践层面的问题，同时要做到理论与实践的高度结合。二是实践层面的各种制约要素。"仁"是行为的衡量标准，"庄"是行为的外在要求，"礼"是行为的内在核心。在社会治理的具体实践过程中，三种要素缺一不可，它们都是社会治理一般性方法在理论与实践层面实现结合的重要保障。

15.34 子曰："君子不可小知而可大受也，小人不可大受而可小知也。"

【译文】

孔子说："君子不应该局限于较低层次的智慧，而可委以重任。对于小人而言，他们不可能接受重任，他们只要具备较低层次的智慧也就可以了。"

【解读】

"知"同"智"，智慧。在5.19章，孔子就"知"与"仁"之间的关系做过论述。要达到"仁"的境界需要足够的"知"，在处理问题的过程中，缺乏理智的思考，同样不可能达到"仁"的境界。

所谓的"大受"可以理解为接受大的使命或任务，也就是担当大任。从这方面讲，"不可小知"与"大受"之间存在着必然的联系，具备大智慧是担当社会治理大任的前提条件。其一，如果没有足够的智慧，不可能具有主动担当作为的思想意识。

其二，如果没有足够的智慧，也不可能具备担当大任的能力。小人则与君子相反，他们不具备担当大任的思想境界和格局，能够知道些平常的道理就不错了，对他们不必做过高的要求。

本章提到的"知"和"大受"具体来说又是什么呢？结合下一章的内容，"知"应该是对"仁"这一思想境界的理解，"大受"就是"克己复礼"这一具体实践。为什么说"克己复礼"是一项大的任务呢？这是基于当时的社会环境来判定的。在下一章，孔子对当时民众对"仁"的认知及表现出的态度做了形象的描述，由之可见，要使"仁"的思想在当时的社会得到广泛传播，是很难的。

15.35 子曰："民之于仁也，甚于水火。水火，吾见蹈而死者矣[1]，未见蹈仁而死者也。"

【注释】

[1] 蹈：跳入，投入。

【译文】

孔子说："百姓对'仁'这一概念在心理上的排斥和恐惧胜过对水火。我见过有溺水身亡或者丧身火海的人，却从未见过谁因为践行'仁'这一思想而死亡。"

【解读】

孔子的这番话是在批评当时的客观社会环境。当时人们对孔子所宣传的"仁"的思想普遍排斥，甚至有人对此产生了恐惧心理，就像害怕洪水、烈火一样。出现这种社会状况的根源在哪里呢？应该是统治阶级和上层社会，原因有以下两点。

其一，在社会治理的过程中，统治阶级占据主导地位，当时的统治阶级并没有学习和继承历史上的优秀传统文化，没有意识到"仁"的思想与礼制在社会治理过程中的重要作用，"仁"的思想和礼制规范并没有引起他们的重视。

其二，老百姓并非真的对"仁"这一思想和礼制规范心存芥蒂，而是因为孔子所采用的推行方法是自上而下的，统治阶级做不到时，老百姓自然也不会买账。

因此，孔子提出了"知及之，仁不能守之，虽得之，必失之"的观点。在推行礼制和认同"仁"的方面，应该是统治阶级首先做到。他们对礼制规范和"仁"这一思想的排斥程度，比普通百姓厉害得多。再返回到上一章，孔子提到的"君子不可小知而可大受也，小人不可大受而可小知也"就不难理解了。

15.36 子曰："当仁不让于师[1]。"

【注释】

[1] 让：亚于，不如。

【译文】

孔子说："当面对'仁'的问题时，即使是自己的前辈也不必推让。"

【解读】

针对上一章提到的"民之于仁也，甚于水火"，统治阶级同样漠不关心这件事，那么"仁"的思想的传播和礼制的推行这项宏大的事业是不是就应该停止呢？孔子的观点是"当仁不让"。

"当仁不让"体现了勇于担当作为的精神特质，即使前人没有做过或没有做成功的事情，自己和当下的人也应该继续努力。这主要是针对社会上存在的畏难心态而提出的。"当仁不让"，首先表明了孔子具有坚定的信念和百折不挠的进取精神。其次说明人们接受"仁"的思想和礼制规范并不是什么难事，只要有了开始，将来会越来越容易。最后说明不能因为没有成功的先例而选择放弃。

15.37 子曰："君子贞而不谅[1]。"

【注释】

[1] 贞而不谅：形容节操坚贞但并不固执己见。

【译文】

孔子说："君子坚守自己的原则，但是并非一味地固执己见。"

【解读】

每个人在处理所遇到的事情时，必定遵循自身的思想原则。但是，坚守原则与固执己见有本质区别。例如，实事求是、知错就改，就是正确的思想和行为原则。

在本章"贞而不谅"的具体指向又是什么呢？一方面，这是孔子对人们的一种建议，对"仁"的思想和礼制的规范要形成正确的认识和理解，"仁"的思想和礼制规范并非洪水、烈火，而是可以促进社会向好的方向发展，继而在理解的基础上予以接纳，而不是一味地排斥。另一方面，虽然是对人们的建议，但更主要的是针对当政者提出的，因为在社会治理的过程中，他们才是需要做出改变的重点群体。

15.38 子曰："事君，敬其事而后其食。"

【译文】

孔子说："侍奉君主和上级，应当首先认真地做好自己的本职工作，然后才能考虑自己的待遇问题。"

【解读】

孔子认为，在工作中，首先应该是把上级交代的工作完成好，这是获得劳动报酬的前提条件，而不是在做事情之前和领导讨价还价。"敬其事"就是专心致志地做好工作，也就是现在所说的"敬业"。

这里为什么又提到敬业的问题呢？认可"仁"的思想和推行礼制，并非仅凭处于上层的统治阶级就能完成和实现的，需要上下同心，共同努力。因此辅佐君王的士大夫就应该发挥作用，帮助君王理解并推行礼制。帮助上级把正确的事情做好，就是正确的"事君"方式。

因此，本章的主旨在于倡导辅佐君王的士大夫们，不尸位素餐，在推行礼制的过程中勇于承担相应的责任和义务。

15.39 子曰："有教无类。"

【译文】

孔子说："对所有求学者，应一概予以满足，而不进行区分。"

【解读】

上述译文是一般意义上的解读，若放到全篇去理解，含义就不是这么简单了，而是说对"仁"的思想传播和礼制规范的推行教化，应该做到全面周到，不能简单地认为这是统治阶层的事情，或者是基层民众的事情。"仁"的思想和礼制规范需要所有社会成员共同认可和遵守，按现在的解释就是要统一思想认识，共同遵守行为规范。

从系统的角度来看，"当仁不让"从历史发展的角度，针对全社会，"贞而不谅"主要针对处于统治阶层的当政者，"敬其事而后其食"主要针对士大夫阶层，而"有教无类"是针对基层民众。以上表明，恢复和推行礼制并非哪一个社会阶层的责任，应该是自上而下，全员参与，上下协同，需要大家齐心协力来完成。

15.40 子曰："道不同，不相为谋。"

【译文】

孔子说："如果根本性的主张不同的话，就没有共同谋划未来的必要了。"

【解读】

这里的"道"含义比较丰富，可以理解为出发点、原则性的主张，或者是思想方法。如果在上述问题上不能达成一致的话，就没有合作的必要了，志同道合才是事业成功的前提和基础。因此，统一思想对于谋划未来十分重要，与上一章提到的"有教无类"在实质上是一致的。

这样一来，15.1章"卫灵公问陈于孔子"后，孔子"明日遂行"就不难理解了。

15.41 子曰："辞达而已矣[1]。"

【注释】

[1] 辞：文辞，言辞。达：达到。

【译文】

孔子说："说话，能把意思表达清楚即可。"

【解读】

在前面，孔子曾提到"巧言乱德""巧言令色，鲜矣仁"，可以看出，孔子认为言语不求浮夸，能准确表达意思就行。

"辞达而已矣"还有另外一层意思，就是说话点到为止，多说无益，尤其是对身居高位的君王及士大夫，原因在于"事君数，斯辱矣；朋友数，斯疏矣"。也就是孔子指出的："忠告而善道之，不可则止，毋自辱焉。"也许有人认为，不说不就行了吗？省得自取其辱。但是在孔子看来，不说是不行的。不说则表明不"忠"，说也要注意方式方法及适度。下一章内容就阐述了孔子说"辞达而已矣"的原因。

15.42 师冕见[1]，及阶，子曰："阶也。"及席，子曰："席也。"皆坐，子告之曰："某在斯，某在斯。"师冕出。子张问曰："与师言之道与？"子曰："然，固相师之道也。"

【注释】

[1] 师：乐师。

【译文】

师冕来见孔子，到了台阶前，孔子说："小心这里有台阶。"到了坐席跟前，孔子说："这是座位。"等大家都坐下来之后，孔子告诉乐师说："某人坐在这里，某人坐在这里。"等师冕走后，子张问孔子："难道这就是您与乐师沟通的方式方法吗？"孔子说："对啊，原本就应该这样与乐师相处的啊。"

【解读】

从内容、结构上看，本章与前面相比略显突兀，但是仔细分析的话又是一脉相承。

首先说明一件事情，在古代，乐师一般都是盲人。在子张看来，孔子的这种做法有些多此一举。对于眼睛看不见的乐师，即使将当时的场景描述得再详细，他还是看不见啊，说这些有什么用呢？因此，子张就向孔子提出了自己的疑惑。孔子回复子张，虽然乐师看不见，但是与乐师相处时也要告诉他，让他知道和了解周围的一切。

如果再结合前面所阐述的社会治理方面的内容，不难看出，孔子采用了借喻的手法，把当时不听取他意见的当政者比喻为一群瞎子，他们没有领会"仁"的思想内涵，也没有意识到礼制规范对社会治理的重要作用。但是孔子作为一个能够洞察世事，又心怀家国的圣人，认为把这些先进的治国之道讲给当政者是一种责任。该说的还是要说，听不听那是他们的事情，自己尽心竭力即可。孔子在这里提到的"相师之道"又何尝不是"事君之道"呢？同这些对"仁"的思想和礼制规范置若罔闻的当权者交流，只能"辞达而已矣"，就权当与一群盲人说话吧，至于能不能真正理解和付诸实施，那就是他们的事情了。

从语言表达的特点来看，本章与10.29章最后的表述高度一致。

季氏

探讨礼制规范在国家治理方面的重要作用仍然是《季氏》篇的主题，集中表述为"不学《礼》，无以立"。

本篇的开始，以"季氏将伐颛臾"为切入点，孔子对季氏违背礼制的行为和冉有、子路不依礼行事提出批评，进而指出"礼乐征伐"等重大决策应由天子做出。孔子明确指出，在国家和社会治理的过程中，从上至下的当政者、从政者和社会成员都应该各司其职、各负其责，下级违背礼制的僭越行为会导致社会混乱，违礼者最终会走向灭亡，这是被历史证明了的客观规律。

接下来，孔子对结交朋友、个人喜好、服务上级进行了辩证分析，指出哪些是对的，哪些是错误的。孔子同时指出，要对"天命、大人、圣人之言"保持必要的敬畏。另外，还要在处理具体事务时全面反思，力求做到不违背礼制规范。

在本篇的最后，编者同样采用借喻的手法，突出说明礼制在国家和社会治理的过程中所起到的重要作用。即使是称谓这种小事都应该高度重视，何况其他的事情呢？

16.1 季氏将伐颛臾[1]，冉有、季路见于孔子，曰："季氏将有事于颛臾。"

孔子曰："求，无乃尔是过与？夫颛臾，昔者先王以为东蒙主，且在邦域之中矣，是社稷之臣也。何以伐为？"

冉有曰："夫子欲之，吾二臣者皆不欲也。"

孔子曰："求，周任有言曰[2]：'陈力就列，不能者止。'危而不持，颠而不扶，则将焉用彼相矣？且尔言过矣，虎兕出于柙[3]，龟玉毁于椟中，是谁之过与？"

冉有曰："今夫颛臾固而近于费，今不取，后世必为子孙忧。"

孔子曰："求，君子疾夫舍曰欲之而必为之辞。丘也闻，有国有家者，不患寡而患不均，不患贫而患不安。盖均无贫，和无寡，安无倾。夫如是，故远人不服则修文德以来之[4]，既来之，则安之。今由与求也相夫子，远人不服而不能来也，邦分崩离析而不能守也，而谋动干戈于邦内。吾恐季孙之忧不在颛臾，而在萧墙之内也[5]。"

【注释】

[1] 颛臾：鲁国的附庸国。

[2] 周任：古代的一个史官，有"良史"之称。

[3] 柙：关野兽的木笼，古时也用来押解、拘禁罪重的犯人。

[4] 远人：意见或理念不同的人。

[5] 萧墙：照壁。借指内部。

【译文】

季氏准备征伐颛臾国。冉有和子路去拜见孔子，说："季氏准备对颛臾采取军事行动。"

孔子说："冉求！这难道不是你的过错吗？颛臾国，以往先代君王已经封它做东蒙山的主祭，并且它现在处于鲁国的疆域之内，仍然是鲁国的附属国，季氏为什么要攻打它呢？"

冉有说："攻打颛臾是季氏的主意，我们两个人都不想这么做。"

孔子说："冉求！周任说过：'拿出自己全部的智慧与能力去履职尽责，如果不能胜任的话就不要干了。'自己辅佐的上级遇到危险时不去扶持，快要跌倒了而不去搀扶，那么还选用这些辅助的人来干什么呢？而且你所说的话也存在问题。假如老虎或者犀牛从笼子里跑出来，或者是龟甲或美玉在匣子里毁坏了，那么应该是谁的过失呢？"

冉有说："现在的颛臾，国势强盛、城墙坚固，并且与季氏的采邑费地距离很近。如果现在不把它拿下来的话，将来一定会成为子孙的忧患。"

孔子说："冉求！君子痛恨那些明明很想那样做，却在口头上说不愿意那样做，并且还要编出一套十分正当的理由的人。我听说，无论是一个国家还是一个家庭，衡量它们的好坏，并不在于人口的多少，而在于财富分配是否存在不均的情况；衡量它们的好坏，并不在于生活是否贫苦，而在于社会秩序是否安定。因为只要是财富均衡，就没有贫富之分；只要是社会和谐，就没有人口多少的问题；只要社会安定，就不会存在倾覆的风险。正因为如此，所以当有意见或理念不同的人不愿顺服，那就应该在仁义礼乐方面下功夫，使他们自动前来归服。对于那些已经顺服的人，要想方设法让他们安心生活。现在，你们二位辅佐季孙，对这些意见和理念存在分歧的人，你们没有办法使他们顺服；邦国面临分崩离析时，你们也没有办法使之保全，反而还要谋划在自己的邦国内部动用武力。我认为季孙的忧患恐怕不在颛臾国，而在自己的内部吧。"

【解读】

本章内容十分丰富，信息量也很大，观点鲜明，论证过程同样异常缜密。从孔子师生的交流内容来看，主要涉及以下几个方面的问题。

第一是依礼行事的问题。孔子认为季氏征伐颛臾国不符合礼制，并给出了两条理由。一是鲁国以前的君王曾封颛臾国为东蒙山的主祭；二是颛臾国在鲁国的邦域之内，从地理位置上说，颛臾国是鲁国的附属国，土地和人口都附属于鲁国。无论是从哪一条上讲，季氏征伐颛臾国都是不符合礼制的。

第二是履职尽责的问题。冉有和子路在季氏征伐颛臾国这件事上存在过错，他们没有及时反对季氏的不当决策。虽然他们二位将这件事情向孔子进行了汇报，但是其真正目的并非是想让孔子想办法去阻止其发生，而是仅仅让孔子知情，即如果最终这件事情真的发生了，责任只要不落在自己头上就行了。冉有所说的"今夫颛臾固而近于费，今不取，后世必为子孙忧"已经证明，冉有和子路是同意季氏征伐颛臾国这一方案的，至于方案的始作俑者是季氏还是冉有，尚无定论。

第三是德不配位的问题。从季氏准备征伐颛臾国这件事情上可以看出，无论是季氏，还是作为家宰的冉有和子路，都存在德不配位的问题。孔子指出："天下有道，则礼乐征伐自天子出；天下无道，则礼乐征伐自诸侯出。"因此冉有和子路没有及时加以制止，而是顺应附和季氏的决定，是典型的"危而不持，颠而不扶"。

第四是知过不改的问题。在师生的交流过程中，当孔子指出在季氏征伐颛臾国这件事情上冉有存在过错时，冉有将错误的责任直接推给季氏。当孔子再次指出冉有、子路二人的"危而不持，颠而不扶"就是过错时，冉有则说出了季氏攻打颛臾国的真实目的。可以看出，冉有对季氏征伐颛臾国这件事持赞同态度。于是，孔子进一步指出："求，君子疾夫舍曰欲之而必为之辞。"冉有赞同征伐颛臾这件事情，而口头上说不同意，这就是"舍曰欲之"，是典型的狡辩。冉有的做法就是前面提到的"过而不改"。

第五是知行合一的问题。冉有、子路追随孔子这么多年，关于礼制的种种规范难道他们真的不懂吗？当然懂。那在对待季氏征伐颛臾国这件事情上，他们为什么还如此呢？原因就在于冉有和子路没有做到知行合一。对礼制规范只是停留在知道和了解的层面上，而在实践和应用层面还存在不小的差距。

第六是民情的问题。在孔子看来，无论是哪种群体和社会形态，大至邦国，小到家庭，它们的成员更关心社会财富的分配是否公平均衡，而对于社会环境的要求则倾向于安定。这体现了社会和谐的重要性，应该引起承担社会治理责任的当政者的高度重视。

第七是社会治理的原则问题。孔子认为，对待意见或理念相左的人，应该通过提升自身的修养和德行，获得对方的认可，继而使对方主动来接近自己。同时，对那些与自己思想或理念已经比较接近的人，一定要使他们能够得到安顿，逐步趋于稳定。也就是说，一旦出现不顺服的情况，首先要从自身找原因，反省自身的思想和行为是否符合礼制的规范。

可以看出，孔子在这里提到的"吾恐季孙之忧不在颛臾，而在萧墙之内也"，已经非常明确地指出了问题产生的原因主要来自于内部。如果再往深层次追溯，将问题产生的根源归结为季氏和冉有、子路这类陪臣自身的话，更为中肯。

还有一点需要说明，孔子并非主张绝对去军事化，他在14.21章也曾建议鲁哀公讨伐陈成子，但是征讨的决策应该由谁做出，征伐的命令又该由谁发出，这是礼制方面的问题，同时更是一个原则问题。对此孔子将在接下来予以明确阐述。

16.2　孔子曰："天下有道，则礼乐征伐自天子出[1]；天下无道，则礼乐征伐自诸侯出。自诸侯出，盖十世希不失矣；自大夫出，五世希不失矣；陪臣执国命，三世希不失矣。天下有道，则政不在大夫；天下有道，则庶人不议。"

【注释】

[1] 礼乐征伐：《左传·成公十三年》中有"国之大事，在祀与戎"的说法。因此这里的礼乐、征伐分别指的是祭祀和征伐。

【译文】

孔子说："如果天下有道的话，祭祀及征伐这两件重大事宜应该由天子做出决定；如果天下无道，祭祀及征伐等重大事宜则由诸侯做出决定。由诸侯做决定的，大约很少有历经十世而不失去权力的；由大夫做决定，很少有历经五世而不失去权力的；如果由大夫的家臣掌握国家政令，很少有历经三世而不失去权力的。如果天下有道，那么国家的政权就不会掌握在大夫手中。如果天下有道，一般百姓就不会私下议论当前的政局。"

【解读】

在孔子看来，是否能够达到政治清明的状态，从一件事情上可以观察出来，那就是重要事情由谁来决策。祭祀和征伐作为执政中的两件极其重要的事情，如果国家政治清明、社会治理有方，那么这两件事的决定权在天子。反之，则由诸侯做出决定，更有甚者，决策权掌握在大夫或者陪臣手里，这是不符合礼制规范的，也极容易导致社会混乱，最终导致政权更迭。社会成员都有自己的职责，下级越权乱政，事实上是对礼制的僭越。这些不符合礼制的、所谓的实权派，"名不正，则言不顺"，也一定会遭到基层民众的议论。因此也就有了"天下有道，则庶人不议"的说法。

从上下文来看，这是对上文内容的延续，同时对季氏的违礼行为进行了批判。可以看出，孔子对当下事物的判断是基于对历史经验的总结而做出的，符合历史唯物主义的观点。在此基础上，孔子对季氏所忧虑的事情又做出了具有前瞻性的判断。

16.3　孔子曰："禄之去公室五世矣，政逮于大夫四世矣[1]，故夫三桓之子孙微矣[2]。"

【注释】

[1] 逮(dài)：到，及。

[2] 微：衰落。

【译文】

孔子说："国家政权旁落鲁国公室已经有五代了，政权落到大夫手中也已经四代了，这样看的话，三桓的子孙都即将衰落。"

【解读】

在16.2章，孔子曾提到"天下无道，则礼乐征伐自诸侯出"，同时指出"自大夫出，五世希不失矣"，对这一历史规律进行了高度概括，并由此做出了"三桓之子孙微矣"的判断。这一判断正是对16.1章"季氏将伐颛臾"的回应。

在季氏、冉有和子路等人看来，征伐颛臾国是解决子孙后代后顾之忧的好方法。但在孔子看来，这样做无济于事，因为征伐的决定是由季氏做出的，本身已经违背了礼制。征伐颛臾的行动同样违背礼制，按照历史规律，这种违背礼制的状况不会维持太久，"三桓"的子孙必定会衰落。前面仅谈到了季氏，只是用他来做个例子，其他两家和季氏的情况差不多，总是蔑视和违背礼制规范，因此家族走向衰亡是历史的必然，也就是所谓的"多行不义必自毙"。

16.4　孔子曰："益者三友，损者三友。友直、友谅、友多闻[1]，益矣；友便辟、友善柔、友便佞[2]，损矣。"

【注释】

[1] 直：正直，刚直。谅：信。(杨伯峻《论语译注》)

[2] 便辟：善于走歪门邪道，善于阿谀奉承。善柔：善于和颜悦色地骗人。便佞：惯于花言巧语。(杨朝明《论语诠解》)

【译文】

孔子说："与三种人交朋友是有好处的，而与另外三种人交朋友则是有害的。与正直的、诚信的、见多识广的人交友，是有益的。与善于走歪门邪道的、善于伪装行骗的、花言巧语的人交友，则是有害的。"

【解读】

孔子用辩证的观点给出了交友的建议，从正反两个方面对益友和损友进行了对比阐述。孔子认为，与那些正直、诚信和见多识广的人交朋友是件好事，对方所具有的优秀品质可以对自己形成正向的影响，而那些善于钻营、不走正道、阿谀奉承和花言巧语的人则对自己的修身和成长有害。

结合本篇的主题，孔子的这番话主要是针对冉有和子路这类人讲的，尤其是冉有，他们不符合益友的标准。

16.5 孔子曰："益者三乐，损者三乐。乐节礼乐、乐道人之善、乐多贤友，益矣；乐骄乐、乐佚游、乐宴乐[1]，损矣。"

【注释】

[1] 骄乐：由骄奢和放纵得到的快乐。佚游：漫无目的的游荡。宴乐：奢侈的饮食带来的快乐。

【译文】

孔子说："有三种乐趣对人是有益的，还有三种乐趣对人是有害的。以用礼乐节制自己的言行为乐，以称道别人的长处为乐，以拥有众多优秀的朋友为乐，是有益的。以骄奢和放纵带来的快乐为乐，以漫无目的的游荡为乐，以大摆宴席获得的快感为乐，则是有害的。"

【解读】

在本章，孔子同样用对比的方式对两类截然不同的喜好做了阐释。可以看出，以礼乐来规范自己的言行，乐于称道别人的长处与优点，乐于与优秀的人交朋友，这种人都是积极向上的，具有注重自我修为、积极进取的价值观。这三个方面都属于精神层面的。与之相反，有些人以骄奢淫逸为乐，以无所事事地到处游荡为乐，以满足口腹的感官刺激为乐，这三种乐趣是物质方面的低级享受。

具体到本章的语境而言，孔子是在继续批评冉有和子路，从侧面指出他们应该"乐节礼乐"，凡事都应遵从礼制规范，而不是帮助季氏满足不符合礼制规范的"骄乐"等物质方面的低层次享受。由此可以看出，冉有和子路对季氏在日常生活中的其他违礼行为也是听之任之。

接下来，孔子向冉有、子路列举了侍奉君主过程中的三种过失行为。

16.6 孔子曰："侍于君子有三愆[1]：言未及之而言谓之躁，言及之而不言谓之隐，未见颜色而言谓之瞽[2]。"

【注释】

[1] 愆(qiān)：罪过，过失。
[2] 瞽：眼瞎的人。这里指对事物没有识别能力。

【译文】

孔子说："陪侍君子容易有三种过失：还没轮到自己说话的时候就说话，这种情况叫作急躁；该自己说话的时候不说，这种情况叫作隐瞒；不观察君子的脸色而贸然说话，这叫作没眼色。"

【解读】

这里的"侍于君子"是指侍奉上级或君主。孔子在这里列举了三种属于过失的情况。第一种是不该自己说话的时候抢着说话，这就是急性病。第二种是该自己说话的时候却不说，这叫知情不报。第三种则是说话的时候没有根据上级的面部表情变化及时做出判断，这叫没有识别能力。这里的"见颜色"即察言观色。为什么说话时要"见颜色"呢？按照礼制规范，如果在说话的过程中涉及上级忌讳的事情，他会有相应的面部表情变化，这时候就应该停止。

看来语言交流还真是一门艺术。首先，在侍奉上级的时候，在说话方面要讲规矩，该谁说的时候谁说，不能抢话。其次，当轮到自己的时候，或者应该由自己说的时候假如不说，同样违背礼制要求。最后，在表达自己观点时还要随时观察对方的反应，不能引起对方的不适。

16.7　孔子曰："君子有三戒[1]：少之时，血气未定，戒之在色；及其壮也，血气方刚，戒之在斗；及其老也，血气既衰，戒之在得。"

【注释】

[1] 戒：指禁止做的事情。保持戒备，尽可能避免。

【译文】

孔子说："君子有三件事应该保持戒备：在年少的时候，血气还没有发展稳定，要避免迷恋女色；在壮年的时候，血气正是旺盛的时候，要避免争强好斗；到老年时，血气已经衰弱，要避免贪得无厌和患得患失。"

【解读】

孔子对人生三个不同的发展阶段所需要注意的方面，发表了自己的看法：在年轻时不要沉湎女色，这样对身体发育不好。在壮年的时候不要争强好胜，避免与人发生争斗，激烈的争斗有可能危及自己的生命，甚至祸及家庭。如果身居高位，这种争强好胜则有可能引起国与国之间的战争，最终会影响社会的安全与稳定。到了晚年，人的生命到了衰退期，如果还不能降低自己对物质方面的贪求，则对自身是无益的。

虽然，孔子谈上述三种情况，立足于人生三个不同的阶段，但是我们应该认识到，"色、斗、得"对人生的各个阶段都有害无益，都应该注意戒除，只不过在相应的人生阶段，某种危害可能会更大一些，尤其应该引起足够的重视。

本章提及的"戒斗"和"戒得"，具体指"季氏将伐颛臾"这件事所表现出的季氏好斗和贪得无厌的本性，因此本章内容具体指向是季氏。

16.8　孔子曰："君子有三畏：畏天命，畏大人，畏圣人之言。小人不知天命而不畏也，狎大人，侮圣人之言。"

【译文】

孔子说："君子在三个方面应当心存敬畏：一要敬畏现实中存在的客观规律，二要敬畏思想格局大的人，三要敬畏圣人所说的话。小人因没有充分理解现实中存在的客观规律，所以并不会心存敬畏，从而对思想格局大的人常表现为态度上的轻佻，对圣人所说的话也表现为轻慢和不尊重。"

【解读】

在本章，孔子讲到了心存敬畏的问题，建议人们经常保持敬畏之心，尤其是对"天命、大人、圣人之言"。

关于"天命",在前文中已经讨论过,是指现实中存在的客观规律。如果一个人不能对客观规律保持敬畏,思考问题或者处理事情时违背了客观规律,轻则面临失败,重则危及自身。这里提到的"大人"是指思想格局大的人。由于"大人"的思想格局比较大,在看待问题、思考问题和处理问题时经常表现得与众不同,并不为普通人所理解。"圣人"是指那些在学识或技能方面有极高成就的人,他们的见解和主张即"圣人之言",是经过长期的学习、对生活认真的观察和深入的思考而得出的结论,对现实生活和学习都具有很强的指导意义。

小人受自身认知、思想境界和格局的限制,不能充分认识和理解客观规律对处理问题的重要性,也理解不了思想格局大的人的思维方式,更不会认识到"圣人之言"对自身的重要性,因而表现出对"天命"的无所畏惧,对"大人"的满不在乎和对"圣人之言"的蔑视轻慢,这就是所谓的"无知者无畏"。

孔子提出的这"三畏"恰恰是一个人成长为君子的过程中应当注意的三个方面。一是尊重客观规律,在此基础上思考和处理所遇到的问题。二是敬畏思想格局大的人,做到见贤思齐,多向他们学习。三是对圣人说过的话保持敬畏,他们所说的话可以帮助自己正确对待和处理成长中的问题。具体到本章,"不知天命而不畏也,狎大人,侮圣人之言"的小人应该还是指季氏、冉有及子路等人。

君子在抱有敬畏之心的同时,又应该如何正确处理礼制规范和治学修身呢?在接下来的几章,孔子做了十分详尽的阐释,他首先谈到的是学习礼制规范的态度问题。

16.9 孔子曰:"生而知之者上也,学而知之者次也,困而学之又其次也。困而不学,民斯为下矣。"

【译文】

孔子说:"如果有一出生就什么都知道的,那这种人应该算得上是第一等人;经过学习之后才知道的,应该比前一种人要差一些;遇到困难才去学习的,又比前一种人更差一些;即使遇到困难也不去学习的这类人,就应该算是下等了。"

【解读】

在7.20章孔子曾经说"我非生而知之者",对外界的过高评价予以否认。人的认知都是通过后天的学习而逐步获得的,因此"生而知之者"是不存在的。

从表面上看,孔子通过对知识的追求将人分为四个等级,而事实上,孔子以对待学习的态度为标准,将人分为四种不同的层次。最高层次的人是"生而知之者",这种人是不存在的。第二个层次的人是在没有遇到困难的情况下,就能够主动学习的人。第三个层次的人是遇到困难时,知道通过学习来解决问题的人。最差的当属第四个层次的人,他们即使遇到困难,也不会通过学习寻求解决的办法。孔子从来都不承认自己是"生而知之者",总是在鼓励人们勤奋学习,不要自暴自弃。

在这里,"生而知之""学而知之"和"困而学之"的"之"特指礼制规范。如果再结合本章的语境和背景来看的话,季氏、冉有及子路等人违背礼制规范,计划攻打颛臾，就是典型的"困而不学"。

接下来，孔子从言行举止的九个方面，具体阐述了如何学习礼制规范和提高自身修养。

16.10　孔子曰："君子有九思：视思明，听思聪[1]，色思温，貌思恭，言思忠，事思敬，疑思问，忿思难[2]，见得思义。"

【注释】

[1] 聪：听觉。

[2] 难(nàn)：灾患，困苦。

【译文】

孔子说："君子应该在九个方面进行反思：在观察事物方面，要反思是否能够做到明察秋毫；在与对方交流时，应当反思是否能够清楚其核心要义；在与人交往的过程中，时常反思自己的态度是否温和儒雅；在日常生活中，要反思自己是否做到了谦逊有礼；在言语交流的过程中，要注意反思是否做到了尽心竭力；在做事情的时候，要反思是否做到了敬事而信；对于自己遇到的疑惑，要反思是否做到了不耻下问；而当愤懑激动难抑时，要充分反思有可能产生的严重后果；在见到唾手可得的眼前利益时，要注意反思这种所得是否符合正当的原则。"

【解读】

孔子通过"九思"，全面系统地阐释了作为君子在言行举止等方面所应当遵循的基本规范。

其一是"视思明"，实质上是说作为君子应该具备较强的观察事物的能力，能够通过细致观察和思考，掌握事物实质。其二是"听思聪"，实质上是说作为君子应该具备正确听取并科学判断别人的语言的能力，不为花言巧语所迷惑。其三是"色思温"，在与人交往的过程中，面部表情要始终保持温和，做到温文尔雅。其四是"貌思恭"，在整体表现方面要做到谦逊有礼。其五是"言思忠"，与人交流时应当反思是否做到了诚实守信，尽心竭力。其六是"事思敬"，反思对自己所从事的工作，或别人交办的事情，是否做到了内心抱有敬重的态度。其七是"疑思问"，当遇到疑问时，深入细致地提出问题、分析问题，继而解决问题，在这一过程中逐步提高自身的认知水平。其八是"忿思难"，作为君子在比较愤怒的时候，要反思有可能产生的后果从而不做出过激行为，甚至使原有的忿懑消退，继续保持平和的心态。其九是"见得思义"，当有所得时，作为君子应该反思这种所得是否符合公正合宜的原则，即"义然后取"。

从16.1章开始至16.10章中，孔子以"季氏将伐颛臾"这一事件为主线，全面系统地梳理了作为君子哪些事情该做、哪些事情不该做，以及应当做的事情应该如何做。依据是礼制规范和"仁"的思想。上述规矩是礼制规范和"仁"的思想的具体化。

16.11 孔子曰："见善如不及，见不善如探汤[1]；吾见其人矣，吾闻其语矣。隐居以求其志，行义以达其道；吾闻其语矣，未见其人也。"

【注释】

[1] 探汤：比喻下意识地避开危险。

【译文】

孔子说："见到好的人或别人的善行、善言、善举就要学习，唯恐自己做不好；见到不好的人或者其他人做的不好的事情，就像手即将触到沸水那样赶快避开。我见到过这样的人，也听到过这样的话。隐居起来，不与世俗同流合污，以此来追求自身的理想；依照礼制和义理来规范自己的言行，来达到实践自身思想方法的目的。我听到过这样的话，却不曾见过这样的人。"

【解读】

孔子在本章提到的"见善如不及"就是指在思想和行为上要始终保持积极向善的心态和状态，见到或者听到义举或正确道理，都要争取自己也能做到。对于不好的事情，能够及时规避，就像自己的手不小心触碰到开水，为了避免烫伤而不由自主地收手一样。能够做到这些的人已经基本具备了判断是非的能力，在思想上能够高度重视，能够积极进取和防微杜渐，难能可贵。这种人在日常生活中还是比较容易见到的。

与之相比，那些"隐居以求其志，行义以达其道"的人是很少见到的。这些隐士采取了退隐的方式，不愿意为世人所知，只是在自身的修为方面高度地自我约束，从而达到比较高的思想境界。

需要指出的是，评价事物或行为的"善"与"不善"应该有相应的标准，标准就是礼制规范。符合礼制规范的事情就是"义"的，反之则是"不义"。从这个层面来看的话，这里的"善"和"义"是相通的。

接下来，孔子举了正反两个方面的例子进行论证，说明即使是身居高位的诸侯国的君王也不一定能够真正做到。真正想做到的话，必须有放弃物质诱惑的巨大勇气，做到符合礼制的相应规范。

16.12 齐景公有马千驷，死之日，民无德而称焉；伯夷、叔齐饿于首阳之下，民到于今称之。其斯之谓与？

【译文】

齐景公有四千匹马，但他死的时候，人们找不出他有哪些好的品行值得称颂。伯夷和叔齐饿死在首阳山下，人们却到今天依然在称颂他们。应该说的就是这种道理吧？

【解读】

据史料记载，齐景公年幼登基，亲政之初，虚心纳谏，认真听取并采纳晏婴、弦张等人的建议，任用贤臣治理国家，从而使齐国在短短的几年间由乱入治，人民生活得到了较大的改善，综合国力得到了提高。后来齐景公贪图享乐，厚赋重刑，致使民不聊生、怨声载道，加上不体恤民情，坚持与晋国争夺霸主之虚名，这是齐景公在死后人们认为他在德行方面乏善可陈的主要原因。与之相对应的是伯夷和叔齐，这两个人虽然饿死在首阳山下，但死后受到大家的称赞，与齐景公形成了鲜明的对比。

从上面的例子可以看出，人们对齐景公、伯夷和叔齐做出了截然不同的评价。从根本上说，这种评价源自他们对礼制规范的态度。违背礼制势必会受到民众的唾弃，而维护礼制规范的尊严，遵从礼制规范行事，则能够得到民众的赞扬。这也是孔子在下文中向孔鲤指出"不学《礼》，无以立"的原因。

16.13 陈亢问于伯鱼曰[1]："子亦有异闻乎？"对曰："未也。尝独立，鲤趋而过庭，曰：'学《诗》乎？'对曰：'未也。''不学《诗》，无以言。'鲤退而学《诗》。他日，又独立，鲤趋而过庭，曰：'学《礼》乎？'对曰：'未也。''不学《礼》，无以立。'鲤退而学《礼》。闻斯二者。"陈亢退而喜曰："问一得三，闻《诗》，闻《礼》，又闻君子之远其子也[2]。"

【注释】

[1] 伯鱼：孔子的儿子孔鲤。
[2] 远：在态度上保持一定的距离，不过于亲近或偏爱。

【译文】

陈亢问伯鱼："你在老师那里得到过什么与众不同的教诲吗？"伯鱼回答说："没有。有一次我见到他独自站在那里，我快步走过厅堂，他说：'最近学《诗经》了吗？'我回答说：'没有。'他说：'不学《诗经》，就不能顺畅地与人交流啊。'我从那之后就开始认真学习《诗经》。之后的一天，我看到他又独自一人站着，便快步走过厅堂去和他攀谈。他说：'学《周礼》了吗？'我回答说：'还没有。'他说：'不学《周礼》，就没法确立正确的价值观。'我在那之后又开始学习《周礼》。我只听到过这两次教诲。"陈亢回去之后高兴地对别人说："我问了一件事，却知道了三件事，一是知道了要学《诗经》，二是知道了要学《周礼》，三是知道君子不偏爱自己的孩子。"

【解读】

陈亢对孔子在教育学生方面是否能够做到一视同仁心存怀疑。他在主观上猜测孔子对自己的儿子孔鲤会有所偏爱。但是通过与孔鲤的交流，他推翻了自己的猜想。虽然自己的猜想没有得到印证，他却仍然感觉收获满满，不但知道了《诗经》对人在与人交流方面的重要性，《周礼》对一个人确立正确价值观的重要性，还知道了君子能够与自己的孩子保持一定的距离，并不会偏爱自己的孩子。

从前后文的内容及整体结构来看，本章的作用有三。一是强调礼制对一个人成长的重要作用，对前面提到的礼制进行了延伸论述，进一步突出了礼制的重要性。二是阐述了《诗经》与《周礼》这两部著作的核心内容，以及两者之间的关系。《周礼》

的核心内容是礼制规范，即规矩。《诗经》则是礼制规范的重要载体，礼制规范的很多内容寓于《诗经》之中。三是为后面的"唯女子与小人为难养也"提供了佐证，同时也为后面的论证埋下了伏笔。

16.14 邦君之妻，君称之曰夫人，夫人自称曰小童；邦人称之曰君夫人，称诸异邦曰寡小君；异邦人称之亦曰君夫人。

【译文】

国君的妻子，国君称她为"夫人"，夫人自称为"小童"；本国的民众称她为"君夫人"，而称呼其他国家的国君夫人为"寡小君"；其他国家的人也称本国国君的夫人为"君夫人"。

【解读】

本章以国君夫人为例，叙述了对人的称谓问题。从文章结构来看，本章内容略显突兀。从字面上看与上下文没有联系。有人认为本章可能也是孔子说的，却遗漏了"子曰"两个字，也有人怀疑这是有人见竹简有空白处，任意附记的。

那么本章内容与前面的是否存在联系？答案是肯定的。其仍然与前文所叙述的礼制有关。事实上，规范的称谓就是礼制规范最基本的表现形式之一。本章所提到的称谓问题，就是礼制在基础应用层面的一个例子。本章内容是上文的递进与延续，旨在表明，即使是称谓这种看起来比较细微的小事，也需要用礼制予以规范，何况征伐颛臾这样的大事呢？

整个《季氏》篇，孔子始终围绕礼制规范这一主题进行论述，最后一章内容正是对第一章内容的准确回应。"没有规矩，不成方圆"，无论是进行社会治理还是处理家庭关系，礼制都应该是大家共同遵守的思想和行为规范。这些细节都搞明白了，处理各种问题和关系时自然就不会出错了。本章选取了称谓这一看似最为基本的小事作为切口，对礼制的重要作用予以阐述，起到了以小见大、见微知著的效果。

阳货

　　《阳货》篇重点讨论了"礼"与"仁"之间的辩证关系，建议人们从遵从礼制开始，在生活中学以致用，在实践中逐步提高对"仁"的理解，最终达到"仁"的境界。

　　本篇开始，通过孔子与阳货的交流可以看出，阳货认为自己消除季氏的权力是仁义之举，没有意识到自身的行为也是对礼制规范的僭越，因此，阳货没有达到"仁"的境界。与阳货一样达不到"仁"这一标准的还有宰我。宰我连基本的"孝"都做不到，可见他对礼制的理解和认知是十分片面的。

　　通过孔子与子张的交流，表明"恭、宽、信、敏、惠"五种行为原则都符合礼制规范，如果大家都能按照这种规范来处理问题的话，社会整体就会达到"仁"的境界。在孔子与子路的交流中，又从反面论证了不遵从礼制（"不好学"）所产生的负面效果。

　　同时，本篇也提到了学习礼制规范的有效途径和方法，那就是学习《诗经》，尤其是《周南》和《召南》等重点篇目，这些文献起到了寓教于乐的作用，是学习礼制规范的重要载体。

17.1　阳货欲见孔子，孔子不见，归孔子豚[1]。孔子时其亡也而往拜之[2]，遇诸涂。谓孔子曰："来，予与尔言。"曰："怀其宝而迷其邦，可谓仁乎？曰，不可。好从事而亟失时[3]，可谓知乎？曰，不可！日月逝矣，岁不我与！"孔子曰："诺，吾将仕矣。"

【注释】

[1] 归：同"馈"，馈赠。

[2] 亡：不在家。

[3] 亟(qì)：屡次。(杨朝明《论语诠解》)

【译文】

阳货想见孔子，孔子却不见他，于是他就送了一头小猪给孔子。孔子趁他外出时去拜谢他，不料还是在路上碰见了。阳货对孔子说："来！我有话跟你说。"阳货说："如果一个人胸怀宝贵的治国理念，而任凭国家处在混乱之中，这能称得上'仁'吗？不可以吧！如果一个人喜欢从事政治却又一次次地错过机会，这能称得上'智'吗？不可以吧！时光一天天消逝，岁月不等人啊！"孔子说："好吧，我将在合适的时候出仕。"

【解读】

阳货是季氏家的权臣，季氏把持鲁国的朝政，而季氏家的权力又落在阳货手中。从礼制的角度来看，季氏和阳货都对礼制形成了事实上的僭越，对于这种人，孔子采取的方式是敬而远之。同时，阳货见孔子的目的并不单纯，他企图消除"三桓"，打算让孔子帮助他。对于这一点，孔子心知肚明并且表示拒绝。但阳货并不死心，而是通过送礼的方式迫使孔子与其见面。阳货如果以季氏家臣的身份向孔子赠送礼物的话，孔子不必答谢。但是阳货并没有表明馈赠礼物的主体是自己还是季氏，为避免违礼，孔子只能登门致谢。孔子知道阳货的意图，于是选择阳货不在家的时候去致谢，一来不违礼，二来可达到不与阳货见面的目的。但事与愿违，孔子在路上还是碰到了他。

可以看出，孔子不愿见阳货，是出于维护礼制的考虑。孔子去拜见阳货，同样还是为维护礼制。在两难的情况下，孔子采用相对巧妙的策略，等到阳货不在家的时候再去。在阳货的劝说下，孔子答应出仕，最终是不是真的会协助阳货消除"三桓"？按照孔子所主张的"君子成人之美，不成人之恶"，孔子当然不会帮助阳货，只是答应出仕为社会服务而已。

17.2　子曰："性相近也[1]，习相远也。"

【注释】

[1] 性：本质，事物本身所固有的，决定事物性质、面貌和发展的根本属性。

【译文】

孔子说："人的本性没有太大区别，而后来人与人之间差异变大的原因在于后天自身的习得。"

【解读】

　　孔子在本章表达了自己的真实想法，不愿与阳货同流合污。阳货刚刚担任季氏的家臣时，肯定没有僭越礼制、消除"三桓"的企图。但随着时间的推移，在季氏经常僭越礼制的影响下，阳货的内心也发生了变化，也和季氏一样，不依照礼制的要求来规范自己的思想和言行，最终背叛了季氏。阳货背叛季氏，其根源在季氏，正是因为季氏没有在遵从礼制方面做到以上率下，才有了阳货的背叛。

17.3　子曰："唯上知与下愚不移。"

【译文】

孔子说："只有心智超凡和愚蠢至极的人不会做出改变。"

【解读】

　　孔子在这里指出了一个基本的事实，具备超常智慧的人看问题十分通透，因此一旦做出决定，就不会轻易改变。另一种不会轻易做出改变的人是极其愚昧的人，由于受到自身认知的限制，自认为自己是正确的，固执己见。从客观的角度看，心智超凡的人无需做出改变，而愚蠢至极的人在主观上不愿意做出改变。

　　本章内容还是围绕阳货及季氏来说的。上智的人已经充分地认识到礼制对维护社会安定的重要作用。阳货和季氏之流，并没有遵从礼制的规范行事，他们虽然身居高位，把持朝政，但从来没有真正认识到礼制才是促进社会和谐稳定的决定性因素，一意孤行地僭越礼制来满足一己之私。在孔子看来，他们的做法简直是愚蠢至极。

17.4　子之武城，闻弦歌之声。夫子莞尔而笑，曰："割鸡焉用牛刀？"子游对曰："昔者偃也闻诸夫子曰：'君子学道则爱人，小人学道则易使也。'"子曰："二三子，偃之言是也！前言戏之耳。"

【译文】

　　孔子来到子游做邑长的武城，听到弹琴诵诗的声音。孔子微笑着说："分割鸡哪里用得着宰牛的刀？"子游回答说："先前我听夫子您说过：'君子学习礼乐之道之后就会懂得以仁爱之心待人，即使是小人学习礼乐之道也会比较容易接受领导。'"孔子说："弟子们！子游的话是对的，我刚才对他说的只是一句玩笑话。"

【解读】

　　孔子和一群弟子到子游担任邑长的武城游玩。听到弹奏音乐和诵诗的声音，感到比较稀奇，微笑着对子游说"割鸡焉用牛刀"，意思是治理武城这么小的一个地方用得着费这么大劲吗？子游听到老师这么说，就用孔子曾经说过的一句话"君子学道则爱人，小人学道则易使也"予以回复。言外之意是，这可是老师您教给我们的，我们这么做了，为什么老师又反过来批评我们呢？孔子听了子游的话，就对周围的弟子们说，刚才和子游说的只是一句玩笑话。

通过本章内容，我们至少能够得到三方面的信息。一是礼乐的教化作用。礼乐无论对思想境界高的君子，还是对思想格局小的小人，都能起到积极的作用。二是孔子具有知错就改的优秀品质。三是子游的治理方式是对的，即使再小的行政区域，进行礼制教化也十分有必要。

这是孔子通过"割鸡焉用牛刀"来对子游进行测试，看看他是否真正理解了礼制在社会治理中的重要作用。从子游的回答和做法来看，子游不但真正理解了，并且进行了很好的实践。相比之下，阳货和季氏没有理解到这一点。

17.5 公山弗扰以费畔[1]，召，子欲往。子路不说，曰："末之也已，何必公山氏之之也？"子曰："夫召我者而岂徒哉？如有用我者，吾其为东周乎！"

【注释】

[1] 畔：同"叛"。

【译文】

公山弗扰以费邑为根据地反叛季孙氏，召请孔子，孔子打算前往。子路知道后很不高兴，说："没有地方去也就算了，何必非去公山氏那里呢？"孔子说："那些让我去帮忙的人，应该不是装装样子吧？如果真有人能用我，我也许能够为东周的复兴尽力呢！"

【解读】

公山弗扰作为季氏的家臣，与阳虎等操办过季平子的丧事，深得季桓子的信任，季桓子派他任费邑的邑宰。但是后来他与季桓子产生了不可调和的矛盾，于是联合阳虎反对季桓子。在阳虎兵败逃亡齐国之后，公山弗扰仍以费宰的身份盘踞费邑，他知道孔子的能力，便想请孔子辅助自己，孔子动了心思，但是子路听说后很不高兴。

如果结合上下文的信息来推断的话，孔子产生帮助公山弗扰的念头，主要出于以下两个方面的考虑。其一，孔子具备出仕的个人愿望。这件事情发生在孔子周游列国之前，当时孔子年近五十，空有一番报国之情，志不得伸。其二，在此之前，阳虎也曾邀请孔子与自己结盟。在这种情况下，孔子产生答应公山弗扰的念头也是有情可原的。在子路提出反对意见后，孔子虽然没有成行，但是也明确地表明了自己的态度，答应公山弗扰的原因是想施展自己的政治抱负，试图通过反对季氏恢复周礼，继而达到复兴东周的目的。

可以看出，孔子对推行礼制、恢复周礼这件事情念念不忘，矢志不渝，总想在适当的时候一展宏图。

17.6 子张问仁于孔子，孔子曰："能行五者于天下为仁矣。"请问之，曰："恭、宽、信、敏、惠。恭则不侮，宽则得众，信则人任焉，敏则有功，惠则足以使人。"

【译文】

子张向孔子请教施行仁政的策略。孔子说："能在天下实行下面五条的话，就能称得上'仁政'了。"子张请问是哪五条。孔子说："态度恭敬、宽厚待人、恪守信用、勤勉工作、施恩惠于人。态度恭敬就不会对人或事轻慢，待人宽厚就能得到众人的拥戴，恪守信用就能为人所信任，勤勉工作就会取得成绩，广施恩惠，让大家能够得到足够的好处，百姓领导起来就比较容易了。"

【解读】

当子张向孔子请教如何施行仁政的问题时，孔子提出了五个方面的原则，如果能够做到的话，就算是达到了施行仁政的标准。这五个方面可以归结为不同的层面。其一是精神层面，态度恭敬赢得尊重。无论是对人还是对工作，都要保持恭敬和敬畏的态度，这样可以有效避免对人、对事轻慢，同样会赢得对方的尊重。其二是工作关系处理方面，为人宽厚赢得拥戴。在处理人际关系时，要宽容，不苛求对方，这样才会得到大家的信任与支持。其三是行为准则方面，恪守信用赢得信任。信用是做人的根本，也是社会治理的根本所在。其四是工作成果层面，无论是在学习还是在工作方面，只要足够勤勉，肯定会有所收获。其五是工作艺术层面，只有让老百姓得到足够实惠，才能得到大家的支持和认可。

孔子通过五个方面对施行仁政提出了个人的见解。"恭、宽、信、敏、惠"符合礼制的相应规范，因此，施行仁政仍然要以遵从礼制规范为基础。这也从一个侧面说明了这样的道理：作为当政者只要做到上述五个方面，就符合施行仁政的标准，也就不会出现阳货、公山弗扰及季氏反叛自己上级的事情了。同时这也说明了另外一个道理：不遵从礼制的争斗不能从根本上解决问题，即使是暂时成功了，最终仍然摆脱不了失败的下场。

17.7　佛肸召[1]，子欲往。子路曰："昔者由也闻诸夫子曰：'亲于其身为不善者，君子不入也。'佛肸以中牟畔，子之往也，如之何？"子曰："然，有是言也。不曰坚乎，磨而不磷；不曰白乎，涅而不缁[2]。吾岂匏瓜也哉？焉能系而不食？"

【注释】

[1] 佛肸(bì xī)：晋国大夫范氏的家臣。

[2] 涅而不缁：染而不黑。

【译文】

佛肸召请孔子，孔子想前往。子路说："以前我听夫子您说过：'对于亲身做过不善之事的人，君子是不入其地的。'现在，佛肸占据中牟反叛，您却想前往，这怎么解释？"孔子说："对，我是说过这样的话。不过还有这样的说法，真正坚硬的东西是磨不薄的，真正洁白的东西是怎么染也染不黑的。我难道是只匏瓜吗？只能空挂在那里而不能食用吗？"

【解读】

佛肸作为家宰反叛范氏，在事实上形成了对当权大夫实力的削弱。孔子帮助佛肸，其实是在反对大夫专权，逐步恢复王室的权威，从而进一步改变"礼乐征伐自诸侯出"的局面，继而达到"礼乐征伐自天子出"的目标，而并不是真正要去帮助谋反。

在孔子看来，自己具备坚定的立场和出淤泥而不染的品质，能够坚守自己的理想和信念，同时又想积极参与社会的变革，实现自身的价值，而不是像中看不中用的匏瓜一样，只是挂在那里当个摆设。

对于子路的批评，孔子进行了正面解释。在师生交流的过程中，孔子也进一步发现了子路在观察和思考问题方面存在的不足，于是就有了下一章师生二人关于"六言六蔽"的对话。

17.8 子曰："由也，女闻六言六蔽矣乎？"对曰："未也。""居！吾语女。好仁不好学，其蔽也愚；好知不好学，其蔽也荡；好信不好学，其蔽也贼[1]；好直不好学，其蔽也绞；好勇不好学，其蔽也乱[2]；好刚不好学，其蔽也狂。"

【注释】

[1] 贼：慢令致期谓之"贼"。
[2] 乱：战争，武装骚扰。这里指争端、纷争。

【译文】

孔子说："子路呀，你听说过'六言六蔽'吗？"子路回答说："没有。"孔子说："坐下！我来告诉你。喜欢'仁'而不喜好学习，容易导致愚笨；喜欢'智'而不喜好学习，则容易导致放纵不羁；喜欢'信'而不喜好学习，则容易上当受骗；喜欢'直'而不喜好学习，则容易导致分不清主次；喜欢'勇'而不喜好学习，则容易导致纷争；喜欢'刚'而不喜好学习，则容易表现为狂妄。"

【解读】

孔子在本章客观辩证地分析了"仁"与"愚"、"知"与"荡"、"信"与"贼"、"直"与"绞"、"勇"与"乱"，以及"刚"与"狂"的关系。事实上，"仁、知、信、直、勇、刚"都是一个人的优秀品质，但是如果一个人一味地追求这些而没有注意学习，没有认真思考其中的辩证关系，就会出现生搬硬套的情况，最终容易导致"愚、荡、贼、绞、乱、狂"的结果。上述几点之间存在着密切的辩证关系，如果处理不好就会导致负面结果出现。

这里还要明确学习的内容是什么，如此才能使上述六对关系在逻辑上更加明确和清晰。"好学"的指向是礼制规范。如果一个人只是追求所谓的仁德，但是在决定做一件事情之前并没有用礼制规范去衡量、判断，做了不符合时宜的事情，就表现为愚笨。如果一个人凡事都喜欢动心眼儿，玩智谋，遇事不首先从礼制的角度去思考，则容易表现为放纵不羁。如果一个人盲目地信任对方，则容易导致上当受骗。也有人在与人交往的过程中喜欢绝对的直爽，而忽视了必要的礼节，从而导致出现"直而无礼则绞"的结果。也有人喜好勇武，而没有用礼制的要求对自己的行为予以规范，表现为争强好斗，与其他人产生纷争是十分正常的事情。那些片面追求坚强的人，不能遵从礼制的要求处理人际关系，则表现为狂妄。因此，要想真正达到"仁、知、信、直、勇、刚"的境界，应该加强对礼制规范的学习和遵从，在思想上和言行举止方面，避免绝对化和片面化，否则就会适得其反。

孔子为什么在这里和子路探讨"仁、知、信、直、勇、刚"的问题呢？主要有以下几个原因。其一，在17.1章，阳货在劝说孔子出仕时提到了"仁"和"知"的问题，孔子认为阳货所理解的"仁"和"知"存在一定的偏差。其二，孔子认为子路比较勇武。其三，在17.5章和17.7章，子路在没有充分了解孔子真正意图的情况下，两次劝阻孔子，表现为"直而无礼"。因此在这里孔子与子路谈论"仁、知、信、直、勇、刚"的话题，一方面向子路阐释了其中的辩证关系，另一方面也委婉地向子路指出他自身存在的问题，同时对阳货、公山弗扰及佛肸等人违背礼制的做法提出了批评。

在向子路说明礼制的重要作用之后，孔子又为他指明了提升自身礼制修养的一种途径和方法，那就是下一章提到的学习《诗经》。

17.9　子曰："小子何莫学夫《诗》？《诗》可以兴[1]，可以观，可以群[2]，可以怨。迩之事父，远之事君。多识于鸟兽草木之名[3]。"

【注释】

[1] 兴：《诗经》的创作手法之一，即托事于物。这里解释为"有感而发"。

[2] 群：聚在一起。

[3] 识(zhì)：记；记号；以……为标志。

【译文】

孔子说："子路你为什么不认真学习一下《诗经》呢？通过学习《诗经》，可以抒发自己的情感，也可以通过诗句对以往发生的历史事件、当时的社会状况，以及不同时期及地域的风土人情进行较为细致的观察与思考。既可以在朋友小聚时借助对《诗经》的讨论交流思想，又可以排遣个人心中的郁结和怨懑。如果真正领会了《诗经》中所蕴含的礼制内涵，往近里说，能懂得如何侍奉父母；往远处说，能知晓将来如何侍奉君主。《诗经》还有一个特点，就是其中的篇名大多冠以鸟兽草木的名称。"

【解读】

孔子在晚年对包括《诗经》在内的"六经"（《诗经》《尚书》《礼记》《乐经》《周易》《春秋》）进行了全面的修订，对《诗经》通俗的内容、丰富的内涵和在社会教化方面所起到的积极作用具有独到而深刻的认识。因此，他认为《诗经》所记载的诗句具有"借物抒发情感""观察社会形态""团体交流思想""消解个人情绪"的作用。往小处讲，《诗经》中蕴含着处理家庭关系的一般性思路与技巧；往大处讲，同样有协助君王治理国家的深邃的思想方法。

从《诗经》的目录来看，很多篇都冠以鸟兽草木的名称，这是《诗经》的一个特点。用"鸟兽草木"作为标志，一是因为这些诗句都源自生活，二是容易使人接受和理解，三是比较活泼生动。

接下来，孔子特别提到了《诗经·国风》中的两篇《周南》和《召南》。

17.10 子谓伯鱼曰："女为《周南》《召南》矣乎[1]？人而不为《周南》《召南》，其犹正墙面而立也与！"

【注释】

[1]《周南》《召南》：《诗经·国风》中的两个部分。儒家认为《周南》《召南》二十五篇诗歌反映了文王、周公王业风化之基本，是《国风》中最为纯正的部分。

【译文】

孔子对伯鱼说："你学过《周南》《召南》吗？一个人要是不学《周南》《召南》，那就像正面朝着墙壁站立一样。"

【解读】

在上一章，孔子建议子路认真学习《诗经》，而在本章又对伯鱼指出《周南》《召南》对个人成长和发展的重要作用，认为如果一个人没有认真学习并领会《周南》《召南》所蕴含的精神实质，就像正面对着墙站立一般，既看不到前方的事物，又不能前行一步。孔子用这种比喻说明《周南》《召南》是观察周围客观世界的一个途径和窗口，同时又为人们处理周围关系提供了方法借鉴。

本章内容是上一章内容的进一步深入，意在表明《诗经》所蕴含的礼制精神内涵对于社会的教化、促进社会的稳定和发展都具有重要意义，尤其是《周南》《召南》这两篇对于年轻人的成长来说更为重要。如果结合上一章内容来看，本章表面上看是孔子对孔鲤说的，其实更像向子路推荐了《诗经》中的两个重点篇目，建议子路重点研读。

孔子在阐述了《诗经》的重要作用之后，又对当时很大一部分人对《诗经》缺乏全面、正确的理解发出感慨，再次申明礼制并非大家看到的那些表象，而是有其深刻的内涵的。

17.11 子曰："礼云礼云，玉帛云乎哉[1]？乐云乐云，钟鼓云乎哉[2]？"

【注释】

[1] 玉帛：古时国与国之间交际时用作礼物的玉器和丝织品。

[2] 钟鼓：即响器和演奏音乐时用的乐器。

【译文】

孔子说："礼呀礼呀，说的仅仅是玉器和丝帛吗？乐呀乐呀，说的仅仅是钟鼓等乐器吗？"

【解读】

孔子曾指出："兴于《诗》，立于礼，成于乐。"很清楚地表明了《诗经》与礼制之间的逻辑关系。《诗经》是进行社会教化、推行礼制的重要载体，通过音乐演奏和诵诗的形式促进礼制教化的完成，最终以乐曲的演奏来辅助或约束礼制规范的形成。

在一般人看来，所谓的"礼"，只是物质和形式上的玉器或者丝织品，忽视了"礼"的实质，它更应该表现为礼制规范。同样的，人们往往认为乐曲的演奏只是一种形式，而对乐曲在礼制规范方面所起到的作用缺乏科学的认知。因此，人们应该进一步加深对礼乐的客观认知，正确对待和处理形式与内容之间的辩证关系。

可以看出，本章重点在阐释礼制的形式与内容的问题，形式服务于内容，在看待礼制时，重点要看到礼制的内在本质。"礼"绝不是一般人所理解的用于交往的礼物，"乐"也并非一般人所理解的娱乐性演奏。

17.12 子曰："色厉而内荏，譬诸小人，其犹穿窬之盗也与[1]？"

【注释】

[1] 窬(yú)：从墙上爬过去。

【译文】

孔子说："那些外表严厉而内心怯懦的人，可以把他们比喻成小人，犹如那种穿壁爬墙的行窃之徒吧！"

【解读】

孔子指出，这种人虽然外表很强悍，其实内心非常软弱，心虚得就像贼一样。孔子在这里所说的"色厉内荏"的小人应该是指阳货、公山弗扰、佛肸，甚至季氏等人。

孔子一向反对"礼乐征伐自诸侯出"，这种诸侯或者陪臣把持朝政的行为都属于对礼制的僭越。加上"名不正，则言不顺"，因此，不管他们的气焰多么嚣张，内心都是非常空虚的。孔子看出了他们的本质，对他们的外在表现和内心状况做了十分形象的刻画。

17.13 子曰："乡原[1]，德之贼也。"

【注释】

[1] 乡原：外貌忠诚谨慎，实际上是欺世盗名的人。

【译文】

孔子说："缺乏是非观念的好好先生，在道德方面是失败的。"

【解读】

《孟子·尽心下》对"乡原"进行了解释："阉然媚于世也者，是乡原也。""非之无举也，刺之无刺也。同乎流俗，合乎污世。居之似忠信，行之似廉洁。众皆悦之，自以为是，而不可与入尧舜之道。故曰'德之贼'也。"

可以看出，"乡原"这种人就是大家常说的好好先生，没有自己的原则立场，缺乏正确而坚定的是非观念，因此在道德品行方面是比较失败的。事实上，一个没有原则立场和缺乏是非观念的人，同样不受礼制规范的约束。

17.14 子曰："道听而涂说，德之弃也。"

【译文】

孔子说："一个品德良好的人唾弃那种把在路上听来的东西四处传播的行为和做法。"

【解读】

流言止于智者。对于那些道听途说、毫无事实根据的事情，作为一个品德良好的人，首先要思考这些事情的真实性。如果事情是真实的，则而还要考虑事情发生的具体背景和深层次原因，而不会人云亦云。传播那些没有经过验证的消息，有可能导致自己语言信度降低，从而影响自身的声誉，其原因在于"人而无信，不知其可也"。

因此，具备一定思想素质的、有良好品德的人，对道听途说这种做法是十分厌恶的。事实上，道听途说，说一些不负责任的话，也属于违礼行为，与上一章提到的老好人的做法同样都是不可取的。

17.15 子曰："鄙夫可与事君也与哉？其未得之也，患得之；既得之，患失之。苟患失之，无所不至矣。"

【译文】

孔子说："那些不懂得礼制规范的人岂能侍奉君主？当他们没有得到相应的职务和俸禄时，总是处心积虑地想得到。一旦得到了期盼已久的职务和俸禄，又总是担心哪一天会失去它。那么如果他们总是担心哪一天会失去已经得到的东西，就会无所不用其极。"

【解读】

鄙夫，一般是指那些见识浅薄，没有什么阅历的人。在这里是指那些缺乏礼制教化、不懂得礼制规范、不具备礼制思想和不依据礼制要求行事的人。这些人总想通过侍奉君主获得自身的利益，在得到之前和得到之后，都表现为忐忑不安、患得患失。由于他们对既得的物质利益过度看重，不愿意失去这些，所以对既得利益总是千方百计予以维护，又由于缺乏礼制的教化，缺乏底线思维，在采取的方法和形式上无所不用其极。孔子的论断具有严谨的逻辑性，同样符合现实情况，对这些人的刻画淋漓尽致。本章所讨论的患得患失也正是"小人长戚戚"的重要原因之一。

通过对比不难发现，本章的"鄙夫"就是指前面提到的阳货、公山弗扰、佛肸和季氏等人。他们都缺乏礼制思维，更不具备仁者的思想，不愿意接受礼制的规范和要求。因此当他们自身的既得利益受到威胁时，便会做出违背礼制的举动，甚至会采取反叛的极端行为。

17.16　子曰："古者民有三疾，今也或是之亡也。古之狂也肆，今之狂也荡；古之矜也廉，今之矜也忿戾；古之愚也直，今之愚也诈而已矣。"

【译文】

孔子说："从前的人痛恨三件事情，现在的人也许已经与以往有所不同了。古时的人们痛恨将轻狂表现为任意妄为，而如今的轻狂却表现得十分放纵，行为方面毫无节制；古时人们痛恨将自尊自大表现为寡廉鲜耻，而如今的自夸和自大却充满怨恨和邪恶的情绪；古时人们痛恨将愚笨和直截了当混为一谈，而如今的愚笨却是假装出来用以欺骗别人的。"

【解读】

在这里，孔子将古代人们对待"狂、矜、愚"的态度与当时社会上的心态进行了深入的对比，认为当时对待"狂、矜、愚"的态度与以往相比有了较大的变化，甚至是截然相反的两种状态。

首先是对待轻狂的态度。人轻狂一些倒是可以理解，如年少轻狂。但是这种情况如果表现为毫无节制、恣意妄为，那就比较令人厌恶了。其次是对待自尊和自夸的态度。自尊和自夸在一定程度上是自信的表现，但是应该把握适度原则，如果自夸超过必要的限度，无异于说大话、吹牛皮和不可一世，那就是寡廉鲜耻的表现了。最后是对待愚笨的态度。实事求是地看待自己在某些方面存在的不足本也无可厚非，但是如果将自己存在的不足等同于直爽，那就不是同一个性质的问题了。把不知礼、不依照礼制规范处理日常事务或者人际关系这种愚昧行为看作是直爽显然是不对的。正因为如此，古时的人们对"狂也肆、矜也廉、愚也直"的行为持否定态度。

相比较而言，当时的情况较以往发生了深刻的变化。首先，当时的无拘无束表现得更加放纵和肆无忌惮。其次，在自夸方面不但毫无羞耻之感，并且充满了怨恨和戾气。最后，在愚笨(不知礼)方面，缺乏礼制的教化和修养，却假装认真维护礼制规范，实际上是在欺骗别人。与古人相比，当时的人做得如何呢？两者之间存在天壤之别，同样反映出当时礼坏乐崩的社会状况，可谓"人心不古"。

上述内容同样具有十分鲜明的指向，再次明确指向阳货、公山弗扰和佛肸等人。他们在僭越礼制的同时，打着"仁""知"的旗号掩饰自己的违礼行为，也就是下一章所说的"巧言令色"。

17.17　子曰："巧言令色，鲜矣仁。"

【译文】

孔子说："那种花言巧语、装出和颜悦色的样子的人，很少有能够达到仁德标准的。"

【解读】

本章内容在1.3章曾经出现过，有学者认为是重简，其实不然。两者虽然在表述上是一样的，但是所起的作用有所不同。

孔子在1.3章只是宽泛地提出"巧言令色，鲜矣仁"这一原则性观点，而在本章，"巧言令色，鲜矣仁"不但承接了上一章的内容，同时对下一章的"利口之覆邦家"

进行了适当铺垫。因此，本章与前、后章有内在的逻辑联系，尤其是与下一章的联系更加明显。此处的"巧言"与下一章的"利口"所表述的意思是相近的。

孔子在这里指出"巧言令色，鲜矣仁"，不仅涉及"仁"的问题，还指出其有更加严重的潜在风险，这就是下一章将要提到的"紫之夺朱、利口之覆邦家"。

17.18 子曰："恶紫之夺朱也，恶郑声之乱雅乐也，恶利口之覆邦家者。"

【译文】

孔子说："紫色取代红色，郑声扰乱雅乐，以及运用能言善辩的本事颠覆国家治理秩序的人都是令人厌恶的。"

【解读】

古人认为紫是杂色；朱，大红色，古人认为红是正色。孙钦善在《论语注释》中指出，红色、紫色都尊贵，但是与紫色相比较的话，红色为正色。郑声，郑国的音乐，严格来讲应该是指郑国用于执礼的正乐，而不是一般意义上的音乐。郑国的音乐在旋律方面富于变化，过度强调乐曲的可欣赏性和娱乐性。但在孔子看来，这样的变化不利于烘托预期的执礼氛围，从而弱化或偏离了礼乐教化的本质属性，因而说"郑声淫"。

红色是正色，雅乐是执礼时的正乐，用其他杂色代替正色，演奏那些听起来比较优美但对礼乐教化不会产生好影响的音乐，会对社会治理产生负面影响。这种危害是潜在的，但和采用花言巧语的方式影响国家治理的结果是一样的。

事实上，"紫之夺朱""郑声乱雅"和"利口覆邦"不正是阳货、公山弗扰、佛肸和季氏等人僭越礼制、把持朝政、阴谋反叛等行为的真实映照吗？

17.19 子曰："予欲无言。"子贡曰："子如不言，则小子何述焉？"子曰："天何言哉？四时行焉，百物生焉，天何言哉？"

【译文】

孔子说："我不想再说什么了。"子贡说："如果先生您不说话，那让我们这些后辈如何传述呢？"孔子说："天何曾说过什么呢？可一年四季照常运行，世间百物照样生生不息，天又何曾说过什么呢？"

【解读】

这里孔子的"予欲无言"事实上是一语双关。一方面是基于从本篇开始，孔子就社会治理、"仁"的内涵、品德修养、古今对比等多方面的内容，围绕礼制这一主题进行深刻的阐释，这些道理是当政者本应知道的，但是事实证明他们并没有真正理解礼制对维护社会稳定和促进社会发展的重要作用，僭越礼制的现象普遍存在。孔子认为自己已经阐述得十分清楚了，即使说得再多，对这些装睡的当政者也起不到应有的作用，那么还是不说了吧。

另一方面"予欲无言"引出了孔子与子贡的对话。子贡认为，如果老师不说什么的话，作为弟子就无法为老师著述，他的思想和言行也没法为后世所了解。孔子的回答十分精妙，他说上天同样是什么也没说，但是四季的运行和万物的生长也没有受到影响。

这句话是不是还有其他内涵呢？事实上，孔子通过这句话陈述了一个事实，礼坏乐崩的责任在当政者。只要当政者能够坐得正、行得端，即使不发号施令，社会也能正常运转。那么，当政者如何才能符合"坐得正、行得端"的标准呢？答案就是秉持孔子向子张指出的施行仁政的五条原则，即"恭、宽、信、敏、惠"，从而避免"恶紫夺朱""郑声乱雅"和"利口覆邦"的发生，达到"无为而治"的效果。

17.20　孺悲欲见孔子，孔子辞以疾。将命者出户，取瑟而歌，使之闻之。

【译文】

孺悲想面见孔子，孔子以生病为由推辞不见。可传话的人刚一出门，孔子就拿出瑟来边弹边唱，有意让孺悲听见。

【解读】

按照孔子主张的"有教无类"原则，在符合礼制规范的情况下，孔子会接见所有求见他的人，即使对方是个孩子。这一次为什么不见孺悲呢？有学者认为，古时求见某人，如果是初次求见，应当有人介绍。孺悲初次求见孔子并没有中间人引荐，不符合见面的礼制要求，所以孔子不见他。还有一说是孺悲曾跟孔子学习丧礼的规范，但孺悲为人高傲，不遵从礼制，孔子不愿意见他。总之，孺悲违背了相关的礼制规范，但至于哪方面存在违礼的情况，文中没有明确指出。

孔子既然已经以身体有病为由推辞了，为什么又要鼓瑟唱歌让孺悲知道自己没病呢？应该说孔子对孺悲的回复还是动了一番心思的。首先给出了比较体面的理由，免得对方比较尴尬。然后鼓瑟唱歌，向孺悲表明身体没有问题，间接地告诉孺悲不见面事出有因，至于什么原因，给孺悲出了一道思考题，让他自己去反思。如果结合上一章孔子的"予欲无言"和本章他的作为，这种无言之教是不是也可以看作一种教学方法？

正常情况下，孺悲听到孔子弹瑟，肯定能判断出孔子并非由于生病不想见他，而是另有原因，如果孺悲足够聪明的话，应该能从礼制规范的角度去思考问题，从而找到问题的答案。

在举了孺悲违礼的例子之后，又举了一个"巧言令色，鲜矣仁"的例子。

17.21　宰我问："三年之丧，期已久矣！君子三年不为礼，礼必坏；三年不为乐，乐必崩。旧谷既没，新谷既升[1]，钻燧改火，期可已矣。"子曰："食夫稻，衣夫锦，于女安乎？"曰："安！""女安则为之！夫君子之居丧，食旨不甘[2]，闻乐不乐，居处不安，故不为也。今女安，则为之！"宰我出，子曰："予之不仁也！子生三年，然后免于父母之怀。夫三年之丧，天下之通丧也，予也有三年之爱于其父母乎！"

【注释】

[1] 升：由低往高移动。这里指生长、长高。

[2] 旨（zhǐ）：滋味美。

【译文】

宰我问孔子："依照礼制要求，父母去世之后孩子要守孝三年，时间是不是太久了？君子三年不习礼，礼制必定会废弛；三年不奏乐，演奏乐曲的水平也会退步。旧谷即将消失的时候，也正是新谷生长的开始，钻燧取火的方式已经是老方法了，我认为守孝的期限可以取消了。"孔子说："父母去世不满三年就吃白米饭，穿花绸缎衣，这样做你觉得心安吗？"宰我说："心安。"孔子说："你若能心安，就那么做吧。君子守孝服丧期间，吃美味都不会觉得香甜，听乐曲也感觉不到快乐，无论做事还是闲着的时候，总会感觉心里落寞不安，因此才不那么做。现在你能心安，你就那么做吧！"宰我出去后，孔子对身边的人说："宰予不仁义啊！子女生下三年后，才离开父母的怀抱。为父母守孝三年，是天下通行的丧礼要求啊！宰予这样做，能说他对父母回报了三年的养育之恩吗？"

【解读】

正像孔子在本章末尾指出的那样"三年之丧，天下之通丧也"，父母过世之后，子女为父母服丧守孝三年是礼制的基本要求，是孝道的具体表现。子女出生后，在父母的怀抱中受到悉心呵护；反过来，父母去世之后，子女为父母守孝三年是理所当然的事情，既合情又合理。就连初生的小羊都知道跪着吃奶，懂得感恩，难道人不如动物吗？这就是孔子认为宰我不仁的原因。

宰我认为服丧守孝三年时间太长，没有必要。他的理由也十分充分。其一，三年不习礼，不演奏乐曲，礼制的规范就会废弛，演奏水平也会下降。其二，新老交替是自然现象，没有必要十分在意。在他看来，人的生老病死是自然规律，就像旧谷作为种子种下去之后，旧谷逐渐消失的过程，也正是新苗逐步生长的过程。其三，他认为现在的守孝是沿袭以前的做法，已经过时了。就像远古时期通过钻燧的方式取火，而当下已经不再适用。因此他认为，这种守孝的期限也可以取消。

但是孔子并不赞同这种观点。他对宰我说，你在服丧守孝期间吃得下白米饭等美味吗？能穿华美的服饰吗？这么做能心安吗？宰我则表现出无所谓的态度。孔子进一步指出，君子在守孝期间，即使是吃到味美的食物也不觉得香甜可口，即使听到了欢快的乐曲心里也高兴不起来，无论做什么都不能排解心中的落寞。

由此可以看出，宰我对礼制的理解同样停留于表层，对外在形式所蕴含的内涵并没有真正把握。就像在17.11章提到的，人们对礼乐的片面认知，导致了对礼乐实质作用的误解。在孔子看来，维持居丧的期限只是形式，更重要的是，通过这种外在的形式遵从礼制，促进礼制思维在人们内心形成与固化，从而达到礼制在形式和内容两方面的高度统一。

17.22　子曰："饱食终日，无所用心，难矣哉[1]！不有博弈者乎？为之犹贤乎已。"

【注释】

[1] 难(nán)：此处作"不行""不容易"解。

【译文】

孔子说："整天吃饱了饭没事儿干，对什么事情也不用心，长此以往，无异于灾难！不是还有围棋的对弈吗？即使是做这类事情也比闲着什么都不干要强。"

【解读】

孔子对宰我的错误思想和行为提出了批评。孔子认为宰我的"巧言"没有用到正确的地方，整天闲着没事儿瞎琢磨。如果真是闲着没事儿，找个人下下棋也比整天无所事事强很多。

但是仔细思考孔子提到的"难矣哉"，其实孔子已经意识到了问题的严重性，宰我表面上是在反对礼制的形式，而事实上是在反对礼制内容，继而会影响到整个社会的治理和安定。孝是为人的根本，不孝是社会混乱的根源。宰我所阐述的那套理论，不单单是"巧言令色"的问题，更深层次的问题在于"巧言乱德"。

难道仅仅是宰我有这种思想倾向吗？当然不是，宰我只是在思想和言行上明显表现出对礼制抱有抵制态度的代表性人物，还有一些存在抵制心理而没有表现出来的人，并且这类人很多，由此足以看出孔子在当时恢复和推行礼制所面临的巨大阻力和困难。

17.23　子路曰："君子尚勇乎？"子曰："君子义以为上。君子有勇而无义为乱，小人有勇而无义为盗。"

【译文】

子路问："君子崇尚勇武吗？"孔子说："真正的君子是崇尚道义的。如果君子仅仅具备勇武的一面，而缺乏道义的约束，就会作乱；如果小人仅仅具备勇武的一面，而缺乏道义的约束，就可能沦为盗贼。"

【解读】

当子路问孔子关于君子尚勇的问题时，孔子并没有正面回答，而是指出君子对道义的崇尚远在勇武之上。他认为，如果君子仅仅具有勇武的品格，而缺乏道义的约束，最终会走上犯上作乱的道路。如果小人仅仅具备勇武的品格，而缺乏道义的约束，有可能会成为小偷。

由此可以看出本章的两个重点问题，一是勇武和道义之间的关系。勇武是违礼行为的重要起因，道义是对行为的规范和约束。无论是君子还是小人，其勇武的特质必须用道义加以约束，否则都会产生比较严重的后果。二是君子与小人的关注重点有所不同。由于二者的思想境界和思想格局存在差异，君子考虑的问题是形而上的，注重社会治理，从而会引起社会的重大变革。小人更注重物质层面的东西，也只能做点小偷小摸的事情。

从某种意义上讲，这里的"有勇而无义"，其实就是下一章提到的"勇而无礼"。"义"是指道义，那么道义的标准是什么呢？那就是礼制规范，符合礼制规范的事情就符合道义，反之，违背礼制规范的事情就不符合道义。

17.24 子贡曰："君子亦有恶乎？"子曰："有恶。恶称人之恶者，恶居下流而讪上者，恶勇而无礼者，恶果敢而窒者[1]。"曰："赐也亦有恶乎？""恶徼以为知者，恶不孙以为勇者，恶讦以为直者[2]。"

【注释】

[1] 果敢：勇敢并有决断。

[2] 讦(jié)：斥责别人的过失，揭发别人的隐私。

【译文】

子贡问："难道君子也有所厌恶吗？"孔子说："当然有。憎恶那些到处公开说别人坏话的行为，憎恶那些处在下位却讥讽上位者的行为，憎恶那些勇武而缺乏礼制教养的行为，憎恶自以为果敢而不知道变通的行为。"孔子反过来问子贡："赐，你也有憎恶的行为吧？"子贡说："我憎恶那种凭着侥幸而自以为聪明的行为，憎恶那种把不谦逊当作勇敢的行为，憎恶那种把揭发别人隐私当成品行正直的行为。"

【解读】

在4.4章，孔子曾指出："苟志于仁矣，无恶也。"在本章，当子贡问及君子是否也有自己所憎恶的事情时，孔子进行了肯定的回答，并列举了他所憎恶的四类情况。这是不是前后矛盾呢？

我们先来看一看孔子憎恶什么。孔子列举了他所憎恶的四种情况。第一种是到处说别人的坏话，这有可能是恶意中伤，也可能是把别人的不足或不愿为人所知的事情到处散布。这里的"称人之恶"明显有违礼制。第二种是自身居于下位却讥讽和嘲笑上位者的人。在16.8章，孔子指出的"狎大人，侮圣人之言"就属于这种情况。第三种是崇尚勇武而不以礼制的规范和要求对自己的行为加以节制，从而导致不良后果的产生。第四种是自以为果敢，其实是固执己见的情况。

子贡也提到了自己所憎恶的三种人。第一种是自作聪明的人，把侥幸获得成功这种偶然事件看作是自身具备智慧的必然事件。第二种是自身不具备谦逊的态度，却把这种不谦逊错误地理解为勇敢，混淆了不谦逊与勇敢二者之间存在的本质区别。第三种是将揭发别人的短处或隐私错误地认为是自己直爽，而对自身的错误行为毫无察觉的人。因此，在日常生活和学习的过程中，要做到明善恶知是非，正确区分哪些事情是符合礼制规范的，哪些事情是不符合礼制规范的，免得遭人憎恶。

回到开始，孔子的表态是否真的前后不一呢？当然不会。从上面的阐述可以得知，孔子所说的"苟志于仁矣，无恶也"是从人的角度来说的，而"有恶"则是从礼制的角度来说的，所针对的是那些违背礼制的行为，而不是当事人。二者之间存在着本质上的不同，这就是我们常说的"对事不对人"。

除上面提到的情况比较让人憎恶外，还有没有其他令人厌恶的呢？孔子在下一章提到了"女子与小人为难养"的问题。

17.25　子曰："唯女子与小人为难养也[1]，近之则不孙[2]，远之则怨[3]。"

【注释】

[1] 女：通"汝"。养：培养，养护。这里指维护双方之间的关系。

[2] 孙：同"逊"。

[3] 怨：怨忿的情绪。

【译文】

孔子说："只有跟自己家的孩子与小人维系关系比较困难，如果太亲近了，他们就会表现为无视礼节与规矩，言行不符合礼制的规范；而稍有疏远，他们则会心生怨忿。"

【解读】

这里的"女子"并非传统解释中的"女人"，而应该解释为"自己家的孩子"。孔子已经十分明确地阐释了"唯女子与小人为难养"的具体原因：自己家的孩子和小人有一个共同点，就是思想格局比较小，不能正确理解人与人之间交往需要遵从适度的原则。如果与孩子的关系比较亲昵，孩子就会没大没小，在语言和行为上表现为无拘无束、缺乏规矩。如果过于疏远孩子，孩子则有可能认为"父母不爱自己了"等，就会产生怨恨的情绪。

需要指出的是，这里的"小人"泛指所有思想格局低的人，并没有在性别和年龄上加以区分，因此，这里的"女子"和"小人"是具备共同特征的两类不同的人。那么，如何才能正确维系双方的关系呢？那就是孔子在6.27章和12.15章都提到过的"约之以礼"。

17.26　子曰："年四十而见恶焉[1]，其终也已。"

【注释】

[1] 见：用在动词前面表示被动。

【译文】

孔子说："一个人（如果）到了四十岁时还被人憎恶，他这一生到最后的结局也就可想而知了。"

【解读】

在2.4章，孔子曾指出"四十而不惑"，也就是说一个人到了四十岁之后，应该对自己所确立的世界观、人生观和价值观不再迷惑，应该充分理解并深刻认识到礼制对自身成长和发展的重要作用。通过对礼制规范的学习和实践，使自己不再做违反礼制要求的事情，从而不再招致别人的憎恶。如果一个人到了四十岁还不明白这些道理，常常遭到别人的憎恶，最终的结局也就可想而知了。就像孔子评价原壤的那样："老而不死，是为贼。"

就其本意来讲，孔子也有提醒和劝诫的意思，建议人们尽早重视礼制规范，注重提高自身修养，如果存在不足，应尽早做出改变，避免年老之后思维固化而积重难返，最终追悔莫及。

第十八篇

微子

　　《微子》篇重点阐述了逸士这一群体对社会治理所产生的影响。他们大部分能够做到遵从和维护礼制，但是面对恶劣的社会环境，却没有人能够像孔子那样积极发挥自己的作用，而是选择了消极避世，应该说这部分力量的消隐对于礼制的推行来说是一种损失。

　　乐师的各奔东西，一方面反映了礼坏乐崩的社会现实，另一方面再次印证了礼制方面人才严重流失，孔子恢复和推行礼制也就越发困难。

18.1 微子去之^[1]，箕子为之奴^[2]，比干谏而死^[3]。孔子曰："殷有三仁焉。"

【注释】

[1] 微子：名启，纣王的同母兄。

[2] 箕子：名胥余，纣王的叔父。

[3] 比干：纣王的叔父。

【译文】

纣王暴虐，微子离他而去，箕子被贬为奴，比干因为直言强谏被纣王处死。孔子说："殷末有三位仁人啊！"

【解读】

在传统史学叙述中，纣王沉湎酒色、穷兵黩武、重刑厚敛、拒谏饰非，是与夏桀并称"桀纣"的典型暴君。微子是纣王的哥哥，他对纣王的无道采取了避让的方式，逃到了周，不与纣王产生直接冲突。箕子则采取了伪装的方式，在纣王不听从劝谏的情况下，不忍心彰君之过，便佯装疯癫，最终被纣王贬为奴隶。比干对纣王的暴虐则采取了强行劝谏的方式，最终被纣王杀死。对于纣王的暴虐，微子、箕子和比干分别采取了不同的方式，最终的结局也不相同。

关于如何处理君臣关系，孔子曾有过明确的主张，"以道事君，不可则止"。对君主的劝谏要坚持适度的原则，并且采取他能够接受的语言或行为方式，从而避免"直而无礼"。比干的死也印证了孔子在15.9章提到的"志士仁人无求生以害仁，有杀身以成仁"的阐述。

在君主不遵从礼制的情况下，这三个人的处理方式有所不同，但是他们的出发点都是好的，目的都是防止商朝出现社会动荡，避免民众受苦，证明这三个人都具备高尚的道德情操和精神追求，符合"仁"的特征。因此孔子认为这三个人都是仁人。

如果将微子、箕子和比干三人做横向比较的话，孔子认为微子的做法是比较适当的。接下来，孔子提到了一个不会变通、"直道事人"的贤士柳下惠。

18.2 柳下惠为士师^[1]，三黜。人曰："子未可以去乎？"曰："直道而事人，焉往而不三黜？枉道而事人^[2]，何必去父母之邦？"

【注释】

[1] 士师：掌管刑狱的小官。

[2] 枉：弯曲或歪斜，借指错误或偏差。

【译文】

柳下惠是鲁国的士师，曾多次遭到罢免。有人问他："您怎么不离开鲁国呢？"他回答说："依照正道履行自己的职责，难道去别处就不会被多次罢免吗？若是不依正道履行自己的职责，那又何必要离开父母之邦呢？"

【解读】

柳下惠十分优秀，但始终没有获得重用，只是做了掌管刑狱的小官。这主要与当时的社会环境有关。士师是掌握社会公权的小官，在处理案件时难免会涉及当事人的利益。如果严格执行法律，会剥夺士大夫等上层社会的特权。在上层社会的非法特权得不到保障的情况下，地位卑微的底层小官被降职、罢免是再正常不过的事情了。这种情况不仅仅在鲁国存在，在其他国家也存在。

柳下惠对当时的社会状况看得十分清楚，一方面，能够坚守自己的原则，不曲解和破坏法律规范；另一方面，在受到不公对待的情况下也没有像微子那样选择远走他乡。在他看来，只要能够做到"直道事人"，即使自己的仕途受到影响也无所谓。

孔子遇到这种情况又是怎么做的呢？在下一章就给出了例子。

18.3　齐景公待孔子曰："若季氏，则吾不能；以季孟之间待之[1]。"曰："吾老矣，不能用也。"孔子行。

【注释】

[1] 季孟之间：鲁国的卿分为三等，季氏为上卿，最贵；孟氏为下卿，不用事。

【译文】

齐景公在谈到他将如何对待孔子时说："要像对待上卿那样对待您的话，恐怕我做不到；那么我还是用介于上卿和下卿之间的礼遇对待您吧。"后来齐景公又说："我老了，怕是不能重用你了。"于是，孔子就离开了齐国。

【解读】

齐景公曾两次问政于孔子，还曾打算将一部分土地封给孔子。但齐国的大夫从中作梗，最终没有兑现。齐景公原想重用孔子，但出于某些原因在待遇方面也打了折扣。所谓"季孟之间"，也就是在国卿的最高级和最低级之间找一个平衡，但是具体的标准并没有确定。齐景公向孔子传递的信息十分明确，您的位置可高可低、可有可无。再后来，又有人离间孔子和齐景公，并嫁祸孔子。孔子向齐景公汇报相关情况后，不但没有得到齐景公的支持和关心，齐景公还对孔子说自己老了，不能用孔子了。对于这种情况，孔子的做法十分明智，选择了离开。

18.4　齐人归女乐[1]，季桓子受之，三日不朝，孔子行。

【注释】

[1]归：同"馈"，赠送。女乐：歌姬舞女。

【译文】

齐国人送了一批歌姬舞女给鲁国，季桓子接受了，国君和季桓子一连数日没有上朝理政，孔子于是就离开了鲁国。

【解读】

孔子在鲁国担任大司寇期间，鲁国的整体实力得到提升。为了达到削弱鲁国的目的，齐国人不但给鲁国国君送了舞女，还送了骏马，以转移鲁国执政者的关注点，离间鲁国执政者和孔子。在接受了美女和骏马之后，鲁国国君和季桓子就开始不理朝政，纵情声色犬马，鲁国的衰败成为必然。

表面上看，齐国人向鲁国馈赠礼物是在对鲁国的国君示好，而其目的是削弱鲁国。孔子对鲁国当政者在这件事上表现出的愚昧十分不满，加上之前与季桓子产生了比较深的矛盾，自己的政治抱负无法施展，同时对齐国人的目的很清楚，于是毅然离开了鲁国，开始周游列国。

18.5 楚狂接舆歌而过孔子曰[1]："凤兮凤兮，何德之衰？往者不可谏，来者犹可追。已而已而，今之从政者殆而！"孔子下，欲与之言，趋而辟之，不得与之言。

【注释】

[1] 楚狂接舆：楚国的狂人接舆，实际上是假装疯癫的一个隐士。

【译文】

楚国狂人接舆唱着歌走过孔子所乘的车唱道："凤鸟啊，凤鸟啊，你的德行为何式微了呢？过往的事情已不可挽回，但未来的事情还来得及补救。算了算了，当今的那些从政者危险了！"孔子下了车，想和他聊聊，接舆却快步走开了，孔子并没有得到机会与他做进一步交流。

【解读】

从孔子的经历来看，他的政治主张始终没有真正得到当政者的认可，自身的政治抱负始终没有得到施展，推行和恢复礼制的事业没有多少进展，社会状况依然比较混乱。

本章内容也可以看作是孔子借用接舆这位隐士之口，抒发自己的感慨，虽然做了很多的努力，但自己的治国理念始终没有发挥作用。同时说明，形成这种事实的责任不在自己，而是在当政者。过去的事情已经无法挽救，但是未来的事情还有补救的机会，意在表明在今后的时间里，自己还需要继续为推行礼制不懈努力。

18.6 长沮、桀溺耦而耕[1]，孔子过之，使子路问津焉。长沮曰："夫执舆者为谁？"子路曰："为孔丘。"曰："是鲁孔丘与？"曰："是也。"曰："是知津矣。"问于桀溺，桀溺曰："子为谁？"曰："为仲由。"曰："是鲁孔丘之徒与？"对曰："然。"曰："滔滔者天下皆是也，而谁以易之？且而与其从辟人之士也，岂若从辟世之士？"耰而不辍[2]。子路行以告，夫子怃然曰："鸟兽不可与同群，吾非斯人之徒与而谁与？天下有道，丘不与易也。"

【注释】

[1] 长沮、桀溺：两位隐士的名字。

[2] 耰(yōu)：古代的一种农具，用来弄碎土块，平整田地。

【译文】

长沮和桀溺在田间一起耕种，孔子路过这里，让子路向他们打听一下通往渡口的路。长沮说："你为谁驾车啊？"子路说："为孔丘。"长沮说："是鲁国的那个孔丘吗？"子路说："是呀。"长沮说："那他一定是知道渡口在哪里的人了。"子路又去问桀溺。桀溺说："你是谁？"子路说："我是仲由。"桀溺说："是鲁国孔丘的弟子吧？"子路回答说："对呀。"桀溺说："现在天下混乱的社会秩序，就像滔滔的大水，而谁又能改变得了呢？您与其追随孔子那样避开无道君主的人，还不如跟从我们这些避开整个纷乱世界的人呢。"一边说，一边用土埋上那些播下去的种子，一刻不停地做着自己的事情。子路只好回来把相关情况告诉孔子。孔子怅然若失地说："鸟兽不能与人同群相处，如果我不同世间的这些人在一起，还能同谁在一起呢？如果天下政治清明，就不需要我去做出改变了。"

【解读】

长沮、桀溺认为，当下的社会状况十分混乱，就像滔滔泛滥的洪水一样，没有人能对此做出改变。与其远离那些昏庸的当政者，倒不如自己做个隐士。在孔子看来，那些昏庸无道的当政者如同鸟兽，自己是不能和他们一起相处的，还是敬而远之比较好。那么自己不和好人共处还能跟谁在一起呢？如果天下政治清明，也就用不着自己这么费劲试图去做出改变了。

从本章可以看出，孔子的行为虽然不为这些隐士所理解，但他依然对改变当下社会现状抱有坚定不移的决心。

18.7　子路从而后，遇丈人，以杖荷蓧[1]。子路问曰："子见夫子乎？"丈人曰："四体不勤，五谷不分，孰为夫子？"植其杖而芸，子路拱而立。止子路宿，杀鸡为黍而食之，见其二子焉。明日，子路行以告，子曰："隐者也。"使子路反见之，至则行矣。子路曰："不仕无义。长幼之节不可废也，君臣之义如之何其废之？欲洁其身而乱大伦。君子之仕也，行其义也，道之不行已知之矣。"

【注释】

[1] 蓧(diào)：古代除草用的一种农具。

【译文】

有一次子路跟随孔子出游，却落在了后面，遇到一位用拐杖挑着除草用具的老者。于是就问他："您看见夫子了吗？"老人说："像你们这些四体不勤、五谷不分的人，谁能称得上'夫子'呢？"老人把拐杖插在田间开始除草，子路则恭敬地拱手站在那里。天晚了，老人便留子路在家里住宿，杀鸡煮黍米饭招待他，并让两个儿子出来同他相见。第二天，子路告别老人赶上了孔子，把昨天发生的事情向孔子禀告。孔子说："你遇到的是一位隐者。"就让子路返回去见那位老人。可是当子路赶到时老人已经走了。子路说："拒绝出仕是不合道义的。长幼之间的礼节不可以废弃，君臣之间的道义又为什么能废弃不顾呢？一个人只想着自身的清白，那会影响到'君臣有义'这样的大伦的。君子出仕，是为了履行君臣之义，至于礼制难以在当今的社会推行，这本是早已知道的事情。"

【解读】

在本章，当子路询问老者是否见过孔子时，老者的回答似是而非，偷换了"夫子"的概念，从而引申出自己的思想观点。子路称孔子为"夫子"，其实就是老师或者是先生的意思，老者的回复则是"四体不勤，五谷不分，孰为夫子"，不从事生产劳动，对现实中的实际情况并不了解，这种人怎么能称为"先生"呢？老者的问题富有哲理，让子路汗颜。综合老者留子路在家住宿，并盛情款待，还将自己的两个儿子引荐给子路等情况来看，老者应该知道孔子，对子路也应该有所了解，对孔子及子路均表现出了足够的尊重。

可以看出，这位老者赞同孔子的做法，但是在实践层面对孔子提出了相应的建议。当孔子让子路再返回原地找这位老者时，老者选择了避而不见，表明了远离世间纷扰的决心。在当时，和这位老者一样看透社会现状，能够做到超然物外，且有名有姓的圣贤隐士还有几个，他们的表现又各不相同。

18.8 逸民[1]：伯夷、叔齐、虞仲、夷逸、朱张、柳下惠、少连。子曰："不降其志，不辱其身，伯夷、叔齐与！"谓："柳下惠、少连降志辱身矣，言中伦，行中虑，其斯而已矣。"谓："虞仲、夷逸隐居放言，身中清，废中权。我则异于是，无可无不可。"

【注释】

[1] 逸民：古代称避世隐居不做官的人，也指亡国后不在新朝代做官的人。逸，避世隐居。

【译文】

超然于物外的几位贤士有：伯夷、叔齐、虞仲、夷逸、朱张、柳下惠、少连。孔子说："不降低自身的志向与追求，不使自身受辱，能够真正做到这一点的大概只有伯夷、叔齐吧！"又说："柳下惠、少连在志向和追求方面的标准有所降低，致使自己的声誉受到影响，但其言论合乎正常的道德标准，在行为方面能做到深思熟虑，他们也就如此而已。"又说："虞仲、夷逸选择避世隐居，却对当下的社会状况发表自己的言论，能够做到洁身自好，取舍经过权衡。我则与这些人有所不同，没有什么可以，也没有什么不可以。"

【解读】

孔子在这里列举的七位贤士都不是一般人，他们能够看透当时的社会状况，做到不为周围的环境所困扰，坚守自己的志向和追求，只是鉴于自身的综合水平，表现有所差异。

在对七位贤士进行分类评价之后，孔子也对自己做出了评价：自己与上述几位都不同，不会考虑那么多，也不会消极避世或者是超然物外，而是充分发挥自身的主观能动作用，积极宣传和推行礼制。

18.9　太师挚适齐[1]，亚饭干适楚[2]，三饭缭适蔡，四饭缺适秦，鼓方叔入于河，播鼗武入于汉[3]，少师阳、击磬襄入于海。

【注释】

[1] 太师挚：鲁国的乐师之长。

[2] 亚饭：二饭，第二顿饭。古代天子、诸侯用饭时都奏乐相伴，一日几餐，各有不同的乐师。天子一日四餐，鲁国沿用周天子的礼乐，因此有"二饭""三饭""四饭"的称呼。

[3] 播鼗(táo)：摇拨浪鼓。（孙钦善《论语译注》）

【译文】

鲁国的太师挚去了齐国，亚饭乐师干去了楚国，三饭乐师缭去了蔡国，四饭乐师缺去了秦国，司鼓的乐师方叔去了黄河之滨，操播鼓的乐师武去了汉水流域，少师阳和击磬的乐师襄则流落到了海边。

【解读】

前面介绍了几位逸民，他们大多数采取了避世隐居的生活方式，本章又提到了几位乐师。

在这里为什么提到了这几位乐师呢？这几位原来在朝廷负责演奏乐曲的乐师纷纷离开鲁国，远走他乡，原因就在于当时鲁国社会环境混乱、礼坏乐崩。面对昏庸的当政者和混乱的社会秩序，他们和孔子一样选择了"辟地"，离开鲁国。导致这种结局的根源，是鲁国当政者缺乏对礼制的必要重视。

18.10　周公谓鲁公曰："君子不施其亲，不使大臣怨乎不以，故旧无大故则不弃也[1]，无求备于一人。"

【注释】

[1] 故：原来的，从前的，旧的。

【译文】

周公告诫鲁公说："君子不应给予亲近的人过多好处，免得使大臣抱怨没有得到重用。故旧亲朋，如果没有大的原则性过错，就不要对其弃而不用，不应对任何一个人求全责备。"

【解读】

据《史记》记载："周公戒伯禽曰：'我文王之子，武王之弟，成王之叔父，我于天下亦不贱矣。然我一沐三捉发，一饭三吐哺，起以待士，犹恐失天下之贤人。子之鲁，慎无以国骄人。'"这段记载与本章内容在主题思想上基本一致。周公曾经就如何治理国家、选拔人才、礼贤下士等问题教导过鲁公伯禽。然而到了孔子生活的春秋末期，鲁国的当政者似乎把其先祖的遗训忘得一干二净，社会呈现出礼坏乐崩的混乱状态。

"君子不施其亲"，就是要求领导者做到大公无私或者先公后私，对与自己有亲属关系或者是比较亲密的人也要一视同仁，对他们不能放松管理，或者是给予额外的好处，也就是常说的"一碗水端平"。

"不使大臣怨乎不以"，就是要充分调动和激发全体员工的工作积极性，全面整合各种资源，提高整体工作效率，获得最佳工作绩效。

"故旧无大故则不弃"，就是做人要厚道，念及旧情，处理问题要具有全局意识，要分清主要矛盾和次要矛盾，只要是没有什么原则性错误或者大的过错，就不要轻易将某个人弃之不用，这也可以看作是统一战线的观念。需要注意的是，这里的"故旧"与8.2章中的"故旧"意思不同，存在着本质上的差异。

"无求备于一人"，就是要有容人之量，对人不可求全责备。只有做到全面、辩证地看待每一个人，才能充分发挥团队的积极作用。

周公对鲁公提出的四条建议，概括起来讲就是"严于律己，一视同仁，统一战线，宽以待人"。正因为有周公这种正确的思想的指引，周朝才得以聚集多位知名的优秀人才。周朝的长期繁荣昌盛，也正是因为有这些贤士。

18.11　周有八士：伯达、伯适、仲突、仲忽、叔夜、叔夏、季随、季骟[1]。

【注释】

[1] 骟(guā)：人名。以上八人的名字都是由排行字伯、仲、叔、季加单名组成，他们的具体事迹已经无从考证。(孙钦善《论语译注》)

【译文】

周朝至少有八位值得称道的优秀人才：伯达、伯适、仲突、仲忽、叔夜、叔夏、季随、季骟。

【解读】

周朝繁荣昌盛是因为人才聚集，与春秋末年鲁国的状况形成鲜明的对比。孔子旨在通过这一对比，表明影响社会的兴盛或衰退的主要因素是人才，作为当政者应该对此形成正确认识，高度重视。

孔子在前面详细论述了礼制对实现社会稳定和健康发展的重要性，并在20.1章着重指出，周朝之所以受到上天的眷顾，是因为它拥有这些优秀的人才。而这些优秀的人才，才是周朝真正的财富，即"周有大赉，善人是富"。

第十九篇

子张

　　《子张》篇没有收录孔子的言论，主要是孔子的几位学生就相关问题各抒己见，充分发表自己的观点，更像就自己的学习情况所做的汇报，也可以看作是他们对孔子思想观点的理解。可以看出，除子张之外的子夏、子游、曾子、子贡等学生都能对孔子的教诲有较为深刻的理解和正确的认知。

　　子夏在继承孔子思想的基础上，对礼制的内涵也形成了独到的见解，并有所阐发。如"日知其所亡，月无忘其所能"，说明每个人只要端正态度，就能算得上"好学"；"博学而笃志，切问而近思"则提供了一种深入细致的调研方法；"大德不逾闲，小德出入可也"则表明在处理日常事务时，要坚持必要的原则，但也要做到不拘小节。

　　更为难能可贵的是，子贡不但深得孔子的真传，并且在别人发表有损于孔子的言论时敢于仗义执言，予以反驳和回击，既维护了孔子的地位和尊严，又对孔子的学识水平进行了极高的评价，令人钦佩。

19.1 子张曰："士见危致命，见得思义，祭思敬，丧思哀，其可已矣。"

【译文】

子张说："所谓士人，在遇到危难时，能够不惜献出生命；在见到可以得到的利益时，能够反思这种所得是否符合'义'的标准；在祭祀时，能够反思是否做到了态度恭敬；在处理丧事时，能反思自己是否做到了内心真正悲痛和哀伤。能够做到这些就可以达到士人的标准了。"

【解读】

在3.26章，孔子曾指出："居上不宽，为礼不敬，临丧不哀，吾何以观之哉？"在9.16章提到："出则事公卿，入则事父兄，丧事不敢不勉。"可以看出孔子对丧事是十分重视的，借此表示对逝者、对生命的尊重。

本章内容是子张根据自己所学，结合自己对士人这一概念的理解所做的陈述，认为做到"见危致命，见得思义，祭思敬，丧思哀"就达到士人的标准了。子张的这种主张是否全面、客观，是否符合"仁"的标准呢？这一问题将在19.15章和19.16章得到回答。

19.2 子张曰："执德不弘，信道不笃，焉能为有？焉能为亡？"

【译文】

子张说："如果一个人具备仁德而没有使之发扬光大，信奉正确的道理而不能做到忠实地相信，那么该如何评判他是否真正具备良好的德行、真正相信正确的道理呢？"

【解读】

子张指出，如果一个人没有将自己的仁德充分展现，继而发扬光大，那么我们就无法判定这个人是否真正具备仁德。同样，如果一个人说自己信奉正确的道理，却在思想上做不到对其忠实、坚定，总是表现为思想上的摇摆和半信半疑，那么我们同样不能对这个人是否真正"信道"做出客观的评判。

从思想和行为之间关系的角度来看，本章所表达的思想和上一章基本一致。但是子张本人又做得如何呢？在接下来的几章中会逐步找到答案。

19.3 子夏之门人问交于子张[1]，子张曰："子夏云何？"对曰："子夏曰：'可者与之，其不可者拒之。'"子张曰："异乎吾所闻。君子尊贤而容众，嘉善而矜不能[2]。我之大贤与，于人何所不容？我之不贤与，人将拒我，如之何其拒人也？"

【注释】

[1] 门人：这里指学生。
[2] 矜：怜悯，怜惜。

【译文】

子夏的弟子向子张请教如何交友，子张说："子夏是如何说的？"子夏的弟子回答说："子夏说：'值得交往的就同他交往，不值得交往的就拒绝同他交往。'"子张说："他说的和我所听到的不太一样。据我所知，君子不但能够尊重贤士，而且又能包容众人，赞赏那些有才德的人，并且怜悯那些能力稍显不足的人。如果我是一个大贤之人，对别人又有什么不能包容的呢？如果我是一个不贤之人，别人将拒绝同我交往，那又如何谈得上拒绝别人呢？"

【解读】

从文中可以看出，子张和子夏在交友的原则方面也存在很大不同，子张交友比较广泛，突出特点是"容众"，而子夏则表现出更强的原则性，可交之人则交，不可交之人就予以拒绝。交友一般可以分为初交和深交两个阶段，初交的时候要像子张那样广泛交友，而深交就应该像子夏那样慎重选择。

孔子曾提出"毋友不如己者"的观点，说明交友还是需要有一定的原则性的，而原则就是"友其士之仁者"。从子张和子夏二人的交友主张来看，子夏应该是得到了孔子的真传，这种观点能够在接下来子夏对相关问题的阐释中得到印证。

19.4　子夏曰："虽小道必有可观者焉，致远恐泥[1]，是以君子不为也。"

【注释】

[1] 泥：泥淖。

【译文】

子夏说："即使是那些小技艺，也有其独到之处，但对实现远大理想来说可能会有妨碍，所以君子是不会在这方面下功夫的。"

【解读】

如果从字面理解的话，子夏说了这样一个事实：就像郊游一样，如果不走寻常的大路而是走小路，必定会看到不一样的景致，但是走这种小路也容易使自己陷入泥淖，不能自拔。从思想方法的角度来看，这里的"小道"是指旁门左道，即一些与主流思想不符合的思想方法。其虽然属于非主流，但是在处理一些问题时也能起到一定的作用。深信这些小众的思想方法，则容易导致自身思维能力受限。因此，作为思想格局比较大的君子，一般情况下不会研究小道，而是研究大道。

19.5　子夏曰："日知其所亡[1]，月无忘其所能[2]，可谓好学也已矣。"

【注释】

[1] 日：太阳。
[2] 月：月亮。

【译文】

子夏说："一个人如果能够像太阳那样，知道自身有做不到的方面；像月亮那样，不会忘记自己的独到之处，这样的话就可以算得上好学了。"

【解读】

本章的重点在于讨论"好学"，也就是学习态度。什么才是好的、正确的学习态度呢？首先需要正确把握"亡"和"能"之间的关系。这里的"亡"同"无"，即"无能"，与后面的"能"形成对应。其次要正确理解"日"和"月"的含义。在这里，"日"和"月"应该分别解释为"太阳"和"月亮"，而不是时间期限上的"每天"和"每月"。太阳也有不能普照大地的时候，如晚上和阴天的时候。月亮也有能够为人们提供光明的时刻，如晴朗的月夜。因此，"日知其所亡"所要表达的思想是戒骄戒躁，而"月无忘其所能"所要表达的思想是不可妄自菲薄。在学习方面，那些已经取得较大成绩的人也要充分认识到自身在认知上存在的不足，那些学得还不够好的人也并非一无是处，而是同样具有自己的独到之处，这种学习态度都表现为好学。

可以看出，子夏的观点十分客观辩证，同时也像孔子那样"能近取譬"，借用太阳、月亮等周围的事物阐发自己的思想和观点。

19.6 子夏曰："博学而笃志[1]，切问而近思[2]，仁在其中矣[3]。"

【注释】

[1] 笃：忠实。

[2] 切(qiē)：用刀把物品分成若干部分。这里指解剖。近：空间或时间距离短。这里指结合实际。

[3] 仁：果核最里面的部分。

【译文】

子夏说："广泛地学习并且坚定自己的志向，深入地剖析问题，并且紧密结合实际来思考问题，那么就能发现蕴含其中、有关'仁'的思想和道理。"

【解读】

在这里，子夏为大家提供了修身致仁的思想原则，同时也是一种很好的学习方法。

其一是坚定志向。如果在学习的过程中缺乏必要的定力，当遇到困难时就会犹豫和迟疑，那么学习就不会深入。其二是广泛学习。广泛学习是全面认识客观世界的必由之路，片面学习会使人对客观世界的认知存在局限性。其三是深入分析。认识问题不能停留于表面，细致地剖析问题是正确解决问题的重要基础。其四是结合实际进行思考。在解决问题的过程中，应该确立问题导向，直奔问题的核心。

需要指出的是，文中的"切"是指"解剖"。这里的"仁"并非特指"仁德的思想"，而是一石三鸟。第一层意思是其本意，果核的中心——果仁；第二层意思是事物的核心和关键所在；第三层意思才是本章所涉及的与"仁"有关的思想和道理。

19.7　子夏曰："百工居肆以成其事，君子学以致其道。"

【译文】

子夏说："各种工匠各自在其店铺、作坊里面工作，君子可以通过学习来明白其中的道理。"

【解读】

在本章，子夏对"博学"进行了延伸解释。各行各业的工匠，在不同的岗位上各显神通，制作产品，展现自身的技能。大家通过对工匠们生产劳动过程的观察、调研和思考，就能明白其中的道理，这对自身掌握知识和提升认知水平大有裨益。

事实上，这种"博学"更是一种实践学习，在实践学习的过程中丰富自身的理论认知。

19.8　子夏曰："小人之过也必文。"

【译文】

子夏说："小人的过错在于对问题进行掩饰。"

【解读】

子夏在本章对君子与小人在学习方面的态度进行了对比。君子在遇到问题时会直面问题，分析问题，进而解决问题。这就是在19.6章提到的"切问而近思"。小人在对待问题的态度方面则与君子明显不同。他们选择了逃避问题，要么对问题视而不见，要么掩饰问题。这不仅不利于问题的解决，同样不利于自身的学习、成长和发展。

19.9　子夏曰："君子有三变：望之俨然，即之也温[1]，听其言也厉[2]。"

【注释】

[1] 即(jí)：靠近，接触。
[2] 厉：严格。这里指一丝不苟。

【译文】

子夏说："在不同的情况下，君子给人的印象会表现出三种不同的特征：远望时，会显得庄严而令人肃然起敬；近距离接触时，则会让人感到温和而平易近人；与他交谈时，又会让人觉得语言严谨而一丝不苟。"

【解读】

在这里，子夏表述了与君子交往的过程中，君子所表现出来的不同气质与特征，而这种特征随着与其接触的逐步深入而发生变化。

无论是在外在气质方面表现出的庄严，还是在近距离接触中所表现出来的平易近人，以及在语言交流过程中所表现出来的一丝不苟，都与君子自身的修养高度相关，都源自君子对礼制规范的遵从。同时，这也是在交往的过程中，君子最终得到对方认可的重要基础。

7.38章有"子温而厉，威而不猛，恭而安"的表述，此处的"即之也温，听其言也厉"也是子夏对孔子所做的形象描述。

19.10　子夏曰："君子信而后劳其民，未信，则以为厉己也[1]；信而后谏，未信，则以为谤己也。"

【注释】

[1] 厉：同"砺"，折磨。

【译文】

子夏说："君子应该在取信于百姓之后再去役使百姓；如果没有取得百姓的信任就去役使他们，老百姓会以为这是在折磨自己。君子在取得别人的信任之后再去劝谏；如果在还没有得到对方信任的情况下就贸然劝谏，对方会以为这是在毁谤自己。"

【解读】

在12.7章，当子贡请教如何施政时，孔子就提出了"民无信不立"的观点。由此可以看出取信于民在开展社会治理方面的重要作用，取得老百姓的理解与支持是正常开展工作的基础和保障，相互信任是双方合作的前提。

同时，无论是对上级还是对其他人进行劝谏，取得对方的信任是极为关键的前提和基础。在双方不互信的情况下，劝谏行为会使对方误解。18.1章所提到的"比干谏而死"，其原因似乎也有了。比干在没有获得纣王充分信任的前提下就强行劝谏，让纣王错误地认为比干在诽谤或诋毁自己，最终导致了悲剧的发生。

19.11　子夏曰："大德不逾闲[1]，小德出入可也。"

【注释】

[1] 闲：阑，借指范围。（杨朝明《论语诠解》）

【译文】

子夏说："人在大是大非的原则性问题上不能逾越范围，但是在小节上则可以有所出入。"

【解读】

子夏在本章提供了一种比较客观、辩证的思想方法。在大是大非面前要坚持原则，具备底线思维。对于一些不涉及原则和底线的问题，则可以有所出入，也就是所谓的"不拘小节"。这种思想的辩证之处在于即坚持必要的原则，又做到必要的灵活，原则与灵活作为一对矛盾，又需要形成相对的统一。这种不拘小节也正是周公提到的"无求备于一人"。

19.12　子游曰："子夏之门人小子，当洒扫应对进退则可矣。抑末也，本之则无，如之何？"子夏闻之，曰："噫，言游过矣！君子之道，孰先传焉？孰后倦焉[1]？譬诸草木，区以别矣。君子之道焉可诬也？有始有卒者，其惟圣人乎[2]！"

【注释】

[1] 倦：即"卷"，通过文字材料进行学习。

[2] 其：表示揣测、反诘。

【译文】

子游说："子夏的那些小一点儿的弟子，平时也就是做一些洒水扫地、应答酬对、接送宾客的小事儿，子夏并没有对他们开展诵读经典之类正规的教学活动。可是，这些都是细枝末节的小事啊，如果不懂得根本的东西，那可怎么行呢？"子夏听到后说："噫！子游说的这些话不对啊！君子之道，哪些应该首先用来言传呢？哪些应该用作后续的书面讲授呢？比如如何来区分草木这些简单的事情。君子之道，怎么可以如此诬蔑呢？能够自始至终采用理论教学的，恐怕也只有圣人能做到吧！"

【解读】

本章内容十分丰富，思维上的跳跃比较明显，因此若想全面掌握本章的正确含义，需要明确几个问题。

其一，什么是"门人小子"？此处的"门人小子"特指子夏的学生中年龄比较小的，他们从事"洒扫应对接送"等基础性的活动是正常的。

其二，子夏为什么要这些孩子做这些日常的杂事？事实上，这是子夏因材施教、劳动育人的经典实践教育活动。让年纪较小、认知能力较差的学生，在洒扫庭院、迎来送往，以及接送宾客的过程中学习礼制规范，逐步确立礼制的思想和意识，而不是一上来就讲大道理。一开始就讲大道理的话，由于认知能力的限制，大部分道理小孩子是不能理解的。子夏的这种培养方式恰恰遵循了"中人以上，可以语上"的原则。

其三，"孰先传焉？孰后倦焉？"的准确解释。客观地讲，无论是年龄大的还是年龄小的学生，直观的感性认知能力必定强于抽象的理性认知能力。比如，要教会孩子区分韭菜和麦苗，让他到地里看一下和通过讲解让他们了解二者的区别，哪一种教学效果更简洁有效呢？两个教学效果判若云泥。子夏运用这个例子对子游的错误观点予以有力回应。从上述分析可以看出，"孰先传焉？孰后倦焉？"应该解释为"到底是先采用语言讲解的方式呢，还是先采用阅读文本的形式呢？"

其四，"有始有卒"指的是什么？从上面的论述来看，"有始有卒"应该是指"倦"这种教学方式，即对小孩子自始至终采用理论教学。由此引出了"有始有卒者，其惟圣人乎"，全程采用理论教学，且让学生完全明白，恐怕只有圣人能做到了。圣人真的能够做到吗？也不一定。

脱离了实践的、坐而论道的教学方式，只能同时增加教育者和被教育者的负担，且很难取得良好的教学效果。正是基于上述思想，子夏认为子游并没有理解自己这样做的真正意图，所以做出了"言游过矣""君子之道焉可诬也"的评价，同时也对"大德不逾闲，小德出入可也"做出了解释和回应。

理论来自于实践，正确的做法应该是用理论指导实践，理论与实践结合，使得二者相得益彰。下章就举了一个这样的例子。

19.13 子夏曰："仕而优则学，学而优则仕。"

【译文】

子夏说："如果一个人做官十分优秀，那么他就可以称得上有学问。同样的，如果一个人在学问方面表现十分优秀的话，也可以去做官。"

【解读】

这里的"仕"毫无疑问是指出仕做官，而"学"并非专指学习过程，在本文更倾向于指"学问"。学问好是做官的必要条件，同样做官做得好就足以证明这个人有学问。做学问和做官二者能够起到相互促进、相得益彰的效果。

从另一个方面讲，"学"和"仕"分别属于理论和实践两个层面，学问可以为做官这一实践活动提供相应的理论指导，同时，在实践的过程中可以检验理论的科学性和正确性，从而不断丰富和完善学问。学习的主要目的还是用于实践，解决实践中的具体问题，这一点上与上一章形成呼应。

19.14 子游曰："丧致乎哀而止。"

【译文】

子游说："在处理丧事时要掌握必要的尺度，能够做到内心真正悲痛和哀伤也就可以了。"

【解读】

在20.1章，孔子指出："所重：民、食、丧、祭。"可以看出，孔子十分重视丧礼，这是生者对孝道的理解在行为上的表现。处理亲人的丧事一定要庄重肃穆，但是还要掌握一定的尺度和标准，没有必要过度悲伤或者痛不欲生。

整体来看，子游所表达的意思是要注重礼制的规范，但也要注意相应的尺度。他的这种观点其实可以看作是对孔子相关思想的继承与发展。

19.15 子游曰："吾友张也为难能也，然而未仁。"

【译文】

子游说："我的朋友子张啊，可以说是非常难能可贵了，但是他还称不上'仁'。"

【解读】

整部《论语》中多次提及子张，甚至20.2章还有"子张问于孔子"的大篇幅论述，而在这里为什么子游对子张做出如此的评价呢？甚至在下一章中，曾子也给出了基本相同的评价。其原因在下一章一并予以分析。

19.16 曾子曰："堂堂乎张也，难与并为仁矣。"

【译文】

曾子说："仪表堂堂的子张啊，难以同他一起做符合仁道的事情。"

【解读】

子张为人雍容大度，才貌过人，交友广泛。他崇敬孔子，好学善思，喜欢与孔子讨论问题。他多次向孔子请教"政""行"等问题，孔子也对他耐心指教。子张对孔子的教诲也表现得深信不疑，甚至将"言忠信，行笃敬"的教导写在自己的衣带上，作为自己的座右铭。子张在19.1章和19.2章分别表述了自己对"士"和"德"的独到见解。客观地讲，子张已经非常优秀了，这就是子游说"吾友张也为难能也"的原因。

但是孔子对他的评语是"师也辟"，认为他性格偏激，过于心高气傲，行事张扬，喜欢标新立异。"子夏之门人问交于子张"时，子张的表现证明了这一点。难道就凭这些，子游和曾子就对子张做出了上述"未仁"和"难与并为仁"的评价吗？事实上他们做出这种评价还有更重要的依据，那就是在19.1章子张所提出的观点，"士见危致命，见得思义，祭思敬，丧思哀，其可已矣"。

在16.10章，孔子曾提出"君子有九思"，即"视思明，听思聪，色思温，貌思恭，言思忠，事思敬，疑思问，忿思难，见得思义"。如果把孔子的观点与子张在19.1章提出的观点进行比较，不难发现二者之间存在较大的差异，除"见得思义"这一观点外，其他都不一样。看来子张将"言忠信，行笃敬"写在自己衣带上当座右铭，只是在做表面文章，并没有真正做到深入理解，时刻践行。由此可以理解为什么子游和曾子对子张给出"未仁"和"难与并为仁"的评价了。

19.17 曾子曰："吾闻诸夫子，人未有自致者也[1]，必也亲丧乎[2]！"

【注释】

[1] 自致：自动地达到极点，情不自禁。

[2] 亲：至亲，关系最近的亲戚。

【译文】

曾子说："我也曾听夫子说过，人很难有情不自禁、痛不欲生的时候，如果有的话，那一定是在至亲去世的时候。"

【解读】

这里的"亲"一般解释为双亲。"人未有自致者也，必也亲丧乎"所表现出的丧亲之痛，表明父子或母子之间深深的亲情，而这种真挚的感情是孝的重要表现形式。"亲"也可以解释为"感情至深的人"。例如，颜渊去世，"子哭之恸"，孔子的表现恰恰反映出了与颜渊之间亲密无间的师生之情。

接下来，曾子以孟庄子为例阐述了其孝行的独到之处。

19.18 曾子曰："吾闻诸夫子，孟庄子之孝也，其他可能也；其不改父之臣与父之政，是难能也。"

【译文】

曾子说："我听夫子说过：'孟庄子的孝有其突出之处，其他方面别人是可以做到的，而不更换父亲的旧臣，不改变父亲的施政方略，这两个方面是别人难以做到的。'"

【解读】

在1.11章和4.20章，孔子都曾提到"三年无改于父之道，可谓孝矣"的观点。在这里，孟庄子不但做到了"无改于父之道"，连他父亲留下来的旧臣都没有更换，确实是十分难能可贵。

19.19 孟氏使阳肤为士师[1]，问于曾子。曾子曰："上失其道，民散久矣[2]。如得其情，则哀矜而勿喜！"

【注释】

[1] 阳肤：曾子的学生。
[2] 散：没有约束。

【译文】

孟氏任命阳肤为典狱官，阳肤向曾子讨教。曾子说："居上位的人不依据礼制施政已经很久了，民心也呈现出相应的涣散状态。因此在审理案件的过程中，如果了解到了犯罪的真实情形，应该同情和怜悯他们，而不要因为案情水落石出而沾沾自喜。"

【解读】

一般情况下，案子得以侦破，主办案件的人应该高兴，但是曾子告诫阳肤要同情这些人。这是为什么呢？

20.1章有"万方有罪，罪在朕躬""百姓有过，在予一人"的表述。可以看出，古代具有高尚精神品质的君王都能对自我进行深刻的剖析，对发生在百姓身上的问题或者普遍存在的社会问题，会主动从自身找原因。在当时礼坏乐崩的社会环境下，百姓犯罪，主要责任在当政者。因此"上失其道"应该解释为"当政者不能依据礼制规范来治理国家。"

在20.2章，孔子也指出"不教而杀谓之虐；不戒视成谓之暴"。如果从实际出发，客观审视和思考事情发生的现实背景和深层次原因，了解到实情之后还会有喜悦的心情吗？因此在孔子看来，不注重教化，不按照正确的方法进行社会治理，是当政者最大的不作为，对百姓来讲就是最大的不幸。那么，正确的社会治理方法又是什么呢？当然还是遵从礼制。从本章曾子的表述来看，曾子的确领悟了孔子民本思想的精神实质。

曾子通过这番话告诫阳肤，在对某一件事做出判断之前，应该首先对其所处的外部条件做全面、细致的了解。如果在判定案件之前总是从主观出发，就很难对案件做出客观的判断。事实上，对人的评价也存在这样的问题，人们对商纣的评价就是一个例证。

19.20　子贡曰："纣之不善，不如是之甚也。是以君子恶居下流[1]，天下之恶皆归焉。"

【注释】

[1] 恶(wù)居下流：讨厌、不愿意处在道德或者是社会地位较低的位置。

【译文】

子贡说："商纣王的恶行，并不像后世人们传说的那么过分。君子之所以不愿处于卑下的位置，是因为那样容易致使所有的恶名都归到自己身上。"

【解读】

在上一章，曾子告诫阳肤在判定案件前要形成全面认识。在这里子贡以人们评价商纣王为例，说明作为君子应该有先见之明，保持自身名声的清白，避免承受无妄之灾。

对商纣王的评价，历史上始终存在一定的分歧。客观地讲，商朝的灭亡并非商纣王一个人的责任，而是经过历代君王的治理，各种社会矛盾不断积累、激化，最终导致朝代更迭。因此，将商纣王描绘得一无是处也不尽客观。比如"比干谏而死"，其责任也并不全在商纣王。最终将全部的责任和恶名加在商纣王身上的原因则在于，大家都认为商纣王昏庸无道、一无是处，在道德层面商纣王已经处于"下流"。

19.21　子贡曰："君子之过也，如日月之食焉[1]。过也人皆见之，更也人皆仰之。"

【注释】

[1] 日月之食：指日食和月食。

【译文】

子贡说："君子的过错，就像日食月食那样显而易见。他们有了过错，人人都能看得到，但是一旦改正了过错，人人又都会仰望他。"

【解读】

"过，则勿惮改"，人犯错之后要积极改正，改正之后仍然可以得到大家的认可和尊重。因此，一个人无论是在工作中还是在生活中，一旦出现错误，首先要选择改正，而不是文过饰非。

19.22 卫公孙朝问于子贡曰："仲尼焉学？"子贡曰："文武之道未坠于地[1]，在人。贤者识其大者，不贤者识其小者，莫不有文武之道焉，夫子焉不学？而亦何常师之有？"

【注释】

[1] 文武之道：周文王、周武王的治国方略。

【译文】

卫国的公孙朝问子贡："仲尼那些学问是从哪里学来的？"子贡说："周文王、周武王的治国之道，从来没有消失过，而是由人来传承它。足够优秀的人能够认识到它的重大作用，不够优秀的人也只能了解它的小用处，可以说文武之道无处不在。孔子哪有不学就会的道理？而学习又何必要有固定的老师和方式方法呢？"

【解读】

在本章，卫国的公孙朝对孔子的学问源自何处很感兴趣，或者说是进行了质疑，子贡对此进行了较为全面的回答。

其一，具有正宗的学术渊源。孔子所传授并积极推行的礼制规范源于周文王、周武王，而不是自己凭空杜撰的。其二，人与人之间的认知能力存在差异。对"文武之道"，不同层次的人有不同的看法，优秀的人能够看到它在社会治理方面的重要作用，而认知能力受限的人只能看到表面现象，或者认为这是无关紧要的东西。其三，"文武之道"无处不在。事实上，"文武之道"所代表的规范，在人们的日常生活和社会活动中无处不在，人们都应该遵从，这是不能回避的。其四，学无常师。对"文武之道"的学习，形式、内容、途径也不存在一定之规，每个人都有自己的方法，只要能找到适合自己的就好。无论是谁，都没有必要强求采用某种方式。

19.23 叔孙武叔语大夫于朝曰："子贡贤于仲尼。"子服景伯以告子贡，子贡曰："譬之宫墙，赐之墙也及肩，窥见室家之好；夫子之墙数仞[1]，不得其门而入，不见宗庙之美，百官之富[2]。得其门者或寡矣，夫子之云不亦宜乎！"

【注释】

[1] 仞：古时八尺或七尺叫作"一仞"。
[2] 富：丰富，多。

【译文】

叔孙武叔在朝堂之上对大夫们说："子贡比孔子优秀。"子服景伯把叔孙武叔的言论告诉了子贡。子贡说："我俩的学识水平可以用围墙来打个比方！我的围墙也只有一般人的肩膀那么高，人站在墙外就可以看见房子以及室内的美好。夫子的围墙得有数仞之高，如果没有找到大门进到院落中，人们就看不见里面像宗庙一般壮美的景象，以及集百官之家的丰富陈设。能找到这院落大门的人或许就很少吧，叔孙武叔说的这些话是多么不合时宜啊！"

【解读】

叔孙武叔是鲁国的大夫。他在大庭广众之下议论孔子，声称子贡比老师孔子更优秀，其实是在搬弄是非，借以诋毁孔子。同朝为官的子服景伯将叔孙武叔的话告诉了子贡，子贡并不认可这种说法，并且打了一个比方，用以说明他与孔子在学问上的巨大差距。他把自己的学识水平比作与普通人肩膀差不多高的围墙，而将孔子的学识水平比作数仞高的围墙，这种高度差异是显而易见的，数仞高的高度限制了人们对其内部状况的了解。

子贡说因为自己的水平不高，才容易被大家了解，而孔子的学问十分丰富渊博，如果不通过正常的途径一步一步深入，是不可能全面了解孔子的学识到底有多么丰富的。其壮观程度，可以与华美的宗庙媲美；其渊博程度，像百官家所拥有的陈设那样品类繁多。由此对叔孙武叔的评价进行驳斥，明确指出他对孔子的评价有失公允。

19.24　叔孙武叔毁仲尼，子贡曰：“无以为也[1]，仲尼不可毁也。他人之贤者，丘陵也，犹可逾也；仲尼，日月也，无得而逾焉。人虽欲自绝，其何伤于日月乎？多见其不知量也[2]。”

【注释】

[1] 无以为：没有任何依据。
[2] 不知量：自不量力。

【译文】

叔孙武叔诋毁孔子。子贡说：“他凭借什么诋毁孔子呢？孔子是不能诋毁的。别人的优秀程度，充其量是丘陵，还可以越过；而孔子的高度，就像日月一样，那是不可逾越的。即使一个人想自绝于日月，这对日月又有什么损伤呢？只是更显露出他的自不量力罢了。”

【解读】

叔孙武叔对孔子的诋毁行为毫无收敛。子贡认为孔子的修养、学问、思想理论及对社会的贡献犹如日月，不可能被人逾越。那些总想着诋毁和排斥孔子的人就像想与日月断绝关系，不接受日月的光辉一样。他们诋毁孔子只能说明他们自不量力。

19.25　陈子禽谓子贡曰：“子为恭也，仲尼岂贤于子乎？”子贡曰：“君子一言以为知，一言以为不知，言不可不慎也。夫子之不可及也，犹天之不可阶而升也。夫子之得邦家者，所谓立之斯立，道之斯行，绥之斯来[1]，动之斯和。其生也荣，其死也哀，如之何其可及也？”

【注释】

[1] 绥：安抚。

【译文】

陈子禽对子贡说：“您对孔子如此毕恭毕敬，难道孔子比您更优秀吗？”子贡说：“君子的一句话可以表现出睿智，一句话也可以表现出无知，因此说话不可不谨慎啊。孔子的学问十分高深，深不可测，高不可及，就像天不能借助阶梯一步一步攀上去一样。孔子之所以受到诸侯的认可和民众的拥戴，是因为他所致力于确立的礼制思想已经确立，他所倡导的社会治理方法同样具备很强的可行性，按照他所倡导的礼制思想对人进行安抚，人们就无不归附，他一旦有所发动，就会有人响应。孔子活着的时候荣耀天下，他的去世更使世人倍感悲哀。这样的话，我哪能赶得上他呢？"

【解读】

子贡的"君子一言以为知，一言以为不知"，其实也是一语双关。一方面表明通过一个人的一句话就可以判定他是否明智，另一方面指明陈子禽的话有一句是对的，有一句话是错的。陈子禽的"子为恭也"对子贡的评价是正确的，是其明智之处。他说的"仲尼岂贤于子乎"则表现出了他的不明智。

综合从19.22章至本章的内容可以看出，当时还有以公孙朝、叔孙武叔和陈子禽为代表的一类人对孔子的学识水平有所怀疑，同时想通过公开批评和离间的方式对孔子的形象进行诋毁，但是都遭到了以子贡为代表的孔门子弟的坚决抵制，对这些甚嚣尘上的谬论进行了有力驳斥。

子贡不愧为"孔门十哲"之一，其语言逻辑能力非同一般。在19.22章，子贡以"学无常师"的观点回应了公孙朝的质疑，同时指出人们不能认识到礼制思想的重要性，一个主要原因是自身的认知能力差。在本章，子贡进一步阐明，孔子的"高不可及"并非自己一家之言，而是得到了社会广泛而高度的认可，并从"立之斯立，道之斯行，绥之斯来，动之斯和"四个方面充分论证，最终以"其生也荣，其死也哀"对孔子的一生再次进行高度评价，对陈子禽之流的谬论予以有理、有力、有节的驳斥，坚定地维护了孔子的形象与声誉。

第二十篇

尧曰

　　《尧曰》作为整部《论语》的最后一篇，虽然篇幅不长，内容不多，但内涵十分丰富，对整部著作起到了点题的作用。

　　尧帝、商汤、周武王等人的表述，可以看作是他们的执政感言，阐述了他们为政的精要。尧舜认为，执政的重点应该是"允执其中"，即采取中正、公允的原则，与中庸思想有异曲同工之妙。商汤则认为，"万方有罪，罪在朕躬"，也就是说社会治理的效果好坏责任全在领导人。周武王则将周朝的兴盛归结于"善人是富"，认为人才是国家和社会发展的关键因素。孔子则认为社会的治理还需要注意统一权衡，审修法度，统一思想，整顿吏治，使得政令畅通；同时要以振兴国家为目标，大力推举包括逸民在内的贤才；注重"民、食、丧、祭"四个方面，通过执政过程中的宽容、诚信、勤勉和公允，获得百姓的信任和支持。接下来通过与子张的交流，孔子更为详尽地阐述了从政原则，概括来说就是"尊五美，屏四恶"。

　　可以看出，若想取得较为理想的社会治理效果，首先，需要身居高位的当政者具备中正、公允的思想和敢于担当的精神。其次，要有人才。最后，在具体的操作层面，则需要完善社会治理结构，遵从礼制，施行仁政。

　　在最后，孔子对上述问题做了高度的总结和凝练，指出上述思想方法是被历史证明了的客观规律，礼制是确保社会治理取得明显成效和社会实现持续稳定发展的重要途径和措施，这也是孔子竭尽全力推行和恢复周礼的原因所在。

20.1 尧曰："咨[1]！尔舜，天之历数在尔躬，允执其中。四海困穷[2]，天禄永终[3]。"舜亦以命禹。曰："予小子履[4]，敢用玄牡，敢昭告于皇皇后帝[5]：有罪不敢赦，帝臣不蔽，简在帝心[6]。朕躬有罪，无以万方；万方有罪，罪在朕躬。""周有大赉[7]，善人是富。虽有周亲，不如仁人。百姓有过，在予一人。"谨权量，审法度，修废官，四方之政行焉。兴灭国，继绝世，举逸民，天下之民归心焉。所重：民、食、丧、祭。宽则得众，信则民任焉，敏则有功，公则说。

【注释】

[1] 咨：叹词，无实际意义。
[2] 四海：天下，周围世界。
[3] 永终：最后永远地终止。
[4] 履：商汤的名字。
[5] 昭：明显，显著。这里指光明正大地。后帝：天帝。
[6] 简：简察，知道。
[7] 赉：赏赐。

【译文】

尧说："唉！舜啊，按照上天的安排，治理天下的使命该由你来亲自承担了，在履行职责的过程中要切记采取中庸的思想原则。即便是到天下陷入困顿的窘境、上天赐予的禄位永远终结的时候，这个原则也不能做出改变。"后来舜禅让王位给禹时，也用同样的话来告诫禹。(商汤)说："我，小子履，冒昧地用黑公牛做祭品，光明正大地禀告伟大的天帝：我能够严格地依据传统，从不敢擅自赦免犯罪。对臣子们的所作所为，从不敢隐瞒或掩饰，对此您自然了然于心。如果我自身有罪，那么就不能统治天下；如果天下人有罪，那罪责也由我来承担。"(周武王说：)"周朝之所以能够得到上天莫大的眷顾和赏赐，主要是因为周朝拥有许多贤士，这些贤士可以看作是周朝的财富。即使有十分周到贴心的亲人，也不如有仁德的贤人。如果百姓有过错的话，那责任由我一个人承担好了。"(孔子说：)"如果谨慎地审定度量衡，用以统一标准；同时审定包括礼乐在内的各项国家治理制度，用以统一思想；修复以往不起作用的行政机构，使全国政令畅通，恢复正常的运行状态。进一步振兴即将衰败灭亡的国家，承继濒临灭绝的治理体系，提拔任用那些隐居辟世的贤才，那么天下百姓的心就会与当政者凝聚在一起。另外，还要重视民心、粮食、丧礼、祭祀等重要事项。宽容就能得到众人的拥戴，诚实就能得到百姓的信任，勤勉就能使事业取得成功，公正就能使人们心悦诚服。"

【解读】

总体来看，本章内容主要侧重于阐述治国之道，内容十分丰富，论证逻辑也十分缜密，涉及的人物和内容较多，正确理解本章内容和意涵，应该从以下几个方面入手。

其一是本章所涉及的人物。本章明确指出的人物只有尧、舜、禹、商汤，而文中却没有出现舜、禹二人的主张或见解。但是接下来又出现了另外两个人的主张和见解，却又没有具体指出这二人是谁。从尧、舜、禹、商、周的更替顺序来看，商汤之后发表政治见解和主张的应该是周武王姬发。从内容上看，在姬发之后发表相关政治见解的人应该是孔子。从社会地位来讲，尧、舜、禹、商汤、周武王等都属于帝王阶层，如果将孔子与其并列，会略显突兀。因此，有一种可能，孔子的弟子在编纂《论语》时，有意将周武王和孔子的名字同时隐去，从而避免孔子僭越礼制之嫌，而隐去周武王的名字也是在表述上的一种过渡。

其二是内容表述方面的变化。由于尧、舜、禹所处的时代属于原始社会，其权力的过渡通过禅让来完成，因此，"天之历数在尔躬，允执其中。四海困穷，天禄永终"这种执政思想或理念由尧传给舜，舜又将这些内容传给了禹。但是在商汤这里，他所表述的内容却发生了变化，原因就在于禹并没有像尧帝和舜帝那样，将权力采取禅让的方式传给下一任执政者，而是建立了夏朝，标志着中国社会由原始社会转向奴隶社会。自夏朝开始，权力的传承方式由禅让制变为了世袭制，禹并没有继续发扬原有的优良传统。商汤执政权力的获得是通过武力征服的方式，周朝同样是在采取武力的方式推翻了商朝末期的统治之后建立的。孔子作为一个没有处于权力中心的旁观者，也表达了自己在社会治理方面的主张和看法。

其三是各种政治主张的重点有所不同。尧、舜的政治主张一脉相承，一是将社会治理视作上天赋予自身的责任，二是主张公允和执中的思想原则，三是持之以恒，永不改变。禹并没有沿袭尧、舜的权力过渡形式，也没有延续两位前任的政治主张，而是建立了新的奴隶制度，并且实行了世袭制。在这里，对禹的政治主张缺乏表述，一种可能是根本没有，另一种可能是编著者认为根本不值得一提。

商汤认为自己推翻夏朝的统治，原因在于夏朝统治者昏庸，自己可以十分坦荡地向上天禀告，像是在说推翻夏朝的统治是自己在替天行道，并能在此基础上做到自我反省，主动承担责任。周武王则重视人才，认为周朝拥有大批优秀人才是上天眷顾的结果。周武王充分认识到了仁人志士的重要作用，认为这些仁人志士在社会治理过程中所起的作用远在自己的亲属之上。可以看出，周朝在用人方面已经做到了任人唯贤，而不是任人唯亲。同时周朝的统治者也继承了商朝主动担责的优良传统，可以说周朝统治者已经做到了对商朝之前各朝代执政思想的扬弃，进一步完善了自己的执政理念。

相较于前者比较笼统的执政理念，孔子的政治主张更加具体化，具有很强的可操作性。一是统一标准（权量）；二是统一思想（法度）；三是整顿行政机构，达到政通人和的效果；四是致力于全面振兴国家，确保社会治理体系得以维系，选贤任能，使天下的民众万众一心。除上述政治主张外，还要注意四个方面：一是民心，二是粮食，三是丧礼，四是祭礼。

孔子"宽则得众，信则民任焉，敏则有功"的观点，旨在建议当政者施行仁政。在这里对以往的思想又做了补充——"公则说"，公平和公正就能使人们心悦诚服，这是赢得民心的重要途径。

20.2　子张问于孔子曰："何如斯可以从政矣？"子曰："尊五美，屏四恶，斯可以从政矣。"子张曰："何谓五美？"子曰："君子惠而不费，劳而不怨，欲而不贪，泰而不骄，威而不猛。"子张曰："何谓惠而不费？"子曰："因民之所利而利之，斯不亦惠而不费乎？择可劳而劳之，又谁怨？欲仁而得仁，又焉贪？君子无众寡，无小大，无敢慢，斯不亦泰而不骄乎？君子正其衣冠，尊其瞻视，俨然人望而畏之，斯不亦威而不猛乎？"子张曰："何谓四恶？"子曰："不教而杀谓之虐；不戒视成谓之暴；慢令致期谓之贼[1]；犹之与人也，出纳之吝谓之有司。"

【注释】

[1] 贼：伤害。

【译文】

子张问孔子："怎样才能做到施行仁政呢？"孔子说："崇尚五种美德，摒弃四种令人讨厌的行为，就可以做到施行仁政了。"子张问："'五美'指的是什么？"孔子说："君子施恩惠于人而又不损耗财力，役使百姓而又让他们毫无怨言，有所追求而又不贪婪，举止泰然自若而不骄横傲慢，仪表威严而无凶悍之感。"子张问："如何做才能称得上'惠而不费'呢？"孔子说："从老百姓的利益出发，因势利导，引导他们通过自身努力得到好处，这不就是'惠而不费'吗？选择适宜的时机和符合时宜的事情让百姓去做，又有谁会心生怨怨呢？当一个人追求仁德时已经得到了自己想要的东西，那么他还会有什么可贪求的呢？君子无论对方人数众寡、势力大小，都能以不卑不亢的态度对待和交往，这不就是'泰而不骄'吗？君子能够做到衣帽齐整，目光端正，神情严肃庄重，使人望而生畏，这不就是'威而不猛'吗？"子张说："那'四恶'又是什么？"孔子说："不施以正当的教化而一味采取杀戮的方式推行政令，这就叫'虐'；发现问题后不及时予以告诫和制止，导致错误的事情最终成为事实，这就叫'暴'；不提前通知而在临近最终期限时才下达命令，却又限期予以论处，那叫'贼'；如同与人交往一样，要给人东西却出手吝啬，则被称为'有司'。"

【解读】

事实上，本章是上一章内容的延续，孔子从正反两个方面对施行仁政在操作层面上提出了具体建议，同时对"泰而不骄""威而不猛"等相关概念进行了准确的阐释。可以看出，这部分内容比较全面、系统地论述了孔子的民本思想。

孔子在这里提到的"五美"就是在从政过程中需要特别注意、并且应该做好的五个方面。其中"惠而不费"就是以利民为出发点，采取因势利导的方式，使老百姓通过自身的努力获得利益，也就是"授之以渔"而不是"授之以鱼"。"劳而不怨"则是在执政的过程中，要选择合适时间和时机，让老百姓担负力所能及的任务，从而避免民众产生怨愤。"欲而不贪"则对当政者的思想境界和思想格局提出了要求。人需要有所追求，但不可贪图太多。最好的方式是追求仁德，这样则心无贪念。所谓"泰而不骄"就是本着平等的原则，不卑不亢地处理包括上下级和平级之间的内部关系，以及包括外交关系在内的各种外部关系。所谓"威而不猛"则是指通过自身得体端庄的衣着、端正严肃的态度所表现出的庄重的神情，使对方产生敬畏。

"四恶"则表现为当政者存在主观上的故意，导致恶劣后果的出现，事实上属于有意而为之。孔子历来提倡对民众施行礼乐教化，不断强化民众以及上层社会的礼制意识。因此认为没有进行教育教化，却对犯了错误的人施以重刑甚至极刑，这实际上是对民众的虐待。"不戒视成"与孔子所提倡的"成人之美，不成人之恶"思想严重背离，这种做法同样十分残暴。"慢令致期"则表现为本来应该提前明确期限的事情并不予以事先明确，在临近最终期限时才告知，让民众措手不及。还有就是应该让民众得到的却出手悭吝，存在与民争利的情况，这种情况被称为"有司"。

从本质上看，上面所提到的"五美"都符合礼制规范，而"四恶"都是违背礼制的。

20.3　孔子曰："不知命[1]，无以为君子也；不知礼，无以立也；不知言，无以知人也。"

【注释】

[1] 不知命：不懂得客观规律。

【译文】

孔子说："不知道世界运行所遵循的客观规律，就不能成为一位君子；不懂得礼制的作用，就无法确立正确的世界观；不能明辨一个人的言论，就无法真正了解这个人。"

【解读】

所谓"命"就是外部客观世界运行所遵循的基本规律，它不以人的意志为转移。人如果不能清楚地认识和掌握这一客观规律，就不可能客观地认识世界的发展和变化，在处理所遇到的问题时，同样不能保持清醒的头脑。

礼制，就其本质而言是一种规范，是人们在尊重客观规律的前提下，为改造自身行为而确立的规矩。认识不到礼制的重要作用，就不可能确立正确的世界观、人生观和价值观，使自身始终处于一种潜在的危险之中。

"知言"，应该解释为知道语言交流的技巧，即运用语言来准确表达自己的思想和意图，同时又能准确理解对方所要表达的观点。如果不能准确表达自己的思想和主张，听不懂对方所说的话，不能准确理解他所表达的意涵，那么如何去了解这个人呢？

如果回顾一下1.16章孔子提到的"不患人之不己知，患不知人也"，就能理解"知人"的重要性，同样会进一步理解在《论语》开头，孔子所说的"人不知而不愠"的深层含义。本章的"知人"与"民可使，由之；不可使，知之"中的"知之"具有相同的含义，都是建议当政者充分了解群众的诉求，从而做到顺应民意。"知言"的目的在于知人，"知人"的最终落脚点则是顺应民意。

在这里，孔子对自己的执政理念进行了高度概括和总结：首先要在思想上充分认识客观规律，其次要在具体实践中抓住根本性的事物。具备了这两个条件还远远不够，更重要的是要顺应民意，得到群众的支持。反观一下，尧、舜的执政成就不都是这样取得的吗？孔子的执政理念为后来的执政者提供了思想借鉴。

回顾一下《尧曰》篇的三章内容，第一章所讲的治国之道就是客观规律。第二章所讲的美德善政是为政根本，而其根本就是礼制。第三章其实是对前两章的总结，在"知命""知礼"的基础上增加了"知言"，从而达到"知人"的目的，与整部《论语》的开始形成呼应。《尧曰》篇是整部《论语》的凝练与升华，尤其是孔子在最后提到的三句话，起到了画龙点睛的作用。

[1] 司马迁. 史记[M]. 北京：中华书局，2001.1.

[2] 纳兰成德. 南轩先生论语解[M]. 清康熙通志堂版.

[3] 李索. 左传正宗[M]. 北京：华夏出版社，2011.1.

[4] 汤可敬. 说文解字译注[M]. 北京：中华书局，2018.6.

[5] 杨伯峻. 论语译注[M]. 北京：中华书局，2012.5.

[6] 钱穆. 论语新解[M]. 2版. 北京：生活•读书•新知三联书店，2005.3.

[7] 南怀瑾. 论语别裁[M]. 2版. 上海：复旦大学出版社，1996.6.

[8] 黄克剑. 论语解读[M]. 北京：中国人民大学出版社，2008.9.

[9] 杨朝明. 论语诠解[M]. 济南：山东友谊出版社，2012.9.

[10] 孙钦善. 论语注译[M]. 南京：凤凰出版社，2017.1.

[11] 康有为. 论语注[M]. 北京：朝华出版社，2018.9.

[12] 杨义. 论语还原[M]. 北京：中华书局，2015.3.

[13] 鲍思陶. 论语译注[M]. 武汉：崇文书局，2007.1.

[14] 李泽厚. 论语今读[M]. 北京：生活•读书•新知三联书店，2004.3.

[15] 文若愚. 论语全解[M]. 北京：中国华侨出版社，2013.11.

[16] 王蒙. 天下归仁[M]. 北京：北京联合出版公司，2015.1.

[17] 王维平. 论语新读[M]. 北京：商务印书馆，2018.1.

[18] 贾庆超，等. 论语新读[M]. 北京：中国社会出版社，2004.5.

[19] 鲍鹏山. 论语新读[M]. 上海：东方出版中心，2006.8.

[20] 马保平. 论语另类解读[M]. 北京：中国社会科学出版社，2008.8.

至此，《〈论语〉通释》已经全部完成，但有以下几个问题需要着重说明。

一、《论语》的主题及核心概念

《论语》重点阐释了"仁""义""礼""智""信""道""德""和"及"中庸"等几个主要概念，并论证了它们之间存在的逻辑关系。从统计学的角度来看，"仁"这一概念的词频比较高，《论语》的核心应该是"仁"，这种观点同样得到当下多数学者的认同。但从《论语》整体内容的底层逻辑来看，这几个概念中最为核心的应该是"礼"，即礼制。《论语》的主题则是"为政"，主要围绕如何施行正确的国家和社会治理策略展开。人是构成社会的基本元素，家庭是组成社会的最小单位。在孔子看来，国家和社会的治理需要各个社会阶层的人形成统一的思想认识，在社会活动中准确定位自身的社会身份，共同遵守礼制规范，从而逐步形成和谐稳定的社会局面。这种理想的社会状态就是孔子所追求的"天下归仁"。孔子并没有对"仁"这一概念给出明确的定义，从孔子的表述看，"仁"的作用更侧重于思想方面的引领。从这个角度讲，把"仁"理解为全社会的共同理想或共同认可的价值观念更为确切。

"道""德""仁""义""礼""智""信""和"及"中庸"等概念的本质和内涵是什么呢？简单地说，"道"是解决问题的方法，"德"是人的思想观念，"仁"是人们追求的目标和远大理想，"义"是从宏观方面判定事物是否合乎时宜的标准，"礼"则是约束思想行为的相对具体的规范，"智"是指思维能力，"信"则是在行为方面评判是否遵从礼制规范的标准，"和"可以简单理解为合规律性，而"中庸"可以理解为实事求是的世界观和方法论。上述概念并非孤立存在的，它们之间存在着必然的逻辑关系，大致可以这样理解："仁"是国家和社会治理的远大理想目标，"德"和"道"是具体社会治理实践中的思想和方法，它们通过"礼"对人们的思想、言行进行规范，从而为实现"仁"这一目标提供客观保障。"义"则是评判具体工作是否可以开展较为宏观的标准；"智"是理解上述逻辑的基本前提，是统一思想的重要基础；"信"则倾向于人的知行合一，是具体实践过程中的重要判定标准。

二、《论语》的编排及其特点

《论语》是一部语录体著作，并非孔子本人撰写，而是在孔子去世之后由孔子的弟子及再传弟子依据孔子提出的思想及其具体表述编纂完成，这是学界公认的事实。鉴于历史的原因，加上文字的演进及变化，现有的《论语》版本与最早的版本存在多大的差异，到目前为止仍然是无法考证的。更为关键的是，编排《论语》基本采取"述而不作"的原则，对编入《论语》的相关的言论没有进行刻意增删和曲解，而是根据编纂者所确定的主题进行编排。但不可否认的是，《论语》没有将孔子的言论全部收录进来，也没有将孔子及其弟子的言论进行简单的罗列，而是根据所要表达的主题思想由编纂者进行了相应的取舍。在这个过程中，编纂者主观因素的影响不可避免。尽管如此，《论语》还是达到了从小处看"言简意赅、字字珠玑"的效果，同时呈现出从整体看"思路严谨、逻辑缜密"的特点。

《论语》的编纂者深得孔子的真传，能够将现有的、原本较为凌乱的语句通过一定的主题系统地呈现，并且十分准确地传达出孔子的基本思想。其关键概念，绝大多数能在文中找到解释，读者不需要过多地借助其他文献，也能够比较容易地理解本意。同时，在关键的地方添加按语，帮助大家更好地理解原文的意思。例如，"子不语怪、力、乱、神""子罕言利与命与仁"等。每篇内容都能基本自成体系，虽然语言看似零散，但都着重阐述一个主题。在整体上看，各章之间都能形成有效递进或延续，前后文之间存在密切的关联或衔接，使全文形成了有机的整体。

三、思想内涵丰富，分析客观辩证

《论语》比较集中地展现了孔子的思想精髓。孔子不愧为伟大的思想家，在两千五百多年之前就形成了辩证、唯物的思想，能够采取历史唯物主义和辩证唯物主义的思想和观点去发现问题、分析问题，继而提出解决问题的具体方案。孔子所提出的中庸思想，其本质就是实事求是，具体表现为客观、公正、适度的基本原则。虽然《论语》在语言形式上貌似比较杂乱，但孔子所表述的思想和观点是完整和系统的，对当前的国家和社会治理同样具有十分重要的借鉴意义，这也是我们坚定文化自信的重要基础。同时，其也有助于在处理国际事务的过程中展现中国智慧，提出中国方案。他所提倡的礼制规范，类似于现在的"德治"，无论是在当时，还是在当下，都能对法治形成有效的补充，甚至在某种程度上所起到的作用更优于法治，能够防患于未然。

孔子提出的"温故而知新""德不孤，必有邻""见贤思齐""有教无类"等耳熟能详的思想方法，至今仍然得到大家的普遍认可和运用。当然也有学者认为孔子的思想存在部分唯心的成分，比如"敬鬼神而远之""五十而知天命""不知命，无以为君子"等。事实上，这是因为当事人没有正确理解孔子说这些话的语言背景，或者是对相关概念缺乏正确的认知。

四、《论语》的语言特点

其一，用词精妙准确。例如，"又问""再拜""叩其胫"等，准确把握这些关键词的基本含义是正确理解和解读《论语》的关键所在。这些词一方面表明孔子及其弟子治学严谨，另一方面也为后者释疑解惑提供了一把钥匙。

其二，叙事语言平实。一方面，孔子通过具体事例阐释相应的道理，经常采用借喻的手法，借用《诗经》中的诗句及周围常见的事物进行比喻，使复杂的问题简单化。另一方面，就同一问题针对不同的受众给出不同的回答。从教学的角度看是因材施教，而从广义上讲更符合实事求是的特点。这种实事求是、因人而异的做法，切实避免了简单的说教。

其三，论述纵横捭阖。例如，文中两次与弟子的"各言其志"，以及子路的"三嗅而作"，在使人豁然开朗的同时，表现出孔子在论述相关道理时已经达到了纵横捭阖的境界。可以看出，孔子的思维十分活跃、跳跃性强，就像颜回说的那样"仰之弥高，钻之弥坚。瞻之在前，忽焉在后"。

其四，段落语境清晰。春秋时期并没有现在的标点符号，而《论语》的编纂者通过"子曰""曾子曰""子贡曰"等表述方式，对文章进行了断句。同时用"子夏问孝""子游问孝"等灵活的表述方式为内容提供了相应的语境，为后人学习和理解提供了便利。事实上，我们学习或研究《论语》时，可对这些同质的词语做虚化处理，如此就能进一步凝练文中的思想和内容，更好地把握其精神实质。

其五，交流诙谐生动。孔子在与人交流的过程中，有很多时候并不是直接回复对方，而是用比较诙谐的语言应对，既对问题做出回应，点出问题的实质，又不会导致尴尬局面出现。例如，"由也好勇过我，无所取材""吾何执？执御乎，执射乎？吾执御矣""苟子之不欲，虽赏之不窃"等。有时候还会采取反诘的方式促使对方自己思考，相关的描述使孔子生动、自然的形象跃然纸上。

其六，兼顾社会环境。《论语》的主题是国家和社会治理，这就不可避免地涉及当政者，但是编纂者又不能直截了当地表述事实、阐释道理。另外，鉴于孔子的身份，他也不能直陈治国思想，这一点在《尧曰》篇有所体现。因此，在语言表述上采取了比较隐晦的方式，而其中的道理对于明眼人来说又是显而易见的，通过相应的思考就能理解深层次的含义。

鉴于本人才疏学浅，文中谬误在所难免。借用南怀瑾先生的诗作为结语："古道微茫致曲全，由来学术诬先贤。陈言岂尽真如理，开卷倘留一笑缘。"

在此对清华大学出版社王定老师在本书编辑出版过程中给予的大力支持致以最诚挚的谢意！

陈玉栋

于德州学院育贤堂

2022年9月28日